# 未決拘禁法と人権

葛野尋之
KUZUNO Hiroyuki

現代人文社

未決拘禁法と

人権

葛野尋之

# はしがき

　本書は、未決拘禁法をめぐる諸課題について、法解釈論的、さらには立法論的解決を示そうとするものである。そのことは、これら諸課題に通底する問題、すなわち「取調べのための身体拘束」の克服に向けられている。本書は、未決拘禁の最終手段性の確保、「捜査と拘禁の分離」と代用刑事施設、拘禁目的による弁護人接見の制限などについては、前著『刑事手続と刑事拘禁』（現代人文社、2007年）と共通する問題意識に立ちつつ、前著において論じたことを発展させようとしている。また、勾留決定・審査手続の対審化、身体拘束中の被疑者取調べの適正化、被逮捕者に対する公的弁護の保障、「捜査のため（の）必要」による弁護人接見の制限など、新たな課題にも取り組んでいる。

　未決拘禁法をめぐる諸課題について解決策を導くにあたり、本書は多くの部分において、国際人権法の要請を明らかにし、それを日本法のなかに具体化するというアプローチをとっている。身体拘束状態を利用した濃密な被疑者取調べこそが、特殊日本的な刑事手続を支える核心的要素であった。それゆえにこそ、「取調べのための身体拘束」という問題に収斂する未決拘禁法をめぐる諸課題は、実際上解決困難なものとして捉えられることが少なくなかった。あるいは、課題それ自体が明確にされないこともあった。このような課題を明確化し、その解決策を講じるうえで、国際人権法を活用することは有効であろう。刑事手続に関する人権のグローバル・スタンダードが、近時、ますます明確で具体的なものとして構築されてきている。その内容は、いっそう豊かなものとなっている。国際人権法という視座から、日本の未決拘禁法のあり方を見直すことによって、日本的刑事手続に内在するその課題を明確に浮かび上がらせ、それらを解決するための処方箋を示すことができるであろう。

このことを制度的に基礎づけているのが、憲法98条２項のもと、自由権規約の諸規定をはじめ、刑事手続における人権保障に関する国際人権法の規定の大部分が、自動執行力を有し、国内裁判所において直接適用が可能であって、ゆえにその規定に違反する国内法は無効とされ、そのような国内法に基づく処分は違法とされるということである。国内法的効力を有する国際人権法の規定の多くが、関連する国際準則、あるいは条約実施機関の明らかにした一般的見解や、具体的事案への適用にあたり実施機関の示した解釈により、その内容を明確化され、より具体的なものとされている。さらに、自由権規約の規定については、それと同一のまたは類似した文言により定められた欧州人権条約の規定について、個人の救済申立に対して欧州人権裁判所が示した解釈を参照することにより、いっそう明確化・具体化することができる。欧州人権裁判所は、刑事手続における人権保障を強化するために、積極的役割を果たしてきた。これらのことからすれば、国内法的効力を有する人権条約の規定について、欧州人権裁判所の判例をも参照しつつ、その内容を明確化・具体化することにより、国内裁判所における司法的救済の根拠規定として活用するよう促すことが、たとえ日本的刑事手続を支える核心的要素として強固なものであったとしても、「取調べのための身体拘束」を変革し、人権のグローバル・スタンダードに適った刑事手続を構築することにつながるであろう。

　たしかに、刑事手続全体をシステムとして捉えたとき、「取調べのための身体拘束」という未決拘禁法のあり方を変革するためには、公訴提起にあたり要求される犯罪の嫌疑の程度を引き下げる、供述調書の証拠使用を抑制するなどして、被疑者の供述とそれを獲得するための取調べに依存しないような刑事手続を構築することが有用であろう。このことは、公判中心主義の再生という課題に連なる。裁判員制度の始動は、このような方向への変革を促す契機となりうる。このような問題意識に立った理論的検討をいっそう深化させる必要がある。しかし、それと同時に、現在の日本的システムを支える未決拘禁法のあり方それ自体について、人権のグローバル・スタンダードという視点から、それをめぐる諸課題を解決するための処方箋を示し、そのことによって「取調べのための身体拘束」を克服し、さらには刑事手続全体の変革を促すことも必要であろう。

　一橋大学においては、落ち着いた雰囲気と自由な学風のなか、素晴らしい学問的刺激に恵まれている。先輩・同僚の諸先生に感謝申し上げる。また、

未決拘禁法に関する私の研究は、大部分、刑事立法研究会とそのなかの未決拘禁研究班における共同研究により育てられてきた。村井敏邦先生、福井厚先生はじめ、会員の諸先生に御礼申し上げる。

　本書は、財団法人・一橋大学後援会の武山基金による出版奨励事業の助成を受けて、刊行されたものである。出版奨励事業助成の選考過程において、お二人の学外審査委員からは、本書の内容をよりよいものとするための貴重なご意見をいただいた。感謝申し上げる。今回十分にお応えすることのできなかった点については、今後の研究課題とさせていただきたい。

　本書も、前著に引き続き、現代人文社に刊行をお引き受けいただき、桑山亜也氏に編集を担当していただいた。桑山氏からは、編集過程において、いくつもの的確なサジェスションをいただいた。それにより、本書の内容をより明確化し、叙述をより分かりやすくすることができたように思う。御礼申し上げる。なお、本書のカバーに使っていただいた甲骨文字「人」は、母である葛野富子による。

2012年1月
葛野尋之

# 未決拘禁法と人権 目次

はしがき……3
初出一覧……14
法律・条約等略称一覧……15

## 序章　本書の目的　未決拘禁法をめぐる10の課題……17

### 1 被疑者の身体拘束と取調べ……17
(1) 身体拘束と取調べの結合……17
(2) 代用刑事施設制度と「捜査と拘禁の分離」……18

### 2 弁護人の援助による被疑者の黙秘権の確保……19
(1) 黙秘権と弁護権の交錯……19
(2) 被逮捕者に対する公的弁護の保障……21

### 3 被疑者・被告人と弁護人との接見交通権の保障……21
(1) 接見指定をめぐる最高裁判例……21
(2) 秘密交通権と取調べにおける接見内容の聴取……22
(3) 再審請求人と弁護人との接見交通権……23
(4) 刑事被収容者処遇法の解釈・運用と権利救済……24

### 4 未決拘禁の抑制と決定手続の対審化……25
(1) 無罪推定の法理と身体不拘束の原則……25
(2) 未決拘禁抑制のための社会的援助……26
(3) 未決被拘禁者の防御権と市民的権利……26
(4) 勾留決定・審査手続の対審化……27

### 5 被疑者の防御と「捜査妨害」
　　──「取調べのための身体拘束」の克服……28
(1) 捜査の密行性……28
(2) 具体的・現実的危険性としての捜査妨害……29
(3) 被疑者の防御権と「捜査妨害」……30
(4) 犯罪の嫌疑を争う機会と否認・黙秘……31
(5) 取調べの支障と「捜査妨害」……32

### 6 本書の構成……34

## 第1章　勾留決定・審査手続の対審化と国際人権法……43

### 1 問題設定……43
(1) 勾留決定・審査手続の現状……43
(2) 本章の課題……44

### 2 逮捕後引致時の審問における手続保障……45
(1) 被逮捕者の速やかな引致……45
(2) 逮捕引致後の審問における手続保障……46

### 3 勾留審査に関する手続保障……47
(1) 拘禁継続に関する司法審査と手続保障……47
(2) 欧州人権裁判所ガルシア・アルバ判決……48

(3) 証拠開示と弁護人の援助……50
  4 初回出頭時の裁判官審問と欧州人権条約5条4項……51
  5 日本法改革の方向……52
　　　(1) 勾留審査手続の対審化……52
　　　(2) 勾留質問手続の対審化……53
　　　(3) 被疑者の防御権の実質化と捜査妨害……54

第2章 勾留回避・保釈促進のための社会的援助……59

  1 勾留・保釈をめぐる問題状況と本章の目的……59
　　　(1) 勾留・保釈の現状……59
　　　(2) 保釈拡大への動き……61
　　　(3) 逃亡の危険と勾留・保釈……62
　　　(4) 本章の目的……64

  2 未決拘禁抑制の法原理と
　　イギリス保釈法の基本枠組……66
　　　(1) 無罪推定法理と未決拘禁の最終手段性……66
　　　(2) イギリス法における警察留置と未決拘禁……68
　　　(3) 保釈決定手続の実際とその問題点……71

  3 保釈関連サービスの展開……76
　　　(1) 刑事手続とプロベーション・サービス……76
　　　(2) 保釈関連サービスの始動と展開……77
　　　(3) 保釈関連サービスの衰退……80

  4 保釈情報サービス……82
　　　(1) 意義と目的……82
　　　(2) 提供されるべき情報……84
　　　(3) 裁判所ベースのサービスと
　　　　　刑事施設ベースのサービス……86
　　　(4) 保釈情報サービスの効果……89
　　　(5) 改革提案……92

  5 保釈支援サービス……95
　　　(1) 意義と目的……95
　　　(2) 保釈支援サービスの効果……96
　　　(3) 保釈者宿泊施設……98
　　　(4) 保釈住居支援サービス……101

  6 勾留回避・保釈促進のための日本法改革の展望……105
　　　(1) 未決拘禁抑制のための社会的援助……105
　　　(2) 保釈決定手続の対審化と保釈情報サービス……107
　　　　　(i) 保釈決定手続の対審化／(ii) 保釈情報サービスの構築
　　　(3) 保釈条件の多様化と保釈支援サービス……111

目次　7

（i）保釈条件の多様化と拘禁代替措置の開発・活用／（ii）保釈支援サービスの構築

**7 結語**……114

## 第3章 代用刑事施設と国連拷問等禁止条約……125

**1 問題設定**……125
(1) 捜査と拘禁の結合……125
(2) 本章の課題……126

**2 国連拷問等禁止条約と拷問禁止委員会の日本政府報告審査**……128
(1) 国連拷問等禁止条約……128
(2) 国連拷問禁止委員会の日本政府報告審査……130
(3) 国連拷問禁止委員会の最終見解……132

**3 代用刑事施設と未決の身体拘束に関する国際的最低水準**……136
(1) 捜査と拘禁の分離……136
(2) 代用刑事施設と「捜査と拘禁の分離」……137
(3) 国連拷問禁止委員会の最終見解と「捜査と拘禁の分離」……138

**4 拷問・虐待防止義務違反としての代用刑事施設**……141
(1) 代用刑事施設と「拷問」……141
(2) 拷問・虐待防止義務と代用刑事施設……143
(3) 拷問・虐待防止義務と「捜査と拘禁の分離」……145

**5 司法的救済の可能性**……148

## 第4章 代用刑事施設問題の現在 2008年自由権規約委員会勧告から……157

**1 問題設定**……157

**2 国際人権法における「捜査と拘禁の分離」**……158
(1) 過去の自由権規約委員会勧告……158
(2) 国連拷問禁止委員会の廃止勧告……159
(3) 自由権規約9条3項と「捜査と拘禁の分離」……160

**3 日本政府第5回報告審査と自由権規約委員会勧告**……161
(1) 日本政府の見解……161
(2) 日弁連オルタナティブ・リポート……163
(3) 日本政府報告審査……164
(4) 自由権規約委員会の最終見解……165

**4 自由権規約委員会勧告の意味**……167

## 第5章 被疑者取調べの適正化と国際人権法 ―弁護人の援助による黙秘権の確保……173

5 司法的救済の可能性……169

1 問題状況と本章の課題……173
2 被疑者取調べと弁護人へのアクセス……174
3 欧州人権裁判所サルダズ判決……175
4 サルダズ判決の意義……177
5 英国最高裁カダー判決……179
6 弁護人の援助による黙秘権の確保……180

## 第6章 被疑者取調べにおける黙秘権と弁護権……185

1 問題状況と本章の課題……185
  (1) 被疑者の権利としての取調べ適正化……185
  (2) 本章の課題……186
2 欧州人権裁判所判例の展開……187
  (1) サルダズ対トルコ事件判決……187
  (2) パノビッツ対キプロス事件判決……188
  (3) ビシャリニコフ対ロシア事件判決……189
  (4) 欧州人権裁判所判例の含意……191
3 黙秘権と弁護権の交錯……193
  (1) 黙秘権の二重の性格――保護的権利と防御権……193
  (2) 弁護権の保護的機能と参加的機能……194
4 黙秘権、弁護権と弁護人立会権……195
  (1) 弁護人立会権と黙秘権……195
  (2) 黙秘権の防御権的性格と弁護人の援助……197
  (3) 弁護権の参加的機能と弁護人立会権……198
5 立会弁護人の役割……200

## 第7章 被逮捕者と公的弁護……209

1 現行被疑者国選弁護人制度の意義と限界……209
2 逮捕段階の弁護の必要性・重要性……210
3 逮捕段階の公的弁護の基本構造……212
4 逮捕時からの被疑者の選任請求権……213
  (1) 裁判官面接は必要なのか？……213
  (2) 書面審査による選任命令……214

目次 9

5「国選を支える当番」の公的保障……215
6 公的弁護の多元的・重層的保障……218

# 第8章 弁護士会の人権救済活動と刑事被拘禁者……221

1 本章の課題……221
2 重層的な人権救済システム……222
3 弁護士会の人権救済活動——意義と限界……223
4 刑事被拘禁者の人権救済……225
 (1) 刑事被拘禁者の人権救済と弁護士会……225
 (2) 新たな救済機関の必要性……225
 (3) 刑事被拘禁者の人権救済と国内人権機関……227
5 イギリスの刑事施設・保護観察オンブズマン……227
 (1) オンブズマンの任務と組織……227
 (2) 調査権限と救済措置……228
6 弁護士会の人権救済申立制度をめぐる改革課題……230
 (1) 救済措置に対する応答義務……230
 (2) 面会および信書発受に関する制限……231
 (3) 秘密性の保障……232
 (4) 制限通数への不参入……234
7 結語……235

# 第9章 再審請求人と弁護人との接見交通権……239

1 問題の所在……239
 (1) 法的問題……239
 (2) 問題解決の四つのアプローチ……241
2 再審請求人と弁護人との接見をめぐる現行法と実務……244
 (1) 再審請求人の弁護権……244
 (2) 接見制限の法的根拠……245
3 弁護権の実質化と自由な秘密接見……247
 (1) 再審請求手続と弁護権の保障……247
 (2) 接見制限による弁護権の実質的制約……250
 (3) 弁護権の実質化のための自由な秘密接見の保障……252
 (4) 刑事被収容者処遇法上の取扱い……255
4 刑訴法39条1項の準用可能性……257
 (1) 準用を否定する見解……257

(2) 再審請求手続の性格・構造と
　　　　刑訴法39条1項の準用……259

**5 憲法34条と再審請求人の弁護権**……262
　　(1) 憲法34条の手続保障……262
　　(2) 再審請求人の弁護権の憲法的基礎……263

**6 国際人権法による弁護権と
　　再審請求人の弁護権**……266
　　(1) 被告人の権利としての弁護権……266
　　(2) 刑事告発後の弁護権の拡張……267
　　(3) 欧州人権条約における刑事告発前の弁護権……268
　　(4) 再審手続全体としての
　　　　公正さの確保と請求人の弁護権……272

**7 裁判にアクセスする権利と再審請求人の弁護権**……273
　　(1) 欧州人権条約における裁判への
　　　　アクセスと法的援助……273
　　(2) 自由権規約における裁判へのアクセスと法的援助……276
　　(3) 再審にアクセスする権利と再審請求人の弁護権……278

**8 再審請求手続における自由な秘密接見の保障**……280

# 第10章 最高裁接見交通判例再読 ……295

**1 接見指定の合憲性・適法性**
　安藤・斎藤事件 最大判平11（1999）・3・24民集53巻3号514頁……295
　　(1) 事実の概要……295
　　(2) 法の解釈……296
　　(3) 法の適用……298
　　(4) 接見交通権と憲法の弁護権との関係……298
　　(5) 接見指定の要件、内容、方法……300
　　(6) 接見指定の合憲性……309

**2 逮捕直後の初回接見の申出に対する
　　接見指定の適法性**
　第二内田事件 最3小判平12（2000）・6・13民集54巻5号1635頁……311
　　(1) 事実の概要……311
　　(2) 法の解釈……312
　　(3) 法の適用……312
　　(4) 捜査への「顕著な支障」と接見指定の内容……314

**3 起訴後の余罪捜査と接見指定**
　水戸収賄事件 最1小決昭55（1980）・4・28刑集34巻3号178頁……316
　　(1) 事実の概要……316
　　(2) 法の解釈……317
　　(3) 法の適用……317

（4）余罪捜査を理由とする接見指定の可否……317

**4 検察庁舎内での接見拒否と面会接見**
定者事件 最3小判平17（2005）・4・19民集59巻3号563頁……320
　（1）事実の概要……320
　（2）法の解釈……321
　（3）法の適用……322
　（4）検察庁舎内での接見拒否と「内在的制約」……323
　（5）面会接見配慮義務とその実施方法……324

## 第11章 検察官による接見内容の聴取と秘密交通権……327

**1 事実の概要**
富永事件 佐賀地判平22（2010）・12・17LEX/DB25470563／福岡高判平23（2011）・7・1判時2127号9頁……327

**2 第一審判決の要旨**……328

**3 控訴審判決の要旨**……329

**4 第一審判決の検討**……331
　（1）第一審判決の意義……331
　（2）鹿児島地判平20（2008）・3・24（志布志事件）との対比……331
　（3）被疑者の任意供述と秘密交通権……332
　（4）自白の信用性担保のための内容聴取……333
　（5）弁護人の一部公表と内容聴取……334
　（6）接見指定の合憲性と秘密交通権の相対化……335

**5 控訴審判決の検討**……336
　（1）捜査権行使と秘密交通権の「調整」……336
　（2）秘密交通権と萎縮的効果……337
　（3）公表事実の聴取と萎縮的効果……338
　（4）理由聴取と萎縮的効果……339
　（5）弁護方法としての報道機関への事実公表……339

## 終章 刑事被収容者処遇法における接見交通関連規定……341

**1 弁護人等との接見交通権**……341

**2 弁護人等との電話・ファクシミリ通信**……344
　（1）電話通信……344
　（2）ファクシミリ通信……346
　（3）電話・ファクシミリ通信の運用状況……347

**3 面会の一時停止及び終了**
刑事被収容者処遇法117条・219条・267条……349

**4 面会に関する制限**

　　**刑事被収容者処遇法118条・220条・268条／刑訴規則30条・302条／刑事被収容者処遇法施行令2条／刑事被収容者処遇規則69条・70条・71条・72条・73条・75条／国家公安委員会関係刑事処遇法施行規則25条** ……352
　(1)「管理運営上の支障」と休日・夜間接見 ……352
　(2) 面会場所 ……356
　(3) 録音機の使用、書類等の持込み ……358
　(4) 接見状況の写真撮影・録画 ……360

### 5 信書の検査
　　**刑事被収容者処遇法135条・222条・270条** ……364
　(1) 秘密性の保障 ……364
　(2) 信書の内容検査 ……365
　(3) 内容検査の省略 ……369

### 6 信書の内容による差止め等
　　**刑事被収容者処遇法136条・224条・226条・227条・271条・272条・273条／刑事被収容者処遇規則77条・78条・79条・80条・81条・82条／国家公安委員会関係刑事処遇法施行規則26条・27条** ……370

# 初 出 一 覧

序　章　未発表

第１章　「勾留決定・審査手続の対審化と国際人権法」国際人権法学会・国際人権21号（2010年）

第２章　「勾留回避・保釈促進のための社会的援助」立命館法学321＝322号（2009年）

第３章　「代用刑事施設と国連拷問禁止条約」立命館法学316号（2008年）

第４章　「代用刑事施設問題の現在」福井厚編『未決拘禁改革の課題と展望』（日本評論社、2009年）

第５章　「被疑者取調べの適正化と国際人権法」法律時報83巻３号（2011年）

第６章　「被疑者取調べにおける黙秘権と弁護権」浅田和茂＝石塚伸一＝葛野尋之＝後藤昭＝福島至編『人権の刑事法学──村井敏邦先生古稀記念論文集』（日本評論社、2011年）

第７章　「被逮捕者と公的弁護」季刊刑事弁護66号（2011年）

第８章　「弁護士会の人権救済活動と刑事被拘禁者」自由と正義62巻５号（2011年）

第９章　「再審請求人と弁護人との接見交通権」一橋法学８巻３号（2009年）

第10章　葛野尋之＝中川孝博＝渕野貴生編『判例学習・刑事訴訟法』（法律文化社、2010年）（判例27・28・29・31）

第11章　「検察官による弁護人と被疑者との接見内容の聴取が秘密交通権の侵害にあたらないとされた事例」速報・判例解説（法学セミナー増刊）９号（2011年）、「検察官による弁護人と被疑者との接見内容の聴取が秘密交通権の侵害にあたるとされた事例」新・判例解説Watch（法学セミナー増刊）１号（2012年）

終　章　未発表

# 法律・条約等略称一覧

| 法律・条約名 | 略称 |
|---|---|
| 日本国憲法 | 憲法 |
| 刑事訴訟法 | 刑訴法 |
| 刑事訴訟規則 | 刑訴規則 |
| 刑事収容施設及び被収容者等の処遇に関する法律 | 刑事被収容者処遇法 |
| 刑事収容施設及び被収容者等の処遇に関する法律施行令 | 刑事被収容者処遇法施行令 |
| 刑事施設及び被収容者の処遇に関する規則 | 刑事被収容者処遇規則 |
| 国家公安委員会関係刑事収容施設及び被収容者等の処遇に関する法律施行規則 | 国家公安委員会刑事処遇法施行規則 |
| 国家賠償法 | 国賠法 |

| 法律・条約名 | 略称 |
|---|---|
| 市民的及び政治的権利に関する国際規約 | 自由権規約 |
| 拷問及び他の残虐な、非人道的な又は品位を傷つける取り扱い又は、刑罰に関する条約 | 国連拷問等禁止条約 |
| 国内機構の地位に関する原則 | パリ原則 |

| 法律・条約名 | 略称 |
|---|---|
| The European Convention on Human Rights | 欧州人権条約 |
| European Convention for the Prevention of Torture and Inhuman or Degrading Treatment or Punishment | 欧州拷問等防止条約 |
| Inter-American Convention To Prevent And Punish Torture | 米州拷問防止条約 |

| 法律・条約名 | 略称 |
|---|---|
| Human Rights Committee | 自由権規約委員会 |
| Committee Against Torture | 国連拷問禁止委員会 |

# 序章 本書の目的
### 未決拘禁法をめぐる10の課題

## 1 被疑者の身体拘束と取調べ

**(1) 身体拘束と取調べの結合**

　日本の刑事手続は、現在、大きな変革期にある。裁判員裁判の始動は、それに関連する大規模な手続改革と相俟って、刑事手続全体に対して、さまざまな局面にわたり大きなインパクトを与えている。この時期にこそ、刑事手続がこれまで抱えてきた問題を再確認し、それを解決する必要がある。そうでなければ、これらの問題が、新たに形作られる刑事手続をも歪めてしまうであろう。

　解決すべき問題は多い。しかし、最大の問題の一つが、身体を拘束された被疑者の取調べをめぐるものであることに疑いはない。そして、この問題は、たんに取調べ方法を規制し、適正化するための方策はなにかというだけでなく、刑事手続における被疑者取調べの構造的位置をどのように見直すかという問題に繋がっている。

　このような被疑者取調べの構造的位置に関する問題として、最も重要なものの一つは、被疑者の身体拘束と取調べとをどのように関係づけるかということである。身体拘束と取調べとが結合するなか、自白を迫る暴行・脅迫、あるいは自白を誘引する過剰な誘導・暗示が助長され、また、隠蔽されてきた。しかし、それだけではない。あからさまな暴行・脅迫、特別な誘導・暗示がない場合でも、自白を強いる圧力が生まれ、それが被疑者のうえに作用してきたのである。

　そのことを再確認させたものが、足利事件公判中の検察官取調べの録音テープであった。暴行、脅迫などの暴力的要素はみられない、むしろ「丁寧」

で「情理を尽くした」取調べの結果、無実の人が、重大犯罪を自己の犯罪であると告白するのである。自白をして「やっと楽になった」という言葉からは、否認する被疑者として自白を求める取調官と対峙することが、身に覚えのない重大犯罪を自白することよりも、本人にとっていっそう辛く苦しいことであるという事実を教えられる[1]。身体拘束と取調べの結合のなかで生じる自白強要の圧力に注目すべき所以である。

　身体拘束と取調べとの結合は、実は古くから、重要な理論的課題でもあった。刑訴法198条1項但書の反対解釈から、逮捕・勾留された被疑者は取調室に出頭・滞在し、取調べを受ける義務を負うとする取調べ受忍義務は、まさに身体拘束と取調べとを結合させる法理である。平野龍一が早くも1958年、取調べ受忍義務を否定したことは[2]、身体拘束と取調べは分離されるべきとの法理の提唱にほかならない。受忍義務を肯定したのでは、「供述の義務はないといっても、実質的には供述を強いるのと異ならない」という受忍義務否定の根拠は、逮捕・勾留と取調べが受忍義務を媒介として結合するとき、自白強要の圧力が生じ、そのなかで被疑者の黙秘権が危険にさらされるということを意味している。

## （2）代用刑事施設制度と「捜査と拘禁の分離」

　身体拘束と取調べを結合する法理、いわばソフトウエアが取調べ受忍義務だとすれば、両者を結合するハードウエアが、未決拘禁制度としての代用監獄ないし代用刑事施設である。逮捕後、被疑者が勾留質問のために裁判官の面前に引致され、裁判官により勾留を決定された場合でも、実務上その大多数が、警察の留置施設に勾留されることによって、警察の手許で身体を拘束されたまま、取調べを受け続けることになる。ここにおいて、身体拘束と取調べとが結合する。被疑者が代用刑事施設に拘束されるとき、日常生活や情報から隔離され、食事、睡眠から用便に至る生活のすべてを支配・管理されるなかでは、特別な暴行・脅迫、過剰な誘導・暗示のない「普通の」取調べであっても、自白強要の圧力を内在させるのである[3]。刑訴法64条1項が勾留場所として「刑事施設」を規定しているにもかかわらず、未決拘禁法の2007年全面改正を含む刑事被収容者処遇法が、警察などの留置施設を勾留場所として用いることができるとしたことは（14条2項・15条1項）、身体拘束と取調べの結合を継続させるものとして、重大な問題をはらんでいる。

　他方、身体拘束と取調べが結合するなか、身体を拘束された被疑者に自白

が強要され、拷問・虐待が行われ、あるいはその権利が不当に制限される危険が高まるとの認識を基礎にして、国際人権法において、「捜査と拘禁の分離」の原則が確立され、身体拘束と取調べをめぐるグローバル・スタンダードが形成されてきた。代用刑事施設制度は、なによりも最長23日にわたり被疑者を警察の手許で拘束しながら、取調べの継続を許す点において、「捜査と拘禁の分離」の要請に反している。被逮捕者を裁判官の面前に速やかに引致するよう定める自由権規約9条3項に違反するのである。自由権規約委員会や国連拷問等禁止条約に基づく拷問禁止委員会が、日本政府に対して、代用刑事施設の制度的廃止を勧告し続けているのは、それゆえである。

代用刑事施設制度がなおも存続し、警察内部での業務分担によって国際人権法の要請はすでに満たされているとの見解があるなか、国際人権法における「捜査と拘禁の分離」の規範的意味を再確認し、これら国際人権機関からの廃止勧告の意味を正しく理解することが必要である。また、自由権規約9条3項違反を理由として、代用刑事施設への勾留に対して司法的救済を及ぼす可能性が検討されなければならない。これらは、身体拘束と取調べの結合という現状をみるとき、いまなお、刑事手続改革をめぐる最重要課題の一つである。これが第1の課題である。

## 2 弁護人の援助による被疑者の黙秘権の確保

### (1) 黙秘権と弁護権の交錯

近時、いくつかの冤罪事件を通じて、自白獲得のための威圧的・脅迫的取調べ、強度の誘導・暗示などが明らかにされ、それらの結果生まれた虚偽自白が誤判に直結することが再確認された。無罪推定法理のもと、本来、被疑者は、自由な防御主体としての法的地位を保障される。身体を拘束された被疑者の取調べを適正化し、取調べという場面においても、いやむしろ取調べという場面においてこそ、自由な防御主体としての被疑者の地位を実質化することが必要とされる。

現在、取調べ適正化のための方策としては、取調べ過程の録音・録画による可視化に焦点が合わせられている[4]。従来、自白強要、あるいは虚偽自白が争われたとき、裁判所は、自白の任意性を肯定したうえで、その信用性を検討するという手法を多用してきた。ところが、近時、裁判員制度の始動を

契機として、任意性の段階でより慎重な判断をする傾向がみられる。全件・全過程の録音・録画がなされ、自白の任意性が争われたときに、取調べ状況の検証が適切になされるようになれば、取調べの適正化は格段に進展するであろう。取調べ状況の客観的記録が提出されない場合、取調べ状況に関する捜査官の供述の信用性評価において慎重な態度をとり、自白の任意性について厳格な判断を行う裁判例もみられるようになった。しかし、録音・録画によって取調べの「真相解明」機能が阻害されるとして、反対論もなお有力であり、警察・検察の試行は、全件・全過程の可視化ではない。

　他方、自由権規約委員会は、2008年、自由権規約の実施状況に関する第5回日本政府報告書を審査した結果、代用監獄の制度的廃止とあわせ(18項)、取調べ・自白に依存した刑事手続からの脱却を進めるなかで、「虚偽自白を防止し、規約第14条に基づく被疑者の権利を確保するために、被疑者の取調べ時間に対する厳格な時間制限や、これに従わない場合の制裁措置を規定する法律を採択し、取調べの全過程における録画機器の組織的な使用を確保し、取調べ中に弁護人が立会う権利を全被疑者に保障しなければならない」と勧告していた(19項)[5]。取調べの適正化を実効的に進め、自由権規約14条の保障する手続的権利を確保するためには、全件・全過程の録画とともに、取調べ時間の制限、弁護人の立会などが必要であるとの認識によるものといえよう。

　自由な防御主体としての被疑者の地位を実質化するという観点からすると、その黙秘権の保障が最重要課題となる。近時、欧州人権裁判所は、サルダズ対トルコ事件[6]などにおいて、逮捕後、弁護人へのアクセスを制限したまま被疑者を取り調べること、あるいはそれによって採取した自白を有罪証拠とすることは、欧州人権条約の保障する弁護権（6条3項(c)）とともに、黙秘権（6条1項）を侵害することになると判断している。弁護人の援助によって被疑者の黙秘権を確保するという予防的ルールを確立したのである。

　日本においても、1966年の合衆国最高裁ミランダ判決[7]を契機として、その強い理論的影響のもと、弁護人の援助による黙秘権の確保という方向における取調べ適正化論が盛んになった。欧州人権条約に関する欧州人権裁判所の判例は、それと同様の規定を有する自由権規約を解釈するうえでの重要な指針とされるべきである。このことからしても、再度そのような視点から、取調べの適正化を論じる必要があるであろう。被疑者の黙秘権を確保するために弁護人の援助がどのように保障されるべきか、さらに遡って、被疑者の

防御主体としての地位はどのように実質化されうるかを考えるとき、身体拘束下の取調べという場面において、黙秘権と弁護権がどのような目的・機能を有するのか、という理論的課題が浮かび上がるのである。第2の課題である。

### (2) 被逮捕者に対する公的弁護の保障

さらに、弁護人の援助による黙秘権の確保にとって、その現実的基盤を確立するために、被疑者に対する公的弁護、とくに被逮捕者に対する公的弁護の保障が重要課題となる。現在、国選弁護人の選任は勾留決定時からとされ、被逮捕者は選任対象から除外されている。

しかし、身体拘束当初の最もクリティカルな時期、違法・不当な取調べによる自白強要がなされないようにするためにも、また、身体拘束から被疑者を早期に解放するためにも、とりわけ逮捕段階での弁護人の援助が必要かつ重要である。さらに、憲法34条が、逮捕、勾留を区別することなく、身体を拘束された被疑者すべてに対して弁護権を保障していることからすれば、被逮捕者にも公的弁護を保障することが、その趣旨によりよく適うところであろう。裁判官の書面審査による選任の可能性、国選弁護人制度を有効に機能させるための当番弁護士制度との接続・連携などを含め、逮捕段階での公的弁護の保障について再検討しなければならない。第3の課題は、この点についてのものである。

## 3 被疑者・被告人と弁護人との接見交通権の保障

### (1) 接見指定をめぐる最高裁判例

とりわけ被疑者・被告人が身体を拘束されているとき、その防御権を実質化させるためには、有効な弁護の保障が不可欠である。憲法34条の基礎には、そのような認識がある。有効な弁護の保障にとって決定的に重要なのは、身体を拘束された被疑者・被告人と弁護人とのあいだの自由なコミュニケーションの保障である。さらに、自由なコミュニケーションの確保のためには、その秘密性を保障することが不可欠である。秘密性の保障を欠くとき、自由なコミュニケーションの存立基盤が崩壊する。刑訴法39条1項が、「身体の拘束を受けている被告人又は被疑者は、弁護人(等)……と立会人なくして

接見し、又は書類若しくは物の授受をすることができる」と定め、秘密交通権を含む接見交通権を保障しているのは、それゆえである。
　しかし、このような接見交通権が、捜査・取調べの必要（刑訴法39条3項）、あるいは拘禁目的の確保（同条2項）を根拠として、制約されてきたのもまた事実である。刑訴法39条3項による接見指定の合憲性、その要件、あるいは指定内容・方法をめぐっては、最高裁の判例が蓄積されてきた。それらは、接見指定はもちろんのこと、それ以外の方法による接見交通権の制約をめぐっても、下級審判例により参照され、制約の可否・限界に関する判断に対して決定的影響を与えてきた。接見交通権の過剰な制約を排除するために、一連の最高裁判例を再読し、その含意と射程を確認する必要がある。このとき、1999年の最高裁大法廷判決[8]は、刑訴法39条1項の接見交通権を憲法34条の弁護権に「由来する権利」として性格づけていたが、そのことの意味を明らかにし、接見交通権の制約の限界設定のなかに具体化しなければならない。これが第4の課題となる。

## （2）秘密交通権と取調べにおける接見内容の聴取

　近時、接見指定をめぐる深刻な争いが後景に退きつつある一方、秘密交通権の侵害をめぐる争いが続いている。その一例が、捜査機関が取調べにおいて、捜査・取調べの必要を根拠として、被疑者・被告人と弁護人との接見内容を聴取することが許されるか、その限界はどうかという問題である。2008年3月24日の鹿児島地裁判決（志布志事件）[9]は、刑訴法39条1項のもと、被疑者が弁護人から有効・適切な援助を受けるためには意思疎通の秘密性が保障されなければならず、そうであれば、「『立会人なくして』とは、接見に際して捜査機関が立ち会わなければ、これで足りるとするというにとどまらず、およそ接見内容について捜査機関はこれを知ることができないとの接見内容の秘密を保障したものといえ、原則的には接見後その内容を捜査機関に報告させることも許されない」と判示した。そのうえで個別具体的事情に即した検討を行った結果、内容聴取の多くについて秘密交通権の侵害を認めた。
　これに対して、2010年12月17日の佐賀地裁判決（富永事件）[10]は、秘密交通権の重要性を認めながらも、接見指定を合憲とした1999年3月24日の最高裁大法廷判決を引きつつ、秘密交通権も取調べに絶対的に優先するものとはいえず、接見内容の聴取の許容性は「聴取の目的の正当性、聴取の必要性、聴取した接見内容の範囲、聴取態様等諸般の事情を考慮して決すべき」だと

判示した。そのうえで個別具体的事情に即して秘密交通権の要保護性と内容聴取の必要性・相当性を比較衡量した結果、自白の信用性を担保する目的から、被疑者の供述の変遷の有無・動機を解明するためにした接見内容の聴取は適法であるとした。このとき、判決は、「秘密交通権が究極的には被疑者等の防御の利益を保障するものであることからすると、秘密接見におけるコミュニケーションの一方当事者である被疑者等が、真に自由な意思で接見内容を供述した場合には、もはや秘密性保護の必要性は低減した」として、被疑者の任意の供述により秘密交通権の要保護性が低減することを認めた。

その後、2011年7月1日、福岡高裁の控訴審判決[11]は、捜査権と秘密交通権とのあいだの「抵触」の可能性と、両者の「調整の余地」を認めつつも、秘密性が保障されるべき接見内容の聴取を違法とする判断を示した。双方が上告、上告受理申立を行い、現在、事件は最高裁に係属中である。控訴審判決は、第一審判決に比べ、秘密交通権の重要性を高く評価したものだといえようが、報道機関に対して弁護人が公表した事実については、それにより秘密性が消失したとして、その聴取を適法とした。また、弁護人に対して被疑者がそのような事実を話した理由を聴取することは、接見内容の聴取にあたらないから、違法ではないとした。

秘密交通権の制約は、接見交通権の実質的制約に直結し、憲法の保障する弁護権、すなわち有効な弁護を受ける権利の保障に決定的影響を与える。捜査機関による接見内容の聴取については、その可否・限界を慎重に検討しなければならない。そのさい、接見交通権について、弁護人の固有権としての性格を認めることの意義を再確認する必要がある。また、接見交通権の自由な行使に対して接見内容の聴取が及ぼすであろう「萎縮的効果」の内容を明確化したうえで、公表事実の聴取や理由の聴取が、そのような「萎縮的効果」を生じさせないか検討する必要がある。第5の課題である。

## (3) 再審請求人と弁護人との接見交通権

刑訴法39条1項は、「身体の拘束を受けている被告人又は被疑者」に対して、秘密交通権を含む接見交通権を保障している。他方、刑訴法440条1項は、「検察官以外の者は、再審の請求をする場合には、弁護人を選任することができる」と定め、再審請求人の弁護権を保障している。ところが、身体を拘束された再審請求人とその弁護人との接見交通については、実務上、刑訴法39条1項の適用・準用はないとの解釈・運用が確立している。その結

果、その接見の機会が制限され、また、施設職員の立会によって秘密性が奪われてきた。

　しかし、請求人本人から直接事情を聴き、事実と証拠をともに検討する必要があることなどから、再審弁護において請求人と弁護人との接見は、ひときわ重要である。そうであるならば、自由な秘密接見の保障が、弁護人の援助の実効性を確保するために必要であり、そのことは、再審請求の権利を実質化させ、無辜の救済に向けて再審制度を有効に機能させるという趣旨に適うのではないか。このような観点から、再審請求人と弁護人との接見について、刑訴法39条1項の準用を認めるなどして、自由と秘密性を保障すべきでないか検討する必要がある。第6の課題は、これについてのものである。

### （4）刑事被収容者処遇法の解釈・運用と権利救済

　秘密交通権を含む接見交通権については、正当な拘禁目的の確保という目的からも、法律の規定による制約が予定されている（刑訴法39条2項）。この根拠規定となりうるのが、刑事被収容者処遇法の諸規定である。これらの規定には、弁護権・接見交通権の保障に関する憲法・刑訴法の要請、あるいはその趣旨にそぐわないようにみえる規定も含まれている。また、それらに適合しないかのような実務もある。憲法・刑訴法の要請、あるいはその趣旨を踏まえ、刑事被収容者処遇法の規定がどのように解釈・運用されるべきか、現行規定の限界を踏まえた立法論的な改革課題はなにかを明らかにする必要がある。第7の課題である。

　未決被拘禁者を含む刑事被拘禁者の権利を確実に保障するためには、権利侵害に対する実効的救済が確保されなければならない。そのためには、有効に機能する権利救済システムが必要であり、このとき、重層的な救済システムが必要とされる。このような視点から、国連パリ原則に適合した国内人権機関の設置という課題[12]とも関連して、十分な独立性と専門性を備えた救済機関を設置し、強制的権限をもって調査したうえで、拘束力のある救済措置をとることができるようにすべきである。また、被拘禁者の権利救済において、弁護士会の人権救済申立制度が、高度の専門性と独立性、それを基盤とする社会的信頼を有するものとして重要な役割を果たしてきたが、その実効性を高めるための制度的・手続的改革が求められる。この課題は、被拘禁者とその救済申立に関する調査を実施する弁護士とのあいだのコミュニケーションの自由と秘密性をどのように保障すべきかという課題に結節する。こ

れらに関するものが、第8の課題である。

## 4 未決拘禁の抑制と決定手続の対審化

### (1) 無罪推定の法理と身体不拘束の原則

　未決拘禁は、被疑者・被告人の身体の自由という重要な人権を制約する。しかも、未決拘禁には重大な弊害がともなう。身体拘束状態におかれることは、被疑者・被告人の防御権の行使を事実上困難にし、その自由な防御主体としての地位を危うくする。同時に、市民としての権利にも重大な制約が生じる。これらのことからすれば、未決拘禁は最大限抑制されなければならない。

　憲法31条の保障する適正手続に内在するものとして認められ、また、自由権規約14条2項において明記されている無罪推定は、立証責任と証明規準に関する証拠法上のルールにとどまらず、刑事手続における被疑者・被告人の法的地位を包括的に示す法理として理解されるべきである。そうであるならば、無罪推定の法理は、被疑者・被告人の身体拘束のあり方においても具体化されなければならない。すなわち、未決拘禁の最終手段性を承認したうえでの、身体不拘束の原則である[13]。自由権規約9条3項は、「裁判に付される者を抑留することが原則であってはなら」ないと定めている。自由権規約委員会の一般的意見8(16)は、この規定のもと、「未決拘禁は例外的で、可能な限り短期間のものでなければならない」と述べている[14]。このように、身体不拘束の原則が確認されているのである。

　身体不拘束の原則からすれば、第1に、未決拘禁の要件を、身体拘束を正当化するに足りるものとして明確に定めたうえで、厳格に認定しなければならない。日本の勾留要件（刑訴法60条1項）についていえば、個別事案に即した具体的根拠に基づき、犯罪の相当な嫌疑を認定しなければならず、逃亡・罪証隠滅の危険についても、具体的根拠に基づく現実的危険として認定しなければならない。抽象的な「おそれ」をもっての身体拘束は、正当化されえない。また、勾留の必要性（同法87条1項参照）についても、厳格な認定が必要とされる。

## （2）未決拘禁抑制のための社会的援助

　第2に、身体拘束の要件が認められる場合でも、多様な条件をともなう保釈その他の拘禁代替措置を開発・整備したうえで、それを積極的に活用することによって、拘禁回避を追求すべきである。現在、権利保釈の除外事由（同法89条各号）は曖昧かつ広汎に過ぎ、裁量保釈も含め、保釈の運用状況はあまりに制限的であると批判されている。権利保釈の除外事由を明確化し、限定するとともに、保証金（同法93条1項）以外の保釈条件を開発・整備することが急務である。

　そのうえでさらに、勾留を回避し、保釈を促進するために、被疑者・被告人の逃亡の危険について裁判所・裁判官が正確かつ十分な資料に基づき判断することができるよう、人間行動科学ないし対人援助の専門家が、住居、家庭環境、就労状況、コミュニティとの繋がりなど、被疑者・被告人の生活環境に関する情報を収集し、裁判所・裁判官に対して提供する保釈情報サービスが構想されるべきであろう。さらに、勾留回避・保釈促進のための積極的な社会的援助が制度化されるべきであろう。このとき、イングランド・ウェールズの保釈支援サービスが参考になる。保釈支援サービスは、保釈の許可にとって障害となるべき問題に対処し、また、保釈や他の拘禁代替措置にともなうさまざまな条件の遵守を確保するために、被疑者・被告人への対人支援の提供やその生活環境の調整を行うものである。被告人が安定した住居を有しない場合には、住居が確保されることになる。そのほか、家族関係の調整、薬物・アルコール問題の解決支援、借財問題の解決支援、就労支援、生活保護、雇用保険その他社会保障給付金の受給支援などが行われている。未決拘禁抑制のための社会的援助の構築は、無罪推定法理（憲法31条、自由権規約14条2項）に根ざした身体不拘束の原則を具体化するための重要課題であり、「格差社会」の進行にともない、その重要性はますます高まっている。これらが第9の課題となる。

## （3）未決被拘禁者の防御権と市民的権利

　身体不拘束の原則からは、第3に、例外的に未決拘禁がなされる場合でも、未決被拘禁者は拘禁されていないときの社会生活と可能な限り近接した生活条件を保障されなければならず、その権利は最大限に保障されるべきことになる。自由権規約10条は、「自由を奪われたすべての者は、人道的にかつ人間の固有の尊厳を尊重して、取り扱われる」との一般原則を定めたうえ

で（1項）、「被告人は、例外的な事情がある場合を除くほか有罪の判決を受けた者とは分離されるものとし、有罪の判決を受けていない者としての地位に相応する別個の取扱いを受ける」と規定している（2項(a)）。この2項は、正式告発を受けた者（the accused person）（以下、被告発者）だけでなく、未だ正式告発を受けていない場合も含め、身体を拘束されている被疑者・被告人すべてに適用されると理解されており[15]、自由権規約委員会の一般的意見21（44）は、この規定が「有罪とされるまでは無罪の推定を受ける権利を享有するこれらの人々の地位を強調」するものだとしている[16]。未決被拘禁者の権利を最大限保障すべきことは、無罪推定の法理より生じる要請なのである。

　権利の保障においては、まず、未決被拘禁者の市民としての権利が最大限に尊重され、正当な拘禁目的を達成するために必要最小限の制約のみが許容されるべきことになる。他方、被疑者・被告人としての法的地位に基づく防御権については、その保障の趣旨に反するような制約は許されない。とりわけ、刑訴法39条1項の保障する接見交通権については、正当な拘禁目的の確保を理由とするいかなる実質的制約も許されないというべきである。このことが、刑事被収容者処遇法の解釈・運用のなかに具体化されなければならない。先の第7の課題は、このことを含んでいる。

## (4) 勾留決定・審査手続の対審化

　勾留・保釈の運用状況をみたとき、身体不拘束の原則がどれほど現実化しているかについては、疑問も生じる。勾留理由、とりわけ罪証隠滅の危険が具体的根拠に基づく現実的危険としてではなく、抽象的な「おそれ」として認められ易いなど、厳格さに欠ける運用が広がっているといわれる。裁判官・裁判所のコントロールは、有効に機能していないと批判されている。実際、検察官の勾留請求に対する却下率は、2008年、1.09％であった。保釈率についても、1970年代前期には60％近かったものが、最近は15％程度にまで下落している。最近、裁判員裁判や公判前整理手続の開始の影響もあって、勾留審査の厳格化や保釈の拡大という傾向が指摘されているが、なお限定的なものにとどまる[17]。

　未決拘禁の要件が厳格に認定され、その最終手段性が確保されるためには、その決定手続、あるいは決定後の審査手続において、被疑者・被告人の実効的な防御が保障されなければならない。しかし、現状がそうなっているかは疑問である。勾留決定のための勾留質問（刑訴法61条）について、裁判官のあ

いだには、弁護人の立会は原則不要であるとの理解が強く、立会が認められることは希有である。勾留の理由・必要について、被疑者が検察官提出の資料（刑訴規則148条）の内容と異なる陳述をした場合でも、勾留決定の迅速性が強調されるなか、それ以上事実の取調べ（刑訴法43条3項）がなされることは稀である。捜査の密行性や捜査妨害のおそれを理由にして、勾留要件を基礎づける証拠が、被疑者・弁護人に事前開示されることもない。また、勾留決定の取消を求める準抗告（同法429条1項）、勾留理由の開示請求（憲法34条、刑訴法82条1項）、勾留の取消請求（刑訴法87条）、保釈の請求（同法88条1項）は、裁判官・裁判所が勾留決定の適法性を審査し、あるいは勾留要件を再確認することによって、身体拘束から被疑者・被告人を解放する機会となりうる。しかし、これらについても、被疑者・弁護人の関与は十分認められておらず、実効的な防御の機会が保障されているとはいいがたい。

このような勾留決定・審査手続のあり方は、身体の自由の保障と無罪推定の法理のもと、はたして許容されるのか。欧州人権裁判所の判例によれば、欧州人権条約6条4項のもと、裁判所の勾留審査においては、被拘禁者が勾留の適法性を効果的に争うことができるよう、審査手続への立会を含む弁護人の実質的援助とともに、武器平等を確保した対審的手続による口頭審理が保障されなければならず、その前提として、勾留要件を基礎づける重要証拠の開示が要請されている。このような手続保障は、逮捕後、被疑者が裁判官の面前に引致され、裁判官により身体拘束の継続が決定される場合には（同条約6条3項）、その初回出頭時の審問においても要求される。国際人権法による手続保障の水準を明らかにしたうえで、それを踏まえ、日本の勾留決定・審査手続のあり方を再考する必要がある。これが10番目の課題となる。

## 5　被疑者の防御と「捜査妨害」
### ——「取調べのための身体拘束」の克服

### (1) 捜査の密行性

重要証拠の事前開示、弁護人の立会、弁護人による意見陳述などを含む、勾留決定・審査手続の対審化を否定する根拠として、手続の迅速性とともにあげられてきたのが、捜査の密行性と捜査妨害のおそれである[18]。裁判官の

見解として、次のようにいわれる。すなわち、勾留質問においては「必要に応じ事実の取調べを行うことができるが（43条3項）、勾留の裁判では、迅速性が要求されるほか、捜査の密行性の観点から、証拠の具体的内容が被疑者等に明らかにされることを避ける必要があり、事実調べの範囲や方法も制限されてこよう」。弁護人の立会についても、「勾留手続は、一般に迅速性、密行性を前提としていることから、事案によっては、この観点からの理由に基づき、勾留質問への弁護人の立会いが相当でない場合もあろう」し、「弁護人が裁判官に釈明を求め、または、証拠の内容や勾留の許否に関して意見を述べる場合には、被疑者の面前では不適当であって、勾留質問の前後に書面または裁判官との面接により行うべきであろう」とである[19]。

しかし、捜査の密行性や捜査妨害のおそれを理由にして、事実取調べの範囲・方法を制限し、弁護人の立会を否定し、重要証拠の事前開示を拒否することができるかについては、慎重な検討が必要である。

捜査の密行性について、旧刑訴法253条は、「捜査ニ付テハ秘密ヲ保チ被疑者其ノ他ノ者ノ名誉ヲ毀損セサルコトニ注意スヘシ」と規定していた。しかし、現行刑訴法196条は、「検察官、検察事務官及び司法警察職員並びに弁護人その他職務上捜査に関係のある者は、被疑者その他の者の名誉を害しないように注意し、且つ、捜査の妨げとならないように注意しなければならない」と規定することにより、一般的・包括的な捜査の密行性が要求されるのではなく、捜査の秘密保持も名誉毀損と捜査妨害の防止という範囲に限定されるべきことを明らかにした[20]。一般的・包括的な捜査の密行性を措定し、それをもって、勾留決定・審査手続の対審化を否定することはできないというべきである。

「被疑者の継続的な身体拘束を要求する検察官がその正当性を示す証拠として提出した資料を被疑者が検討し、反証することが直ちに名誉毀損……になるといえないことは明らか」であろう[21]。それでは、捜査妨害の危険性についてはどうか。捜査妨害の危険を考えるとき、弁護人による捜査妨害行為を問題にすべきではなかろう[22]。弁護人は、弁護士として高度の職業倫理に拘束され、弁護士会の懲戒システムも存在し、刑事制裁の可能性さえもあるからである。問題とすべきは、被疑者自身による捜査妨害の危険性である。

## （2）具体的・現実的危険性としての捜査妨害

勾留決定・審査手続の対審化は、被疑者の防御の実効的保障に直結する。

それを否定する根拠として援用する以上、捜査妨害の危険は、たんなる抽象的な「おそれ」では足りず、具体的な罪証隠滅、証人威迫などの妨害行為の現実的危険性として捉えられなければならない。それゆえ、どのような証拠について、どのような妨害行為が行われる現実的危険があるのか、客観的可能性としても、被疑者の主観的意図としても、具体的な認定が必要とされる。

たしかに、勾留決定・審査手続を対審化することによって、被疑者は、その身体拘束の継続を正当化する資料として検察官が提出した証拠を検討する機会をもち、そのような証拠の存在・内容を認識することができるであろう。しかし、そのことによって直ちに、被疑者が具体的な捜査妨害行為に及ぶ現実的危険性が一般に生じるといえるのか、大いに疑問である。自己の身体拘束の継続を正当化する証拠の存在・内容を認識することと、それをもとに具体的な証拠隠滅、証人威迫など妨害行為を、第三者に行わせることも含め、実際に行うこととのあいだには、やはり大きな質的懸隔があるといわなければならない。

もっとも、個別具体的事案によっては、被疑者が証拠の存在・内容を認識することによって、具体的な捜査妨害行為に及ぶ現実的危険性が生じると認められる場合も、おそらく多くはないにせよ、ありうるであろう。しかし、その場合には、裁判官は、罪証隠滅の具体的・現実的危険があることを理由として、勾留を決定し、あるいは勾留を継続するとの判断を行うことができる。被勾留者に対する罪証隠滅の防止措置（刑訴法81条、面会・通信に関する刑事被収容者処遇法の諸規定）の可能性も考えあわせれば、身体拘束を継続することによって、被疑者による捜査妨害行為は、効果的に防止されるはずである。それゆえ、被疑者が証拠の存在・内容を認識することによって、たとえ具体的な捜査妨害行為の現実的可能性が生じるとしても、だからといって直ちに、勾留決定・審査手続を対審化し、被疑者に証拠を検討する機会を与えることは否定されるべきだ、ということにはならないはずなのである。

## (3) 被疑者の防御権と「捜査妨害」

他方、勾留決定・審査手続の対審化は、重要証拠の事前開示、弁護人の立会、弁護人との相談、被疑者の主張を法的観点から構成し整理した弁護人の意見陳述など、被疑者の実効的な防御の保障に直結する。身体の自由の価値にかんがみれば、また、無罪推定の法理に根ざした身体不拘束の原則からしても、この場面において被疑者には、十分な防御権が、実質的に保障されな

ければならない。刑訴法196条のいう捜査妨害を、いまかりに、勾留中の取調べの支障を含む一般的・包括的な意味において理解するとしても、被疑者の正当な防御権の行使である限りは、それによって生じる捜査妨害の「おそれ」を理由にして、防御権の行使を制限することは許されないというべきである。弁護人の有効な援助のもと、被疑者の防御権を実質的に保障することの手続的具体化の結果が、すなわち勾留決定・審査手続の対審化であるならば、捜査妨害の「おそれ」を理由にしてそれを否定することはできないのである。

　弁護人による被疑者の供述調書の内容確認をめぐって、かつて村井敏邦が指摘したように、「たしかに、不当な捜査妨害は排除されなければならない。しかし、被疑者には防御権が保障されているのであって、この防御権の行使によって捜査に妨げが生じたとしても、それはここにいうところの『捜査の妨げ』とはならないと解さなければならない。いな、防御権の行使を円滑にするためには、一定程度の捜査情報を被疑者・弁護人に明らかにする義務さえ、捜査機関にはあるというべきであろう[23]」。勾留決定・審査手続は、このことが妥当する場面である[24]。そのような理解を基礎にして、欧州人権裁判所の判例は、勾留決定・審査手続の対審化を進め、それにより被疑者の防御権の保障を実質化したのである。

## （4）犯罪の嫌疑を争う機会と否認・黙秘

　被疑者の防御権の実質化という観点からは、勾留理由としての罪証隠滅の危険を判断するにあたり、被疑者の供述態度を考慮することも問題になる。否認・黙秘という被疑者の供述態度をもって罪証隠滅の主観的意図の徴憑とすることは、虚偽自白の強要につながるから、それを勾留要件の判断にあたり不利益に考慮することは許されないとの見解[25]に対して、それを肯定する立場も有力である。すなわち、「否認や黙秘の供述態度から直ちに罪証隠滅の主観的意図が認められるとの関係にあるものではない」としつつも、「虚偽の弁解をし、またはことさら供述を変転させるなどして積極的に否認していることは、罪証隠滅の意図の存在を強める方向に働く一つの事情というべきであるし、さらに、黙秘している場合にあっては、自白している場合のような罪証隠滅の意図を否定する方向の有力な情況に欠けるといわざるを得ず、そのような場合と対比すれば、罪証隠滅の判断に当たって不利に作用することはやむを得ない」とするのである[26]。

たしかに、被疑者の否認・黙秘を罪証隠滅の主観的意図に直結しているわけではないといえるであろう。しかし、罪証隠滅の危険という要件判断は、犯罪の相当な嫌疑の認定とは別に行われるものである。いま犯罪の相当な嫌疑が存在することを前提とするとき、それにもかかわらず被疑者が否認していれば、それは相当な嫌疑の存在に矛盾する「虚偽の」弁解、あるいは「不合理な」否認であるとみなされ、罪証隠滅の主観的意図を推認させる有力な事情とされることになるであろう。黙秘もまた反抗的ないし非協力的な態度を示すものとみなされ、同様に扱われることになるであろう。結局、犯罪の相当な嫌疑が認められる限り、あらゆる否認・黙秘が罪証隠滅の主観的意図の認定と、たとえ直結されるのではないにせよ、強く結びつけられることになる。その結果、被疑者が身体拘束の不利益を回避しようとすれば、否認・黙秘ではなく、自白をせざるをえないという状況に追い込まれることになる。
　このように、被疑者の否認・黙秘が、犯罪の相当な嫌疑の存在を媒介として、罪証隠滅の主観的意図と強く結びつけられるのであれば、そのことが、被疑者に対し自白を強要する圧力とならないようにするためには、勾留決定にあたって、被疑者が犯罪の相当な嫌疑を効果的に争うことが可能でなければならない。犯罪の相当な嫌疑を効果的に争う機会を与えられていてこそ、はじめて被疑者は、身体拘束の威嚇から解放され、否認・黙秘を選択する自由を実質的に得ることとなる。そのような機会を確保するために、弁護人の有効な援助のもと、被疑者の防御権が実質的なものとして確保されなければならない。勾留決定・審査手続の対審化が要求される所以である。

### (5) 取調べの支障としての「捜査妨害」

　少し遡って、捜査妨害とはどのような内実をもつものなのか検討してみよう。
　捜査妨害を排除するために、捜査の密行性を維持し、被疑者の身体拘束の継続を正当化する証拠として検察官が提出した証拠を検討する機会を、被疑者には与えるべきでないといわれるとき、もし捜査妨害として、具体的な罪証隠滅、証人威迫などの妨害行為の現実的危険が想定されているのであれば、それを理由として被疑者の身体拘束を継続することにより、捜査妨害を効果的に予防することが可能なはずである。それゆえ、捜査妨害の具体的・現実的危険ではなく、むしろその抽象的な「おそれ」が想定されているにすぎないといえるであろう。勾留決定・審査手続の対審化が被疑者の防御権の実質

化に直結するものである以上、このような抽象的な「おそれ」を理由にしてそれを否定することは許されない。これらについては上述した。また、弁護人の有効な援助のもとでの被疑者の正当な防御権の行使として認められる範囲である限り、そのような「おそれ」自体を問題にすべきでないことも、上述した。

　問題はなお残る。ここにおいて想定されている捜査妨害は、その「おそれ」を根拠にして身体拘束を継続したとしても、それによっては排除できないような内実を有する「捜査妨害」なのである。身体拘束の継続によって防止できるのであれば、たとえ「捜査妨害」のおそれが生じたとしても、それをもって、被疑者に証拠を検討する機会を与えることを否定することはできないであろう。身体拘束の継続があってもなお残存する「捜査妨害」のおそれだからこそ、被疑者に証拠の存在・内容を認識させることによってそのおそれが生じること、それ自体を許そうとしないのである。

　このように想定される「捜査妨害」が、被疑者のなんらかの働き掛けをともなう具体的な罪証隠滅、証人威迫などの妨害行為でないことは、明らかであろう。それでは、被疑者に証拠の存在・内容を認識させることによって生じ、それを理由にして身体拘束を継続したとしてもなお排除することのできない「捜査妨害」のおそれとはなにか。このような「捜査妨害」の内実はなにか。

　このとき想起すべきは、ハードウエアとしての代用刑事施設、ソフトウエアとしての取調べ受忍義務によって、被疑者の身体拘束と取調べとが結合しているという刑事手続の構造である。被疑者は警察の手許に拘束され、その間、取調べを強制されるのである。このことを考えたとき、身体拘束を継続してもなお排除できない「捜査妨害」とは、効果的な取調べに支障が生じるということである、と考えざるをえないであろう。被疑者の身体拘束の継続を正当化する根拠として検察官が提出したものであったとしても、捜査機関がすでに保持している証拠の存在・内容を被疑者の前に示し、被疑者に認識させたならば、被疑者を取り調べ、捜査機関が期待する供述を獲得することが困難になる「おそれ」がある。効果的な取調べのためには、被疑者に証拠の存在・内容を具体的に認識させるべきではない[27]。このような意味での取調べの支障こそが、「捜査妨害」の内実とされているのである。

　刑訴法60条1項が明記しているように、勾留の目的は逃亡・罪証隠滅の防止であって、取調べではない。しかし、効果的な取調べに支障が生じるこ

とをもって「捜査妨害」が観念されるとき、実質的には、被疑者の身体拘束の目的は取調べにあるとされている、ということを肯定せざるをえないであろう。被疑者を取り調べるためにこそその身体を拘束するのであるから、身体拘束を継続するための手続において、効果的な取調べに支障が生じるようなことは断じて許されない、とされるのである。かくして、勾留決定・審査手続を対審化し、被疑者に対し証拠を検討する機会を与えることは、拒否されることになる。

　取調べを目的とする身体拘束は、本来、刑訴法の認めるところではない（刑訴法60条１項・207条１項、刑訴規則143条の２）。しかし、それは、「捜査妨害」と姿を変えて、見えにくいものとなって残存している。「取調べのための身体拘束」を克服すること。これは、先の10の課題すべてに通底する課題である。たとえば、捜査・取調べが効率的に行えるよう、その便宜を考慮して、警察留置施設に被疑者を勾留するという代用刑事施設制度[28]、取調べ中、または確実で間近な取調べ予定があるときは、原則として捜査に顕著な支障が生じると認め、「捜査のため必要」（刑訴法39条３項）があるとして接見指定を許すことなども、「取調べのための身体拘束」が具体化したものだといえるであろう[29]。

## 6　本書の構成

　以上、本書が検討すべき10の課題を整理した。そのうえで、これらすべてに通底する「取調べのための身体拘束」の克服という課題を明らかにした。これら10の課題は、それぞれ固有の問題を含んでいるが、すべて刑事手続における被疑者・被告人の身体拘束処分としての未決拘禁に関係する問題である。本書は、未決拘禁法のあり方という統一的視点に立って、これらの諸課題に取り組もうとするものである。以下、本書の構成を示す。

　第１章「勾留決定・審査手続の対審化と国際人権法」は、第10の課題をめぐって、勾留決定・審査手続における被疑者・被告人の防御権の実質化について論じる。この章は、欧州人権裁判所の判例による勾留決定・審査手続の対審化、そのなかでの弁護人の援助による被告発者の防御権の実質化という展開を確認したうえで、自由権規約９条３項・４項のもと、日本法としても、勾留決定・審査手続において、被疑者・被告人が勾留の適法性を効果的

に争うことができるよう、弁護人の立会を含むその実質的援助とともに、重要証拠の事前開示がなされたうえで、武器平等を確保した対審的手続による裁判所の直接口頭審理が保障されなければならないとする。勾留質問手続に続き、勾留決定に対する準抗告審手続、勾留取消請求の審査手続、被勾留者による保釈請求手続においてこのような手続保障を確立し、被疑者の防御権を実質化することによってこそ、身体拘束の継続に関する司法判断の厳格化が促されるであろう。

第2章「勾留回避・保釈促進のための社会的援助」は、第9の課題をめぐって、未決拘禁抑制のための社会的援助について論じる。保釈決定手続の対審化、保釈条件の多様化による拘禁代替措置の開発という制度的・手続的改革を進めたうえで、イングランド・ウェールズ法の展開に学びながら、被疑者・被告人の逃亡の危険について裁判所・裁判官が正確かつ十分な資料に基づき判断することができるよう、人間行動科学ないし対人援助の専門家が住居、家庭環境、就労状況、コミュニティとの繋がりなど、その生活環境に関する情報を収集し、裁判所・裁判官に対して提供する保釈情報サービス、さらには、保釈や他の拘禁代替措置にともなうさまざまな条件の遵守を確保するために、被疑者・被告人への対人支援の提供やその生活環境の調整を行う保釈支援サービスの制度的構築を提言する。

第3章「代用刑事施設と国連拷問等禁止条約」は、第1の課題をめぐって、警察留置施設に被疑者を勾留することによって、最長23日間、被疑者を警察の手許に拘束しつつ、取調べを継続することを可能にするという代用刑事施設制度を批判的に検討する。この章は、日本政府に対する国連拷問禁止委員会の2007年勧告をとりあげ、国際人権法における「捜査と拘禁の分離」原則（自由権規約9条3項）の意味を再確認した後、締約国に拷問・虐待防止措置を効果的に講じるよう義務づけた国連拷問等禁止条約2条1項・16条1項に、代用刑事施設制度が違反すること、代用刑事施設制度における拷問・虐待防止義務違反の実質は「捜査と拘禁の分離」に適合しないことであり、それゆえ防止義務の内容が具体的に明確なものとなっていることから、代用刑事施設への勾留について同条約のこれらの規定の直接適用による司法的救済が認められるべきことを論じる。

第4章「代用刑事施設問題の現在——2008年自由権規約委員会勧告から」は、同じく第1の課題について、日本政府に対する自由権規約委員会の2008年勧告を素材にとりつつ検討する。この章は、自由権規約委員会の勧

告が、自由権規約9条3項の「捜査と拘禁の分離」に違反することから、代用刑事施設の制度的廃止を要求したものであることを確認した後、代用刑事施設への勾留について、規約9条3項違反を理由にして司法的救済がなされるべきことを論じる。

第5章「被疑者取調べの適正化と国際人権法——弁護人の援助による黙秘権の確保」は、身体拘束下の被疑者取調べの適正化に関する第2の課題について論じる。近年、欧州人権裁判所のサルダズ判決などは、逮捕後、弁護人へのアクセスを制限したまま被疑者を取り調べること、あるいはそれによって採取した自白を有罪証拠とすることが、欧州人権条約の保障する弁護権とともに、黙秘権を侵害することになると判示し、弁護人の援助による黙秘権の確保という予防的ルールを確立した。この章は、サルダズ判決へと至る欧州人権裁判所の判例の展開と、その影響のもとに現れた英国最高裁判例に検討を加えたうえで、日本法においても、自由権規約14条3項(c)・(g)のもと、逮捕後、弁護人へのアクセスを制限したまま被疑者を取り調べることは黙秘権・弁護権の侵害となるから、身体拘束下の取調べを受ける被疑者が、弁護人となろうとする者としての当番弁護士との接見を含め、弁護人等との接見を申し出たときは、取調べに先立ち、または取調べを中止して、接見の機会を付与しなければならないとする。

第6章「被疑者取調べにおける黙秘権と弁護権」は、取調べ適正化の人権論的構築という視点から、同じく第2の課題について検討する。この章は、被疑者取調べという場面において、黙秘権は供述の自由を保護し、供述の強要を禁止するという保護的権利としての性格だけでなく、取調べという場面において被疑者の効果的防御を可能にするための防御権的性格を有していることを論じる。そのうえで、取調べへの対応が防御上重要な意味をもつ以上、防御権的性格を有する黙秘権を確保するための手続保障として、被疑者が自己の権利を十分理解したうえで取調べに臨み、取調べにどのように対応するかを判断するにあたり、取調べに先立つ弁護人との接見とともに、取調べ中の弁護人立会権が保障されなければならず、ここにおいて、弁護権の参加的機能が発揮されることになるとする。

第7章「被逮捕者と公的弁護」は、第3の課題について論じる。弁護人の援助による黙秘権の確保という手続保障にとって、それを支える制度的基盤となるのは、被疑者に対する公的弁護の強化である。この章は、逮捕段階の弁護の必要性・重要性を確認した後、裁判官が被疑者と直接面接して貧困そ

の他の選任要件を確認する必要は、たとえ皆無でないとしても、僅少でしかないことから、逮捕時から被疑者に選任請求権を認めたうえで、裁判官は選任要件の書面審査により国選弁護人を選任するという制度を設けるべきであり、さらに、逮捕段階からの国選弁護人制度を有効に機能させ、公的弁護の保障を全体としてより強化するため、とくに確実な選任請求のための手続保障として、当番弁護士の接見・助言を公的に保障すべきであることを論じる。

第8章「弁護士会の人権救済活動と刑事被拘禁者」は、未決被拘禁者を含む刑事被拘禁者の権利救済に関する第8の課題をめぐり、実効的な権利救済のために、十分な独立性と専門性を備えた救済機関を設置し、強制的権限をもって調査したうえで、拘束力のある救済措置をとることができるようにすべきとする。さらに、高度の専門性・独立性を基盤として、これまで重要な役割を担ってきた弁護士会の人権救済活動について、その実効性を高めるために、救済措置に対する法務大臣の応答義務を認めるべきであり、また、刑事被拘禁者の救済申立に関する調査においては、被拘禁者と調査担当弁護士との面会・信書発受について自由と秘密性を保障すべきことを論じる。

第9章「再審請求人と弁護人との接見交通権」は、第6の課題を扱う。無辜の救済に向けて再審制度を有効に機能させるためには、請求手続において請求人の請求趣旨が可能な限り反映されなければならず、そのためには請求人に対する有効な弁護を確保しなければならない。最高裁白鳥・財田川決定のもと、再審請求手続は新旧全証拠の総合評価に基づき、確定判決の有罪認定に合理的疑いが生じるかどうかを判断する手続として規定されるが、このような請求手続において請求人の実質的関与が強化されるべきとき、請求手続の性質・構造は公判手続と共通するものであり、刑事弁護の目的も請求手続において同じく妥当することからすれば、刑訴法39条1項が準用されるべきである。また、国際人権法のもと、公正な裁判を受ける権利に基づく裁判にアクセスする権利を具体化するために、有効な法的援助を受ける権利の保障が必要であり、さらにそのためには、被拘禁者と弁護士とのあいだの自由かつ秘密のコミュニケーションが保障されなければならない。同じくこのことは、刑事手続における弁護権の保障としても要請される。この章は、これらのことを踏まえて、身体を拘束された再審請求人と弁護人とのあいだには、自由な秘密接見が保障されるべきことを論じる。

第10章「最高裁接見交通判例再読」は、第4の課題をめぐって、接見指定の合憲性・適法性をめぐる最高裁判例を再検討する。1999年大法廷判決は、

接見交通権と捜査権との「合理的な調整」をはかるものとして刑訴法39条3項を合憲としたが、その前提として、弁護人の接見申出がある場合、いつでも接見の機会を認めることが原則であり、接見指定は「必要やむを得ない例外的措置」だとした。その一方で、現に取調べ中であり、または確実で間近な取調べ予定がある場合には、原則として捜査中断による顕著な支障が認められるから、接見指定が可能であるとした。最高裁判例は、このような矛盾をはらむ論理に立ちつつ[30]、接見指定の要件、内容、方法について適法性を判断してきたといってよい。この章は、最高裁判例の再読を通じて、その意義と限界を明らかにする。

　第11章「検察官による接見内容の聴取と秘密交通権」は、第5の課題をめぐって、検察官による接見内容の聴取を適法とした2010年12月17日佐賀地裁判決に対して、批判的検討を加えている。この章は、たとえ秘密交通権が被疑者の防御を究極目的とし、弁護人はその援助者であるとの理解に立ったとしても、被疑者の単独の判断による任意の供述によって秘密交通権の要保護性が喪失・低減するとは認められないこと、接見指定の合憲性を認めた1999年3月24日最高裁大法廷判決は、接見指定を被疑者の身体の利用をめぐる時間的・場所的調整に限定することによって、捜査・取調べ目的による接見交通権の、それを超えるような実質的制約を排除したのであるから、むしろこの趣旨からすれば、内容聴取により接見交通権を実質的に制約することは許されないというべきことなどを論じる。さらに、秘密性の消失していない接見内容の聴取を違法とした2011年7月1日福岡高裁判決をめぐっても、捜査・取調べ権限と秘密交通権との実質的調整を否定する方向は正当といえるものの、他方で、報道機関に対して弁護人が公表した事実については、秘密性が消失するとして内容聴取を適法と認め、また、そのように弁護人に対して話した理由を被疑者から聴取することも、接見内容の聴取ではないとして適法とした点については、聴取が本来許されない接見内容にまで聴取が及ぶ可能性を排除できないことから、自由な接見交通権の行使に萎縮的効果を生むものであって、許されるべきでないことを論じる。

　終章「刑事被収容者処遇法における接見交通関連規定」は、第7の課題について、被疑者・被告人としての地位を有する未決拘禁者と弁護人との接見交通に関する刑事処遇法の規定に検討を加えている。この章は、憲法の弁護権、刑訴法の接見交通権の保障がなにを要請しているかを明らかにしたうえで、刑事処遇法117条・219条・267条による面会の一時停止・終了につい

ては、その必要性が僅少であるにもかかわらず、弁護人接見の秘密性を危険にさらす過剰な制限となること、それゆえ施設職員は弁護人等からの要求がある場合において必要な措置をとることができることを定めている趣旨であると、限定的に解釈・運用されるべきこと、管理運営上の支障を理由とする夜間・休日の接見制限は原則許されるべきではないこと、弁護人等が被疑者・被告人の表情、所作、その身体の状態など、接見時の状況を写真撮影・録画するとき、そのような写真撮影・録画は、刑訴法39条1項の接見交通権の正当な行使として認められるべきであり、撮影・録画内容の秘密性が保障されるべきことなどを論じる。

　本書は、未決拘禁法をめぐる1から10までの課題について検討することを通じて、未決拘禁の最終手段性を確保するために、その決定手続における被疑者・被告人の防御権を実質化し、拘禁回避のための社会的援助を制度として構築しようとする。また、代用刑事施設制度を廃止し、警察留置施設への勾留を違法とすることによって、「捜査と拘禁の分離」原則の具体化を徹底させようとする。さらに、身体拘束下の取調べの場面において弁護人の援助により被疑者の黙秘権を確保し、その制度的基盤となるべき被疑者に対する公的弁護の保障を強化し、憲法の求める有効な弁護の保障のために、身体を拘束された被疑者・被告人と弁護人とのコミュニケーションの自由と秘密性を保障しようとする。これらのことは、1から10までの課題すべてに通底する「取調べのための身体拘束」を克服することにつながるはずである。

---

1　足利事件の検察官取調べについて、佐藤博史＝木谷明＝高木光太郎「(座談会)足利事件・取調べ録音テープを聴く」世界2010年7月号、佐藤博史「足利事件の取調べテープが教える取調べの技術」日本法学76巻4号（2011年）参照。
2　平野龍一『刑事訴訟法』(有斐閣、1958年) 106頁。
3　葛野尋之『刑事手続と刑事拘禁』(現代人文社、2007年) 51-54頁。
4　小坂井久『取調べ可視化論の現在』(現代人文社、2009年)、青木孝之「取調べ可視化論の整理と検討」琉大法学81号（2009年）、指宿信『被疑者取調べと録画制度』(商事法務、2010年)、「特集・取調べの可視化と捜査構造の転換」法律時報63巻2号（2011年）など参照。
5　日本弁護士連合会編『日本の人権保障システムの改革に向けて』(現代人文社、2009年)参照。
6　Salduz v Turkey,（2008）49 EHRR 421.

7　Miranda v Arizona, 384 U.S. 436（1966）.
8　最大判平11（1999）・3・24刑集43巻7号581頁。
9　鹿児島地判平20（2008）・3・24判時2008号3頁。
10　佐賀地判平22（2010）・12・17LEX/DB25470563。
11　福岡高判平23（2011）・7・1判時2127号9頁。
12　山崎公士「日本における人権救済制度の整備」自由と正義61巻3号（2010年）、竹村二三夫「国内人権機関の設立を目指して」同誌所収、同「国内人権機関設置の展望」法の科学41号（2010年）、小池振一郎「法務省『新たな人権救済機関の設置について（中間報告）』を公表」自由と正義61巻11号（2010年）参照。その後、2011年12月15日、政府は、法務省政務三役名において、「人権委員会の設置等に関する検討中の法案の概要」を公表した。それによれば、法務省の外局として「人権委員会」を設置し、委員長・委員の職権行使における独立性を保障したうえで、人権侵害および差別助長効に関する調査と、それに基づく救済措置をとる権限を与えるものとされた。しかし、調査拒否に対する制裁をともなう強制調査の権限は認められず、調査権限は任意のものにとどまることとされた（http://www.moj.go.jp/JINKEN/jinken03_00062.html）。
13　村井敏邦「未決拘禁制度の改革と展望」自由と正義56巻10号（2005年）、葛野・注3書2-5頁。
14　CCPR General Comment No. 08: Right to liberty and security of persons (Art. 9), para 3 (Sixteenth session, 1982), http://www.unhchr.ch/tbs/doc.nsf/(Symbol)/f4253f9572cd4700c12563ed00483bec?Opendocument.
15　Manfred Nowak, U.N. Covenant on Civil and Political Rights: CCPR Commentary 190 (1993).
16　CCPR General Comment No. 21: Replaces General Comment 9 concerning Humane Treatment of Persons Deprived of Liberty (Art. 10), para 9 (Forty-Fourth Session, 1992), http://www.unhchr.ch/tbs/doc.nsf/(Symbol)/3327552b9511fb98c12563ed004cbe59?Opendocument.
17　「特集・裁判所は変わりつつあるのか」季刊刑事弁護58号（2009年）など参照。
18　この点について、斎藤司「強制処分と証拠開示」法政研究76巻4号（2010年）865-870頁参照。
19　村瀬均「勾留――裁判の立場から」三井誠＝馬場義宣＝佐藤博史＝植村立郎編『新刑事手続（1）』（悠々社、2002年）251-252頁。
20　団藤重光『条解刑事訴訟法（上）』（弘文堂、1950年）359頁。
21　高野隆「勾留――弁護の立場から」三井他・注19書263頁。
22　田宮裕『捜査の構造』（有斐閣、1971年）404-405頁は、弁護人等による「罪証隠滅」の危険を理由とする接見交通の制限が許されないことを説いている。
23　村井敏邦「密室の中での取調べと被疑者弁護の意義」ミランダの会編『「ミランダの会」と弁護活動』（現代人文社、1997年）34頁。
24　渡辺修『捜査と防御』（三省堂、1995年）279頁は、「勾留は、正当な理由に基づかなけ

ればならない。これを疎明するのに必要な限度で捜査情報が被疑者・弁護人に明らかになることは、憲法34条も予定している。捜査の秘密保持は、弁護人の立会いを認めない正当な理由ではない」と論じている。同書は、憲法34条のもと、弁護人の援助による被疑者の「防御の重み」からすれば、被疑者の権利として、勾留質問への弁護人の立会、そのさいの被疑者との打合せ、意見陳述、被疑者質問、疎明資料の提出などの防御活動が認められるべきとする。なお、勾留質問立会例の報告として、上田國廣「勾留質問立会い」季刊刑事弁護1号（1995年）、下村忠利「勾留質問立会い」季刊刑事弁護2号（1995年）参照。

25 竹沢哲夫＝渡部保夫＝村井敏邦編『刑事弁護の技術（上）』（第一法規出版、1994年）117頁〔村岡啓一〕。

26 村瀬・注19論文248頁。

27 被疑者に対して捜査機関がすでに抱いている犯罪の嫌疑を具体的に提示することなく、せいぜい暗示的に仄めかすだけで取調べを進めることが、被疑者の精神を混乱させ、自白を迫る圧力を生じさせることについて、浜田寿美男『自白の研究（新版）』（北大路書房、2005年）166-169頁参照。

28 取調べ目的の身体拘束を正面から認めるのではなく、「現行刑事訴訟法は、勾留の機会に被疑者の取調べがなされることを法律上予想していると言うべきであるから、勾留場所の指定に際し、捜査ないし取調べの便宜を判断要素の一つとして取り扱うことが禁ぜられるべきいわれはない」との見解がある（菊池浩「逮捕・勾留の場所——検察の立場から」三井他・注19書274頁）。たしかに、勾留場所の決定にさいし取調べの便宜を考慮するのを許すことが、勾留の目的が取調べであると認めることに直結する、とはいえないかもしれない。しかし、刑訴法は取調べ目的の勾留を否定している（60条）。取調べと勾留とを目的・手段の関係におくことを否定することによって、両者が結合することを許していないのである。勾留場所の決定にさいし取調べの便宜を考慮することは、勾留の具体的あり方が取調べによって左右されることを認めることになる。このような形で、勾留と取調べとが結びつくのである。被疑者が「否認し、物証や参考人の乏しいような場合こそ、丹念に取調べを行う必要がある」として、警察留置施設への勾留が認められるべきといわれるとき（同論文同頁）、取調べと勾留との強い結合は明らかであろう。そのことはやはり、刑訴法が取調べ目的の勾留を否定したことに矛盾するというべきである。

29 弁護人の有効な援助のもとでの防御権の実質化がなされないなか、被疑者は犯罪の相当な嫌疑を効果的に争うことが困難であるにもかかわらず、上述のように、その否認・黙秘が罪証隠滅の主観的意図と結びつけられ、それによって身体拘束の不利益の威嚇のもと、自白を強いる圧力が生じることが認められているのも、「取調べのための身体拘束」という実質に由来するものであろう。

30 後藤昭「逮捕直後の初回の接見申出に対する接見指定」ジュリスト臨時増刊・平成12年重要判例解説（2001年）179頁。

# 第1章 勾留決定・審査手続の対審化と国際人権法

## 1 問題設定

### (1) 勾留決定・審査手続の現状

　身体の自由は、最も基本的な人権のひとつである。また、すべての人は、適正な手続を経て有罪とされるまで、無罪と推定される（自由権規約14条2項、憲法31条）。無罪推定の法理は、証明責任や証明基準に関する証拠法のルールにとどまらず、刑事手続における被疑者・被告人の地位を包括的に示すものであり、全手続過程において保障されるべきものである。これらのことからすれば、被疑者・被告人について、未決拘禁は、最終手段として最大限回避されなければならない。未決拘禁の要件は厳格に定められ、厳密に解釈・運用されなければならず、拘禁要件がある場合でも、保釈その他の代替措置が積極的に活用されるべきである。身体不拘束の原則である。自由権規約9条3項も、「裁判に付される者を抑留することが原則であってはならない」と明記している[1]。

　しかし、勾留の運用において、身体不拘束の原則がどれほど実現しているかについては、疑問も強い。むしろ、勾留理由、とりわけ罪証隠滅の危険が具体的根拠に基づく現実的危険としてではなく、一般的・抽象的な「おそれ」として認められ易いなど、厳格さに欠ける運用が広がっているといわれる。裁判官・裁判所のコントロールは、有効に機能していないと批判される。実際、検察官の勾留請求に対する却下率は、2008年、1.09％であった（地裁1.98％、簡裁0.43％）。保釈率についても、1970年代前期には60％近かったものが、最近は15％程度にまで下落している。最近、裁判員裁判や公判前整理手続の開始の影響もあって、勾留審査の厳格化や保釈の拡大という傾向が

指摘されているが、なお限定的・断片的なものでしかない[2]。

厳格さに欠けるとされる勾留の運用は、その決定・審査手続のあり方と強く関連している。すなわち、勾留決定のための勾留質問 (刑訴法61条) について、裁判官のあいだには、弁護人の立会は原則不要であるとの理解が強く、立会が認められることは希有である。勾留の理由・必要について、被疑者が検察官提出の資料 (刑訴規則148条) の内容と異なる陳述をした場合でも、勾留決定の迅速性が強調されるなか、それ以上事実の取調べ (刑訴法43条3項) がなされることは稀である。捜査の秘密を理由にして、勾留要件を基礎づける証拠が、被疑者・弁護人に事前開示されることもない。また、勾留決定の取消を求める準抗告 (同429条1項。裁判所による被告人勾留の場合は同419条・420条2項)、勾留理由の開示請求 (憲法34条、刑訴法82条1項)、勾留の取消請求 (刑訴法87条)、保釈の請求 (同88条1項) は、裁判官・裁判所が勾留決定の適法性を審査し、あるいは勾留要件を再確認することによって、拘禁から被疑者・被告人を解放する機会となりうる。しかし、これらについても、被疑者・弁護人の関与は十分認められておらず、実効的な防御の機会が保障されていないと指摘されてきた。

### (2) 本章の課題

このような勾留の決定・審査手続は、国際人権法の視点からは、どのように評価されるのか。身体の自由と無罪推定が重視されるなか、はたして許容されるのか。本章は、勾留の決定・審査手続に関する欧州人権裁判所の判例を整理することを通じて、それに関する国際人権法の手続保障を明らかにする。

以下示すように、欧州人権裁判所の判例によれば、裁判所の勾留審査においては、被拘禁者が勾留の適法性を効果的に争うことができるよう、審査手続への立会を含む弁護人の実質的援助のもと、武器平等を確保した対審的手続による口頭審理が保障されなければならず、その前提として、拘禁要件を基礎づける重要証拠の開示が要請されている。逮捕後、被疑者が裁判官の面前に引致され、裁判官により拘禁の継続が決定される場合、このような手続保障は、その初回出頭時の審問においても要求される。日本法においても、自由権規約9条3項・4項のもと、勾留の審査手続のみならず、勾留決定のための勾留質問には、このような手続保障が備えられなければならない。

## 2 逮捕後引致時の審問における手続保障

### (1) 被逮捕者の速やかな引致

　未決拘禁について、欧州人権条約5条3項は、「この条の1(c)に規定に基づいて逮捕又は抑留された者は、裁判官又は司法権を行使することが法律によって認められている他の官憲の面前に速やかに連れて行かれるものとし、妥当な期間内に裁判を受ける権利又は裁判までの釈放される権利を有する。釈放に当たっては、裁判所への出頭が保障されることを条件とすることができる」と定めている。また、同条4項は、「逮捕又は拘留によって自由を奪われた者は、裁判所がその抑留が合法的であるかどうかを迅速に決定するように及び、その抑留が合法的でない場合には、その釈放を命ずるように、手続をとる権利を有する」としている。自由権規約は、9条3項・4項において、これらとほぼ同文の規定を置いている。

　欧州人権条約5条3項は、すでに明らかにしたように、未決拘禁の司法的コントロールを求めるものであり、それは、身体拘束の正当性についての速やかな直接口頭審理とともに、「捜査と拘禁の分離」を含意している[3]。逮捕後の引致が裁判官の面前になされるとき、それは、裁判所への被告発者の初回出頭 (first appearance) ということになる。また、第一文後段においては、文言上、妥当な期間内に裁判を受ける権利と裁判までのあいだ釈放される権利とが、選択的に保障されているかのようにみえるが、身体の自由の尊重という趣旨からすれば、これら両者がともに保障されなければならないというのが、欧州人権裁判所の確立した判例である[4]。かくして、逮捕後引致時の審問において、裁判官その他の官憲は、必要であれば保釈を許可する権限を有していなければならない。

　欧州人権条約5条3項による条件付釈放に関する初回判断は、どの時点で行われるべきか。逮捕後引致時の審問にさいして、勾留決定と同時になされるべきか。マッケイ対英国事件においては、2001年1月6日午後10時、被疑者がテロ関連犯罪の嫌疑により逮捕され、翌日午前12時37分告発された後、翌8日午前10時、マジストレイト裁判所に引致された。この初回出頭時、弁護人は保釈の請求をしたが、裁判所は勾留を決定した。2000年テロリズム法のもと、マジストレイトが勾留決定時に保釈審査を行うことは、特別に禁止されていた。保釈請求から約24時間後、1月9日、被疑者は、

高等裁判所の保釈許可により釈放された。このような事案について、欧州人権裁判所は、保釈許否に関する初回判断が、初回出頭時、勾留決定と同時に行われることが、欧州人権条約5条3項による条件的釈放を受ける権利を実効的なものとして確保するうえで「強く望ましい」ものの、その判断が「正当な迅速さ (due expedition)」をもって行われるかぎり、逮捕後「速やかに」、すなわち逮捕後被疑者が裁判官その他の官憲の面前に引致され、勾留決定がなされるときに行われなくとも、同規定に違反するとはいえないと判示した[5]。

### (2) 逮捕引致後の審問における手続保障

それでは、逮捕後引致時の審問においては、どのような手続保障が求められているのか。欧州人権条約5条3項による審問手続は、拘禁の実体的要件について判断するものでなければならない。「裁判官又は司法権を行使することが法律によって認められている他の官憲」(以下、裁判官その他の官憲)の役割は、「拘禁の正当性を基礎づける事情とともに、それを否定する事情をも検討したうえで、法定の基準に従って、拘禁を正当化する理由があるのか、それともそのような理由が認められない場合に釈放を命じるべきか判断すること」にあるのである[6]。このとき、被告発者 (欧州人権条約上すでに正式告発 (charge) されている者という意味において被告発者という) を釈放することなく、その拘禁を継続するためには、条約5条1項 (c) のいう「合理的嫌疑」が認められなければならない。加えて、個別具体的事件において、拘禁を正当化する公益上の必要とともに、身体の自由の尊重、無罪推定の法理に適切に配慮したうえで、法定の拘禁要件が認められるのか、慎重に判断すべきとされている[7]。

勾留要件を基礎づける事実について、その証明責任は国側が負う。証明責任を被拘禁者の側に転換することは許されない。証明責任の転換は、拘禁が人身の自由の例外的な剥奪であって、欧州人権条約5条1項において明確に限定列挙された場合に限って正当化されるという原則に反することになるからである[8]。勾留の決定手続においては、まず国側が、被告発者を釈放することなく、拘禁を継続すべきであるとする主張とそれの基礎となる証拠を、裁判官その他の官憲に対して提示しなければならず、裁判官その他の官憲は、それに対して釈放を求める被告発者側の主張・立証をあわせ検討したうえで、勾留要件の有無を判断すべきとされる[9]。

逮捕後、被告発者の引致を受けた裁判官その他の官憲は、被告発者を直接、

口頭により審問しなければならない[10]。欧州人権条約5条2項により、被疑者は、逮捕後、「速やかに自己の理解する言語で、逮捕の理由及び自己に対する被疑事実を告げられる」権利を保障されている。この告知は、勾留を正当化するために国側が援用する犯罪の嫌疑と勾留要件について理解する機会となりえ、そうなることによって、被疑者の実効的防御の前提となる[11]。また、拘禁が決定された場合、裁判官その他の官憲は、決定理由を示さなければならない。このことは、被拘禁者が、同条4項により、拘禁の適法性を争って司法審査を請求するための前提となる[12]。

他方、欧州人権裁判所の判例において、欧州人権条約5条3項によっては、弁護人の立会を認めるべきとはされていない。これについては、防御の実効化という観点から、被告発者は、審問手続において弁護人の立会・援助を受ける権利を保障されるべきとする批判もある。シーサー対スイス事件において、欧州人権裁判所が弁護人の立会を不要とする根拠としてあげたのは、「チューリッヒ郡においてとられている実務との整合性」ということでしかなかったが[13]、これによって弁護人の排除が正当化されるとは到底いいがたいとされるのである[14]。

欧州人権条約5条4項のもとでは、「司法的性格 (judicial character)」を有する対審的手続が要求されるのに対して、同条3項による審問は、被疑者を逮捕後、自動的に行われるべきものであり、その手続保障は、同条4項によるものに比べ、厳格さに欠けるものである[15]。もっとも、同条3項による審問手続においても、それが裁判官によって行われるときは、同条4項が重畳適用され、同規定による手続保障が要求される場合がある。これについては後述する。

## 3 勾留審査に関する手続保障

### (1) 拘禁継続に関する司法審査と手続保障

欧州人権条約5条4項は、あらゆる形態の違法拘禁からの解放を目的とする英米法の人身保護令状 (habeas corpus) 請求手続に由来するものであり、これにより、身体拘束の開始にあたり同条1項各号の要件が満たされており、適法性が認められた場合でも、拘禁を継続することの適法性について、あらためて司法審査がなされうることになる。それゆえ、この規定による司

法審査は、同条3項による保釈審査とは別に保障されなければならない[16]。司法審査の結果、実体と手続の両面からみて身体の自由の継続的剥奪について適法性が認められないときは、釈放が命じられるべきことになる。

　欧州人権条約5条4項による司法審査については、同条3項による審問手続に比べ、一段と厳格な手続保障が要求されている。同条4項のもと、被拘禁者は「裁判所」へのアクセスを保障されるものの、たしかに、欧州人権条約6条1項による「公正な裁判」の保障がすべて適用されるというわけではない[17]。しかし、審査機関は「司法的性格」を有しており、行政機関からも、関係当事者からも独立した、公平な判断機関でなければならない。「司法的性格」を有する機関の審査である以上、釈放判断には法的強制力が認められなければならない[18]。司法審査は、被拘禁者の権利として、その請求による審査が保障されるべきであり、国ないし拘禁当局の職権発動によるだけであってはならない[19]。また、被拘禁者は、拘禁の適法性を争うために必要な時間的余裕と便益を提供されなければならず、審査の請求後、裁判所の判断は「迅速に」行われなければならない[20]。身体の自由の保障と無罪推定の法理のもと、拘禁の適法性については、国側が証明責任を負うとされる[21]。

### (2) 欧州人権裁判所ガルシア・アルバ判決

　国内法による通常裁判所が審査機関であったとしても、それにより直ちに、欧州人権条約5条4項の要請する手続保障が満たされるわけではない。この規定のもと、公開審理は要求されていないものの[22]、裁判所による審査手続は、「問題となっている類の身体の自由の剥奪に関する審査を行うに相応しい手続保障を備えた司法手続」でなければならない[23]。同条1項(c)による犯罪の合理的嫌疑に基づく逮捕・拘禁の場合、この司法審査においてどのような手続保障が要求されるかについて詳しく判示したのが、ガルシア・アルバ対ドイツ事件の欧州人権裁判所判決[24]である。

　この事件において、人権救済の申立人は、薬物不法所持・販売の嫌疑に基づき、ベルリン・ティーアガルテン区裁判所の勾留裁判官によって審問を受け、勾留状 (arrest warrant) を発付された。申立人は、勾留審問のさい、嫌疑を基礎づける根拠がなにであるかを含め、勾留状の内容を口頭により告知された。翌日、申立人の弁護人は、検察官に勾留要件を基礎づける証拠の開示を請求したところ、検察官は、一部供述証拠のみ開示したものの、進行中の捜査の妨げになるとの理由から、他の証拠の開示を拒否した。約1か月後、

弁護人は、再度証拠開示の請求をしたうえで、区裁判所に対して、勾留審査を請求した。その後、検察官は、勾留審査のために証拠を綴ったファイルを区裁判所に送付し、弁護人に対しては、先と同じ証拠を開示し、他の証拠については再度開示を拒否した。申立から23日後、裁判所は、申立人、弁護人、検察官の立会のもと、口頭審理を行った結果、申立人の勾留を継続するよう決定した。裁判所は、検察官の送付した証拠に基づき、組織的麻薬密売について重大な嫌疑が認められるとした。裁判所がそのように認定するうえでとくに重視した関係者の供述調書は、弁護人に開示されていなかった。その後、ベルリン地方裁判所は、申立人の不服申立を棄却し、ベルリン高等裁判所も、申立人の再度の不服申立を棄却した。申立人は、連邦憲法裁判所に対して、違憲審査を申し立てた。弁護人の再度の請求に対して、検察官は一部供述証拠をさらに開示したものの、結局、全面開示はなされなかった。連邦憲法裁判所は、違憲審査の申立を受理しなかった。申立人はその後有罪とされ、4年の拘禁刑を言い渡された。この判決は確定した。申立人は欧州人権条約5条4項の権利の侵害を主張して、欧州人権裁判所に救済申立を行った。欧州人権裁判所は以下のように判示した。

「拘禁に対する不服申立を審査する裁判所は、司法手続としての手続保障を提供しなければならない。手続は対審的なものでなければならず、両当事者、すなわち検察官と被拘禁者とのあいだの『武器平等』を、常に確保するものでなければならない。弁護人がその依頼者の拘禁の適法性を効果的に争うために必要不可欠とされる捜査ファイルのなかの証拠資料にアクセスすることを否定されたならば、武器平等は確保されえない。また、欧州人権条約5条1項(c)に基づく拘禁の場合には、口頭審理が必要とされる。……このような要請は、もともとは、条約6条のなかに包含される対審的裁判を受ける権利から導き出されるものである。すなわち、それは、刑事事件においては、検察官と弁護人の双方が、相手方当事者によって提示された主張と提出された証拠の内容を了知したうえで、それに対して意見を述べる機会を与えられなければならないことを意味する。欧州人権裁判所の先例によれば、条約6条の文言、とりわけ『刑事告発 (criminal charge)』に対して付与された独自の意味からして、この規定は公判前の手続にもある程度適用されることになる。……それゆえ、身体の自由の剥奪が関係する人の基本的人権に対して決定的影響を与えることにかんがみれば、条約5条4項により行われる手続は、進行中の捜査の状況からみて最大限に、公正な裁判 (fair trial) の基

本的要請にも応えるものであることを原則とする。各国法は、さまざまな方法によりこの要求を満たすことが可能であるが、いかなる方法を選択した場合でも、それは、相手方当事者が一方当事者の主張・立証を了知し、それに対して意見を述べる現実的機会を有するよう確保するものでなければならない[25]。欧州人権裁判所は、このように判示したうえで、拘禁の適法性を効果的に争うためにアクセスが必要とされる、勾留要件を基礎づける重要証拠が開示されなかった点において、申立人は欧州人権条約5条4項の権利を侵害されたことを認めた。

### (3) 証拠開示と弁護人の援助

　勾留の審査手続における証拠開示に関する重要な先例として、ラミー対ベルギー事件の欧州人権裁判所判決がある。この事件において、申立人と弁護人は、身体拘束から当初30日間、証拠へのアクセスを認められなかった。欧州人権裁判所は、拘禁を効果的に争うことができなかったとの主張を認め、次のように述べた。勾留要件を基礎づけている重要な「証拠資料へのアクセスは、裁判所が申立人を勾留するか、釈放するかを決定するという手続の決定的な重要局面において、申立人にとって必要不可欠であった。そのようなアクセスが可能であったならば、ラミー氏の弁護人は、とりわけ、共同被告人の供述や態度について、裁判所に問題を提起することができたであろう。……当裁判所の見解によれば、勾留状（arrest warrant）の適法性を効果的に争うためには、問題となっている証拠資料の内容を検討することが必要不可欠であった。……検察官は証拠資料すべてに通じていたにもかかわらず、この手続においては、申立人は、勾留（remand in custody）を正当化するために援用された理由を適切に争う機会を与えられなかった。そのような手続は、武器平等を確保するものでない。それゆえ、真の意味において対審的手続とはいえない[26]」。

　勾留審査における手続保障として最も重要なのは、拘禁の適法性を争うにあたり弁護人の助言を受け、審査手続においてその立会・援助を受ける権利である。欧州人権条約5条において、弁護人の援助を受ける権利は明記されていないものの、欧州人権裁判所の判例により、被拘禁者が拘禁の適法性を効果的に争ううえで必要不可欠であるとして、このような弁護人の援助が認められているのである。このことは、審査手続が対審的な司法手続である以上、当然の要請であるとされている。さらに、弁護人の援助の保障を実質

化するために、被拘禁者と弁護人との秘密のコミュニケーションが保障され、また、一定の場合には、法律扶助などによる無料の援助が保障されなければならないとされている[27]。

このように、欧州人権裁判所の判例上、裁判所の勾留審査においては、被拘禁者が拘禁の適法性を効果的に争うことができるよう、審査手続への立会を含む弁護人の実質的援助のもと、武器平等を確保した対審的手続による口頭審理が保障されなければならず、その前提として、拘禁要件を基礎づける重要証拠の開示が要請されている。

## 4 初回出頭時の裁判官審問と欧州人権条約5条4項

欧州人権条約5条3項による勾留決定と同条4項による勾留審査については、いずれも裁判官その他の官憲または裁判所による直接の口頭審理が要求されるとはいえ、必要とされる手続保障において差異が存在する。しかし、同条3項による審問手続に対しても、同条4項が重畳的に適用され、それによるより厳格な手続保障が必要とされる場合がある。

同条3項において、逮捕後、被疑者が速やかに引致されるべきとされるのは、「裁判官又は司法権を行使することが法律によって認められている他の官憲の面前」である。しかし、各国法の規定に基づき、実際には、被疑者は裁判官の面前に引致されることが多い。その場合、被告発者を継続して拘禁するか、それとも釈放するかの判断が裁判官によりなされることから、初回出頭時の裁判官の審問手続が、同条4項により要求される拘禁審査の機能を同時に担いうることが認められている。それは、欧州人権裁判所の判例において承認されている「編入原則（incorporation rule）」による。すなわち、同条4項により裁判所の審査が要求されるのは、行政権による身体の自由の剥奪は司法的コントロールに服さなければならないことのゆえであって、同条3項による審問手続が、初回出頭時に裁判官によって行われるならば、そのことによって、司法的コントロールの要求はすでに満たされているとするのである。しかし、その場合、同条3項による裁判官の審問が、同条4項による裁判所の拘禁審査としても機能することから、これら二つの規定が重畳適用され、同条3項の手続保障のみならず、同条4項によるいっそう

厳格な手続保障が求められることになる[28]。

たとえば、イングランド・ウェールズ（以下、イギリス）においては、1976年保釈法により、被告発者について保釈を受ける権利が明記され、これにより保釈許可が推定されることから、身体の自由の尊重のもと、被告発者が保釈を請求しなくとも、裁判所が適宜職権により保釈の許否を判断しなければならないとされた。かくして、反テロ法による特別な例外はあるものの、逮捕後、正式告発を経て、被告発者がマジストレイト裁判所に引致されたときに、マジストレイトにより、勾留決定とあわせて、保釈の許否が判断されることとなった[29]。この初回出頭時の勾留決定と保釈審査には、欧州人権条約5条3項と同条4項が重畳適用され、これら両規定の要求する手続保障が備えられるべきとされている[30]。

もっとも、初回出頭時の審問が裁判官によって行われ、同条4項の求める勾留審査の機能を兼備する場合でも、ただそれによって、勾留審査のための手続保障に関する同規定の要求がすべて満たされるというわけではない。デ・ヤンほか対オランダ事件において、欧州人権裁判所は、欧州人権条約5条3項により裁判官その他の官憲の面前に被疑者を引致することは、「たしかに、同条4項の要求を一部満たすものとなりうる。そのような手続が、身体の自由の剥奪を命じ、確証する『裁判所』の判断に至るような場合などには、同条4項の要請する適法性についての司法的コントロールが、この最初の判断のなかに組み込まれるのである。……しかしながら、この規定により確保されるべき手続保障は、同条3項によって要求されるものとは異なっており、より厳格な手続保障である」と述べている[31]。かくして、身体の自由の尊重と無罪推定の法理の趣旨から、また、勾留開始後の事情の変化に適切に対応しうるよう、被拘禁者の請求により、裁判所による勾留審査の機会が、勾留決定後においても保障されなければならない。さらに、欧州人権条約のもと、勾留期間の厳格な限定が要請されることから、短期間ごとの定期的審査が要求されるというのである[32]。

# 5 日本法改革の方向

## (1) 勾留審査手続の対審化

自由権規約9条3項、同条4項は、それぞれ、欧州人権条約5条3項、

同条4項とほぼ同文規定している。欧州人権条約が、自由権規約の解釈にあたり重要な指針とされるべきことからすれば、自由権規約においても、欧州人権条約のもとでの手続保障が同じく要求されるというべきであろう。

それゆえ、日本法においても、自由権規約9条4項によって、勾留審査にあたり、被拘禁者が勾留の適法性を効果的に争うことができるよう、弁護人の立会を含むその実質的援助のもと、重要証拠の事前開示がなされたうえで、武器平等を確保した対審的手続による裁判所の直接口頭審理が保障されなければならない[33]。勾留決定の取消を求める準抗告が、被勾留者が「裁判所がその抑留が合法的であるかどうかを遅滞なく決定すること及びその抑留が合法的でない場合にはその釈放を命ずることができるように、裁判所において手続をとる権利」を行使する機会であることに疑いはない。準抗告審の審査手続においては、このような手続保障が要求される。また、勾留理由開示は、被拘禁者の要求により、拘禁の「正当な理由」が「直ちに本人及びその弁護人の出席する公開の法廷で示され」るべきとする憲法34条の権利を具体化する手続であって、自由権規約9条4項に定められた拘禁の適法性を争うための手続というべきである[34]。それゆえ、現行実務のように、刑訴法所定の勾留理由について、一般的・抽象的にその存在を告知するだけでは足りず、先のような手続保障が要求される。

さらに、勾留の理由・必要の不存在を理由とする取消請求も、裁判所に対して、勾留の継続の適法性を判断するよう求める機会であるから、自由権規約9条4項の権利を具体化するものである。また、自由権規約9条3項後段の権利からすれば、勾留要件が認められたとしても、権利保釈の事由（刑訴法89・91条）があり、または裁量保釈を許可すべき事由（同90条）があるにもかかわらず保釈を許可せず、拘禁を継続することは適法とはいえないから、被拘禁者による保釈請求も、自由権規約9条4項の権利を行使する機会というべきである。それゆえ、これらの請求に基づく裁判所の審査手続においても、先のような手続保障が要求される[35]。

## （2）勾留質問手続の対審化

勾留質問の手続保障はどうか。これまで日本においては、勾留質問は、自由権規約9条4項の権利を具体化するものとは理解されてこなかったといってよい。しかし、勾留質問は、同条3項による「裁判官」の面前への引致の機会であり、この初回出頭のさいに、逮捕の適法性とあわせて、継続的

拘禁としての勾留の理由・必要について、裁判官の判断がなされる。その結果、被疑者は、勾留決定により拘禁を継続されるか、検察官の勾留請求が却下され、釈放されることになる。裁判官による勾留質問が、このような機能を有することからすれば、それは、同条3項による審問手続であると同時に、拘禁継続の適法性を裁判官が判断する機会であるから、欧州人権裁判所の判例法理によれば、同条4項による拘禁審査の手続としての機能を併有しているというべきである。それゆえ、この規定による手続保障が、先にあげた勾留審査の場合と同様、勾留質問においても保障されなければならない。弁護人の立会さえ認めない現行実務は、至急、改革されるべきである。

　また、自由権規約9条3項の文言からしても、保釈を受ける権利は、逮捕後、被疑者が裁判官の面前に引致されたとき、すなわち勾留質問のときから保障されるべきである。また、自由権規約からも、刑訴法からも、権利として保釈が認められていることからすれば、保釈を許可すべき事由がある場合、それにもかかわらず、被疑者を実際に拘禁し、その身体の自由を剥奪しておくべきではないから、保釈審査は、勾留質問により勾留が決定されるとき、それと同時になされるべきであろう。たしかに、欧州人権裁判所の判例によっても、逮捕後の初回出頭にさいし保釈の許否が判断されるべきことは、被拘禁者の権利として認められていない。しかし、初回出頭のさいに勾留決定と保釈審査を同時に行うというのが、自由権規約における身体の自由の尊重と無罪推定の趣旨によりよく適うところである。むしろ、マッケイ対英国事件の欧州人権裁判所判決がいうように、権利確保のために「強く望ましい」というべきであろう。勾留質問時に保釈審査があわせて行われるべきとき、自由権規約9条4項による手続保障が要求されることは、いっそう明確になる。

### (3) 被疑者の防御権の実質化と捜査妨害

　ところで、勾留質問への弁護人の立会を拒否するとき、その理由としてあげられるのは、捜査の秘密を確保し、進行中の捜査を妨害しないことである。たしかに、このことは、それ自体として正当な目的であろう。しかし、捜査妨害の危険性を理由にして、勾留決定・審査手続の対審化を否定することはできないというべきである。

　第1に、「捜査妨害」の内実が問題となる[36]。すなわち、「捜査妨害」が具体的・現実的危険性として捉えられるのであれば、たとえ対審化によりその

危険性が生じると認められる場合であっても、それを理由にして被疑者・被告人を勾留し、あるいは勾留を継続するとの判断を行うことにより、効果的に防止することが可能なはずである。

被疑者の勾留について考えるとき、いまかりに、「捜査妨害」の危険性が抽象的な「おそれ」として捉えられるとの前提に立ったとしても、問題は残る。すなわち、被疑者の身体拘束によってもなお排除することのできない「捜査妨害」の「おそれ」とは、結局、捜査機関がすでに保持している証拠の存在・内容を被疑者に示し、認識させることが、被疑者を取り調べ、捜査機関の期待する供述を獲得することが困難になるという意味において、効果的な取調べに対して支障が生じる「おそれ」を内実とするものといわざるをえない。このような取調べの支障の「おそれ」を根拠にして対審化を拒否することは、結局、「取調べのための身体拘束」を承認することにほかならず、刑訴法が取調べ目的の身体拘束を否定していることと整合しない。

第2に、勾留決定・捜査手続の対審化が、かりに「捜査妨害」の危険を生じさせうるとの前提に立ったとしても、だからといって、重要証拠の事前開示、さらには弁護人の立会・援助までもが、直ちに否定されるというべきではない[37]。ガルシア・アルバ対ドイツ事件において、欧州人権裁判所は、捜査の妨げになるから、証拠開示を許可できないとする検察官の主張に対して、「当裁判所は、犯罪捜査が効果的に実施されるべき必要があることを認めている。そのことは、捜査中に収集された情報の一部は、被疑者が罪証を隠滅し、司法の作用を損なうことのないよう、秘密にしておかなければならないことを含意しうるかもしれない。とはいえ、このような目的がたとえ正当なものであっても、防御権を実質的に犠牲にしてまで、それを追求することは許されない。それゆえ、拘禁の適法性を評価するために必要不可欠な情報は、適切な方法により、被疑者の弁護人に対して開示されなければならない[38]」と応えていた。身体の自由を剥奪する拘禁を正当化する根拠として用いる証拠であれば、それについては、捜査の秘密の保持も、勾留質問や勾留審査において要求される手続保障と両立しうる限りにおいて、認められるというべきであり、捜査の妨げを理由として、この手続保障を削減することは許されないのである。

---

1 葛野尋之『刑事手続と刑事拘禁』(現代人文社、2007年) 2-4頁。

2 「特集・裁判所は変わりつつあるのか」季刊刑事弁護58号（2009年）など参照。
3 葛野・注1書61頁以下、葛野尋之「代用刑事施設と国連拷問禁止条約」立命館法学316号（2007年）75-76頁（本書第3章136-137頁）、同「代用刑事施設問題の現在」福井厚編『未決拘禁改革の課題と展望』（日本評論社、2009年）91-92頁（本書第4章160-161頁）。
4 Wemhoff v. FRG, (1979-80) 1 EHRR 55.
5 McKay v. UK, (2006) 44 EHRR 827, paras 46-47.
6 Schiesser v. Switzerland, (1979-80) 2 EHRR 71, para 31.
7 Pieter van Dijk et al., Theory and Practice of the European Convention on Human Rights 493 (4th ed., 2006).
8 Ilikov v. Bulgaria, ECHR Judgement of 26 July 2001, para 85.
9 Pieter van Dijk et al., supra note 7, at 493.
10 Schiesser v. Switzerland, (1979-80) 2 EHRR 71, para 31.
11 Stefan Trechsel, Human Rights in Criminal Proceedings 514 (2005)
12 Id. at 515.
13 Schiesser v. Switzerland, (1979-80) 2 EHRR 71, para 36.
14 Trechsel, supra note 11, at 515.
15 David Harris et al., Law of the European Convention on Human Rights 172 (2nd ed., 2009).
16 van Dijk et al., supra note 7, at 498.
17 Hutchinson Reid v. UK, (2003) 37 EHRR 211, para 64.
18 Harris et al., supra note 15, at 189-190. 他方、大陸法における予審判事は「司法的性格」が認められるとされている。しかし、捜査権限を保持する以上、独立性に疑問があるとの批判もある（Trechsel, supra note 11, at 480-481）。
19 Rakevich v. Russia, ECHR judgement of 28 October 2003, para 43-47.
20 Harris et al., supra note 15, at 194-196.
21 Zamir v. UK, (1983) 40 DR 42, para 58.
22 Neumeister v. Austria, (1979-80) 1 EHRR 91, para 23.
23 Assenov v. Bulgaria, (1998) 28 EHRR 652, para 162. ただし、公開手続は保障されるに至っていない。
24 Garcia Alva v. Germany, (2001) 37 EHRR 373. この判決について、斎藤司「ドイツにおける被疑者・被告人の証拠開示請求権の展開」九大法学89号（2004年）123-124頁参照。
25 Id. para 39.
26 Lamy v. Belgium, (1989) 11 EHRR 529, para 29. この判決について、高田昭正「身体拘束と証拠開示」同『被疑者の自己決定と弁護』（現代人文社、2003年）172-173頁、斎藤司「強制処分と証拠開示」法政研究76巻4号（2010年）872-873頁参照。これらは、ドイツ法との比較によりながら、証拠開示に焦点を合わせつつ、勾留「審査」手続の適

正化を論じている。もっとも、ドイツ法の展開にあわせて、勾留「決定」手続については問題にしていない。

27 Trechsel, supra note 11, at 486-487. 欧州人権裁判所は、勾留の審査手続において、もともとは欧州人権条約 6 条による公正な裁判のために必要とされてきた手続保障に近いものを要求するようになっているとする。
28 Harris et al., supra note 15, at 172, 182-183.
29 Neil Corre and David Wolchover, Bail in Criminal Proceedings 34 (3rd ed., 2004). 勾留決定後、被告発者の申請による保釈審査も認められている。
30 Ben Emmerson et al. (eds), Human Rights and Criminal Justice 465 (2nd ed., 2007). ただし、証拠開示については、人権条約の要求水準が満たされていないとの批判がなされている。イギリスの保釈審査手続については、葛野尋之「勾留回避・保釈促進のための社会的援助」立命館法学322号（2008年）157-166頁（本書第 2 章68-76頁）参照。
31 De Jong, Baljet and Van den Brink v. Netherlands, (1986) 8 EHRR 20, para 57.
32 Bezicheri v. Italy, (1989) 12 EHRR 210, paras 20-21.
33 高田・注26論文178-180頁、斎藤・注26論文897-898頁、後藤昭「未決拘禁法の基本問題」福井編・注 3 書11-12頁。
34 憲法的刑事手続研究会『憲法的刑事手続』（日本評論社、1997年）268頁以下〔村岡啓一〕参照。
35 保釈審査手続の対審化について、葛野・注30論文203-205頁（本書107-109頁）。
36 「捜査妨害」の内実について、詳しくは、本書序章 5 参照。
37 斎藤・注26論文901-903頁。
38 Garcia Alva v. Germany, (2001) 37 EHRR 373, para 42.

# 第2章 勾留回避・保釈促進のための社会的援助

## 1 勾留・保釈をめぐる問題状況と本章の目的

### (1) 勾留・保釈の現状

　1970年代以降、勾留率の上昇と保釈率の下降が顕著である。1965年以降の推移をみると、地裁通常第一審における勾留率(勾留状発付人員／新受理人員)は緩やかに下降し、1972〜73年には47.4％となるが、その後上昇を続け、1993年には60％を超え、2007年には66.9％に達した。他方、保釈率(終局前保釈許可人員／勾留状発付人員)は1970年代半ばにかけて上昇し、1970〜74年には55％を超えていたが、その後下降を続け、1984年には30％を、さらに1990年には20％を下まわり、2003年には12.6％にまで下落した。その後、緩やかな上昇傾向がみられ、2007年には15.3％となった。この間、保釈請求率(保釈請求人員／新受理人員)も、保釈許可率(終局前保釈許可人員／保釈請求人員)も上昇している(以上、図1・図2参照)。

　長期にわたる保釈率の顕著な下降について、1990年代初頭、松尾浩也は、審理期間の短縮、保証金の高額化、裁判所・裁判官(第一回公判期日前の保釈の許可〔同280条1項〕は裁判官によってなされるが、以下、保釈判断の主体としては、たんに裁判所という)における保釈基準の厳格化、国選弁護人選任率の上昇、という要因をあげた[1]。最近、保釈実務に携わってきた裁判官の松本芳希は、勾留・保釈の状況を分析したうえで、国選弁護人選任率の上昇、要通訳外国人被告人の事件の増加、保釈率の低い薬物事件などの増加、保証金の高額化、保釈基準、とりわけ「罪証隠滅のおそれ」に関する判断基準の厳格化、という要因を指摘している[2]。他方、弁護士(会)サイドからは、たしかに保釈率の顕著な低下は保釈請求率の低下と連動しているものの、その理由としては、

図1　通常第一審における勾留・保釈（地裁）

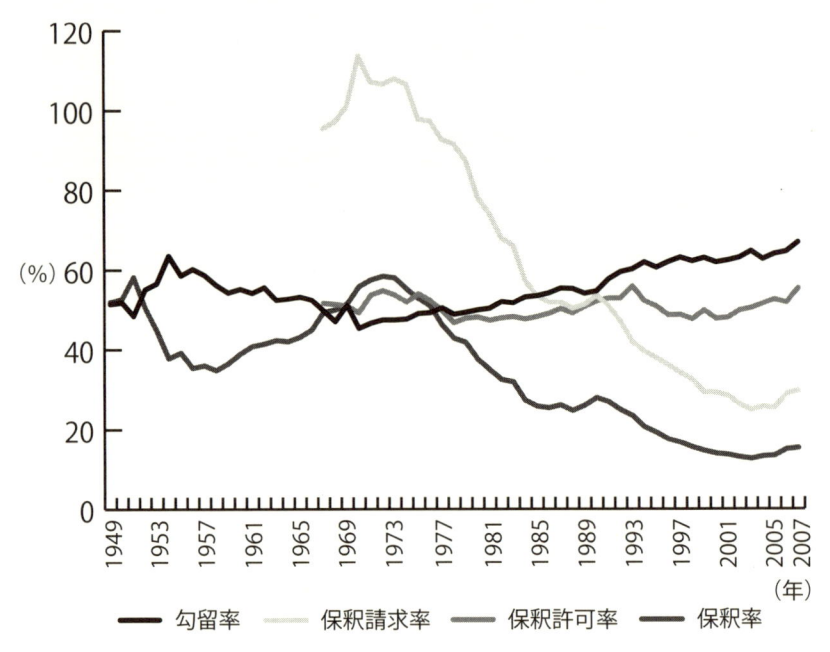

法制審議会・被収容人員適正化方策に関する部会、第15回会議（2008年5月23日）配付資料32による（http://www.moj.go.jp/shingi1/shingi2_080523-1.html）。

国選弁護人選任率の上昇、保証金の高額化とともに、裁判所の保釈許可基準の厳格化があるとされる。実務上、被告人が否認・黙秘しているときは「罪証隠滅のおそれ」があるとされ、保釈が許可されないという運用が定着しており、そのことが自白や供述調書への同意への強い圧力を生み出すという「人質司法」の現実が指摘されている[3]。

　保釈率の下降の要因については見方の違いがあるものの、勾留率の上昇と保釈率の下降によって、身体を拘束されたままの被疑者・被告人が増加していることはたしかな事実である。その結果、2000年代初めから半ばにかけて、刑事施設において実質的な過剰拘禁状態が生じたことは記憶に新しい。未決拘禁は、基本的人権の中核に位置する身体の自由を剥奪するものであり、被疑者・被告人の防御権の行使に対して事実上の困難を生じさせるとともに、市民としての社会生活に重大な障害をもたらす。勾留の回避と保釈の拡大に

図2　刑事施設の未決被拘禁者と警察留置施設の被留置者（1日平均）

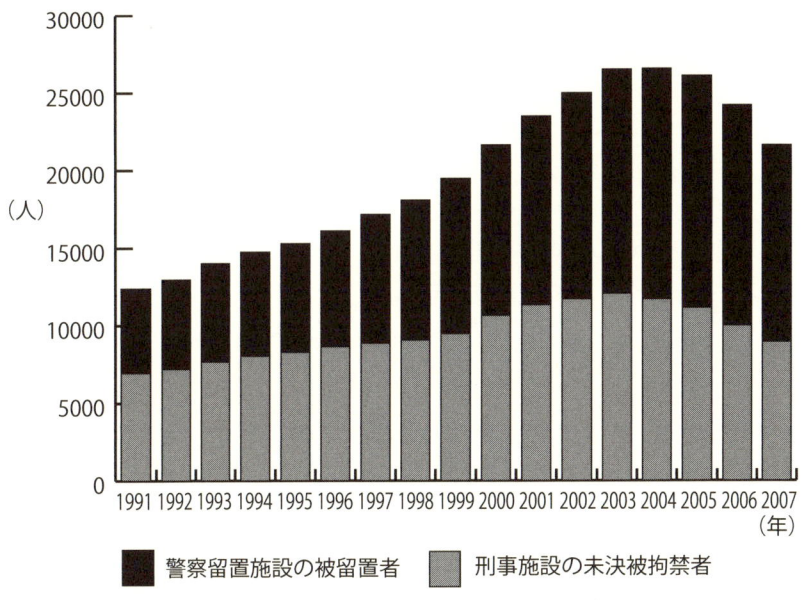

（縦軸：人、横軸：1991〜2007年）

■ 警察留置施設の被留置者　　■ 刑事施設の未決被拘禁者

数値は各年の犯罪統計による。

よって、未決拘禁の抑制が求められる所以である[4]。

## （2）保釈拡大への動き

　2004年以降、勾留率はなお上昇しているものの、保釈率にいくらかの上昇傾向がみられるようになった。保釈請求率、保釈許可率にも上昇がみられる。保釈許可率は、2000年には47.7％であったが、2007年には55.4％にまで上昇した。
　この変化に影響を与えているのが、2005年11月1日に導入された公判前整理手続と、2009年5月21日に開始される裁判員裁判である。松本芳希は、保釈率低下の背景に、「精密司法」のもと罪証隠滅の対象事実が拡大し、長年の運用のなか判断基準が類型化・抽象化してきた可能性があると指摘する。そのうえで、裁判員制度の導入によって、過度の精密司法が是正され、「核心司法」へと転換するにともない、罪証隠滅の対象事実も限定されることになり、また、公判前整理手続において早期に争点が絞り込まれ、証拠が整理

されることになるから、罪証隠滅の余地が相対的に減少することになると分析する。さらに、公判前整理手続・裁判員裁判が円滑に機能するよう、防御の現実的支障を排除するためにも、保釈の拡大に向けて、罪証隠滅の可能性について具体的・現実的判断を行うべきと論じている[5]。実際、いわゆるライブドア事件において、東京高裁は、公判前整理手続が終了する前、検察官の証明予定事実記載書の提出（刑訴法316条の13）と請求証拠の開示（同316条の14）がなされ、これに対する弁護人の意見書が提出されることによって、争点の確定と証拠の整理が相当程度進んだといえる段階で、「公判前整理手続において、十分な準備が行われるようにするとともに、できる限り早期にこれを終結させるためには、弁護人が被告人との間で十分な打ち合わせの機会を持てるように可能な限りの配慮をする必要がある」として、裁量保釈の決定に対する検察官の準抗告を棄却したと報告されている[6]。

### (3) 逃亡の危険と勾留・保釈

　実務上、圧倒的多数の事件において、勾留理由とされ、権利保釈の除外事由とされるのは、罪証隠滅の危険（刑訴法60条1項2号・89条4号）であるという。これまで、勾留・保釈をめぐる議論が罪証隠滅の危険に関する判断に焦点を合わせてきたのは、それゆえである。

　他方、逃亡の危険は、勾留理由の一つとして定められているものの（同60条1項3号）、たしかに、それ自体は権利保釈の除外事由としてはあげられていない。しかし、保釈判断において、逃亡の危険が考慮されないわけではないと指摘されている。すなわち、刑訴法89条1号ないし3号にあげられた権利保釈の除外事由は、保証金没収の威嚇力により対処できない程高度の逃亡の危険が認められる場合を類型化したものであり、これら類型化された除外事由の存否の判断を通じて、間接的にではあれ、保釈判断において、逃亡の危険が考慮されているとされる[7]。また、保釈請求に対して裁判所は、権利保釈の除外事由の存在を認めたときも、常に裁量保釈について相当・不相当の判断を行っているとされるが、そのさい逃亡の危険の有無・程度を考慮することになる、とされるのである[8]。このように逃亡の危険が考慮されるのであれば、勾留要件において、住居不定（刑訴法60条1項1号）は逃亡の危険を徴表する事由とされているから[9]、住居不定も、逃亡の危険を媒介にして、同じく保釈判断において考慮されることになるであろう。刑事弁護の実務においても、弁護人の保釈請求にあたっては、「身元引受書」が提出され、

この「身元引受書」は、同居の親族、勤務先の上司など、被告人の日常生活を監督できる立場にある人の作成によるものが望ましいとされている。また、「保釈請求書」においては、被告人が定まった住居を有し、逃亡の危険がないことを記述すべきものとされている[10]。さらに、刑訴法93条2項は、裁判所は「犯罪の性質及び情状、証拠の証明力並びに被告人の性格及び資産を考慮して」、保釈保証金額を決定するものとしているが、保証金が被告人の出頭確保を目的とする以上、保証金額の決定において最も重要な基準とされるのは、逃亡の危険の有無・程度であるとされる。刑訴法のあげる考慮事項も、逃亡の危険と関連するものである[11]。

罪証隠滅の危険について、その対象事実が限定されたうえで、その判断が具体化・実質化されたならば、勾留・保釈の判断における逃亡の危険の位置づけにも変化が生じるであろう。すなわち、これまで罪証隠滅の危険が、広汎な対象事実についての類型的・抽象的判断によって広く緩やかに認定されてきたために、いわばその陰に隠されてきた逃亡の危険が、罪証隠滅の危険に関する判断の厳格化にともない、表面に現れてくる。勾留・保釈の判断において、逃亡の危険、さらにそれを徴表するものとしての住居不定が、これまで以上に重要な位置を与えられることになるのである[12]。

法制審議会「被収容人員適正化方策に関する部会」においては、逃亡の危険に対処するために、保釈条件の多様化、電子監視の導入などが問題とされた[13]。たしかに、保釈保証金没収の威嚇によっても残存する逃亡の危険に対処し、あるいは保証金に代わる手段によってそれに対処するために、拘禁代替措置が開発・活用され、それによって保釈が促進されるべきである[14]。さまざまな拘禁代替措置の開発・活用は、未決拘禁の最終手段性の実質化に寄与するであろう[15]。

他方、近時の社会状況の変化のなか、住居不定・逃亡の危険をめぐっては、深刻な問題が生じているようにもみえる。社会的排除（social exclusion）の拡大である。グローバリゼーションの進展とポスト工業化社会への移行にともない、新自由主義的改革が展開するなか、1990年代後期以降、日雇い、派遣、パート・タイム、アルバイトなど、不安定雇用が拡大し、さらにそれ自体の崩壊が進んだ（図3参照）。そのうえに、住宅保障を含む社会保障の貧困とそのいっそうの後退が相俟って、職を失い、家族と離れ、住居を奪われた末、野宿へと追いやられる人が増加した。不安定雇用拡大の影響を強く受ける若者のあいだでも、住居を失い、漫画喫茶、ネットカフェなどで夜を過ご

す人が増え、ホームレス化が進んでいる。これらの人は、たんに貧困に苦しんでいるだけではない。家族、友人、住居、仕事、社会的役割、社会的支援、社会保障など、社会的関係性をトータルに奪われ、シチズンシップ、すなわち市民としての地位とそれに基づく権利を喪失しているのである[16]。このようなプロセスとその結果とが、まさに社会的排除である[17]。現在、社会的排除に曝される人は、野宿者・ホームレスの人に限らず、確実に増加している。社会的排除を拡大させる社会こそ、「格差社会」である[18]。

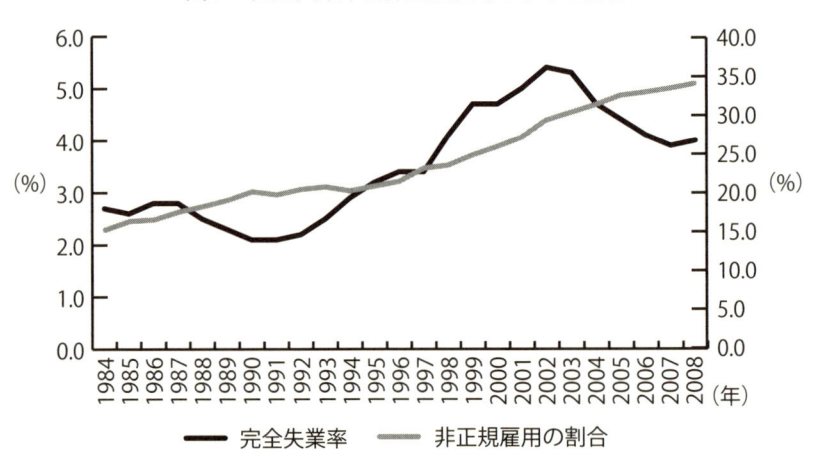

図3　完全失業率と非正規雇用のしめる割合

総務省統計局「労働力調査」による。

### (4) 本章の目的

「格差社会」における社会的排除の拡大のなか、ますます多くの人が職を失い、住居を追われ、その他社会的関係性を奪われることになると、それらの人が刑事手続のなかに取り込まれ、勾留・保釈の場面に立たされたとき、住居不定ないし逃亡の危険を理由として勾留され、あるいは逃亡の危険が実質的に考慮されて保釈が拒否されるという機会に直面することになる。しかも、身体を拘束され、社会から相当期間隔離されることによって、それらの人に対する社会的排除はいっそう強まることになる[19]。このような形で、刑事手続のなかに「格差社会」が映し出されるのである。

他方、勾留・保釈の判断において、罪証隠滅の危険に関する判断が厳格化

するにともない、その陰に隠されていた逃亡の危険がより重く考慮されることになる。このとき、勾留を回避し、保釈を促進するために、逃亡の危険に関する判断をどのように確実に行い、また、保釈保証金を課したうえでも逃亡の危険が残存すると認められるとき、その危険にどのように対処するかという課題が浮かび上がる。「格差社会」が進行するなか、これらの課題の重要性はますます高まっている。とくに、保釈における経済的不平等を緩和するために、保証金額が抑制されるべきとすれば、保釈促進のためには、残存する逃亡の危険への有効な対処がいっそう強く必要とされる。これらの課題に応えるためには、勾留・保釈に関する現行法の運用を改善するにとどまらず、いくつかの立法的改革が必要とされるであろう。そしてさらに、個別具体的事件において、勾留の回避と保釈の促進に向けて社会的援助を提供するための制度が新たに構築されるべきであろう。

　本章は、このような問題意識に立って、第1に、無罪推定の法理に基礎づけられた身体不拘束という法的要請を確認したうえで、未決拘禁の最終手段性を実質化するために、勾留回避・保釈促進のための社会的援助が提供されるべきことを提起する。第2に、このような社会的援助の制度を有するイングランド・ウェールズ（以下、イギリス）法に学ぶための前提として、イギリス法における未決拘禁・保釈の基本構造を確認したのち、刑事手続の過程において被告発者（正式告発を受けた者の意味）に対して提供されるプロベーション・サービスの概要を示す。第3に、イギリスにおいて、保釈関連のプロベーション・サービスがどのような目的のもと、どのように開始され、展開したかを概観する。第4に、裁判所の保釈判断にあたり、被告発者の生活環境に関する正確かつ十分な情報を提供するための保釈情報サービス（Bail Information Service）について、その意義・目的、制度概要、形態、効果、改革提案などを検討する。第5に、保釈中の被告発者について不出頭、再犯、条件違反の危険に対処するため、安定した住居の確保、就労支援、家族関係の調整、薬物・アルコール依存問題の解決支援、コミュニティとの繋がりの回復など、さまざまな対人支援と生活環境の調整を行う保釈支援サービス（Bail Support Service）について、その意義・目的、制度概要、効果などを検討する。このとき、最近の新展開としての保釈住居支援サービス（Bail Accommodation Support Service）にも注目する。第6に、イギリス法の展開に学びつつ、保釈情報サービスと保釈支援サービスの制度的構築について、勾留質問や保釈決定手続の対審化、保証金に代わる保釈条件の多様化と拘禁代

替措置の開発・活用など、その前提とされるべき勾留・保釈に関する運用改善や立法的改革とともに、日本法改革の展望を示す。

　罪証隠滅に関する判断の厳格化にともない、勾留は逃亡防止のために身体を確保する制度としての性格が強まる。起訴後の被告人勾留については、とりわけそうであろう。そのなか、勾留・保釈の判断において、逃亡の現実的危険が正確かつ十分な具体的資料に基づき判断されるよう、住居、家庭環境、就労状況、コミュニティとの繋がりなど、被疑者・被告人の生活環境に関する情報を収集・確認し、裁判所に提供するための制度が設けられるべきである。また、保釈の許可にとって障害となるべき問題に対処するために、あるいは保釈条件の多様化、さまざまな拘禁代替措置の開発・活用を前提として、それらにともなう条件が遵守されるよう、薬物・アルコール依存、借財その他個人的問題の解決支援、家族関係の調整、住居の確保、就労支援、コミュニティとの繋がりの回復など、幅広い対人支援と生活環境の調整が行われるべきである。これらが有機的連携をとりつつ機能するとき、それがなかったならば認められていたであろう勾留が回避されるという意味において不必要な勾留が回避され、保釈が促進されることになる。未決拘禁が抑制され、その最終手段性が実質化するのである。

## 2　未決拘禁抑制の法原理とイギリス保釈法の基本枠組

### (1) 無罪推定法理と未決拘禁の最終手段性

　イギリス法の検討に入る前に、本章が扱う課題の意義をより明確化するために、未決拘禁について、無罪推定の法理からどのような原則が導き出されるのか再確認しておく[20]。

　無罪推定の法理は、刑訴法上の被疑者・被告人の法的地位、それを反映した刑事手続のあり方を包括的に示す法理である。自由権規約14条2項は、「刑事上の罪に問われているすべての者は、法律に基づいて有罪とされるまでは、無罪と推定される権利を有する」と定めている。日本の憲法、刑訴法には、無罪推定の法理を定める明文規定はないが、この法理は、憲法31条の保障する適正手続に内在するものと理解されている[21]。

　ハーバート・パッカーが指摘するように、刑事手続において有罪とは被告

人が真犯人であることではなく、法定の手続に基づき有罪であることが認定されたこと、すなわち「法的有罪 (legal guilt)」を意味するから、法的有罪の認定に至るまでは無罪の者として取り扱われるべきことになる[22]。それゆえ、無罪推定の法理は、犯罪の嫌疑がいかに濃厚で、有罪認定の可能性がいかに高い場合でも、被疑者・被告人を保護するために機能しうるのである[23]。また、自由権規約委員会の一般的意見13（21）が、「無罪推定は、この原則に適合するよう取り扱われる権利を内包している。それゆえ、すべての公的機関は、裁判の結果に予断をもってはならない」と述べているように[24]、無罪推定は、証明責任の所在や証明基準に関する証拠法上のルールとしてだけでなく、刑事手続の全局面において保障されるべきものである[25]。パッカーが適正手続モデルの帰結として示唆しているように、被疑者・被告人と有罪が確定した者とのあいだの法的地位の違いが最も鮮明に映しだされるのは、身体の自由を制約する未決拘禁という局面においてであるから、未決拘禁は、無罪推定を受けるべき被疑者・被告人の法的地位を踏まえたものでなければならない[26]。未決拘禁のなかに、無罪推定の法理が具体化されなければならないのである。

　したがって、第1に、被疑者・被告人の身体拘束はあくまでも例外であり、可能な限り回避されなければならない。そのために、未決拘禁を許容する要件が厳格に法定されたうえで、謙抑的に解釈・運用されなければならない。第2に、拘禁理由が認められる場合でも、拘禁に代替する他の措置によって拘禁目的が確保されるならば、未決拘禁は回避され、保釈を含む拘禁代替措置がとられるべきとの要請が生じる。このことは、裁判所・裁判官が最も制限的でない措置を選択すべきこと、この意味におけるLRA原則が厳格に適用されるべきことを意味している。第3に、例外的に未決拘禁がなされる場合でも、未決被拘禁者は拘禁されていないときの社会生活と可能な限り近接した生活条件を保障されなければならず、その権利は最大限に保障されるべきことになる。住居・移転・職業選択の自由、集会・結社の自由のように、拘禁目的から直接的・内在的に生じる制限が認められる場合を除いて、未決被拘禁者は市民として憲法上の権利を保障され、その制約は法律に基づき、拘禁目的を達成するために必要最小限度でのみ許される。そのためには、拘禁目的を阻害する現実的危険が具体的根拠に基づき認められなければならず、最も制限的でない措置が選択されなければならない。他方、被疑者・被告人としての法的地位を有する未決被拘禁者について、その防御権のいかな

る実質的制約も排除されなければならない。憲法上の適正手続原則のもとでは、十分な防御権の保障があってこそ、被疑者・被告人の身体拘束が許されるが、身体の拘束によって、被疑者・被告人の防御権の行使に事実上の困難が生じることは免れない。この事実上の困難を極小化し、防御権が実質的に制約されないよう確保しなければならないのである。

　これら第1、第2の要請について、自由権規約9条3項は、「裁判に付される者を抑留することが原則であってはなら」ないと定めており、自由権規約委員会の一般的意見8（16）は、この規定のもと、「未決拘禁は例外的で、可能な限り短期間のものでなければならない」と述べている[27]。身体不拘束の原則が示されているのである。この原則のもと、未決拘禁の最終手段性を確保するためには、未決拘禁の要件について、厳格な法定と運用における謙抑的な適用が必要とされる。そのうえで、さまざまな拘禁代替措置を開発し、活用することによって、未決拘禁の最終手段性を実質化しなければならない。拘禁代替措置の活用がネット・ワイドニングをもたらすことのないよう、その決定にあたっては、対象者の自由が最大限に尊重され、必要最小限度の制限として代替措置が選択されなければならない。そしてさらに、未決拘禁の最終手段性を実質化するために、不必要な勾留が回避され、保釈が促進されるよう、個別具体的事件において社会的援助が提供される制度を構築することが要請される。未決拘禁を抑制するための社会的援助について、イギリス法の展開に学びつつ、その必要性とあり方を示すことこそ、本章の課題である。

### (2) イギリス法における警察留置と未決拘禁

　未決拘禁を回避し、保釈を促進するための社会的援助についてイギリス法の展開を検討する前提として、警察留置、未決拘禁、保釈に関する法制度について概観しておく[28]。

　警察留置が行われるのは、被疑者について無令状逮捕がなされた場合である。逮捕の大多数は、1984年警察・刑事証拠法24条、同25条に基づき行われる無令状逮捕である。逮捕され被疑者は、可能な限り速やかに、警察署に引致される（同30条1項）。被疑者が引致されると、警察の留置管理官（custody officer）が、正式の告発（charge）を行うに足りる証拠があるかどうか判断しなければならないが、留置担当官は、告発するかどうかの判断が可能になるまでのあいだの被疑者の留置を決定することができる（同37条1項）。これが告

発前の警察留置である。留置担当官が被疑者を告発するに足りる証拠があると判断した場合には、被疑者は告発されるか、無条件または条件付で保釈されることになる（同37条7項）。留置担当官が告発を行うに足りる証拠が存在しないと判断したとき、被疑者の留置が認められるのは、逮捕の理由となった犯罪に関する証拠を確保するため、または被疑者を取り調べることによってそのような証拠を収集するために必要と認められる場合に限られる（同37条2項）。告発前留置は、原則として、被疑者が警察署に引致された時点から24時間を超えてはならない（同41条2項(a)）。例外として、重大な逮捕可能犯罪について一定の要件がある場合には、警視以上の階級にある警察官が、警察署引致の時点から36時間以内の留置の延長を許可することができる（同42条1項・2項）。マジストレイト裁判所が留置継続の令状を発布した場合には、さらに36時間以内の延長が可能となる（同43条・44条）

　1995年改正運用規定のもとでの警察・刑事証拠法の運用状況に関する内務省調査報告書によれば、逮捕された成人被疑者のうち52％が正式に告発され、11％が即時警告のうえ釈放、2％がマジストレイトに対する召喚状請求、10％が告発前保釈、19％が無条件釈放、6％がその他の処分によって処理されていた。警察留置から解放されることなく告発された被疑者（全体で52％）は、被疑事実が重大犯罪について58％、中間的犯罪について55％、軽微犯罪について46％であった[29]。

　逮捕された被疑者が告発されたとき、留置管理官は、被告発者の氏名・住所の不詳、裁判所への不出頭を防止するための必要、司法運営・犯罪捜査の妨害を防止するための必要、再犯の防止のための必要が認められる場合に限り、被告発者の留置を継続することができる。これらの場合に該当しない限り、被告発者を無条件または条件付で保釈しなければならない（警察・刑事証拠法38条1項）。先の内務省調査報告書によれば、被告発者のうち63％が無条件で保釈され、17％が条件付で保釈され、20％が留置を継続された。保釈が拒否された理由の内訳としては、拘禁刑相当犯罪の再犯の防止が32％、裁判所への不出頭の危険が31％、司法運営・犯罪捜査の妨害の危険が13％、拘禁刑相当犯罪以外の身体的害悪・財産的損害の防止が11％、氏名・住所の不詳が9％、被告発者自身の保護および少年自身の利益が4％であった[30]。なお、警察留置については、審査担当官（review officer）（同40条2項）による定期的審査が要請されている。

　告発後に留置が継続された被告発者については、可能な限り速やかに、か

つ遅くとも告発後最初の開廷日までに、マジストレイト裁判所に連れて行かなければならない（同46条1項・2項）。実務上、マジストレイト裁判所への引致は、告発当日、または遅くともその翌日には行われている。マジストレイトは、被告発者が非常に軽微な犯罪について有罪を自認しているような場合を除き、通常、手続の延期を決定する。被告発者が最初に出頭したその日に手続が進められることは稀である。マジストレイトは一定の要件のもと、無条件で手続を延期するか、被告発者を保釈するか、あるいは未決拘禁に付したしたうえで手続を延期するか決定する。マジストレイトが未決拘禁を決定した場合、その期間は当初、決定当日を除外して8日間である（1980年マジストレイト裁判所法128条6項）。その後、被告発者をマジストレイト裁判所に出頭させたうえで、マジストレイトは28日を超えない期間の未決拘禁を再度決定することができる。未決拘禁の更新は可能であり、その回数に制限はない（同128条A）。警察留置と未決拘禁に関する事件処理の内訳は、次の表1のとおりである。

表1　警察留置と未決拘禁に関する事件処理の内訳

|  | 1994年 | 1998年 | 2002年 | 2004年 |
| --- | --- | --- | --- | --- |
| 逮捕なし・召喚状発付（％） | 62 | 55 | 54 | 59 |
| 逮捕後に警察保釈（％） | 34 | 38 | 40 | 35 |
| 逮捕後に警察保釈なく留置継続（％） | 5 | 7 | 7 | 6 |
| （人員概数） | 94,000 | 143,000 | 141,000 | 135,000 |
| その後マジストレイトが未決拘禁決定（％） | 2 | 5 | 4 | 3 |
| （人員概数） | 44,000 | 98,000 | 82,000 | 67,000 |

Andrew Sanders and Richard Young, Criminal Justice 465（3rd ed., 2007）による。

　告発前後における警察留置中のみならず、告発後、マジストレイト裁判所への引致後も、保釈が認められている（裁判所保釈）[31]。裁判所は審問を行い、弁護人と検察官双方の意見を聴取したうえで、被告発者を保釈するか、未決拘禁に付すかを決定する。裁判所は手続のいかなる時点においても保釈を許可することができるが、実際上、大部分の保釈は、①被告発者の初回出廷のさいに、マジストレイトによって手続延期と合わせて決定されるか、②事件が正式起訴を受け、刑事法院の審理に付されたさいに、刑事法院裁判官に

よって決定されるか、③マジストレイト裁判所、刑事法院のいずれかにおいて、有罪が認定された後、判決前調査のために量刑手続が延期されたさいに決定される。

1976年保釈法は、被告発者に対して保釈を受ける権利を明確に保障したうえで（4条1項・2項）、権利保釈の除外事由として、①裁判所に出頭すべきときに、被告発者が出頭しない危険があること、②保釈中に再犯の危険があること、③証人に対して不当に干渉するなど、司法作用を妨害する危険があること、をあげた（別表1第1章2-7条）。裁判所はこれら除外事由の存否について判断するさい、①犯罪の性質・重大性、見込まれる量刑、②被告発者の人格・前歴、交友関係、コミュニティとの繋がり、③過去の保釈中の行状に関する記録、④有罪認定を基礎づける証拠の強さ、などの事情を考慮すべきとされている（別表1第1章9条）。権利保釈の除外事由がある場合でも、裁判所は裁量により保釈を許可することができる。また、保釈を許可するにあたり、裁判所は必要な条件を付することができる（3条6項）。内務省の調査報告書によれば、1997年と1998年、ノーリッジとマンチェスターのマジストレイト裁判所において、裁判所が審問を行った事件のうち18％について未決拘禁の決定がなされ、53％について条件付保釈が、28％について無条件保釈が許可されていた。保釈拒否の理由としては、不出頭の危険が63％、再犯の危険が62％、証人への不当な干渉の危険が16％、情報の不十分が5％あり、その判断根拠としては、犯罪の性質が56％について、被告発者の性格・前歴が53％について、過去の保釈時の記録が26％についてあげられており、根拠が明示されないものも12％あった[32]。

## （3）保釈決定手続の実際とその問題点

実際の保釈決定手続は、おおむね以下のようなものである[33]。保釈請求のほとんどは、マジストレイト裁判所において行われる。裁判所がまず、弁護人に対して保釈請求を行うかどうか質問し、請求がなされる場合、検察官（または検察庁の訴訟代理人。以下、検察官という）に対して反対意見があるかどうか質問する。保釈の許否は裁判所の専権的判断事項とされ、両当事者の同意は必要とされない。しかし、保釈請求がなされたとき、検察官において反対意見がなければ、裁判所が保釈を拒否することはないであろうし、逆に、保釈請求がなされなければ、確実な根拠が必ずしも十分でないような場合でも、裁判所は未決拘禁を決定することになるであろう。検察官に反対意見が

ある場合には、検察官は審問においてその概要を陳述する。検察官の事件ファイル中、なぜ保釈が許可されるべきでないかを記した書式を作成したのは事件担当の警察官であるが、その警察官が在廷することは希である。

検察官が保釈に反対する場合、その理由として通常あげられるのは、①告発された犯罪の重大性、被告発者の前歴からすれば、有罪が認定された場合、拘禁刑の言い渡しが見込まれること、②今回の犯罪が他の犯罪について告発され、その保釈中に行われたものであること、③被告発者はかつて保釈中裁判所に不出頭のため有罪とされていること、④被告発者は検察側の主要な証人が誰かを知っており、保釈されたならばその証人に働き掛けをするであろうこと、などである。検察官は、裁判所に対して、簡単なコメントを加えたうえで過去の有罪歴を提示するが、通例、審問においてそれを読み上げることはしない。

検察官の反対意見の陳述が終わると、引き続き、弁護人が保釈の許可を求め、検察官の意見に対する反駁を行う。弁護人はたとえば、被告発者は定まった住居を有し、コミュニティとの強い繋がりを有しているので、たとえ告発された犯罪は重大なものであっても、逃亡の現実的危険はないことを強調する。保証人を立てることができるときは、その保証人を審問に呼び、被告発者に代わって保証金を用意するのがどのような人物なのか裁判所に直接知ってもらうことが有効な場合がある。保証人の与える印象がよいほど、保釈が許可される可能性は高まるであろう。

他方、検察官が審問に警察官を呼び入れることは希であるが、裁判所が捜査責任者を呼び出し、告発された犯罪の性質や嫌疑を裏づける証拠の状況について説明するよう求め、また、検察官の反対意見が、捜査がなお継続中であり、被告発者または他者に対するより重大な犯罪の告発につながる可能性があるというものである場合には、その捜査の状況について一般的説明をするよう求めることも時折ある。

保釈の許否をめぐる弁護人、検察官双方の意見を聴取し、取り調べた証拠を検討したうえで、裁判所は判断を下す。この判断については、記録が作成されなければならない。被告発者には保釈を受ける権利が保障されているにもかかわらず、裁判所が被告発者の保釈を許可しなかった場合には、その理由を明らかにしなければならない（1976年保釈法5条）。1988年の保釈法改正によって、被告発者が謀殺、故殺、強姦およびこれらの犯罪の未遂について告発されている場合、裁判所が保釈を認めたときは、その理由を明らかにし

たうえで、その理由が認定された記録上の根拠を示すよう要求されている。
　保釈決定手続について、アンドリュー・サンダースとリチャード・ヤングは、次のような構造的問題があると指摘している[34]。第1に、逮捕され、告発された者のうち、未決拘禁に付されるのは約15％であるが、その割合は裁判所によって相当異なっている。この大きな要因は「裁判所の文化」の違いであるが、その重要な要素の一つが、有給判事による裁判所かどうかである。アンシア・ハックルスビーの調査によれば、有給判事の方が無給のマジストレイトよりも、保釈の許可に消極的な傾向がある。
　第2に、保釈か未決拘禁かを決定する審問において、保釈の許否が「争われる」ことは少ない。ハックルスビーの調査によれば、1,524件の審問中約85％において、検察官は保釈に反対することなく、また、検察官が保釈に反対し、未決拘禁を請求した事件のうち、弁護人がそれに対して反駁したのは50％余りでしかなかった。ハックルスビーは、それゆえ、未決拘禁か保釈かの選択に対して現実に決定力を有しているのは、裁判所ではなく、検察官に意見を提示する警察官、検察官、そして弁護人であると指摘している。検察官が無条件の保釈を容認した場合、ほとんどの事件において、裁判所は保釈を許可している。検察官が未決拘禁を請求した場合には、86％の事件においてその決定がなされている。警察や検察官が保釈に反対した場合でも、裁判所が常に保釈を拒否するわけではないが、その場合、無条件の保釈が許されることはほとんどない（表2参照）。ハックルビーは、「実際の判断者はマジストレイトではなく、他の手続関与者である。その結果、未決拘禁の判断は司法的にではなく、むしろ行政的に行われることになる。……行政的判断が、追加的情報や検察官の反対意見が口頭の陳述により裁判所に提示されたうえで司法的に審査されるのは、無条件保釈への検察官の反対意見に対して弁護人が反駁を行った場合に限られている。しかし、この場合でもなお、最終判断について論争がなされることはなく、あるいは弁護人と検察官、または弁護人と被告発者のあいだで、審問前に交渉による合意が形成されることが多いので、裁判所の審問において保釈請求をめぐり争われることはさらに少なくなる。しかも、実際に争われた場合でも、マジストレイトは、保釈にともなう危険性の評価について、検察官の意見に従うことが多いのである」と論じている[35]。
　サンダースとヤングは、このような現実を「対審性の欠如」と表現している。すなわち、保釈の許否が実際に争われるのは、全審問の10％に満たないの

表2　未決拘禁・保釈に関する検察官意見と裁判所審問の結果

| 裁判所審問の結果 | 検察官の意見 | | | |
|---|---|---|---|---|
| | 意見なし（%） | 無条件保釈（%） | 条件付保釈（%） | 未決拘禁（%） |
| 無条件保釈 | 52 | 99 | 1 | 0.4 |
| 条件付保釈 | 32 | 1 | 98 | 14 |
| 未決拘禁 | 16 | 0 | 1 | 86 |
| 合計（実人員） | 190 | 378 | 286 | 229 |

Hucklesby, Remand Decision Makers,（1997）Criminal Law Review 269, 276による。

である。もっとも、検察官が保釈に反対しているとき、弁護人がそれに抗して保釈を請求する事件の割合が低いのは、1998年刑事司法法154条により、保釈がいったん拒否された場合、再度の保釈請求において前回と同じ主張をすること自体は許されるものの、裁判所はその主張を直接聴取する必要はないとされたことが関連している。サンダースとヤングによれば、この規定を根拠にして、裁判所のあいだには、保釈請求による審問は最多２回行えば足りるとの理解が広がっている。それゆえ、ハックルスビーの調査によれば、検察官が保釈に反対している場合でも、弁護人において、裁判所への初回出頭のさいには保釈請求を行うのが通例（このような場合の約85%）であるが、その後再度保釈請求を行うのは半数以下となっている[36]。

さらに、サンダースとヤングは、「対審性の欠如」は、弁護人が自己の担当する被告発者の事件をどのように評価するか、ということのなかにも映し出されていると指摘している。忌憚なくいえば、弁護人は裁判所からの信用を失いたくないと思い、往々にしてそのことを被告発者の利益に優先させている、というのである。すなわち、マイク・マッコンヴィルらのもののほか、いくつかの調査によれば、被告発者が弁護人の専門的助言に反して、弁護人に対して保釈請求を行うよう指示した場合、弁護人は、「私は被告発者からこのように主張するよう指示された」などの言葉を用いて、あるいはより遠回しな言い方によって、弁護人自身の本心としては保釈請求が相応しいと考えていないことを裁判所に伝えようとしているという[37]。

サンダースとヤングの指摘する第３の問題は、保釈審問の対審的性格が失われるなか、保釈の許否が正確かつ十分な情報に基づき判断されていないという点である。欧州人権条約の判例からは、保釈の判断は「推測」によるのではなく、「証拠」に基づきなされなければならず、その立証責任は検察

官が負担するとものとされている。このことは、イギリス保釈法における被告発者の保釈の推定という立場と調和する。しかし現実には、ハックルスビーの調査によれば、保釈の許否が争われた事件のうち許可されるのは3分の1足らずであり、その重要な理由の一つが、裁判所の目には、検察官に比べて弁護人の主張は客観的裏づけに欠けるものと映っていることである。このことから、事件についての警察の評価が検察官によって引き継がれ、裁判所に提示されたとき、弁護人がそれへの反駁を行っても、裁判所によって認められないことになる[38]。かくして、被告発者の「保釈される権利」への検察官の反対意見に対して、弁護人は非常に困難な闘いを余儀なくされる、というのである。その結果、保釈審問の形骸化が生じている。そのことは、かつてマイクル・ザンダーの調査によって、未決拘禁か保釈かが決定される審問261件のうち86％において、実質的な審理時間は5分未満であり、訴追側が未決拘禁を請求している場合でも、60％余りが5分以内に結論に到達していたという事実が明らかにされたことからも示されている[39]。

このような拙速ともいえる審問の主たる理由としてあげられるのが、処理事件におけるマジストレイト裁判所の加重負担である。それゆえ、審問が既知の関与者のあいだで行われるとき、事件が手早く処理されるよう、暗黙のうちに協調するようになる。マンディープ・ドハーティらは、日常的に多くの審理に同席することから、「関与者のあいだに仲間意識が生まれ育つことは、おそらく不可避的であろう。疑いもなく、このことが、観察した審問のなかで対審的性格を有しているものが非常に少ないことの一つの有力な根拠となっている。……事件処理を迅速に、しばしば対審的とはいえないようなやり方で進めようとの期待が存在する場合、裁判所に対して、質の低い、限られた情報しか提供されないことになったとしても、驚くには値しないであろう」と指摘している[40]。保釈審理の形骸化のなか、裁判所は不十分な、質の低い情報に基づき保釈判断を行っている、というのである。

情報の不十分さに加え、サンダースとヤングは、裁判所に提供される情報の大部分が警察によるものであることを指摘している。警察は訴追のために事件を「構築する」のとちょうど同じように、未決拘禁の請求の場合にも、確実な根拠に裏づけられているとみえるよう事件を「構築する」というである。そして、上述のように、検察官は警察の要求に従い、裁判所もそれを是認することが通例となっている。内務省の調査報告書によっても、逮捕からマジストレイト裁判所への引致までのあいだに警察が保釈を決定したか、留置の

継続を決定したかが、検察官や裁判所が保釈と未決拘禁のいずれを支持するか決定するうえで、強い影響を与えていることが示されている[41]。かくして、警察は、保釈判断に対して強大な現実的影響力を有しているのである。

後述するように、保釈情報サービスは、このような保釈判断をめぐる構造的問題としての情報の偏りと限定を解決するために機能しうるものである。また、保釈支援サービスは、保釈判断に対して警察の事件「構築」が強い影響力を有するなか、幅広い対人支援と生活環境の調整を通じて、保釈が許可されるための条件作りをしようとするものである。

## 3 保釈関連サービスの展開

### (1) 刑事手続とプロベーション・サービス

イギリスにおいて、未決拘禁を回避し、保釈を促進するための社会的援助を主として担ってきたのは、プロベーション・サービスである。保釈情報サービス、保釈支援サービス各々についての検討に入る前に、刑事手続の過程においてプロベーション・サービスがどのように提供されてきたか概観しておきたい[42]。

イギリスにおいてプロベーション・サービスが正式に活動を開始したのは、100年以上前になる。それ以前から犯罪者の「救済」や「救護」に向けて個人の善意に基づくボランティア活動として行われていたものが、国の活動として再編されたのである。裁判所におけるボランティア市民による被告発者の支援活動は、当初は誓約書の提出や罰金を通じて、少年の場合には慈善事業による職業訓練学校（industrial school）や改善学校（reform school）による代替を通じて、拘禁処分を回避することを目的としていた。これらの活動が国の活動として刑事司法のなかに取り込まれるにともない、デヴィッド・ガーランドが著書『刑罰と福祉』において分析したように、刑罰と福祉の複合体における「個別化」の過程、すなわち犯罪者が診断、分類、改善更生の対象とされる過程が進行した[43]。プロベーション・サービスについては、近時、社会内処分（community sentence）にともなう諸条件の執行とその遵守の監視という社会防衛的機能が強調されているが、もともとは個人の福祉ニーズに応え、その生活再建を支援・促進するという福祉サービスとしての性格が重視されてきた。また、20世紀を通じて処分の多様化が進むなか、プロベーション・

サービスは、裁判所が公正さと有効性の両面において適切な処分を決定することができるよう、専門的な調査と勧告を行う役割を担うようになった。

刑事手続の過程におけるプロベーション・サービスとしては、裁判所に提出される量刑前調査報告書 (pre-sentence report) の作成と、未決拘禁の抑制に向けて保釈を促進することを目的とする保釈関連サービスとがある。量刑前調査報告書は、プロベーション・サービスにおける人間行動科学の専門的知識と力量を活かして作成されるものであり、裁判所の量刑資料として最も重要なものとされる。量刑前報告書はかつて社会調査報告書 (social enquiry report) と呼ばれていたが、書面による報告書の正式な活用は、1930年代にまず少年裁判所において、その後刑事裁判所において開始された。1973年刑事裁判所権限法によって、その具体的な根拠規定が設けられた。有罪認定後に裁判所によって言い渡され、あるいは刑事施設からの仮釈放後に用意されたプロベーション処分の執行にともなう対象者の生活再建の支援・促進と並んで、量刑前報告書の作成は、開始当初からプロベーション・サービスにおける主要業務として位置づけられてきた。1980年代になると、報告書の作成件数は20万を超え、2004年、全裁判所に提出された報告書は約25万件に上った (審理された刑事事件の総数は約200万)。

これに対して、保釈情報サービス、保釈支援サービスから成る保釈関連サービスは、プロベーション・サービスにおいて主要業務としては位置づけられてこなかった。保釈関連サービスは1970年代に開始され、現在も継続されているが、なお具体的な法的根拠は設けられていない。ケヴィン・ヘインズとロッド・モーガンによれば、保釈関連サービスが主要な業務とされてこなかったのは、無罪推定の法理と関連している。すなわち、量刑前調査報告書が、有罪認定後の被告発者に関する社会調査に基づき作成されるのに対して、保釈関連サービスは、主として有罪認定前の被告発者を対象としているので、やはり対象者の生活再建の支援・促進というプロベーション・サービスの本質と相容れないものとして認識され、そうであるがゆえにプロベーション局内部において、保釈関連サービスへの積極的姿勢が形成されにくかった、というのである。

### (2) 保釈関連サービスの始動と展開

保釈関連サービスがどのように開始され、展開してきたかについて概観しておきたい[44]。保釈関連サービスは、不必要な未決拘禁を回避し、保釈を促

進するために、未決拘禁の決定プロセスに直接関連する活動を行う。そのうち保釈情報サービスは、住居、家庭環境、就労状況、コミュニティとの繋がりなど、被告発者の生活環境に関する情報を収集・確認し、検察官に対して報告することによって、裁判所がより正確かつ十分な情報に基づき保釈の許否を判断することを可能にするものである。これには、裁判所ベースのサービスと刑事施設ベースのサービスがある。他方、保釈支援サービスは、被告発者に対してさまざまな対人支援を提供し、住居の提供を含む幅広い生活環境の調整を行うことによって、不出頭や再犯の危険に対処し、また、保釈や他の拘禁代替措置にともない賦課される条件の遵守を確保しようとするものである。保釈支援サービスのもと提供される代替的住居は、保釈者宿泊施設（bail hostel）と呼ばれている[45]。

　プロベーション・サービスにおいて、保釈判断のための正確かつ十分な情報の提供が開始されたのは、1970年代、アメリカ保釈法改革の影響によるものであった。モデルとされたのは、ニュー・ヨークのマンハッタン保釈プロジェクト（Manhattan Bail Project）であった。1961年、ヴェラ財団は、保証金を支払うことのできない貧困な被告発者について保釈が拡大されることを目的として、ハーバート・シュターツの運営責任のもと、ニュー・ヨーク大学ロー・スクールおよび同大学司法運営研究所と共同して、新しいプログラムを開始した。このプログラムは、スタッフが、住居、就労状況、身元保証人の有無、告発された犯罪、前歴など、被告発者に関するさまざまな情報を収集・確認したうえで、保証金の提出がなくとも保釈が成功するであろうと見込まれる被告発者を選定し、その情報を提供することによって、それらの被告発者について裁判所が自己の誓約書による保釈を許可するよう促すものであった。その結果、とくに比較的軽微な犯罪により告発された貧困な被告発者について、保釈拡大の効果が顕著となった[46]。このマンハッタン保釈プロジェクトをモデルとしつつ、保釈判断の合理化を求めた1975年内務省回状に基づき、全国16か所のマジストレイト裁判所において、保釈情報サービスのパイロット・スキームが開始された。

　しかし、1970年代末までには、保釈情報サービスの試行は、広汎な支持を集めることなく終了した。また、1970年代中頃からいくつか開設された保釈者宿泊施設も、1970年代末には1施設を除いて閉鎖された。保釈関連サービスは衰退し、ほぼ消失したのである。その主な理由は、プロジェクト開始直後、1976年保釈法が施行されたことによって未決被拘禁者数が減少

し、保釈改革が至急必要であるとの認識が失われたことである。さらに、プロベーション局において、上述のように、有罪認定前の被告発者に対してサービスを提供することへの消極的姿勢があったことも指摘されている。また、ドレイクフォードらは、弁護人のなかにも、保釈情報サービスは自己の活動領域を侵すものであり、無罪推定法理のもと、適正手続上の問題をはらんでいるとの認識があったことを指摘している[47]。

　1976年保釈法の施行にともない、内務省が保釈拡大に積極的立場をとっていたことも相俟って、未決拘禁は顕著に縮小した。新規被拘禁者数は、1975年の68,388人から、1978人には52,581人にまで減少した。しかし、1980年代に入ると、未決拘禁は拡大傾向を続けた。その結果、1日平均被拘禁者数は、1978年の5,631人から、1988年には11,444人にまで増加した。刑事施設の全被収容者に占める未決被拘禁者の割合も、1975年に8％であったものが、1987年には22％となった。同期間において平均収容日数が25日から56日へと長期化したことが、未決被拘禁者数の増加に拍車をかけた。未決拘禁は危機的状況にあると認識された。このような状況のなか、1986年における検察庁の設置が契機となり、保釈情報サービスが再開されることとなった。1987年には、ヴェラ司法財団（ヴェラ財団から改称）の資金提供のもと、全国8か所においてパイロット・スキームが実施された。評価研究によれば、保釈情報サービスによって、検察官はより正確で十分な情報に基づき保釈に関する意見を形成することが可能となり、その結果、保釈許可が実際に拡大した。すなわち、1,367人の被告発者について情報提供がなされ、874人について保釈が許可されたが、このうち391人は保釈情報サービスがなければ保釈されなかったであろうとされた[48]。1990年代前期までには、保釈情報サービスが全国的に展開されることとなった。1980年代末から1995年までのあいだ、100以上の裁判所ベースのサービスが提供され、刑事施設ベースのサービスも全国に広がった。1995年までには、ほとんどのマジストレイト裁判所がカバーされていた。裁判所ベースのサービスの拡大を促したのは、1991年に開始された内務省による使途制限付補助金の交付であった。刑事施設ベースのサービスに対しては、刑事施設の運営費用全体のなかから必要な費用が割り当てられた。

　他方、1976年保釈法3条6項のもと、条件付保釈が拡大したことを契機として、1990年代前期から中頃、各地のプロベーション局が保釈支援サービスを開始した。これに対して、内務省による使途制限付補助金が交付され、

また、一括補助金からの割り当てもなされた。これらの補助金は、独立性の高い各地のプロベーション局の予算規模に応じて配分されたが、保釈支援サービスを開始するための当初1回のみの配分とされた。各地においてサービスが開始されたにもかかわらず、内務省は、保釈支援サービスの内容、運営方法、質的基準などに関する全国的指針を設定しようとも、その法的根拠規定を設けようともしなかった。この間、内務省の委託を受けて、保釈支援サービスに関する指針の作成、各地の運営の援助などを行ったのは、NGOナクロであった。1996年には、ナクロより、全国指針が発表された。これとあわせて発表された全国のサービス一覧によれば、少年向けサービスに比べ、成人向けサービスはなお比較的少数に留まっていた[49]。

1990年代中頃までの約10年間、保釈関連サービスは復興したが、ヘインズとモーガンが指摘するように[50]、その直接の要因となったのは、内務省による使途制限付補助金の交付である。1992年から1995年にかけて、保釈関連サービスは全国的広がりのなか最高潮に達した。この時期、全国54庁のプロベーション局のうち35庁が裁判所ベースの保釈情報サービスを運営し、15庁がなんらかの形態の保釈支援サービスを実施していた。しかし、使途制限付補助金への応募もすべてのプロベーション局が行ったわけではなく、また、この時期開始された裁判所ベースの保釈情報サービスの多くは、当時増加したプロベーション・オフィサーの資格を有さないスタッフによって構成され、そのサービスに特化した部署によって運営されていた。具体的な法的根拠は設けられないままであった。保釈関連サービスはなお、プロベーション・サービス全体のなかで、主要業務としては位置づけられていなかったのである。刑事手続の過程で提供される裁判所ベースのサービスのなかでも、主要なものとされたのは、あくまでも量刑前調査報告書の作成であった。

## (3) 保釈関連サービスの衰退

1991年刑事司法の施行後、刑事施設の被収容者総数はいくらか減少し、1日平均被収容者数は、1993年に41,561人となった。しかし、保釈関連サービスの展開にもかかわらず、未決被収容者数は減少せず、全被収容者に占める割合も低下しなかった。他方、1990年代前期、警察の主導により、保釈中の再犯の問題が社会的関心を集めた。「保釈盗賊（bail bandit）」という表現がしばしば用いられた。このとき、内務省は保釈中の再犯の増加自体に疑問を呈しており、また、保釈自体を制限することには反対の立場をとって

いた。しかし、保守党政権下、厳罰主義への政治的傾斜が深まり、1993年、マイクル・ハワードが内務大臣に就任すると、「刑事施設は役に立つ（"Prison Works."）」との標語のもと、拘禁処分の積極的活用に対する支持が強まっていった。このなか、1992年に続き、1994年には保釈を制限する法改正が行われた。すなわち、1994年刑事司法・公共秩序法26条は、裁判所保釈について、被告発者が保釈中に行った犯罪について告発されており、その犯罪が正式起訴犯罪または審理方式選択犯罪である場合には、権利保釈を認めず、保釈の許否を裁判所の裁量により判断することとした。さらに、同25条は、被告発者が過去、謀殺、強姦、故殺、謀殺・強姦の未遂のいずれかについて有罪を認定されており（謀殺、故殺、両未遂については拘禁刑を科されているときに限る）、これらの犯罪のいずれかについて再度告発された場合には、裁判所は保釈を許可することはできないとした。これらの場合には保釈を絶対的に禁止し、被告発者を必要的に未決拘禁に付すこととしたのである。1976年保釈法以来、権利保釈の原則を確立し、その除外事由を限定してきたイギリス法の基本構造からすれば、未決拘禁を必要的なものとするこの規定は、完全な方向転換を示すものであった[51]。

　1990年代半ば以降、保釈関連のプロベーション・サービスは衰退していった。1995年、内務省は保釈関連サービスに対する使途制限付補助金の交付を打ち切ったため、これに関する費用は、プロベーション・サービスの総予算のなかから支出されることとなった。しかも、1990年代後期、プロベーション・サービスの総予算を約30％削減するとの提案もなされ、それをめぐる議論が行われていた。このような状況下、保釈関連サービスは急速に衰退した。各地の保釈支援サービスについては、そのほとんどが実際上消滅し、保釈者宿泊施設も大部分閉鎖された。プロベーション・サービスの統一的な政策と運営体制を確立するために創設された全国プロベーション局が、重大犯罪による社会内処分の対象者や仮釈放者に対するサービスを重点化するとの政策を打ち出したことにともない、認証宿泊施設（approved premise）と呼称を変えられていた保釈者宿泊施設の多くは、そちらへと転用された。各地のプロベーション局のなか、宿泊施設を拡大しようとするところは皆無に等しく、残存する宿泊施設も、裁判所からの直接委託に応える形でのみ利用するところがほとんどとなった。保釈情報サービスも縮小され、1997年に24,779件あった報告書提出が、2003年には5,677件にまで減少した。比較的短期間のあいだに、保釈情報サービスは、各地のプロベーション局におい

て広く実施されている専任スタッフによる専門的業務から、量刑前調査報告書の作成を主とする裁判所ベースのプロベーション・サービスを担当するチームが必要に応じて行うにすぎない副次的業務へと変化した。

　未決拘禁者数がなお増加しているにもかかわらず、1990年代後期、保釈関連サービスはなぜ衰退したのか。この点について、ヘインズとモーガンは、第1に、プロベーション・サービスにおいて、保釈関連サービスが周縁に位置づけられてきたことをあげている。コミュニティにおける生活再建の支援・促進というプロベーション・サービスの本質からして、その主要業務とされてきたのは、プロベーション対象者の監督・援助と量刑前調査報告書の作成である。有罪認定前の被告発者に対する保釈関連サービスは、プロベーション・サービスの「専門職文化 (professional culture)」に適合しないというのである。しかも、このことは、無罪推定法理との矛盾可能性という法的問題によってさらに強化された。第2に、使途制限付補助金が打ち切られ、総予算も削減されるなか、プロベーション・サービスが限られた資金と労力をその主要業務に集中させなければならなかったことが指摘されている。ニュー・レイバー政権下、主要業務の選択とそれへの集中は、プロベーション・サービスに限らず、あらゆる行政分野について強調されたことである。このようななか、未決拘禁を抑制するための保釈関連サービスが後退を余儀なくされた、というのである[52]。

## 4　保釈情報サービス

### (1) 意義と目的

　以上、保釈関連サービスの消長を概観したが、それを踏まえて、保釈情報サービスについて、意義・目的、制度概要、形態、効果、改革課題などを検討しておきたい[53]。

　裁判所による保釈判断が不十分で偏った情報に基づき行われていることについて批判がなされてきたことは、上述のとおりである。これに対して、1988年内務省回状「保釈」は次のように述べている。「重要なことは、被告発者とその生活環境に関する情報が裁判所に提供されるようにすることである。裁判官が、被告発者の性格、保釈された場合の暮らしぶりなどについて、より正確で十分な情報に基づき判断していたならば、往々にして、未決拘禁

は回避できていたはずなのである。必要な情報が早期に提供されることによって、裁判所は保釈許可という法的推定を覆すさいにも、また、必要な条件を付したうえで保釈を許可する場合にも、より確信をもって判断することができるようになるであろう[54]」。保釈情報サービスは、このような要求に応えようとするものであった。

　全国プロベーション局の2000年版全国基準によれば、「保釈情報サービスの目的は、検察官に対して正確な情報を提供することによって、検察官が、一般市民に与える危険性を含む被告発者に関する事実の認識を深め、保釈の審問に適切に対応できるようにすることを通じて、裁判所を援助することにある」とされている。このように、保釈審問において無条件保釈、条件付保釈、未決拘禁のいずれを求めるかについて、検察官はより正確かつ十分な情報に基づく判断を行うことが可能になるのである。保釈情報サービスの導入前、検察官は限られた情報しか有しておらず、しかもその大部分が警察によって提供されたものであった。警察の提供する情報は、保釈審問にあたり検察官が適切な判断を行うのに必要な情報というより、むしろ「警察文化」を反映した、一定の偏りのあるものであった。かくして、保釈情報サービスによって、検察官においても、ひいては裁判所においても、正確かつ十分な情報に基づく判断が可能になり、不必要な未決拘禁が回避され、保釈が促進されるのである。

　当初、保釈情報サービスは、警察から提供される被告発者に不利な情報と均衡をとるためとして、被告発者に有利な情報のみを提供するものとされていた。しかし、保釈の制限への政治的傾斜が深まるなか、全国プロベーション局の1995年全国基準は、保釈情報サービスの担当官に対して、公共の安全にとって意味があると思われる情報を収集・確認し、被告発者がインタビューに応じることに同意しないときは、その旨検察官に連絡し、また、公共に対する重大な潜在的危険を示し、際だたせるようないかなる情報についても、検察官、警察、社会サービス、保健・衛生機関に提供しなければならないとの義務を課した。その後、2000年全国基準は、公共に対する重大な潜在的危険に関する情報の提供義務を残したものの、それ以外の義務については触れなかった。

　パトリシア・モーガンとポール・ヘンダーソンによる1998年の内務省調査報告書は、担当官が被告発者に不利な情報の存在を認識した場合、それを検察官に提供すべきかどうかについて、困難な判断を迫られていることを指

摘した。報告書によれば、調査対象とした保釈情報サービスにおいて、被告発者に不利な情報が提供されたのは、12%の被告発者についてであった[55]。チャールズ・ロイドによる1992年の内務省調査報告書によれば、担当官の多くは、「被告発者に不利な情報は、警察によってすでに十分提供されている」と考えていた。しかし同時に、担当官は、公共に対する重大な危険が生じる場合には、被告発者に不利な情報も提供すべきと考えていた。報告書は、むしろ不利な情報も提供されることによって、検察官は保釈情報サービスという制度自体、あるいは担当官から提供された有利な情報により高い信頼を置くことになるであろうと指摘している[56]。結局のところ、公共に対する重大な危険に関する情報が提供された場合は別として、不利な情報の提供が保釈の促進にとってどの程度障害となるかは必ずしも明確ではない、というのである。

### (2) 提供されるべき情報

保釈情報サービスのもと、担当官は、マジストレイト裁判所おいて未決拘禁か保釈かを決定するための審問を受ける被告発者、あるいはすでに未決拘禁の決定を受け、刑事施設に収容されている被告発者に対してインタビューを行い、他のさまざまな方法により必要な情報を収集し確認する。ドレイクフォードらは、通例、収集・確認される情報を次のように整理している[57]。

---

(a) 適切なサービスの利用可能性：これに含まれるのは、医学的治療、精神医療・保健サービス、薬物依存治療などである。
(b) 社会的信用：これには、クラブ、団体などの会員であり、そのことによって被告発者がコミュニティのなかで地位を確立しており、それゆえ保釈の要求・条件を遵守するであろうと推認されることなどが関係する。
(c) 良好なコミュニティの支援：これが家族、友人、教会、モスクなどによって提供されるならば、保釈中の被告発者を支えるためにコミュニティ内で提供される支援のメカニズムの存在が推認されるであろう。
(d) 過去の社会内監督処分歴：被告発者が現在または過去にプロベーションまたは他の社会内監督処分を受けている場合、担当官はその処分の要求やそれにともなう条件が遵守されたかに関する情報を収集・確認し、被告発者が違反により拘禁処分に付される可能性があるかについて裁判所に確信ある判断をさせ

ることができるであろう。
(e) 宿泊施設の利用可能性：裁判所はしばしば、保釈を許可するにあたり特別な監督条件や外出制限を課すことを希望するので、その場合、担当官は、保釈者宿泊施設の居室を確保するために最も多くの時間を費やすことになる。宿泊施設への滞在によって、裁判所は、条件違反による拘禁の可能性や外出制限の条件賦課について確信ある判断をすることが可能となり、その結果、被告発者が保釈中条件違反の行為をする可能性が低下することになる。さらに、被告発者が証人や被害者と近接した場所に滞在している場合、保釈条件に違反する可能性を低下させるために、地理的に離れた地域にある保釈者宿泊施設に被告発者を滞在させることも可能となる。
(f) 就労状況と職業訓練の利用可能性：被告発者の同意を得たうえで、就労状況について確認するために雇用者と連絡を取ることもできる。保釈情報サービスは、通常、就労支援機関とのあいだで、保釈者であることの秘密保護に関する協定を有しているので、就労可能性に関する情報を迅速に裁判所に提供することが可能である。フル・タイムの就労は、宿泊施設への滞在と相俟って、保釈許可に対するさまざまな実質的障害を解消する効果を有している場合が多い。
(g) 安定した住居：安定した住居を確認することだけでも、保釈が十分許可される場合も多い。家庭内において犯罪が行われ、あるいは証人に対する不当な干渉が行われる危険がある場合には、被害者・告訴人と被告発者とのあいだの接触が禁止されない限り、検察官は、裁判所において関連する争点の審理が終了するまで保釈に反対するであろう。このような状況が存在する場合、あるいは子どもへの性的暴行について告発されている場合には、保釈者宿泊施設への滞在や別のカウンティにおける滞在が求められるであろう。

---

保釈情報サービスが検察官に対して提供する情報は、保釈の許否に関する意見を決定するうえで本質的重要性を有するものであるが、もしこのサービスが存在しなければ検察官が知りえなかったであろうものである。このような情報によってこそ、検察官は、被告発者がある特定のコミュニティに現に居住しており、そのなかで社会的繋がりや社会的責任を有しており、それゆえ保釈の要求・条件が遵守されないであろうと疑うべき根拠は存在せず、あるいは不十分であると確認することが可能となる。かくして、保釈情報サービスは、不必要な未決拘禁の回避と保釈の促進に寄与するのである。

## (3) 裁判所ベースのサービスと刑事施設ベースのサービス

　保釈情報サービスには二つのスキームがある[58]。すなわち、裁判所ベースのサービスと刑事施設ベースのサービスである。裁判所ベースのサービスは、被告発者がマジストレイト裁判所に初回出頭したさいの保釈審問のためのものであり、プロベーション局によって運営されている。担当官が、逮捕後留置されている被告発者のインタビューを行い、被告発者が申告した住居、家族、就労などに関する情報の正確性を確認し、また、関係機関から情報の提供を受けるなどして、必要な情報を収集・確認したうえで、検察官に対してその情報を提供する。被告発者が定まった住居を有しない場合には、担当官が保釈者宿泊施設を手配する[59]。他方、刑事施設ベースのサービスは刑事施設（ないしそれを統括する行刑局）の運営によるものであり、担当官は、いったん未決拘禁の決定を受け、刑事施設に収容されている被告発者にインタビューを行い、関係機関から情報の提供を受けるなどして、必要な情報を収集・確認したうえで、2回目以降の裁判出頭にさいして行われる保釈審問のために、検察官に対してその情報を提供する。いずれも、担当官は保釈情報担当官 (bail information officer) と呼ばれる。資格を有するプロベーション・オフィサーが担当官となる場合が多いが、それ以外のスタッフが担当官を務める場合もある。

　保釈関連サービスは、上述のように、プロベーション・サービスのなかで主要な業務としては位置づけられてこなかった。このことを反映して、1990年代、裁判所ベースのサービスは衰退していった。全国プロベーション局の2000年回状は、保釈情報サービスが独立したユニットによってではなく、裁判所担当チームの業務の一部として運営されるべきこと、他の刑事司法関係機関から情報提供が確実に受けられるよう協定が結ばれるべきこと、被告発者の人格、個人的・社会的な生活環境、コミュニティとの繋がりについての洞察を含むものであることなどを求めたうえで、初回出頭のさいの保釈審問のためのサービスが再編され、強化されることが政府の政策であることを強調した[60]。保釈された被告発者の不出頭の問題を包括的に扱った2003年の会計検査院報告書も、未決拘禁の決定プロセスの質を向上させるために保釈情報サービスが重要な役割を担うべきことを指摘した。しかし、それでもなお、衰退は続いた。会計検査院報告書によれば、2003年、全国のマジストレイト裁判所において保釈情報サービスが運営されていたのは、約半数にすぎず、初回出頭のさいの保釈審問のために提出された報告書数は、

1996年に約25,000件であったものが、2002年には10,000件足らずにまで減少した[61]。

1990年代末、刑事施設の被収容者数は急増し、未決被拘禁者数も増加した（図4参照）。プロベーション局による裁判所ベースのサービスが衰退するなか、行刑局は刑事施設ベースの保釈情報サービスを開始した。控訴院判事ロビン・オウルドによる2001年報告書は、イギリス刑事裁判制度の包括的検討に基づき、その再編と改革を提案したが、そのなかで指摘しているように、被告発者が裁判所に初回出頭したさいの保釈審問においては、不十分で不正確な情報に基づき、誤って保釈が拒否される可能性がある。それゆえ、いったん未決拘禁の決定がなされた後、2回目以降の裁判所出頭のさいの保釈審問における判断が、正確かつ十分な情報に基づきなされるよう確保するために、刑事施設ベースのサービスが担う役割は重要である[62]。

1999年行刑局命令「保釈情報スキーム」は、「保釈情報スキームについて具体的な法的要請があるわけではない。それゆえ、最近に至るまで、行刑局の政策は、すべての地方刑事施設や未決拘禁センターが包括的な保釈情報スキームを実施するよう奨励するというものであって、実施を義務づけるものではなかった」。しかし、「この命令は、未決被拘禁者を収容しているすべての刑事施設が包括的な保釈情報スキームを必要的に実施しなければならないという要請を確認するものである。また、この命令は、このスキームの運営に関連して遵守が要求される手続および行動を示すものである」とした[63]。未決被拘禁者を収容するあらゆる刑事施設において、保釈情報サービスの必要的実施を要求したのである。この行刑局命令によれば、「サービスの目的は、裁判所による保釈判断がより正確で十分な情報に基づきなされるようにすることであり、それによって、未決拘禁に付される被告発者の数を減少させることができるであろう。刑事施設の被収容者数を減少させるための手段として、保釈情報スキームを展開することは行刑局の利益に適う[64]」とされ、刑事施設ベースのサービスは、すでに未決拘禁に付されている被告発者が2回目以降の裁判所出頭にさいして保釈請求を行う場合、それに基づく審問のために情報提供をするものとされた。また、担当官その他職員配置は各施設において都合することとされ、刑事施設に駐在するプロベーション・オフィサーや専門的力量を有する施設職員が予定されている。サービスの実施において、全国統一の実施基準に従うこと、担当官は必要な専門的研修を受けること、担当官の作成した報告書は裁判所関連業務担当職員に引き継がれ

ること、検察官に対して提供する情報は別個の情報源によって確認されるべきこと、17歳以上の被告発者についてのみ、その合意をえたうえでインタビューを行うべきこと、インタビューの焦点は被告発者が保釈請求の権利を最大限に活かすことにつながる事項に合わせるべきこと、などが要求された。

2000年代半ばになると、刑事施設の被収容者数はますます増加し、深刻な過剰拘禁問題が生じた[65]。このなか、未決被拘禁者数も増加したことから、行刑局においては、保釈促進のために保釈情報スキームを十分機能させるべきことが強調された。とくに、サービスの重点対象として、①特別重大な犯罪により告発されていない、被害者や証人に対して脅威を与えていない、過去の保釈時に要求・条件違反をしていない、住居を現に有しているか、確保することが可能である、生活の安定や社会的信用を示す他の事情があるなど、保釈が許可される可能性の高い被告発者、②不相応に高い割合で未決拘禁に付されていることからアフリカ系のまたは少数民族の被告発者、③拘禁中とくに脆弱性が強いと認められる被告発者、④同じく不相応に高い割合で未決拘禁に付されていることから女性の被告発者、があげられた。

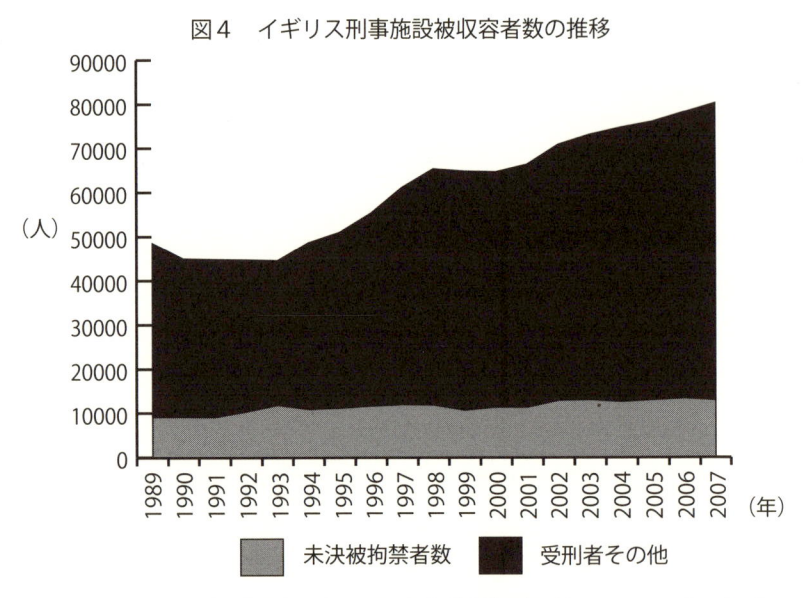

図4　イギリス刑事施設被収容者数の推移

Prison Statistics England and Wales 1999 および Offender Management Caseload Statistics 2007（Ministry of Justice Statistics Bulletin）により作成。

刑事施設ベースのサービスについて、2004年の運用状況は表3のとおりである。保釈請求を行った刑事施設収容中の被告発者のうち、48％についてインタビューが行われ、23％について保釈情報報告書が検察官に提出された。保釈情報報告書が提出されたもののうち、36％が保釈を許可されていた。ヘインズとモーガンは、直ちに成否を断じることはできないとしつつ、具体的な法的根拠によるものではないにせよ、行刑局命令によって全刑事施設に対して必要的実施が要請されたスキームであること、行刑局予算により確実な財政基盤が用意されていること、行刑局幹部職員も積極的に支持していること、被収容者数の抑制という行刑局の重要な政策目標との関係が明確に示されていること、明確な達成目標と運用指針が設定されていることから、刑事施設ベースのサービスが有効に機能し、保釈の促進に貢献しうるであろうと指摘している[66]。

表3　刑事施設ベースの保釈情報スキーム運用状況（2004年）

| 保釈請求を行った未決被拘禁者総数 | 41,090 | 100% | | |
|---|---|---|---|---|
| インタビュー実施件数 | 19,680 | 48% | 100% | |
| 検察官に提出された保釈情報報告書 | 9,509 | 23% | 48% | 100% |
| 保釈情報報告書提出後に保釈許可された件数 | 3,387 | 8% | 17% | 36% |

Haines and Morgan, Service before Trial and Sentence: Achievement, Decline and Potential, in Loraine Gelsthorpe and Rod Morgan（eds）, Handbook of Probation 199（2007）による。

### （4）保釈情報サービスの効果

　保釈情報サービスについては、とくにサービスが全国的に広がった1990年代以降、いくつかの効果測定が行われた。それらは一貫して、サービスの有効性を示している[67]。以下、簡単に紹介しておきたい[68]。

　デヴィッド・ゴッドソンとクリストファー・ミッチェルは、1991年、全国7か所のマジストレイト裁判所をベースにしたサービスについて効果測定を行った[69]。調査対象としたのは、逮捕後、警察留置場において一夜を過ごし、保釈情報担当官によるインタビューを受けた後、裁判所への初回出頭にさいして保釈審問が行われた被告発者4,665人であった。総数の81％について、警察は保釈に反対し、未決拘禁を請求すべきとの意見を検察官に提出

していたが、そのうち61％について、検察官も未決拘禁を請求した。警察が保釈に反対したもののうち、検察官も保釈反対の意見を示した割合は、プロベーション・サービスにより保釈情報報告書が提出された場合には51％であったのに対し、提出されなかった場合には73％であった。弁護人が保釈請求を行った割合は、報告書が提出された場合には74％、提出されなかった場合には52％であった。保釈が許可された割合は、報告書が提出された場合には37％、提出されなかった場合には31％であった。ゴッドソンとミッチェルは、保釈情報サービスが保釈に関する検察官の意見に対して強い影響を与えているともに、弁護人における保釈請求の積極化にもつながり、裁判所において保釈許可の拡大をもたらしていると指摘している。

ロイドによる1992年の内務省調査は、全国3か所のマジストレイト裁判所をベースにしたサービスについて効果測定を行った[70]。保釈情報報告書が提出された場合、検察官における保釈反対の意見が減少し、弁護人の保釈請求が増加した。また、裁判所の保釈許可も、各裁判所において20％から30％増加した。ロイドは、とくに被告発者がホームレスである場合、報告書が提出されなかったときは保釈許可の割合が15％であったのに対して、提出されたときは72％であったことから、保釈情報サービスの顕著な効果が示されたとしている。

スー・ワーナーとギル・マックイーヴァーによる1994年のスコットランド省調査は、グラスゴーとエジンバラのマジストレイト裁判所をベースに実施されている、イングランドのものと同様のサービスについて効果測定を行った[71]。保釈情報報告書が提出された場合、提出されなかった場合に比べ、保釈を許可された被告発者はグラスゴーにおいて29％、エジンバラにおいて19％増加した。

プロベーション査察局は、1992年、保釈情報サービスの運営について査察を実施し、翌年、その報告書を発表した。査察実施の時点では、全国55庁のプロベーション局のうち、裁判所ベースのサービスを実施していたのは35庁であったが、そのうち8庁が調査対象とされた。報告書は、「保釈情報スキームは、保釈の許否に関する検察官の意見形成に対して重大な影響を与えており、しかも、それは費用対効果において優れている」とした[72]。査察においては、約800件の保釈情報報告書の内容評価が行われた。その結果、77％が明らかに満足できる内容であり、20％が容認できる程度の内容であった。内容が不十分とされたのは3％にすぎなかった。

他方、刑事施設ベースのサービスについても、1999年における全国的な必要的実施に先立ち、効果測定が行われた。先駆的プロジェクトとなったのが、内ロンドン・プロベーション局との協力によって、1987年に開始されたワームウッド・スクラブズ刑事施設をベースとするプログラムであった。1988年のジョージ・メアーによる内務省調査報告書によれば、このプログラムにおいては、コミュニティ・チームと刑事施設チームのそれぞれに、直前に定年退職したプロベーション・オフィサーが担当官として配置された。二つのチームが連携して、保釈許可を促すであろう情報を収集・確認し、保釈請求を行う未決被拘禁者の弁護人に提供した。開始後1年間でプログラムの対象となったのは323人、そのうち保釈を許可されたのが54人であり、非対象者に比べ5倍以上にのぼっている[73]。
　カバディーノとギブソンは、1989年に開始されたハロウェイ女子刑事施設の特別保釈プログラムについて、内部的に実施された効果測定の結果をあわせて紹介している[74]。それによれば、プログラムにおいては、特別研修を受けた8人の施設職員が保釈請求の手続について説明し、有益な情報を収集・確認し、それを弁護人に提供するなどして、保釈を希望しながらも、保釈が許可される条件が整っていない未決被拘禁者について、その保釈請求を援助した。開始後1990年5月末までの1年間に、特別保釈プログラムの対象となったのは396人であり、ハロウェイ女子刑事施設に収容された未決被拘禁者の23%にあたる。未決被拘禁者のうち保釈を許可されたのは、プログラム開始前の1987年8月から11月には12%であったが、開始後には22%に増加し、また、開始後には拘禁期間も短期化した。その後、1991年9月には、内ロンドン・プロベーション局から二人のプロベーション・オフィサーが保釈情報担当官として派遣され、特別保釈プログラムに組み込まれる形で業務を開始した。二人の担当官は、裁判所ベースの保釈情報サービスが実施されていない裁判所に対して、2回目の出頭にさいして保釈請求を行う未決被拘禁者を援助することとなった。もし保釈が許可されなかった場合には、施設職員がその後の保釈請求の援助を引き継ぐこととされた。保釈情報サービスの正式な実施にともない、収集・確認された情報は弁護人にではなく、検察官に対して提供されるようになった。保釈が許可された未決被拘禁者は、前年には70.5%であったのが、サービスの正式実施後には74.4%となった。また、正式実施後は、保釈が許可されなかったとしても、最終的に拘禁刑を言い渡される割合が減少した。

1992年には、リンカーン刑事施設をベースとするサービスについて、ロイドによる内務省調査報告書が発表された[75]。それによれば、リンカーン刑事施設のプログラムにおいては、常勤の保釈情報担当官が配置され、初めて未決拘禁に付されたすべての被告発者が対象とされた。担当官は被拘禁者のインタビューを行い、住居、就労状況、コミュニティとの繋がり、保釈者宿泊施設の利用可能性などの情報を収集し、主に電話を用いてそれを確認し、報告書にまとめた。この報告書は、被告発者が次回出廷する予定の裁判所を担当する裁判所業務担当官へと引き渡され、そこから検察官と弁護人に提出された。開始後4か月間に123人がプログラムの対象となったが、そのなかで保釈の許可を受けたのは51％であり、非対象者についての18％を遙かに上回った。

　1993年には、プロベーション査察局が、6か所の刑事施設ベースのサービスについて査察報告書を発表した[76]。報告書は、「行刑局本部も、各刑事施設の施設長も、施設職員を保釈情報サービスのプロセスに関与させることによって重要な利益が得られるとの確信を有していた。プロベーション局の場合と異なり、施設長に対しては、このサービスに職員を配置するための使途制限付補助金が与えられていたわけではない。それゆえ、どの程度まで施設職員を、プロベーション局と協力してこの業務に従事するために割り当てることができるかは、予算の余裕とともに、保釈情報スキームに対する施設長の姿勢にかかっている」とし、「各施設の例は効果的な実務のあり方を示すものであるが、施設長のなかには、熱意を示しつつも、職員配置や費用について困難な選択に直面したとき、保釈情報サービスに高い優先順位を与えることが難しいとする者もいる。このことは、サービスの機能低下をもたらすであろう」と指摘していた。

　以上のように、保釈情報サービスは、裁判所ベースのサービスについても、刑事施設ベースのサービスについても、一定の課題を残しつつも、総じて不必要な未決拘禁を回避し、保釈を促進するうえで有効に機能していると評価されてきた。

## (5) 改革提案

　保釈促進に効果的であるとの評価を受けてきたにもかかわらず、とくに裁判所ベースの保釈情報サービスは、上述のように、使途制限付補助金の廃止を契機として、1990年代半ば以降、衰退を余儀なくされた。これに対して、

保釈情報サービスについて、さらなる機能の強化という積極的観点から、いくつかの改革提案がなされている。
　第1に、プロベーション・サービスにおけるその位置づけに関する提案である。ヘインズとモーガンによれば、サービス衰退の主要な原因は、プロベーション・サービスにおけるその位置づけの低さにある。また、サービスの提供が法的要請とされていないために、限られた人員や予算のなか他の優先課題があるとき、その大胆な削減が可能となった。これらのことから、ヘインズとモーガンは、裁判所ベースのサービスについても、刑事施設ベースのサービスについても、それを法的要請として明示するための具体的な法的根拠を設けたうえで、実施手続、サービスと検察官との連携、プロベーション局と行刑局の連携・協力関係のあり方、調査と報告書の質的基準など、サービス運営について明確な全国基準を設定する必要があるとする。そして、とりわけ現在、全国犯罪者処遇庁 (National Offender Management Service; NOMS) の設置にともない、被拘禁者数を抑制するために刑事施設内の処遇とプロベーションとの連携強化や一体的運営が強調されているなか、不必要な未決拘禁を回避し、保釈を促進することが、プロベーション・サービスにとっても重要課題であることを再確認し、保釈情報サービスをその主要な業務の一つとして位置づけるべきと論じている[77]。
　第2に、保釈情報担当官の収集・確認した情報が、いかなる機関に対して提供されるべきかに関する改革提案である。ドレイクフォードらによれば[78]、イギリスの保釈情報サービスの特徴として、アメリカの場合と異なり、収集・確認された情報が直接裁判所にではなく、検察官に対して提供されることがある。その理由としては、もし裁判所に直接提出するとした場合、サービスを通じて被告発者に有利な情報が提出されなかったならば、裁判所は保釈許可を基礎づけるような根拠は存在しないと判断するであろうことがあげられた。しかし、同じことが、検察官についても妥当する可能性がある。かつて被告発者に不利な情報の提供が義務づけられていなかったとき、一部の検察官のなかには、有利な情報のみが選択的に提供されるのではないかとの懸念があった。不利な情報の提供が義務づけられて以降も、被告発者に対して、担当官によるインタビューにおいて自己に不利な情報を明らかにしないよう助言する弁護人がいるために、不利な情報が十分提供されないであろうと考える検察官が存在する。また、以前の保釈審問のさいに検察官が反対意見を提示していた場合、たとえ被告発者に有利な情報が新たに提供されたと

しても、検察官は同僚の前回提示した意見に追従し、保釈に反対する傾向が強いと指摘されている。あるカウンティにおいて、1年間に107件、裁判所が保釈支援サービスの命令とともに保釈を許可したが、検察官はそのすべてについて保釈反対の意見を提示していたという事実から分かるように、一部の検察官においては、被告発者に有利な情報が提供されたとき、いわばそれを中和して、裁判所が均衡のとれた判断を行うことができるようにするとの考えから、あえて保釈に反対することもあるのである。さらに、過去の調査結果から示されるように、一般的傾向として、保釈情報サービスを通じて報告書が提出されたとき、検察官は2回目以降の保釈審問にあたり保釈に反対することが圧倒的多数となっている。これらのことからすれば、裁判所に直接ではなく、検察官に対して提供される方が、被告発者に有利な情報がより正当に評価され、検察官の意見がより適切に形成されるとは限らないのである。検察官が保釈の許否に関する意見を形成するうえで、保釈情報サービスを通じて提供された情報が正当に評価されないことになると、そのことは、プロベーション局、あるいは行刑局において、サービスの重要性に対する認識の低下をもたらすであろう。その結果、それぞれの業務全体のなかで、サービスが周縁部に位置づけられることになり、その衰退に拍車がかかり、サービスの質の低下も生じるであろう。

　ドレイクフォードらは、以上のように論じたうえで、保釈情報サービスを通じて被告発者に不利な情報も提供されているにもかかわらず、情報提供報告書が提出されたとき、なお検察官が多くの場合に保釈に反対しているという現状を考えるならば、サービスの構造的改革が必要であるとしている。すなわち、アメリカの場合と同様、収集・確認された情報は、検察官にではなく、裁判所に対して直接提供されるようにすべきというのである。

　ハックルスビーも、保釈判断プロセスに関する調査研究に基づき、同様の構造的改革が必要とされることを示唆している。ハックルスビーによれば、保釈情報サービスを通じて収集・確認された情報が検察官に対して提供されるという構造のなか、弁護人がその情報の開示を受け、裁判所に提示する可能性はあるものの、裁判所が直接情報を入手し、それに基づき保釈判断を行うことができないため、結果として、保釈判断プロセスにおける検察官の意見の影響力が高まり、それゆえ未決拘禁の判断が、実質的にみて司法的なものから、インフォーマルな行政的判断へと転化していくことになる[79]。ハックルスビーが指摘するように、未決拘禁の決定プロセスがその公正さの確保

のために、司法的判断であって、フォーマルな対審的プロセスを備え、それゆえ適正手続を遵守したものでなければならないのであれば[80]、検察官に対してではなく、直接裁判所への情報提供という構造的改革が必要とされることになるであろう。

# 5 保釈支援サービス

## (1) 意義と目的

　保釈関連のプロベーション・サービスとして、保釈支援サービスがある。これは、被告発者について保釈許可の障害となっている問題が存在する場合、さまざまな対人支援と生活環境の調整を通じそれを解消することによって、不必要な未決拘禁を回避し、保釈を促進しようとするものである。とくに保釈中の再犯の危険にも対処しうる点において、保釈情報サービスにはない独自の意義を有している。保釈支援サービスは、さまざまな被告発者の問題や裁判所のニーズに適合できるよう、後述するように多様な形で展開してきた[81]。また、保釈支援サービスは、保釈情報サービスとの連携のなかで運用される。すなわち、保釈支援サービスの利用可能性は、保釈情報サービスによって、検察官を通じて裁判所に提示され、保釈判断の基礎とされる。さらに、保釈支援サービスの成果は、プロベーション・サービスによる量刑前調査報告書を通じて裁判所に提示され、量刑の判断資料の一つともなる。

　保釈支援サービスにおいては、各々の被告発者に対して個別的な支援プログラムが用意される。とはいえ、このサービスは、通例、以下の要素のうちいくつかを備えている。すなわち、①行動・生活状況に関する報告要求、②支援担当官との定期的接触、③住居に関する条件指定、④ボランティア支援者との接触、⑤教育、職業訓練、社会的スキル、就労に関する援助、⑥教育活動その他の活動への参加、⑦家族問題の解決の援助と被告発者にとっての安定した家庭の確保、⑧社会保障給付金、薬物・アルコール濫用、借財問題、私生活上の問題、怒りの感情のコントロール、賭博、生計維持、被害回復・賠償、余暇活動などに関する福祉機関・支援機関への連絡・引継ぎ、⑨コミュニティとの繋がりの形成・強化、という要素である。

　保釈支援サービスを特徴づけるのは、その多様性である。すなわち、住居を提供する場合もあれば、しない場合もある。完全な任意のサービス提供の

場合もあれば、保釈条件として集中的な昼間ケアへの参加を求める場合もある。また、未決拘禁に付される前の被告発者を対象にする場合もあれば、すでに未決拘禁に付され、刑事施設に収容されていた被告発者を対象とする場合もある。提供される個別具体的なサポート・プログラムも、対人支援から生活環境の調整まで幅広く、多様である。また、福祉サービス、身体的・精神的医療サービスなどを提供する公的機関やボランティア団体と連携・協力しつつ、それらにサービスを委託する場合もある。このような多様性を有しながらも、保釈支援サービスはすべて、さまざまな対人援助と生活環境の調整を通じて、被告発者についての保釈許可の障害となっている問題に対処し、また、保釈条件を含む拘禁代替措置にともなう条件の遵守を確保させようとするものであり、それによって保釈を促進し、未決拘禁を抑制しようとするのである。

### (2) 保釈支援サービスの効果

保釈支援サービスはどのような効果を有しているのか[82]。まず注意すべきは、保釈支援サービスの効果測定をめぐっては、その多様性のゆえに、あるプログラムの評価が当然に他のプログラムにも妥当するわけではないということである。効果測定の基準についても、共通のものを設定するのは難しい。基準設定にあたっては、あらゆるプログラムに共通する目的とともに、個別具体的プログラムに固有の目的が考慮されなければならない。

しばしば用いられてきた効果測定の基準として、費用対効果がある。保釈支援サービスの費用と未決拘禁がなされた場合の費用とを比較することによって、サービスの効果測定を行ったものがいくつかある。たとえば、西ミッドランド・プロベーション局のサービスは、2回目の未決拘禁に付された被告発者を対象としていたが、1996〜1997年、裁判所により52件のサービス提供命令が発せられた。提供期間は1日から45週まであり、被告発者の過去の有罪歴は1回から40回、今回告発されている犯罪も万引きから謀殺にまで及んだ。再犯を行うことなくサービス提供期間を終了した被告発者は83%であった。サービス提供の費用が1週あたり90ポンドであったのに対し、1週あたりの未決拘禁の費用は、男性について388ポンド、女性について470ポンドであった。保釈支援サービスには顕著な費用節約効果がみられる。

また、ドーセット・プロベーション局は、保釈中の再犯の要因となりうる

さまざまな問題に関する一般的助言の提供とあわせ、任意の支援サービスの提供を行った。1996年に発表された費用対効果測定によれば、東ドーセットにおいて、ヘロイン依存症の被告発者約300人が再犯をすることなく保釈期間を終了したとされたが、犯罪1件につき2,700パウンドの出費が必要になるとの仮定的前提に立ったとき、それは、刑事司法に対して総額2,737,000パウンドの節約効果をもたらしたことになる。もし、すべてのヘロイン依存者が告発後保釈されることなく、有罪を認定され、拘禁刑を言い渡され、その間を通じて刑事施設に収容されていたとしたら、総額62,1888,000パウンドの出費が余儀なくされたであろう。刑事施設釈放後の再犯率の高さからすれば、出費はさらに嵩むことになる。

　ノーザンプトンシャー・プロベーション局は、保釈支援サービスのもと、2回目の未決拘禁に付された被告発者が保釈請求した場合、その70％について保釈が許可されたことを明らかにした。このうち92％が、再犯をすることなくサポート・プログラムを終了した。しかし、しばらくして、ノーザンプトンシャー・プロベーション局の総予算が削減されたことから、このプログラムは打ち切られた。

　西ヨークシャー・プロベーション局においては、1994年4月から11月までに、55人の被告発者がリーズ成人保釈支援プログラムの提供を受けた。これらの被告発者はすべて、いったん未決拘禁の決定を受けており、その後裁判所に出頭したさい、サポート・プログラム参加を条件として保釈を許可されていた。これらの被告発者のうち保釈中に再犯を行ったのは6人にすぎず、それ以外は再犯をすることなく保釈期間を終了した。しかしその後、西ヨークシャー・プロベーション局の総予算の削減にともない、このプログラムも打ち切られた。

　マージーサイド・プロベーション局は、ジョン・ポール・ゲッティ財団と協力して、1995年1月以降、薬物犯罪者に対する保釈支援プログラムを提供していた。1997年、このプログラムは、保健省によって先進的な多機関連携プログラムであると認定され、同年4月以降、マージーサイド・プロベーション局に加え、3地区の保健サービス局が費用を分担支出するようになった。1996年、414件のプログラム提供の申出が裁判所に対してなされ、いったん未決拘禁に付されていた被告発者のうち130人が、プログラム参加を条件として保釈を許可された。その後の調査時点において、67人が再犯をすることなく保釈期間を終了し、24人が保釈期間継続中であり、28

人が条件違反、逃亡、逮捕のいずれかであった。このプログラムは先駆的な成功例として、後に1998年犯罪・秩序違反法において導入された「薬物治療テスト命令」のためのパイロット・プログラムの一つとして選定された。

1993年、ポーイス・プロベーション局は、保釈支援サービスを開始し、1994年6月までに、管轄するすべてのカウンティにおいてサービス提供を行うようになった。このプログラムは、予算規模の小ささと人員配置の少なさを理由に保釈支援サービスを実施していない都市部の小規模プロベーション局にとって、同等のサービスを実施するための目標となるものであった。このプログラムにおいては、フル・タイム職員、パート・タイム職員、ボランティア職員がチームを形成し、業務にあたっていた。1997年、裁判所から36件のサービス提供が命じられ、そのうち継続中のものを除き、違反行為があったのは6件においてであり、20件については最終的に拘禁刑の言い渡しが回避された。保釈中の再犯があったのは、3人の被告発者についてであった。このプログラムにおいて、サービス提供1件あたりの費用は約320パウンドであった。

以上のように、保釈支援サービスについての効果測定は、なお断片的なものにとどまり、調査方法も洗練されているとはいえないものが多い。しかし、そのような限られた効果測定からにせよ、保釈支援サービスは、その対象者について未決拘禁を回避し、保釈期間を成功裏に終了させるうえで有効であることが示唆されている。とくに多くのプログラムが焦点を合わせていた保釈中の再犯の防止については、有効に機能しているといえよう。たしかに、保釈支援サービスは1990年代半ば以降縮小されていったが、それは有効性が認められなかったことによるのではなく、プロベーション・サービスの予算削減にともなう資金不足によるものであった。保釈支援サービスは、プロベーション・サービスに対してその提供を義務づける法的根拠もなく、主要な業務としても位置づけられてこなかったために、予算削減のなか、衰退を余儀なくされたのである[83]。

### (3) 保釈者宿泊施設

保釈支援サービスのなかで重要な役割を担ってきたのが、保釈者宿泊施設である[84]。被告発者が安定した住居を有しない場合、あるいは元の住居に戻ったとき、ドメスティック・バイオレンスを繰り返す危険がある、被害者・証人に不当な干渉をする危険があるなど、保釈の許可にとって障害が生

じるような場合、保釈者宿泊施設が代替的住居として提供されるのである。保釈情報サービスにおいても、保釈者宿泊施設が利用可能であることが、保釈の許可を促すべき被告発者に有利な情報として重視されてきた。保釈者宿泊施設への滞在は、通例、裁判所によって保釈条件として命じられるが、その目的は、「被告発者が定まった住居を有せず、またはなんらかの理由から自己の住居に戻ることができないときに、被告発者が裁判所に出頭するよう確保することである。また、告発された犯罪が、被告発者の住居または同居する家族に関連するものである場合には、この保釈条件は、保釈中の犯罪を防止するという目的からも用いられる[85]」。このような目的に奉仕するものであるがゆえに、保釈者宿泊施設の利用可能性は、保釈の許可にとって有利に作用するのである。

　このように、保釈者宿泊施設は、未決拘禁の代替措置として機能する。それゆえ、被告発者は、元の就労を継続し、コミュニティとの繋がりを維持することも可能となる。また、保釈者宿泊施設はたんなる「滞在」だけを目的とするのではなく、保釈支援サービスの一環として、滞在中の被告発者に対する対人支援や生活環境の調整に関するサービスの提供を組み入れている。ニール・コアーとデヴィッド・ウォルクオーバーは、「保釈者宿泊施設の最大の利点の一つは、専門的力量を備えた職員が、インフォーマルなケースワークを滞在者に提供することである。それは、刑事施設においては、ほとんど提供されえないものである。滞在者は、住居の決定について援助を受け、就労や身体的・精神的治療を受けることについても援助を受けることができる。経験的に実証することはできないものの、このような社会的援助によって再犯が防止されうるであろう」と論じている[86]。他方、保釈者宿泊施設が未決拘禁を回避するために有効に機能しうるにせよ、通例、施設規則の遵守が保釈条件とされることから、被告発者にとって、保釈者宿泊施設への滞在が、一定の自由の制限をともなうことを看過すべきではないと指摘されている。自由の制限をともなう以上、保釈条件として課されるとき、保釈者宿泊施設への滞在自体が、被告発者について未決拘禁を回避するために必要とされる最小限度の制限措置として決定されなければならない、とされるのである[87]。

　保釈者宿泊施設は、プロベーション対象者の宿泊施設 (probation hostel) の一種ということができる。プロベーション宿泊施設が創設されたのは、1927年のことであるが、もともとそれは、生活環境に問題を抱える被告発

者の滞在を目的としたものであった[88]。最初の保釈者宿泊施設は1971年に開設され、それは救世軍宿泊施設 (Salvation Army hostel) の一区画を用いたものであった。1972年刑事司法法のもと、保釈者宿泊施設は未決拘禁の代替措置として位置づけられ、公費の支出がなされるようになった。その後、1973年刑事裁判所権限法によって、具体的な法的根拠を与えられた。1993年には、13か所の保釈者宿泊施設があり、その総定員は659人であった。これに加え、保釈者用に限らないプロベーション宿泊施設が84か所あり、その利用者のうち63％が保釈中の被告発者であった。1993年の時点では、内務省において、1995年3月末までに保釈者宿泊施設の拡大が計画されていたが、上述のように、同年、ハワード内務大臣の就任にともない刑事拘禁の積極化が図られるようになり、保釈者用、プロベーション対象者用を含め11か所の宿泊施設が閉鎖され、それらの総定員は2,735人から2,421人に減少した。利用者の73％を保釈中の被告発者が占めていたので、宿泊施設の縮小は、保釈の促進に対して強い否定的影響を与えた。保釈者宿泊施設とプロベーション宿泊施設は、2000年刑事司法・裁判所サービス法9条によって、あわせて認証宿泊施設との名称を与えられた。2000年代半ばには、各地のプロベーション局の運営とボランティア団体の運営によるものをあわせ、全国101か所の宿泊施設があり、総定員は2,000人余りとなっていた[89]。

　限られたものでしかないとはいえ、これまでの効果測定によれば、保釈者宿泊施設の滞在者について、保釈中の再犯状況は良好であった。すなわち、保釈された被告発者全体について、保釈中の再犯率は9〜12％と推計されていたのに対して、1992年、西ミッドランド・プロベーション局において、保釈中の宿泊施設滞在者のうち再犯が認知されたのは8.9％についてにすぎなかった。同じく、マンチェスター・プロベーション局においては7.5％、内ロンドン・プロベーション局においては6.6％についてであった。

　運用状況についてみると、ロンドンの保釈者宿泊施設およびプロベーション宿泊施設に関する1990年の内務省調査報告書によれば、滞在している保釈中の被告発者のうち約75％が、単純窃盗および侵入盗により告発されており、暴力犯罪により告発されていた者は約20％であった[90]。宿泊施設が実際に拘禁代替措置として機能しているか、それとももともとは施設収容されていなかったはずの対象者に対するネット・ワイドニング効果を有しているかについて、これまでの評価は分かれ、未だ確定していないが[91]、主席保護観察査察官の1998年報告書は、保釈者宿泊施設が未決拘禁に付されていた

はずの「取扱いが最も困難な、最も深刻な問題を抱える、潜在的に最も危険性の高い」被告発者に対する拘禁代替措置として有効に機能していると評価した[92]。2004年の会計検査院報告書によれば、認証宿泊施設においては、職員が常駐し、24時間体制の監督が提供される。保釈条件として、通例、保釈された被告発者が特定の宿泊施設に滞在し、その施設の規則に従わなければならないことが命じられる。それゆえ、施設規則の違反は、直ちに保釈条件の違反となり、それを理由にした逮捕とその後の未決拘禁を正当化することになる。施設規則には、施設内で違法薬物またはアルコールを摂取しないこと、夜間外出の禁止など、一定の行動制限が定められている。宿泊施設の職員は、被告発者に対して裁判所出頭に関する注意を促し、必要な場合には、そのための交通費を援助する。また、職員は、裁判所への出頭を控えて不安を感じ、あるいは精神が不安定になっている滞在者に話しかけ、自己の行動の結果に向き合い、裁判所に出頭するよう励ますこともある。マジストレイトも、プロベーション・オフィサーも、認証宿泊施設は保釈中の被告発者の生活を安定させ、その裁判所出頭を確保するうえで有効に機能していると認識している。しかし、1990年代末以降、認証宿泊施設の総定員は減少しており、しかも、プロベーション・サービスにおいて、有罪確定後の対象者に対するより集中的なサービスの提供に力点がおかれてきたことから、保釈された被告発者についての定員は顕著に減少した。すなわち、1998年から2003年までのあいだに50％余り減少し、約600人となったのである。その結果、定員が裁判所による委託命令を下回り、裁判所の要請に応えられなくなっている[93]。

### (4) 保釈住居支援サービス

　保釈者宿泊施設を含む保釈支援サービスについては、限られた効果測定からにせよ、その有効性が示されてきたにもかかわらず、上述のように、1990年代半ば以降、各地のプログラムが打ち切られ、衰退していった。その主要な理由は、プロベーション・サービスにおける保釈関連サービスの位置づけの低さとともに、使途制限付補助金の廃止、総予算の削減などによる財源不足であった。しかし、2000年代に入り、未決被拘禁者を含め、刑事施設の被収容者数はなお増加を続け、2000代半ばには、刑事施設の過剰拘禁はきわめて深刻な状態に達した。これは、社会的・政治的にも、また、刑事司法の運営においても、厳罰主義への傾斜が続いたことに由来するが、他

方で、過剰拘禁を緩和するために、コミュニティ処分の多様化と強化、電子監視の導入など、さまざまな試みが行われた[94]。このなか、2000年代後期になり、未決拘禁を抑制するための新しいスキームが開始された。それが保釈住居支援サービスである。

　司法省・全国犯罪者処遇庁 (NOMS) の資料によれば、保釈住居支援サービスは、未決・既決の拘禁処分を抑制し、その代替措置としての保釈と在宅拘禁・行動制限処分 (Home Detention Curfew; HDC) のより積極的な活用を促すという目的から、2007年6月18日に開始された。対象者は、適切な住居があれば保釈されるであろう被告発者と、有罪認定後3月以上4年未満の拘禁刑を科され、在宅拘禁・行動制限処分の対象となりうる受刑者であり、適切な住居があれば刑事施設長が釈放に賛成するであろう者であるが、いずれについても住宅手当を支給され、またはサービス利用料を支払うことのできる場合に限られる。従来の承認宿泊施設の場合に比べ、逃亡、再犯、あるいは証人威迫・司法妨害について危険性の低い対象者が予定されている[95]。保釈住居支援サービスは、滞在場所を提供するのみでなく、予め設定された面談機会を通じて、さまざまな対人支援と生活環境の調整に関するサービスを提供するなかで、施設規則および保釈条件の違反がないかを監督し、退去後の住居確保の支援を行う。従来の保釈者宿泊施設ないし認証宿泊施設とは異なる特色として、①定期的訪問のうえでの面談を行い、非常時の緊急対応体制が敷かれているにせよ、職員が常駐していないこと、②民間営利企業に運営を全面委託していること、③各滞在者が週14パウンドのサービス利用料を支払うこと、などがある。また、裁判所ベースのサービス[96]と刑事施設ベースのサービス[97]とがあり、従来の保釈支援サービスの場合と同様、保釈情報サービスとの連携が予定されている[98]。

　保釈住居支援サービスの運営を委託されたのは、不動産管理と居住者の特別支援を業務とする民間企業クリアスプリングス社 (CleaSprings Management Ltd.) である。その資料に基づき、サービスの基本構造と運用状況の概要を紹介しておきたい[99]。まず、裁判所ベースの保釈情報担当官または刑事施設ベースの担当官によって、対象者の選定が行われる。その後、犯罪者処遇庁の運営体制のもと選任されている地区犯罪者処遇管理官 (Regional Offender Manager) (ウェールズにおいては犯罪者処遇管理局長 [The Director of Offender Management]) の管轄地域ごとに、クリアスプリングス社に対するサービス提供の委託が行われる。これを受け、クリアスプリングス社は、休日を除き

保釈住居支援サービスのもと、コミュニティ内の一般住宅が宿泊施設として用いられる。デタッチド・ハウス型、フラット型など、住宅の形態はさまざまである。イギリスにおいて通常みられるハウス・シェア、フラット・シェアにより、3〜4人により共同利用される。

　2日以内に、住居とされる宿泊施設を選定し、あわせて個別的支援計画を作成したうえで、保釈情報担当官に提出する。保釈情報サービスのもと、これらは担当官を通じて、検察官に提供される。検察官はそれを踏まえて、保釈の許否と保釈条件に関する意見を形成する。裁判所は、検察官を通じて提出された保釈住居支援サービスに関する情報を含め考慮したうえで、保釈の許否を判断し、保釈条件を決定する。2007年7月18日の開始から1年間で、被告発者の初回出頭にあたって裁判所ベースの担当官からサービス提供が委託されたものが18%、被告発者がいったん未決拘禁に付された後、刑事施設ベースの保釈情報サービスのもと、その担当官から委託されたものが82%であった。

　保釈住居支援サービスは、コミュニティの通常の生活環境下で提供されることが強調されており、宿泊施設には一般住宅が用いられる。1戸を通常3〜4人が共同利用する。滞在者には個人用のベッドルームが割り当て

滞在者には個室ベッドルームが割り当てられる。

キッチンとバスルームは、3〜4人の滞在者により共同利用される。

れ、キッチンとバスルームは共同利用されることになる。サービス提供期間は7週間であり、保釈された被告発者の多くが、元の就労を継続する。クリアスプリングス社の担当職員が、滞在者各人について、個別的支援計画に従い、滞在当初3週間は週3回各1時間、その後は週1回各1時間の訪問・面談を行う。担当職員は、この訪問・面談を通じて、滞在者が施設規則や保釈条件、あるいは在宅拘禁・行動制限処分にともない課された条件を遵守するよう援助する。この訪問・面談を契機に、担当職員の援助を通じて、社会保障給付金の受給、就職、家族関係の修復、負債問題の整理・解決、身

体的・精神的疾病の治療、薬物・アルコール依存の治療など、さまざまな公的機関またはボランティア団体の提供する専門的サービスへの連絡・委託が行われる。サービス提供期間が終了すると、滞在者に対して、宿泊施設退去後の住居を確保するために必要な情報とサービスが提供される。住居確保の援助は、クリアスプリングス社の責任において行われ、住居が確保されないままに、滞在者が宿泊施設から退去させられることはない。保釈住居支援サービスのもと、2008年4月末時点で、全国で157か所の宿泊施設が運営され、保釈中の被告発者600人、在宅拘禁・行動制限処分を課された者443人にサービスが提供された。また、開始1年後の2008年6月17日までにサービスの提供が終了したのは、全部で569人（男性480人、女性89人）であり、そのうち規則違反ないし条件違反のためにサービス提供が打ち切られたのは28％であった。

　保釈住居支援サービスについては、民間営利企業への全面的な運営委託、訪問・面談を通じての支援提供という新たな運営方法がとられているが、開始後間がないことから、その有効性に関する本格的な効果測定は未だ行われていない。しかし、クリアスプリングス社による断片的な報告からであるにせよ、安定した住居を有しない、それでいて比較的軽度の支援で足りる対象者に対しては、これまで宿泊施設の提供をともなう保釈支援サービスが十分提供されてこなかったところ、新たな保釈住居支援サービスによって提供対象が拡張され、また実際に、未決拘禁が回避されるとともに、その後の生活再建が促進されていることが示唆されている。その後、クリアスプリングス社と地方カウンシルとのあいだで、施設開設の説明・合意をめぐり問題も生じたとされるが[100]、保釈者宿泊施設の利用可能性を含む住居の存在が、保釈の許可にとって最も重視される事情の一つであることからすれば、従来の保釈者宿泊施設が上述のように縮小されるなか、保釈住居支援サービスは新たな運営方法によって、宿泊施設の提供をともなう保釈支援サービスの再生を図るものとして注目される。

## 6　勾留回避・保釈促進のための日本法改革の展望

### （1）未決拘禁抑制のための社会的援助

　以上のように、イギリスにおいては、不必要な未決拘禁を回避し、保釈を

促進するために、保釈情報サービス、保釈支援サービスの両面において、両者の有機的連携のもと、保釈関連のプロベーション・サービスが展開してきた。これらのサービスは、1980年代初めに大きな展開を見せたが、拘禁処分の積極化を求める厳罰主義の隆盛のなか、具体的な法的根拠の不存在、業務としての位置づけの低さ、予算の削減と人員配置の限界などが相俟って、とくに1990年代末以降、縮小を余儀なくされてきた。しかし、現在もなお、保釈情報サービスは、裁判所の保釈判断が正確かつ十分な情報に基づき行われるようにすることによって、また、保釈支援サービスは、個別的な対人支援と生活環境の調整を通じて、住居の不安定、失業、薬物・アルコール依存の問題など、保釈許可の障害となる問題に対処するとともに、さまざまな保釈条件の遵守を確保させることによって、保釈促進のために重要な役割を担うものと認められている。限られたものであるにせよ、未決拘禁の抑制にとって有効に機能してきたことも示されている。保釈関連サービスの再生が求められている所以である。かくして、保釈情報サービスについては、裁判所ベースのサービスの後退がみられるにせよ、1999年以降、すべての刑事施設をベースにしたサービスが確実に実施されており、また、保釈支援サービスとしては、最近、民間企業への業務委託を通じて、新たな保釈住居支援サービスが展開されている。

　他方、日本においては、近時、勾留率の上昇に保釈率の低下が相俟って、未決拘禁の拡大傾向がみられるなか、未決拘禁の抑制が重要課題となっている。このようなイギリス法の展開を参照したとき、不必要な勾留を回避し、保釈を促進するための社会的援助の制度的構築が求められるというべきである。本章冒頭において述べたように、身体の自由の保障のもと、無罪推定の法理からは、身体不拘束の原則が要請され、この要請のなか、未決拘禁の最終手段性が実質化されなければならない。このとき、罪証隠滅に関する判断が厳格化するにともない、勾留は逃亡防止のために身体を確保する制度としての性格が強まることになる。起訴後の被告人勾留については、とりわけそうである。これまで罪証隠滅の危険の陰に隠されてきた逃亡の危険が、勾留・保釈の判断において表面に現れるのである。

　かくして、勾留回避・保釈促進のためには、第1に、勾留・保釈の判断が、逃亡の危険に関する正確かつ十分な情報に基づき行われるよう、住居、家庭環境、就労状況、コミュニティとの繋がりなど、被疑者・被告人の生活環境に関する情報を収集・確認し、裁判所に提供するための保釈情報サービ

スが設けられるべきである。第2に、保釈の許可にとって障害となるべき問題に対処するために、あるいは保証金に代わる保釈条件が整備されたとき、その遵守が確保されるように、薬物・アルコール依存、借財その他個人的問題の解決支援、家族間の関係調整、住居の保障、就労支援、コミュニティとの繋がりの回復など、さまざまな対人支援と生活環境の調整が行われるべきである。「格差社会」の進行のなか、住居の提供を含む保釈支援サービスは、不安定な生活を余儀なくされている人が、そのことを理由として身体の自由を奪われることを回避するために、いっそう強く必要とされるであろう。これら二つの社会的援助は有機的に結合し、その前提におかれるべき運用、立法の両面にわたる法的改革と相俟って、勾留回避・保釈促進に寄与するであろう。もちろん、これらの社会的援助はいずれについても、被疑者・被告人のプライバシーに深く関わるものであることから、また、無罪推定法理との抵触を回避するためにも、慎重な手続により被疑者・被告人の同意を得たうえで提供されるべきである。

## (2) 保釈決定手続の対審化と保釈情報サービス
### (ⅰ) 保釈決定手続の対審化

　保釈決定手続は、原則として、法定の請求権者による保釈請求によって開始される (刑訴法88条1項)。実務上、大部分が弁護人の保釈請求による。口頭の請求も認められているものの (刑訴規則296条)、通例、書面により請求されている。裁判所は、保釈の許否いずれの決定をする場合でも、検察官の意見を聴かなければならない (刑訴法92条1項)。実務上、検察官の意見は「求意見書」によって聴取される。検察官は、請求に反対でなければその旨伝え、反対のときは、不許可とすべき意見を個別に付すのが一般的であるという[101]。このように、保釈決定手続に関する現行法上の規制はほとんど存在せず、運用もインフォーマルに行われている。このようななか、とくに第一回公判期日前には、保持する情報量の格差の影響もあり、弁護人の保釈請求書に比べ、検察官の意見書が、裁判官の保釈判断に対して強大な影響を有しているとも指摘されている[102]。

　しかし、保釈判断が正確かつ十分な情報に基づいて行われるようにするためには、決定手続をよりフォーマルなものにすべきである。イギリスにおいて、保釈の許否は裁判所の専権的判断事項とされながらも、その決定手続が対審的に構成されていたことを想起すべきである。検察官の意見とともに、

弁護人の意見が聴取され、裁判所は双方の意見を踏まえ、それらの基礎とされた資料を検討したうえで、保釈の許否を判断するのである。アンドリュー・アシュワースらによれば、裁判所による自由剥奪の適法性の審査と違法な身体拘束からの解放に関する欧州人権条約5条4項は、同5条3項とともに保釈決定手続にも適用される。この欧州人権条約5条4項によれば、未決拘禁の適法性を立証する責任は国側が負うべきこととされ、自由剥奪に関する決定に相応しい手続保障が用意されなければならない。また、欧州人権条約6条に基づく「武器平等 (equality of arms)」の要請は、自由剥奪の適法性に関する審査にも適用されるから、そのための手続は「当事者の立場の対等性を確保し」、「対審の実質を備えたもの」でなければならない。それゆえ、未決拘禁に付され、またはそれに直面した人は拘禁理由を告知されたうえで、国側が保持している関連証拠すべての開示を受けなければならない。また、釈放の請求を準備するため十分な時間を与えられなければならず、釈放の請求を効果的に行うことができるよう、法的援助が保障されなければならない。欧州人権条約によって、このような対審的手続が要請されているというのである[103]。たしかに、実際の保釈審問において、対審的性格が後退しているとの批判がなされていたが、それは、あるべき決定手続としては、両当事者が、各々の立場から資料に裏づけられた意見を提示したうえで、裁判所の判断がなされるものである、と理解されていることの現れである。

　日本においても、保釈決定手続をよりフォーマルなものとし、その対審的性格を強める必要があるであろう。罪証隠滅の危険に関する判断がより具体的・実質的に行われるようにするためにも、そのことが要請されているといえる。具体的には、保釈請求がなされた場合、裁判所は被告人の出頭を求め、検察官と弁護人がそれぞれの立場から意見を述べ、それを裏づける資料を提出する。裁判所は被告人に対して質問し、それらすべてを踏まえて保釈の許否を判断する、という手続である。このときこそ、権利として保障される自らの保釈に関する決定手続に臨む被告人にとっても、防御の機会が実質的に保障されることになる。このような決定手続は、本来、法改正により創設されるべきである。しかし、それまでのあいだにも、決定・命令にあたっての事実の取調べに関する刑訴法43条3項に基づき、運用上、保釈判断をこのような対審的決定手続によって行うことは可能であろう。また、現在、勾留質問も、被疑者・被告人の弁明を聴取するのみで、明文規定がないことから、弁護人の立会を認めないのが通例である。しかし、保釈決定手続についてと

同じ理由から、本来、弁護人、検察官双方が立ち会ったうえで、相互に主張・立証を行う対審的審問が制度化されるべきである。現行法下でも、裁判所・裁判官は、弁護人の要求があった場合にはその立会を認め、検察官の勾留請求に対する反駁の機会を保障すべきであろう[104]。

**(ⅱ) 保釈情報サービスの構築**

　このような決定手続のもと、勾留・保釈の判断が正確かつ十分な情報に基づき行われるようにする必要がある。第1に、検察官が勾留請求にさいして、また、後の保釈請求に対して意見を述べるにあたり、その判断の基礎とした資料は、被疑者・被告人に開示されるべきである[105]。裁判所に対して検察官から提出された保釈請求に関する意見書が開示されるべきことも、もちろんである。これらの開示がなされてこそ、被疑者・被告人は、勾留質問において、あるいは後の保釈請求にさいして、検察官の意見に効果的に反駁することが可能となる。被疑者・被告人の防御の機会が実質化するのである。また、両当事者から主張が尽くされ、それを裏づける資料が十分提出されたときに、裁判所の判断は確実なものとなるであろう。

　第2に、被疑者・被告人の逃亡の危険について、裁判所・裁判官が正確かつ十分な資料に基づき判断することができるよう、保釈情報サービスが制度化されるべきである。被疑者・被告人の身体拘束が許されるためには、抽象的根拠からたんなる「おそれ」が認められることでは足りない。逃亡の現実的危険が、具体的根拠に基づいて認定されなければならない。そのような判断を実質的に確保するために、住居、家庭環境、就労状況、コミュニティとの繋がりなど、被疑者・被告人の生活環境に関する情報が必要とされる。これまで指摘されてきたように、強大な身体拘束の権限のもと、被疑者・被告人に関するあらゆる情報が捜査・訴追機関にほぼ独占されているという現状からすれば、両当事者の実質的対等を確保するために、保釈情報サービスは、とくに被疑者・被告人に有利な情報を収集・確認することに焦点を合わせるべきであろう。裁判所・裁判官による勾留・保釈の判断において、このようにして収集・確認された情報が十分活用されるようにするため、情報の提供は裁判所に対して直接行われ、それが検察官、弁護人に対して開示されるようにすべきであろう。

　保釈情報サービスにおける情報の収集・確認については、やはり相応の専門的力量が必要とされる。イギリスの例に倣い、後述する保釈支援サービス

と合わせて、保釈情報サービスの主要な担い手としては、保護観察官が適任であろう。イギリスにおいて問題とされていたように、たしかに保釈情報サービスは、コミュニティにおける生活再建の支援・促進という保護観察の核心的業務とは異なる性格を有している。しかし、2007年更生保護法のもと、意見聴取、相談・支援など被害者関連サービスの提供が要請されているように[106]、保護観察官の業務も、伝統的な枠を超えて拡大する傾向にある。また、家族・コミュニティとの繋がりの喪失という刑事拘禁の有害効果を考えるならば、未決拘禁の抑制は、被疑者・被告人が刑事手続に取り込まれることによって生じた社会生活上の困難に対処し、その生活再建を促進することにつながる。この意味において、保釈情報サービスは、その底流において、保護観察の核心的業務と通じるところがあるといえよう。イギリスにおいて、保釈関連のプロベーション・サービスが展開し、それが後退するなか、サービス全体のなかでその位置づけをより高めるべきとの提案がなされていたのも、それゆえであろう。保護観察官は、保釈情報サービスの提供に必要な専門的力量を備え、それを担うのに相応しい立場にある。

　ところで、イギリスとは異なり、日本の場合、保釈が認められているのは起訴後の被告人についてのみであり、いったん勾留が執行されたうえでの保釈請求が予定されている。また、刑訴法88条1項が保釈請求を認めている「勾留されている被告人」には、勾留状の執行を受けたものの、未だ刑事施設に収容されていない被告人も含まれると理解されているが[107]、勾留決定と同時に保釈請求をしても、実務上、刑訴法92条1項によって聴取が要求されている検察官の意見が提出されるまでに一定の時間が必要とされるため、勾留決定後、刑事施設収容前に保釈が決定されることはない。それゆえ、イギリスのように、保釈の許可により実際に未決拘禁に付されることなく釈放されるという意味において、未決拘禁と保釈とが選択的に決定されるのではない。このことからすれば、保釈情報サービスが保釈の促進とともに、勾留の回避のために機能するためには、裁判所に対する情報提供が、被告人が勾留された後、保釈請求を行ったときになされるだけでなく、被疑者・被告人の当初の勾留質問にさいしても行われなければならない。前者がイギリスにおける刑事施設ベースのサービスに、後者が裁判所ベースのサービスに相当する。このことからすれば、日本の場合、保釈情報サービスと呼ぶより、勾留回避・保釈情報サービスと呼ぶ方が適切かもしれない。

　しかし、自由権規約9条3項が、「刑事上の罪に問われて逮捕され又は抑

留された者は、裁判官又は司法権を行使することが法律によって認められている他の官憲の面前に速やかに連れて行かれるものとし、妥当な期間内に裁判を受ける権利又は釈放される権利を有する」と規定しているように、国際人権法上、被逮捕者が逮捕後速やかに裁判官の面前に連れてこられ、未決拘禁に関する決定がなされる時点から、すなわち日本の場合には勾留質問の時点から、本来、保釈を受ける権利が保障されているはずである[108]。そのとき、保釈は、被疑者段階から認められなければならず、また、勾留による身体拘束、保釈、勾留請求却下による釈放が選択的に決定される機会が保障されるべきことになる。本来、そのような保釈制度を確立するためには法改正が必要とされるが、現行法上も、未だ勾留されていない被告人については、勾留質問にさいして保釈請求がなされた場合、検察官の意見をそれまでに準備させておくことによって、裁判所は実質的に、勾留の執行、保釈、勾留請求却下による釈放を選択的に決定することが可能となるであろう。また、たしかに保釈が認められているのは被告人についてのみであるが、刑訴法207条1項本文により被疑者にも準用される同95条に基づく勾留の執行停止を、とりわけ被疑者については保釈に代替するものとして柔軟に運用することによって[109]、被疑者の勾留質問において、勾留、その執行停止による釈放、勾留請求却下による釈放を選択的に決定することも可能になるであろう。このようなあるべき保釈制度を想定して、本章は、あえて保釈情報サービスという呼称を用いた。

## (3) 保釈条件の多様化と保釈支援サービス
### (ⅰ) 保釈条件の多様化と拘禁代替措置の開発・活用

現行法上、裁判所は保釈を許可する場合には、納付すべき保証金額を定めなければならず(刑訴法93条1項)、これと同時に、住居の制限など適当と認められる条件を付すこともできる(同条3項)。保証金額は、「犯罪の性質及び情状、証拠の証明力並びに被告人の性格及び資産を考慮して、被告人の出頭を保証するに足りる相当な金額でなければならない」とされているが(同条2項)、保証金の納入があった後、保釈の決定は執行され、被告人は釈放される(刑訴法94条1項)。保証金の代納(同条2項)、有価証券・保証書による納付(同条3項)も認められているとはいえ、保証金の納付を絶対的要件とする点に日本の保釈制度の大きな特色がある。

近時、この保証金が高額化しており、そのことが保釈率の低下の重要な要

因となっていると指摘されている[110]。高額にすぎる保証金は、被告人の保釈を受ける権利を形骸化させる。イギリスにおいては、古く1688年権利章典が、過剰な保釈保証金が課されてはならないと定めていた。それゆえ、1976年保釈法のもと、保証金の納入以外のさまざま保釈条件が認められており、保証金を課す場合でも、被告人の支払い可能な額が決定されなければならず、高額にすぎてはならないとされている[111]。保証金の高額化は、貧困な被告人の保釈を困難にする。「格差社会」が広がりと深まりをみせるなか、このことはますます現実的な問題となっている。被告人の支払い可能な範囲において保証金額が決定されるという運用が確立されるべきである。

さらに、立法論としては、保釈の条件として、あるいは未決拘禁に代替する措置として、保証金に代わる、公判廷出頭の保証手段が導入されるべきである。保釈条件の多様化を含む拘禁代替措置の開発・活用は、勾留回避・保釈促進を通じて、未決拘禁の最終手段性を実質化させることになる。現行法下においては、刑訴法95条による勾留の執行停止が、現在のように例外的・補充的なものとしてではなく、保証金の支払いがなくとも、裁判所・裁判官がさまざまな条件を付したうえで釈放を認めるための制度として、柔軟に運用されるべきであろう。とくに被告人が保証金を支払うことができないときは、このような趣旨から、勾留の執行停止が活用されるべきことになる[112]。

### (ⅱ) 保釈支援サービスの構築

これらの法的改革を前提として、保釈支援サービスが制度化されるべきである。保釈支援サービスは、保釈の許可にとって障害となるべき問題に対処し、また、保釈や他の拘禁代替措置にともなうさまざまな条件の遵守を確保するために、被疑者・被告人への対人支援の提供やその生活環境の調整を行うものである。保釈支援サービスにおいては、とりわけ被告人が安定した住居を有しない場合、住居の確保が重要になるであろう。これには、公営住宅または民間賃貸住宅への入居斡旋が含まれる。これとあわせて、家族関係の調整、薬物・アルコール問題の解決支援、借財問題の解決支援、就労支援、生活保護、雇用保険その他社会保障給付金の受給支援などが行われることになる。

保釈支援サービスの中心的担い手としては、保護観察官が適任であろう。保釈支援サービスは、コミュニティにおける生活再建の支援・促進という性格を強く有しており、その専門的力量を発揮する恰好の場面であろう。現在、

保護観察においては、政策形成レベルで、厚生労働省など他省庁と連携関係を形成したうえで、運用レベルでも、国・地方自治体の福祉機関、さまざまな民間団体・ボランティアとの連携・協働が提起されており、実際にそのような動きが確実に始まっている[113]。保護観察官のマネージメントとコーディネイトのもと、このようなコミュニティの支援ネットワークと連携・協働しつつ、保釈支援サービスが提供されることが重要であろう。少年法25条2項3号による補導委託のような形でのサービス提供の民間委託も、積極的に活用されてよい。

　すでに、犯罪・触法行為にかかわった身体的・精神的・知的な障害を有する人（以下、触法障害者）については、地域生活支援による生活再建の促進が重要課題とされており、福祉サービスと刑事司法との連携・協働が求められている。この連携・協働がコミュニティの福祉ネットワークとのつながりのなかで具体化されるよう、社会福祉法人・NPO法人への業務委託をともなう地域生活定着支援センターが構想されている。この地域生活定着支援センターは、福祉サービス、就労支援、地域生活などに関する相談業務のほか、ケア・マネージメントないし福祉サービスのコーディネイト、更生保護施設の運営、障害者自立支援のための事業所の運営などを行い[114]、「刑務所入所者の帰住先決定、ニーズ把握等の事前調整を行う役割と、帰住予定地における入所者の生活保護受給、福祉サービス利用の受入先調整を行う役割」をともに担うものとされている。また、障害者とともに、福祉サービスを必要とする高齢者なども、対象として予定されている[115]。保釈支援サービスも、このような新展開のなか、それと結びつきながら提供されることになるであろう。地域生活定着支援センターにおいては、今のところ、刑事施設を釈放された受刑者の生活再建の支援が念頭におかれているが、障害者自立支援法施行後3年の見直しに関する社会保障審議会障害者部会の報告書は、「刑務所に入所していた障害者等について、退所後、円滑に地域で暮らしていけるよう、法務省と厚生労働省の連携により、退所後直ちに福祉サービスにつなげる等の支援を充実すべきである」と述べた後、「触法障害者の早期社会復帰の観点から、刑事手続の段階からの支援についても今後検討が必要との指摘があった」としている[116]。「刑事手続の段階からの支援」として、勾留回避・保釈促進のための保釈支援サービスが具体化されるべきであろう。

　保釈中の被告人に対して、民間団体が福祉サービスを提供している先駆的実践例として、NPO法人・アジア太平洋地域アディクション研究所（APARI、

以下、アパリ）による「保釈中の刑事被告人に対する薬物研修プログラム」（以下、保釈プログラム）がある[117]。この保釈プログラムは、薬物自己使用事犯者の将来の再犯を防止するために、有罪判決確定前より、保釈中の被告人に対して教育・治療プログラムを提供するものであり、2000年7月より、群馬県藤岡市のアパリ研修施設内の日本ダルク・アウェイクニングハウスにおいて実施されている。裁判所は、本人の意向を踏まえ、刑訴法93条3項に基づき、このダルク施設を制限住居に指定し、プログラム参加を条件として保釈を許可するのである。本人、家族からのほか、保釈請求を予定している弁護人からの照会・申込も多い。保釈プログラムは、保釈期間中を含め最短3か月の参加を原則としており、参加者は、薬物自己使用事犯者の共同生活のなか、毎日、グループ・セラピーとしてのミーティングに参加する。アパリにより受講状況報告書が作成され、弁護人を通じて情状証拠として裁判所に提出される。アパリ関係者が、情状証人として出廷する場合もある。

保護観察官の染田惠は、薬物自己使用事犯者の再犯防止という観点から、保釈プログラムの意義を積極的に評価している。アパリからの聴取結果に基づくその報告によれば、2005年6月現在、保釈プログラムは56人を受け入れているが、非営利の初犯者についてはほぼ全員が執行猶予付の判決を受け、再犯者のなかにも、プログラム参加後、執行猶予付判決が言い渡された例があるという。また、プログラム参加後の再犯率は、5％以下であるという[118]。アパリ事務局長の尾田真言は、「執行猶予か実刑か微妙なケース、あるいは再犯で実刑確実なケースでは、ダルクでプログラムを受講するためだからということで保釈が許可されたこともある」として、その実例を紹介している[119]。保釈プログラムへの参加が、保釈を促進する現実的効果を有していることが示されている。それは、保釈プログラムが被告人に安定した住居を提供するとともに、早期の教育・治療の提供を通じて実刑回避の可能性を高めることによって、保釈中の逃亡の危険を低減させるからであろう。

## 7 結語

以上、本章は、無罪推定法理のもと、未決拘禁の最終手段性が実質化されなければならないことを確認したうえで、勾留回避・保釈促進のための社会的援助の制度的構築について、その前提とされるべき運用、立法の両面にわ

たる法的改革とともに検討を加えた。勾留・保釈決定手続の対審化のうえで、裁判所・裁判官が正確かつ十分な情報に基づいて、逃亡の危険に関する判断を行うことができるよう、保釈情報サービスを通じて、被疑者・被告人の生活環境に関する情報が収集・確認され、裁判所に提供されるという制度を構築すべきである。また、保証金に代わる保釈条件を多様化し、さまざまな拘禁代替措置を開発・活用したうえで、保釈許可の障害となるべき問題に対処し、あるいは保釈や他の拘禁代替措置にともなう条件の遵守を確保するために、さまざまな対人支援と生活環境の調整を提供する保釈支援サービスの制度的構築が求められる。これら社会的援助の制度は、その前提となる法的改革と相俟って、不必要な勾留を回避し、保釈を促進することになるであろう。かくして、未決拘禁が抑制され、その最終手段性が実質化するのである[120]。

---

1 松尾浩也「刑事裁判の経年変化」『平野龍一先生古稀祝賀論文集（下）』（有斐閣、1991年）378頁以下。
2 松本芳希「裁判員裁判と保釈の運用について」ジュリスト1312号（2006年）。
3 藪下紀一「保釈──弁護の立場から」三井誠ほか編『新・刑事手続Ⅱ』（悠々社、2002年）、村木一郎「保釈」庭山英雄＝山口治夫『刑事弁護の手続と技法（改訂版）』（青林書院、2006年）、日本弁護士連合会『勾留・保釈制度改革に関する意見書』（2007年）など。「人質司法」との指摘に対して、松本・注2論文141頁は、「罪証隠滅のおそれが認められ、裁量保釈も適当でないと判断されるから保釈を却下せざるをえない」のであり、「事実を争わせないようにするために保釈をしないということは決してない」と批判している。
4 葛野尋之『刑事手続と刑事拘禁』（現代人文社、2007年）11-12頁。2006年7月26日、法務大臣は、法制審議会に対して、「被収容人員の適正化を図るとともに、犯罪者の再犯防止及び社会復帰を促進するという観点から、社会奉仕を義務付ける制度の導入の当否、中間処遇の在り方及び保釈の在り方など刑事施設に収容しないで行う処遇等の在り方等について御意見を承りたい」との諮問を行った（諮問第77号）。これを受け、同日、法制審議会は第149回会議を行い、被収容人員適正化方策に関する部会を設置した。2006年9月28日に開始された同部会の審議は、2009年12月22日に終了し、刑の一部執行猶予制度、社会貢献活動を保護観察の特別遵守事項とする制度について法改正を行うための「要綱骨子」を採択し、法制審議会総会に報告した。その後、これらを含む改正法案が、2011年11月4日、国会に提出された。
5 松本・注2論文145頁以下。
6 高野隆「〔刑事手続の変化〕体験レポート・保釈」季刊刑事弁護48号（2006年）。
7 石田倫識「保釈」刑事立法研究会編『代用監獄・拘置所改革のゆくえ』（現代人文社、

2005年）118頁、127-128頁は、イギリス法の検討から、「1976年保釈法は、『権利保釈の除外事由』と『除外事由の存否を判断する際の考慮事由』とを明確に区別していることに一つの特徴がみられる」とし、日本法における権利保釈の除外事由を考えるうえでも、両者の区別を明確に維持すべきとする。たしかに、刑訴法89条1号ないし3号は、権利保釈の除外事由において、保釈を拒否すべき根拠と、本来その存否を判断するうえで考慮されるべき事由とを明確に区別しておらず、問題があるといわなければならない。現行法下では、保証金の賦課によって対処できない逃亡の危険こそが権利保釈を拒否すべき根拠であるならば、刑訴法89条1号ないし3号の除外事由が存在する場合でも、実質的に判断してそのような逃亡の危険が認められないときは、刑訴法90条に基づき、職権による保釈を認めるべきである。この場合、保釈のための職権発動が義務づけられているので、「裁量」保釈というべきではなく、新たな権利保釈の一つとして性格づけるべきであろう。

8　鹿島秀樹「保釈制度の問題点とその改善方法」季刊刑事弁護51号（2007年）110頁。
9　小田中聰樹＝大出良知＝川崎英明『刑事弁護コンメンタール・刑事訴訟法』（現代人文社、1998年）64頁〔村井敏邦〕。
10　東京弁護士会期成会明るい刑事弁護研究会編『保釈をめざす弁護』（現代人文社、2006年）37頁、57-58頁、137-141頁。
11　三井誠『刑事手続法Ⅱ』（有斐閣、2003年）337頁。
12　鹿島・注8論文106-107頁によれば、これまで、起訴前勾留と起訴後勾留が連続的に捉えられるなか、起訴前勾留の要件としての罪証隠滅の危険と、起訴後勾留段階における権利保釈の除外事由としての罪証隠滅の危険は同質の概念として理解され、両概念は統一的に解釈・運用されてきた。権利保釈の除外事由としての罪証隠滅の危険が広く緩やかに認定されてきたのは、そのことに由来する。しかし、起訴前勾留が、捜査の進行や証拠収集の状況への配慮を余儀なくされるのに対して、本来、起訴後勾留においては、起訴するに十分な嫌疑を裏づけるだけの証拠の存在が前提となることから、罪証隠滅の危険は後退するはずであり、被告人の出頭確保のために、逃亡の危険に対処するための勾留という性格が強調されるべきとされる。
13　法制審議会被収容人員適正化方策に関する部会第15回会議・議事録（2008年5月23日）http://www.moj.go.jp/SHINGI2/080523-1.html。
14　水谷規男「未決拘禁の代替処分」刑事立法研究会・注7書参照。
15　葛野・注4書第1章参照。
16　笹沼弘志『ホームレスと自立／排除』（大月書店、2008年）15-22頁。他者の支援を受けない独力での経済的自立を意味する「自立」の強制が、これらの人に対する社会的排除をいっそう増幅している（同書23頁以下）。野宿生活の現実について、生田武志『ルポ・最底辺——不安定就労と野宿』（ちくま新書、2007年）参照。『平成20年版・厚生労働白書』によれば、パート、派遣、契約社員などの非正規雇用者は、1987年に約711万人、1997年に1,152万人、2007年には1,732万人と増加し、雇用者の30％を超えている。全雇用者に占める非正規雇用者の割合は、とくに若年層において増加が顕

著であり、25〜34歳についてみると、男性が1997年に5.1％、2002年に8.8％、2007年に13.9％と、女性が1997年に28.0％、2002年に34.4％、2007年に42.3％と上昇している。また、就業形態別の年収分布をみると、正規職員・従業員については300〜399万円が最も高く、約20％を占めているのに対して、パート・アルバイトについては100万円未満が半数を超え、200万円未満が90％を超えており、派遣社員、契約社員・嘱託等については200〜299万円が約30％を占めている。政府労働力調査に基づく完全失業率の推移をみると、1990〜1991年の2.0％から上昇を続け、2002年には5.3％とピークとなり、2007年には3.9％となっている。また、「都市公園、河川、道路、駅舎その他の施設を故なく起居の場所として日常生活を営んでいる者」(ホームレス自立支援法2条)としてのホームレスは、厚生労働省の2003年調査によれば25,296人、2007年調査によれば18,564人であった (同省ホームページhttp://www.mhlw.go.jp/bunya/seikatsuhogo/homeless.html)。2008年後期には、アメリカ金融不安に起因する世界規模の景気後退の見通しから、製造業の派遣労働者が突然解雇され、住居も奪われるという「派遣切り」が拡大した。厚生労働省によれば、非正規雇用労働者のなかで2008年10月から2009年3月末までに職を失う人は、全国で85,000人を超え、そのうち派遣労働者が70％近くを占める見込みだという (朝日新聞2008年12月26日)。

17 社会的排除／包摂について、葛野尋之「社会復帰とソーシャル・インクルージョン」日本犯罪社会学会編『犯罪からの社会復帰とソーシャル・インクルージョン』(現代人文社、2009年) 参照。
18 「格差社会」について、橘木俊詔『格差社会』(岩波新書、2006年)、後藤道夫ほか『格差社会とたたかう――"努力・チャンス・自立"論批判』(青木書店、2007年) など参照。
19 刑事司法と社会的排除について、日本犯罪社会学会・注17書参照。
20 葛野・注4書2‐5頁。
21 村井敏邦「無罪推定原則の意義」『光藤先生古稀祝賀論文集 (下)』(成文堂、2001年) 7頁。無罪推定の原則について、後藤昭「『疑わしきは被告人の利益に』ということ」一橋論叢117巻4号 (1997年)、川出敏裕「無罪推定」法学教室268号 (2003年)、白取祐司「『無罪の推定』と未決拘禁制度――フランス法にみる沿革史的概観」『田宮博士追悼論集 (下)』(信山社、2003年)、三島聡『刑事法への招待』(現代人文社、2004年) 15‐37頁など参照。
22 Herbert Packer, The Limits of Criminal Sanction 161 (1968).
23 Kitai, Presuming Innocence, 55 Oklahoma Law Review 257, 273 (2002).
24 CCPR General Comment No.13: Equality before the Courts and the Right to a Fair and Public Hearing by an Independent Court Established by Law (Art. 14), para 7 (Twenty-First Session, 1984), http://www.unhchr.ch/tbs/doc.nsf/(Symbol)/bb722416a295f264c12563ed0049dfbd?Opendocument.
25 Manfred Nowak, U.N. Covenant on Civil and Political Rights: CCPR Commentary 254 (1993).
26 Packer, supra note 22, at 214–215.

27 CCPR General Comment No. 08: Right to liberty and security of persons (Art. 9), para 3 (Sixteenth session, 1982), http://www.unhchr.ch/tbs/doc.nsf/(Symbol)/f4253f9572cd4700c12563ed00483bec?Opendocument.
28 運用状況、実務上の問題などを含め、より詳しくは、葛野・注4書87頁以下参照。
29 Tom Bucke and David Brown, In Police Custody: Police Powers and Suspect's Rights under the Revised PACE Codes of Practice 53-55 (Home Office Research Study 174) (1997).
30 Id. at 61-63.
31 保釈法の展開について、葛野・注4書11頁以下。
32 Jennifer Airs et al., Electronically Monitored Curfew as a Condition of Bail: Report of the Pilot 11-13 (Home Office Occasional Paper) (2000).
33 John Sprack, A Practical Approach to Criminal Procedure 109-110 (11th ed., 2006).
34 Andrew Sanders and Richard Young, Criminal Justice 471-474 (3rd ed., 2006).
35 Hucklesby, Remand Decision Makers, (1997) Criminal Law Review 269, 281.
36 Id. at 278-279.
37 Mike McConville et al., Standing Accused: The Organization and Practices of Criminal Defence Lawyers in Britain (1994); Brink and Stone, Defendants Who Do Not Ask for Bail, (1988) Criminal Law Review 152.
38 Hucklesby, Bail or Jail: The Practical Operation of the Bail Act 1976, (1996) 23 Journal of Law and Society 213.
39 Zander, Operation of the Bail Act in London Magistrates Courts, (1979) 129 New Law Journal 108.
40 Doherty and East, Bail Decision in Magistrates' Courts, (1985) 25 British Journal of Criminology 251, 263.
41 John N. Burrows et al., Improving Bail Decisions: Bail Process Project, Phase 1 (Research and Planning Unit Paper 90) (1994).
42 Haines and Morgan, Service before Trial and Sentence: Achievement, Decline and Potential, in Loraine Gelsthorpe and Rod Morgan (eds), Handbook of Probation 182-209 (2007) による。なお、イギリスのプロベーション・サービスの近年の展開について、染田惠『犯罪者の社会内処遇の探求——処遇の多様化と修復的司法』(成文堂、2006年) 42-47頁。
43 David Garland, Punishment and Welfare: A History of Penal Strategies (1985).
44 Mair and Lloyd, Policy and Progress in the Development of Bail Svhemes in England and Wales, in Fiona Paterson, Understanding Bail in Britain 70-79 (1996); Mark Drakeford et al., Pre-Trial Services and the Future of Probation 13-18 (2001) による。
45 Haines and Morgan, supra note 42, at 195.
46 マンハッタン保釈プロジェクトを紹介し、イギリスにおける保釈情報サービスの構築を提案したのは、マイクル・ザンダーであった。Zander, Bail: A Reappraisal, (1967)

Criminal Law Review 25, 135-142. 同プロジェクトについて、木本強『アメリカ公判前釈放制度の研究』(成文堂、1989年) 63頁以下参照。
47 Drakeford et al., supra note 44, at 13.
48 Paul Cavadino and Bryan Gibson, Bail: The Law, Best Practice and the Debate 93-95 (1993) による。
49 NACRO, Bail Support Directory (1996).
50 Haines and Morgan, supra note 42, at 196.
51 Hucklesby, Bail in Criminal Cases, in Mike McConville and Geoffrey Wilson (eds.), The Handbook of the Criminal Justice Process 122 (2002). このあたりの事情については、葛野・注4書24頁以下参照。1998年、キャバレロ対英国事件において欧州人権委員会は、1994年改正法における必要的未決拘禁規定は欧州人権条約5条3項に違反すると判断した。その結果、1998年犯罪・秩序違反法は保釈の全体的禁止を定める規定を削除した。これについて、葛野・同書32頁以下、石田・注7論文122頁以下参照。
52 Haines and Morgan, supra note 42, at 197.
53 Id. at 197-201; Drakeford et al., supra note 44, at 23-29 による。
54 Home Office Circular No. 25/1988, Bail, para. 5.
55 Patricia Morgan and Paul Henderson, Remand Decisions and Offending on Bail: Evaluation of the Bail Process Project 78 (Home Office Research Study 184) (1998).
56 Charles Lloyd, Bail Information Schemes: Practice and Effect 27 (Home Office Research and Planning Unit Paper No. 69) (1992).
57 Drakeford et al., supra note 44, at 24-26.
58 Haines and Morgan, supra note 42, at 197-202 による。
59 Morgan and Henderson, supra note 55, at 2.
60 Probation Circular 29/2000, Bail Information Scheme.
61 National Accounting Office, Facing Justice: Tackling Defendants' Non-Attendance at Court 31 (2004). 会計検査院の勧告を受け、全国プロベーション局の2005年回状は、保釈情報サービスについて費用対効果の評価を系統的に行うよう指示している (Probation Circular 19/2005, Bail Information Scheme)。
62 Robin Auld, Review of Criminal Courts of England and Wales para. 71 (2001).
63 HM Prison Service, Prison Service Order No. 6101, Bail Information Scheme, para. 1.1, 1.3 (1999).
64 Id. at para. 3.2.1.
65 最近の危機的状況については、葛野・注4書「はしがき」参照。
66 Haines and Morgan, supra note 42, at 199.
67 Id. at 196.
68 Cavadino and Gibson, supra note 48, at 95-107 による。
69 David Godson and Christopher Mitchell, Bail Information Schemes in English Magistrates Courts (1991).

70 Lloyd, supra note 56.
71 Sue Warner and Gil McIvor, Pre-Trial Bail Services in Scotland: an Evaluation of Two Experimental Bail Information and Accommodation Schemes (Scottish Office, Central Research Unit Paper) (1994).
72 HM Inspectorate of Probation, Bail Information: Report of a Thematic Inspection, para. 3.7 (1993).
73 George Mair, Bail and Probation Work: the ILPS Temporary Bail Action Project (Home Office Research and Planning Unit Paper No. 46) (1988).
74 Cavadino and Gibson, supra note 48, at 102-104.
75 Lloyd, supra note 56.
76 HM Inspectorate of Probation, Approved Probation and Bail Hostels: Report of a Thematic Inspection, para. 3.6, 4.29 (1993).
77 Haines and Morgan, supra note 42, at 201-203. 保釈情報サービスの衰退が、被告発者の生活環境に関する検察官の情報収集能力が向上したため、もはや費用対効果の問題から、保釈情報サービスに頼るべきではなくなったという理由による可能性もあるが、これは実証的方法によって検証されるべき問題であって、現在までのところその証拠は示されていないとしている (at 203)。
78 Drakeford et al., supra note 44, at 26-27.
79 Hucklesby, supra note 35, at 277.
80 Id. at 281.
81 Drakeford et al., supra note 44, at 29-33 による。
82 Id. at 33-37 による。
83 Id. at 36-37.
84 Id. at 38-40; Cavadino and Gibson, supra note 48, at 108-116 による。
85 Neil Corre and David Wolchover, Bail in Criminal Proceedings 182 (3rd ed., 2004).
86 Id. at 183.
87 Michael Cavadino and James Dignan, The Penal System: An Introduction 115 (3rd ed., 2002).
88 Thurston, Just Practice in Probation Hostels, in David Ward et at. (eds.), Probation: Working for Justice 207-219 (2002) 参照。
89 Dunkley, Approved Premises, in Rob Canton and David Hancock (eds.), Dictionary of Probation and Offender Management 12 (2007).
90 Helen Lewis and George Mair, Bail and Probation Work II: The Use of London Probation/Bail Hostels for Bailees (Home Office Research and Planning Unit Paper 50) (1988).
91 Hucklesby, Bail in Criminal Cases, in Mike McConville and Geoffrey Wilson (eds.), The Handbook of the Criminal Justice Process 132 (2002).
92 HM Chief Inspector of Probation, Delivering an Enhanced Level of Community Supervision: Report of a Thematic Inspection on the Work of Approved Probation and

Bail Hostels (1998).
93 National Accounting Office, supra note 61, at 34.
94 もっとも、厳罰主義の趨勢のなか、刑事施設の新増設も続けられた。このあたりの事情については、葛野・注4書「はしがき」参照。過剰拘禁問題とそれへの対応について、Morgan and Liebling, Imprisonment: An Expanding Scene, in Mike Maguire, Rod Morgan and Robert Reiner, Oxford Handbook of Criminology (4th ed., 2007).
95 National Probation Service, Accommodation and Support Service for Bail and HDC (Briefing, Issue 42) (2008).
96 Probation Circular 33/2007, New Accommodation and Support Service for Bail and HDC.
97 Prison Service Instruction 49/2007. この通達により、Prison Service Order 6101, Bail Information Scheme に、Chapter 8, Accommodation and Support Service for Bail が付け加えられた。
98 National Offender Management Service, Accommodation and Support for Bail and HDC (Occasional Paper) (2007); National Offender Management Service, Accommodation and Support for Bail and HDC: Information for Service Users (2007).
99 Clear Springs Management Ltd, A Service Statement and Operational Guidance for The Bail Accommodation and Support Service Provided by ClearSprings (2007); Alison Howard, Bail Accommodation and Support Service: Supporting Women Offender (2008). クリアスプリングス社業務・サービス担当責任者アリソン・ハワード氏から種々資料の提供を受けた。本文中の写真も同氏の提供による。クリアスプリングス社ホームページ http://www.clearsprings.co.uk/ 参照。
100 David, Warning over Backlash in Bail Hostel Row, The Observer, 10 August 2008.
101 三井・注11書325-326頁。
102 鹿島・注8論文104頁。
103 Ben Emmerson, Andrew Ashworth and Alison Macdonald, Human Rights and Criminal Justice 465-468 (2nd ed., 2007).
104 憲法的刑事手続研究会『憲法的刑事手続』(日本評論社、1997年)305-306頁〔村岡啓一〕。身体拘束に関する裁判は対審構造の審問手続によるべきというのが、憲法34条後段の要請であるとする。
105 高野隆=高田昭正「身柄拘束を争うための証拠開示」季刊刑事弁護19号47-49頁 (1999年)〔高田昭正〕参照。
106 もっとも、保護観察における被害者関連サービスは、対象者の生活再建支援にとっても、被害者支援にとっても、問題を含んでいる。この点について、森久智江「更生保護と被害者」刑事立法研究会編『更生保護制度改革のゆくえ——犯罪をした人の社会復帰のために』〔現代人文社、2007年〕参照。
107 藤永幸治ほか『大コンメンタール・刑事訴訟法 (第2巻)』(青林書院、1994年) 151頁など。

108 水谷・注14論文94頁。「釈放される権利」は、保釈を受ける権利を含んでいる。なお、同じ文言による欧州人権条約5条3項の判例によれば、「妥当な期間内に裁判を受ける権利」と「釈放される権利」は選択的に保障されれば足りるわけではないとされている（葛野・注4書35頁）。自由権規約9条3項についても、同様に理解されるべきである。

109 小田中ほか・注9書81頁〔村井敏邦〕。被疑者について、勾留の執行停止が保釈代替的機能を担うべきであるならば、被疑者に執行停止の請求権が認められるべきであり、これに対しては却下の裁判が必要であり、被疑者はそれへの抗告・準抗告ができることになるとされる（大出良知ほか『刑事弁護』〔日本評論社、1993年〕23頁）。

110 松本・注2論文144-145頁、藪下・注3論文264-265頁、村木・注3論文206頁など。

111 Corre and Wolchover, supra note 85, at 147. イギリスにおいては伝統的に、保釈の条件として保証人の保証のみが認められてきた。それ以外のさまざまな条件を認めたのは、1967年刑事司法法によってであった。条件付保釈について、葛野・注4書21-23頁参照。

112 小田中ほか・注9書81頁〔村井敏邦〕。

113 藤井剛「更生保護の担い手と関係機関のネットワーク」刑事立法研究会・注106書、正木恵子「更生保護と社会復帰——保護観察所における実践」日本犯罪社会学会注17書参照。犯罪にかかわった障害者、野宿者、高齢者などの生活再建の支援・促進とそのためのコミュニティの福祉ネットワークの構築をめぐる最近の動向について、2009年1月8日龍谷大学ソーシャル・インクルージョン研究会における藤井剛報告「犯罪をした人の地域生活定着支援——刑余者自立支援おおさかネットワーク（準）の取組みから」について有益な示唆を得た。

114「厚生労働科学研究・罪を犯した障害者の地域生活支援に関する研究」（2006年度-2008年度）について、社会福祉法人・南高愛隣会ホームページ http://www.airinkai.or.jp/hasshin/kenkyu/tsumi/index.html。

115 社会保障審議会障害者部会（第39回）に事務局より提出された資料「地域における自立した生活のための支援」と同名の参考資料参照（http://www.mhlw.go.jp/shingi/2008/09/s0924-9.html）。同会議の議事録について、http://www.mhlw.go.jp/shingi/2008/09/txt/s0924-2.txt。「地域生活定着支援センター（仮称）」の開設が、厚生労働省の平成20年度地域生活定着支援事業のなかに組み込まれている。これについて、厚生労働省「平成20年度新規事業に関する事業評価書（事前）」参照（http://www.mhlw.go.jp/wp/seisaku/jigyou/08jigyou01/dl/08jigyou01-vii-b.pdf）。

116「社会保障審議会障害者部会報告・障害者自立支援法施行後3年の見直しについて」（2008年12月16日）10頁。

117 尾田真言「アパリによる『保釈中の刑事被告人に対する薬物研修プログラム』」季刊刑事弁護30号（2002年）、同「アパリ、ダルクが提供可能な薬物自己使用事犯者に対する薬物依存症回復プログラム」犯罪と非行141号（2004年）、石塚伸一編著『日本版ドラッグ・コート——処罰から治療へ』（日本評論社、2007年）〔尾田真言〕参照。アパリ

のホームページ http://www.apari.jp/npo/ 参照。
118 染田・注42書166頁。アパリの尾田真言事務局長によれば、その後の運用状況については未整理とのことである（2008年12月19日、アパリ事務所における筆者のインタビューへの回答）。染田惠は、「判決前の段階から専門的処遇への強制的導入を可能にするこの方式を、薬物初犯者に拡大することが、日本の現状に照らして効果的と考えられる」としたうえで、そのさいに必要とされる制度の整備として、①多くの対象者のなかからプログラム適格者を選定する方法の整備、②委託施設数の拡大、③強制的処遇期間の延長と処遇内容の強化、④政府の財政的支援の充実、を指摘している。これらは、保釈支援サービスとしての実践を展望したときにも、同じく課題になるであろう。ただし、プログラムへの参加は、被告人の自発的意思による場合にのみ保釈条件とされるべきである。
119 石塚・注117書203頁〔尾田真言〕。同書201頁は、プログラムへの参加が刑訴法95条による勾留の執行停止のうえで認められるようになれば、保釈保証金を支払うことのできない被告人にも、プログラム参加の機会が与えられることになると指摘している。
120 未決拘禁の決定を受け、刑事施設に収容されている被疑者・被告人に対する社会的援助については、すでに、主として刑事拘禁にともなう弊害の除去という観点から、土井政和「未決被勾留者への社会的援助——弁護士はどこまでできるか？」季刊刑事弁護9号（1997年）、斎藤司「未決被拘禁者に対する社会的援助」刑事立法研究会・注7書、同「ドイツにおける未決被拘禁者に対する社会的援助システム——ベルリン・モアビット司法執行施設の取組み」季刊刑事弁護55号（2008年）において論じられている。葛野・注4書307-308頁も、社会的コミュニケーションの権利の保障について、家族の絆・社会的繋がりを維持することにより釈放後の生活再建を促進するために、未決被拘禁者に対する積極的措置がとられるべきとした。本章は、未決拘禁に関連する社会的援助が、すでに刑事施設に収容された人に対してだけでなく、未決拘禁の抑制という観点から、勾留回避・保釈促進のために、被疑者・被告人に対して提供されるべきことを提起するものである。

# 第3章 代用刑事施設と国連拷問等禁止条約

## 1 問題設定

### (1) 捜査と拘禁の結合

　日本の刑事手続は、被疑者の取調べとそれによって獲得される自白に過度に依存していると批判されてきた。捜査・取調べのあり方としてそれを支えてきたのは、第1に、刑訴法198条1項ただし書の反対解釈から、逮捕・勾留された被疑者は取調室への出頭・滞在を強制され、取調べを受ける法的義務を負うとする取調受忍義務の肯定であった。第2に、そのような強制された取調べが弁護人その他第三者の立会も、正確なモニターのための録音・録画も排除した形で密行的に行われてきたことである。これらとともに、自白偏重の刑事手続を支えてきた第3のものとして、効率的・効果的に取調べを行うために、警察留置施設に被疑者を勾留するという制度があげられる。代用刑事施設制度である[1]。

　刑訴法上、被疑者・被告人の勾留状には「勾留すべき刑事施設」の記載が要求されており（64条1項、207条1項。2006年5月24日、監獄法の改正法としての受刑者処遇法が施行されるまでは「監獄」）、勾留場所として予定されているのは「刑事施設」である。しかし、刑事被収容者処遇法は、勾留された被疑者・被告人を「刑事施設に収容することに代えて」、警察の「留置施設に留置することができる」としている（15条）。実際、勾留された被疑者のほぼすべてが、代用刑事施設としての警察留置施設に留置されてきた。勾留された被疑者が刑事施設に収容される割合は、近時減少し続けており、1971年に18.48％であったものが、2004年には1.73％にまで低下している[2]。

　代用刑事施設に被疑者を勾留するのは、効果的な取調べが可能となるから

である。刑訴法上、被疑者の勾留の目的は逃亡・罪証隠滅の防止であって、取調べではない(60条、207条1項)。とはいえ、身体拘束中の被疑者を取り調べることはできる。その取調べを効率的に行い、効果的に自白を採取するためには、捜査・取調べを担当する警察の手許に被疑者を勾留しておく必要があるというのである。しかし、代用刑事施設は「冤罪の温床」として批判されてきた。代用刑事施設は、捜査機関が「被疑者の身柄を拘束・管理しその日常生活を支配することから生ずる心理的圧力を取調べに利用するシステム[3]」であるといわれる。取調受忍義務の肯定と相俟って、代用刑事施設によって捜査と拘禁が結合し、そのなかで被疑者の供述の自由ないし黙秘権を脅かすような強制的圧力が生じるのである[4]。

### (2) 本章の課題

2006年2月に発表された未決拘禁者の処遇等に関する有識者会議(以下、有識者会議)『未決拘禁者の処遇等に関する提言――治安と人権、その調和と均衡を目指して』(以下、『提言』)[5]は、代用刑事施設の制度的存廃について意見の対立があることを認めつつ、警察留置施設においてプライバシー保護や衛生環境に配慮がなされてきたこと、弁護人との接見交通の時間帯など、その制限が実際上緩和されてきたこと、被疑者の適正な処遇のための制度的保障として、1980年以降、捜査部門と留置部門の組織上・運用上の分離がなされたことなどを指摘し、「今回の未決拘禁者の処遇等に関する法整備に当たっては、代用刑事施設制度を存続させることを前提としつつ、そこにおいて起こり得る様々な問題を回避し、国際的に要求される水準を実質的に充たした被疑者の処遇がより確実に行われるような具体的な仕組みを考えるべきであり、これによって、捜査の適正な遂行と被疑者の人権の保障との調和を図ることが、国民の負託に最もよく応えるものである」と結論づけた。

2006年6月2日に可決・成立した刑事被収容者処遇法(2007年6月1日施行)は、この有識者会議『提言』を受け、「都道府県警察に、留置施設を設置する」としたうえで(14条1項)、警察留置施設に被逮捕者および被勾留者を「留置し、必要な処遇を行う」こととし(同2項)、勾留された被疑者・被告人を「刑事施設に収容することに代えて」、警察の「留置施設に留置することができる」とした(15条1項)。代用刑事施設を存続させたのである。代用刑事施設制度のもと、逮捕・勾留された被疑者は、起訴前に限っても最長23日間、警察留置施設において身体を拘束され、取調べを受けるべきこととな

る。

　しかし、有識者会議『提言』も、今回の法改正においては存続を容認する一方、「代用刑事施設制度は将来的には廃止すべきとする強い意見もあることや、刑事司法制度全体が大きな変革の時代を迎えていることなどを考えると、今後、刑事司法制度の在り方を検討する際には、取調べを含む捜査の在り方に加え、代用刑事施設制度の在り方についても、刑事手続全体との関連の中で、検討を怠ってはならない」としていた。また、2006年4月14日、衆議院法務委員会は刑事被収容者処遇法案を可決するにあたり、「刑事司法全体が大きな変革の時代を迎えていることなどを踏まえて、刑事司法制度の在り方を検討する際には、……取調べを含む捜査の在り方について検討するとともに、代用刑事施設制度の在り方についても、刑事手続全体との関連の中で検討すべきこと」とする附帯決議を行った（2006年6月1日参議院法務委員会附帯決議も同旨）。裁判員制度の導入など、大規模な刑事司法改革が進められつつある現在、被疑者の取調べと自白に過度に依存した刑事手続を改革するために、代用刑事施設の是非をあらためて問い直し、そのあり方を再検討する必要は依然として高い。

　刑事被収容者処遇法が施行される直前、2007年5月18日、国連拷問禁止委員会は、国連拷問等禁止条約の実施状況に関する第1回日本政府報告について同年5月9～10日に行った審査の結果、最終見解を発表した。この最終見解は、「代用監獄という監獄の代用制度が、裁判所に出頭後、起訴に至るまで、被逮捕者を長期にわたって勾留しておくために、広範かつ組織的に利用されていることを深く懸念する。この制度は、被留置者の勾留及び取調べに関する手続上の保障が十分でないこととも相まって、被留置者の権利が侵害される可能性を増加させ、また、無罪の推定、黙秘権及び防御権といった諸原則が事実上尊重されないようになる可能性がある」との深刻な懸念を表明し、日本政府に対して、「公判前勾留が国際的な最低水準に合致するよう、迅速かつ効果的な手段を採るべきである。特に、……公判前に留置施設を使用することを制限するため、2006年の監獄法（刑事被収容者処遇法を指す・引用者注）を改正すべきである」と勧告した。

　本章は、以下、第1に、国連拷問等禁止条約の概要と国連拷問禁止委員会による政府報告審査の意義を確認したうえで、代用刑事施設をめぐる日本政府報告と委員会の最終見解を概観する。第2に、最終見解の含意を明らかにするために、最終見解が指摘した未決の身体拘束に関する「国際的最低

水準」とはどのようなものか検討し、国際人権法上、警察留置の極小化、捜査と留置の機能分化という二重の要請を含む「捜査と拘禁の分離」が要請されていることを確認する。そのうえで、代用刑事施設はこれらいずれにおいても「捜査と拘禁の分離」に適合しないことから、最終見解は、国際的最低水準を満たさないものとして、その制度的廃止を勧告したことを明らかにする。第3に、拷問禁止に関する国際人権法の展開のなか、「捜査と拘禁の分離」が拷問防止のための保障措置として位置づけられてきたことを明らかにし、それゆえ代用刑事施設を存置することは、「捜査と拘禁の分離」への不適合を媒介として、国連拷問等禁止条約上の拷問・虐待防止義務（2条1項、16条1項）に反することを提示する。第4に、代用刑事施設としての警察留置施設への勾留について、拷問・虐待防止義務の実質は「捜査と拘禁の分離」に適合しないことであり、それゆえ防止義務の内容が具体的に明確なものとなっていることから、国連拷問等禁止条約の規定の直接適用による司法的救済が認められるべきことを論じる。

## 2 国連拷問等禁止条約と拷問禁止委員会の日本政府報告審査

### (1) 国連拷問等禁止条約

　武力紛争時に適用される国際人道法における拷問禁止に向けた努力と並行して、世界人権宣言（1948年国連総会採択）、自由権規約（1966年国連総会採択）、国連拷問禁止宣言（1975年国連総会採択）、米州拷問防止条約（1985年採択）、欧州拷問等防止条約（1987年欧州審議会採択）など、拷問の実効的禁止と予防に向けての国際人権法が展開した[6]。この潮流のなか、1984年12月10日、第39回国連総会において、拷問等禁止条約が採択され、1987年6月26日に発効した[7]。発効から12年後、1999年6月9日、日本はこの条約を批准し、同年7月29日、国内的効力が発生した[8]。ただし、国連拷問禁止委員会による個人通報に基づく審査（22条）については、締約国が受諾宣言をしなければ効力を生じないが、日本は、この受諾宣言をしていない[9]。また、国連拷問禁止委員会内に拷問防止小委員会を設置し、この小委員会に対して各国の拘禁施設への定期的訪問の権限を与えることを定めた選択議定書が、2002年12月18日、国連総会において採択され、2006年6月22日、発効している[10]。

しかし、日本はこの選択議定書を批准していない。

国連拷問等禁止条約は、「身体的なものであるか精神的なものであるかを問わず人に重い苦痛を故意に与える行為であって、本人若しくは第三者から情報若しくは自白を得ること、本人若しくは第三者が行ったか若しくはその疑いがある行為について本人を罰すること、本人若しくは第三者を脅迫し若しくは強要することその他これらに類することを目的として又は何らかの差別に基づく理由によって、かつ、公務員その他の公的資格で行動する者により又はその扇動により若しくはその同意若しくは黙認の下に行われるもの」として拷問を定義したうえで（1条）、締約国に対して、「自国の管轄の下にある領域内において拷問に当たる行為が行われることを防止するため、立法上、行政上、司法上その他の効果的な措置をとる」よう義務づけている（2条1項）。さらに条約は、締約国に対して、拷問に至らぬものであっても、「自国の管轄の下にある領域内において、……残虐な、非人道的な又は品位を傷つける取扱い又は刑罰に当たり、かつ、公務員その他の公的資格で行動する者により又はその扇動により若しくはその同意若しくは黙認の下に行われるものを防止する」義務を課している（16条1項）（本章においては、このような取扱い・刑罰を虐待という）。虐待は、拷問と同様、身体的・精神的苦痛を生じさせる行為であるが、苦痛の重大性において拷問にまで至らない行為であるとされている[11]。

国連拷問等禁止条約は、拷問および虐待の禁止と予防を徹底するために、拷問のおそれのある他国への追放・送還・引き渡しの禁止（ノン・ルフールマン原則）（3条）、自国刑法による拷問処罰（4条）普遍的管轄権を承認したうえでの拷問処罰（5〜9条）、拷問・虐待の禁止のための教育と情報提供（10条）、拷問・虐待を防止するための規則などの確立（11条）、拷問・虐待に関する迅速・公平な調査とその申立（12〜13条）、拷問被害者の救済（14条）、拷問により採取された供述の証拠禁止（15条）について定めている。

他方、国連拷問等禁止条約は、拷問・虐待の禁止のための国際的措置として、拷問禁止委員会を設置し、そのもとでの政府報告の審査（19条）、組織的拷問に関する調査（20条）、国家通報に関する審査（21条）、個人通報に関する審査（22条）を用意しており、第一選択議定書は、拷問防止小委員会による拘禁施設の予防的訪問・調査について定めている。このうち日本は、上述のように、個人通報に関する審査について受諾しておらず、第一選択議定書を批准していない。国連拷問禁止委員会は、個人資格の専門家委員10人

によって構成され、現在のところ年2回、3週間の会期で審査・調査を行っている。大半の日程が政府報告の審査に費やされ、数日が個人通報の審査に充てられており、組織的拷問に関する調査のための秘密会議もほぼ毎回開催されているという[12]。

### (2) 国連拷問禁止委員会の日本政府報告審査

国連拷問等禁止条約は、締約国に対して、条約発効後1年以内に「自国がこの条約に基づく約束を履行するためにとった措置に関する報告」を委員会に提出し、その後4年ごとに「新たにとった措置に関する補足報告」を提出するよう義務づけている。また、委員会が要請した場合、それに応じて報告することも義務づけている（19条1項）。委員会は、政府報告を審査し、「一般的な性格を有する意見であって適当と認めるものを表明することができる」。委員会の「意見は関係締約国に送付され、当該関係締約国は委員会に対する応答として自国が適当と認めるいかなる見解も表明することができる」（同条3項）。これが政府報告制度である。自由権規約などにおける政府報告制度と類似のものであり、国連拷問等禁止条約上も、条約実施を確保するための重要なメカニズムとして位置づけられている。

政府報告制度については、委員会は、締約国とのあいだの対話を含むものとはいえ、「一般的性格を有する意見」を表明する権限を認められているにすぎず、締約国による具体的な条約違反行為を認定したうえで、それを是正するための強制的措置をとる権限を有しているわけではないことが指摘され、そのことから委員会は、条約実施を確保するために必要な権限・手続を有していないとの評価もなされていた[13]。実際、委員会は、政府報告の審査において、条約上問題のある事実の摘示とそれを含む一般的意見の表明に自らの役割を限定してきたといわれる[14]。しかし、政府報告制度は、自由権規約などの場合と同様、NGOの積極的参加のうえに、締約国との「建設的対話」を通じて条約実施の確保に効果的に寄与しうるものであると指摘されてきた[15]。また、「対テロ戦争」のなか拷問・虐待が問題とされたアメリカ政府の報告審査をみると、審査過程においても、最終意見においても、拷問・虐待の是正に向けた積極性がみられる[16]。

日本政府が第1回政府報告を提出したのは、発効後6年以上が経った2005年12月であった。代用刑事施設に関する報告は、自由権規約の実施状況に関する自由権規約委員会の審査、刑事被収容者処遇法案の国会審議など

の場で表明されてきた意見を繰り返したうえで、代用刑事施設への収容自体が拷問にあたることはなく、捜査部門と留置部門の警察組織上の分離などにより虐待の問題も生じえないとするものであった。以下のとおりである[17]。

139. 日本においては、約1,300の警察留置場が警察署等に設置されている。警察留置場には、刑事訴訟法に基づき逮捕された被疑者、刑事訴訟法に基づき裁判官の発する勾留状により勾留された未決拘禁者等が留置されている。留置場に留置される被疑者は、2003年の1年間で約19万人であった。

140. 逮捕された被疑者は、釈放される場合を除いて、検察官の勾留請求により裁判官の面前に連れていかれ、裁判官が、被疑者を勾留するか否かを決定する。被疑者の勾留場所は、刑事訴訟法によって、監獄とされており（刑事訴訟法第64条第1項等）、監獄法は、警察留置場を監獄に代用することができると定めている（監獄法第1条第3項）。この警察留置場を監獄に代用することができる制度がいわゆる「代用監獄制度」と呼ばれているものである。なお、被疑者の勾留場所については、刑事訴訟法上拘置所又は警察留置場のいずれを選択するかを定めている規定はなく、検察官の請求を受けて、裁判官が、個々の事件ごとに、諸般の事情を総合的に勘案して決定している（刑事訴訟法第64条第1項）。

141. 公訴提起後についても、罪証隠滅及び逃走防止のため必要がある場合には、裁判所は被告人を勾留することができる（刑訴法第60条）。この勾留場所についても、被疑者の場合と同様監獄とされており、警察留置場を代用することができる。

142. 本制度は、本条約第1条1にいう「合法的な制裁」に該当するものであり、いわゆる代用監獄への収容自体は、本条約にいう拷問に当たるものではない。また、いわゆる代用監獄制度においては、捜査を担当しない部門に属する留置担当官が、関係する法令等に基づき、勾留された被疑者等の処遇を人権に配慮して行っているところであり、不必要な精神的、肉体的苦痛を内容とする人道上残酷と認められる取扱い又は刑罰は行われていない。したがって、このようにいわゆる代用監獄制度が適正に運用されている限り、「残虐な、非人道的又は品位を傷つける取扱い又は刑罰」が行われているとして、本条約上の問題が生じるものではないと考える。

2007年5月9～10日の委員会審査にあたり、日本政府は、法務省、警察庁、厚生労働省、防衛省などの代表からなる代表団を送った。これに対して、日弁連が4人の代表団を送ったほか、CATネットワーク、国際人権活動日本委員会、アジア女性資料センターなどのNGOが現地に赴き、カウンター・レポートを提出し、委員への説明など精力的活動を展開した[18]。委員会審査においては、日本政府の報告に対して、「情報取得や尋問を目的とする場合に、警察留置場に拘禁していることと、それが日本の法律で規定されていることについてまだ疑問に思っています。最長23日間まで拘禁を継続することができるということですが、それでは、そのような拘禁が完全に合法であり続けるのかどうかを私は知りたい」（5月9日、マリーニョ・メネンデス委員）、「日本では、最長23日間も起訴かどうかを待つ間、被疑者を警察留置施設に拘禁することができる。長期間ですね」（5月9日、クラウディオ・グロスマン委員）など、起訴前の警察留置期間が長期に及ぶこと、その間自白採取に向けて取調べが継続すること、このような取調べは自白を促す圧力をはらむことへの懸念が多くの委員より表明された[19]。

### (3) 国連拷問禁止委員会の最終見解
　国連拷問禁止委員会は、審査の結果、2007年5月18日、最終見解を発表した。最終見解は、国際人権条約のほとんどを批准していることなど積極的側面とともに、「主要な懸念事項及び勧告」から構成されていた。この懸念事項・勧告は、①刑法上の拷問の定義と事項、②出入国管理及び難民認定法におけるノン・ルフールマン原則との抵触、③代用監獄、④取調べに対する規制と自白、⑤刑事拘禁施設における拘禁状態、⑥昼夜独居処遇、⑦死刑、⑧迅速・公平な調査と不服申立の権利、⑨人権教育・研修、⑩被害者への賠償とリハビリテーション、⑪ジェンダーに基づく暴力と人身売買、⑫精神障害を有する人の治療と取扱い、という問題を広くカバーするものであった。このうち、②出入国管理及び難民認定法におけるノン・ルフールマン原則、③代用監獄、④取調べに対する規制と自白、⑪ジェンダーに基づく暴力と人身売買、については、委員会は日本政府に対して、フォローアップ手続に従って、追加情報を1年以内に提出するよう要求した。これらの問題について、委員会がとりわけ強い懸念を有しており、迅速な解決を求めていることの現れである[20]。代用監獄に関する懸念と勧告は、これらすべての問題のなかで最も詳細なものであった（枠囲みの部分が勧告）[21]。

代用監獄（代用の監獄における拘禁制度）
15. 委員会は、代用監獄という監獄の代用制度が、裁判所に出頭後、起訴に至るまで、被逮捕者を長期にわたって勾留しておくために、広範かつ組織的に利用されていることを深く懸念する。この制度は、被留置者の勾留及び取調べに関する手続上の保障が十分でないこととも相まって、被留置者の権利が侵害される可能性を増加させ、また、無罪の推定、黙秘権及び防御権といった諸原則が事実上尊重されないようになる可能性がある。特に、委員会は、以下の事項につき深刻に懸念する：

a) 過度に多数の人々が、捜査中及び起訴に至るまでの間、特に捜査段階における取調べが行なわれている間、拘置所ではなく留置施設に勾留されていること。

b) 捜査機能と留置機能が十分に分離されていないため、捜査員が被留置者の護送にかかわり、その後、同案件の捜査の担当となる可能性があること。

c) 留置施設は長期にわたる勾留に使用するには不適当であること、また、被留置者に対して、適切かつ迅速な医療措置が施されていないこと。

d) 公判前に留置施設に勾留される期間が、起訴前で、一事案につき最大で23日にも及び得ること。

e) 留置施設における公判前勾留に関して、裁判所が勾留状を発付する件数が非常に多いことからも分かるように、司法による効果的な監督や裁判所による審査が行われていないこと。

f) 起訴前保釈制度がないこと。

g) 嫌疑がかけられている犯罪の種類にかかわらず起訴前のすべての被疑者に対する国選弁護制度がなく、右は現在重罪案件のみに限られていること。

h) 公判前勾留されている被留置者が弁護人にアクセスする機会が限られていること、特に、弁護人と被留置者との面会について特定の日時を指定する自由裁量権が検察官に認められており、右は取調べの際に弁護人が同席しないことにつながっていること。

i) 警察記録のうちすべての関連資料を法的代理人が閲覧する権利が制限されていること、特に、起訴に当たりどの証拠を開示するかを判断する権限が検察官に与えられていること。

j) 留置施設にいる被留置者が利用できる、独立した効果的な調査及び不服申立て制度がないこと。

k) 刑事施設において使用が廃止されたこととは対照的に、留置施設においては

防声具（gags）が使用されていること。

> 締約国は、公判前勾留が国際的な最低水準に合致するよう、迅速かつ効果的な手段を採るべきである。特に、締約国は、公判前に留置施設を使用することを制限するため、2006年の監獄法を改正すべきである。優先事項として、締約国は、以下の事項に取り組むべきである。
> a) 留置担当官を捜査から排除し、また、捜査員を被留置者の留置にかかわる事項から排除することにより、捜査機能と留置機能（護送業務を含む）の完全な分離を確保するよう法改正を行う。
> b) 国際的な最低水準に合致するよう、被留置者が留置施設に身柄を拘束され得る期間に上限を設けるべきである。
> c) 被留置者及び弁護人が防御の準備を行うことができるようにするために、被留置者が逮捕された直後から弁護を受けられること、弁護人が被留置者の取り調べに同席できるようにすること、さらに、被留置者及び弁護人が関係する警察記録を起訴後に閲覧できることを確保すべきである。同様に、身柄を拘束中も適切な医療措置を迅速に受けられることを確保すべきである。
> d) 都道府県警察本部が2007年6月に設置される予定の「留置施設視察委員会」の委員に、弁護士会が推薦する弁護士を含めることを確保するなどの措置により、警察による身柄拘束の外部監視の独立性を保障すべきである。
> e) 被留置者が申し立てた不服の審査のために、公安委員会から独立した形で、有効な不服申立制度を設置すべきである。
> f) 公判前段階における身柄拘束について現行とは別の措置の採用を検討すべきである。
> g) 留置施設における防声具（gags）の使用を撤廃すべきである。

　代用刑事施設をめぐる最終見解は、その内容によって、第1に、被疑者の身体拘束の場所、期間、警察留置における捜査・留置の機能分化など、未決の身体拘束のなかで警察留置がどのように位置づけられるかに関する構造的問題、第2に、警察留置中の処遇条件や手続的権利の保障、不服申立など、被留置者の取扱いに関する問題、第3に、警察留置中の被疑者の取調べ

のあり方に関する問題、についてのものに分けることができる。本章が焦点を合わせるのは、このうち、第1の警察留置の位置づけに関する構造的問題である。たしかに、第2、第3の問題も重要であるにせよ、第1の問題についてどのような立場をとるかが、直接、代用刑事施設の存廃を決することになるからである。勧告の本文も、未決拘禁を国際的最低水準に合致させ、刑事被収容者処遇法の改正によって警察留置を制限すべきとするものであり、このような構造的問題に関するものであった。懸念事項のうち第1の構造的問題にかかわるものは、代用監獄の広範かつ組織的な利用への懸念を表明した本文とともに、(a) 取調べのための警察留置の過度の利用、(b) 捜査機能と留置機能の分化の不十分さ、(d) 起訴前の警察留置が最長23日にも及ぶこと、(e) 未決拘禁に対する効果的な司法的コントロールの欠如、である。また、勧告事項のなかでは、本文とともに、(a) 捜査と留置の機能分化、(b) 警察留置の最長期間の制限、(f) 拘禁代替措置の活用、である。

　たしかに、国連拷問等禁止条約における政府報告の審査制度の性格や、締約国との継続的で建設的な対話の継続という委員会の基本姿勢を反映して、最終見解の勧告は、代用刑事施設が条約の具体的規定に違反していることを明確に指摘するというものではない。条約の具体的条項を摘示していないこともあって[22]、一読したところでは、代用刑事施設の制度的廃止を要求しているのか、それとも制度自体の存続を認めたうえで、その運用が条約の趣旨により適合するようなされるべきことを含意しているのか、判然としないといえるかもしれない。そのことが、最終見解には法的拘束力がないとの認識と相俟って、国連拷問禁止委員会の勧告を重く受け止める必要はない、それを実現するための法的措置を講じる必要はないという立場を導くかもしれない。

　はたして、最終見解は、未決拘禁が「国際的な最低水準に合致するよう」、「公判前に留置施設を使用することを制限するため」、刑事被収容者処遇法を改正すべきと勧告することによって、代用刑事施設の制度的廃止を要求したのであろうか。それは、未決の身体拘束に関する「国際的な最低水準」がどのようなものか、代用刑事施設がその国際的最低水準にどのように適合していないのかによって決せられる。

# 3 代用刑事施設と未決の身体拘束に関する国際的最低水準

## (1) 捜査と拘禁の分離

　未決の身体拘束における警察留置の構造的位置に関するものとして、国際人権法のなかで最も基本的な規定は、自由権規約9条3項である。この規定は、「刑事上の罪に問われて逮捕され又は抑留された者は、裁判官又は司法権を行使することが法律によって認められている他の官憲の面前にすみやかに連れて行かれるものとし……」と定めている[23]。すでに明らかにしたように[24]、被逮捕者を速やかに裁判官の面前に連れてくることを要求する自由権規約9条3項は、未決拘禁に対する司法的コントロールを要請しており、それは、第1に、未決拘禁が適法か、その要件が備わっているか、裁判官に速やかに直接審査を行わせることを目的としている。第2の目的は、裁判官の面前に速やかに連れて行くことによって、被疑者・被告人の警察留置を極小化するためである。捜査・取調べを担当する警察の手許に被疑者・被告人の身体を置き続けると、往々にして、その身体拘束が捜査・取調べに不当に利用されることになる。また、被留置者の処遇が捜査・取調べからの不当な干渉によって歪められることにもなる。規約9条3項は、このような危険が現実化しないように、被疑者・被告人の身体を警察の手許から速やかに引き離し、警察留置を極小化することを要請しているのである[25]。このような警察留置の極小化という要請からすれば、逮捕後、被疑者を裁判官の面前に連れて行った後、警察の手許に連れ戻して拘禁を継続することは許されない。警察留置が許されるのは、逮捕後速やかに被疑者を裁判官の面前に連れて行くまでの期間だけなのである。

　未決拘禁の司法的コントロールが、警察留置の極小化という第2の要請を含むことから、そのコロラリーとして、「捜査と拘禁の分離」が、同じく規約9条3項によって要請されることになる。「捜査と拘禁の分離」としては、第1に、警察留置の極小化が要請されることになる。警察留置の極小化が未決の身体拘束に関する国際的最低水準であることは、国連拷問禁止委員会の最終意見自体が、「(b) 国際的な最低水準に合致するよう、被留置者が留置施設に身柄を拘束され得る期間に上限を設けるべき」と勧告していることからも明らかである。第2に、被疑者・被告人の捜査・取調べと被留

図　自由権規約9条3項の要請

| 未決拘禁の司法的コントロール | 速やかな直接司法審査 | 捜査と拘禁の分離 |
| --- | --- | --- |
| | 警察留置の極小化 | |
| | 警察留置における捜査と留置の機能分化 | |

置者の処遇とが相互に歪めあう危険を排除するという目的からすれば、警察留置を極小化したうえでさらに、警察留置における捜査と留置の機能分化が要請されることになる。有識者会議『提言』、刑事被収容者処遇法の国会審議などにおいてしばしば言及された「捜査と留置の分離」は、この「捜査と拘禁の分離」の第2の要請に相当する。このような二重の要請を含む「捜査と拘禁の分離」こそ、未決の身体拘束における警察留置の構造的位置に関する国際的最低水準なのである[26]。

## （2）代用刑事施設と「捜査と拘禁の分離」

代用刑事施設は、国際的最低水準としての「捜査と拘禁の分離」の要請に応えているのか。これについてもすでに明らかにしたように、警察留置の極小化の要請、捜査と留置の機能分化のいずれにおいても、代用刑事施設は、制度それ自体として「捜査と拘禁の分離」の要請を満たしておらず、自由権規約9条3項に違反しているといわざるをえない[27]。

第1に、代用刑事施設制度のもと、逮捕後、被疑者は勾留質問のために裁判官の面前に連れて行かれた後、再度、警察留置施設に連れ戻されて勾留されることになる。その結果、起訴前に限っても、勾留請求前の逮捕留置の期間と合わせ、最長23日間に及ぶ被疑者の警察留置が認められることになる。実際、警察留置施設への平均留置日数は近年顕著に増加しており、1991年に17.0日であったものが、2004年には28.8日となっている[28]。本来、警察留置の極小化という要請からすれば、警察留置が許されるのは、逮捕後、被疑者を速やかに裁判官の面前に連れて行くまでの期間のみである。代用刑事施設制度がこの要請に応えていないことは明らかである[29]。

「捜査と拘禁の分離」の第2の要請についてはどうか。有識者会議『提言』は、捜査部門と留置部門の警察組織上の分離を積極的に評価し、今回の法改正における代用刑事施設制度の存続にとって、そのことが有力な根拠とされ

た。刑事被収容者処遇法16条3項は、「留置施設に係る留置業務に従事する警察官」（同2項）としての「留置担当官は、その留置施設に留置されている被留置者に係る犯罪の捜査に従事してはならない」と規定している。法案の国会審議における政府参考人・警察庁長官官房長の答弁によれば、法案16条3項における「留置担当官」とは「留置管理係に所属する者のみならず、現に留置業務に従事する者を言う」から、現に被留置者に関する犯罪捜査に従事している捜査官がその被留置者の処遇に従事するならば、その捜査官は「留置担当官」に該当することとなり、この規定に違反することになるとされる[30]。

しかし、刑事被収容者処遇法において「捜査と留置の分離」について定めた規定は、この16条3項のみである。警察留置において被疑者・被告人の身体拘束が捜査・取調べに不当に利用されるのを防止すると同時に、捜査・取調べからの不当な干渉を排除して、被留置者の適正な処遇を確保し、その権利を保護するためには、イギリス警察・刑事証拠法の構造からも示唆されるように[31]、被疑者の取調べ、被留置者の処遇の両面にわたり具体的な手続保障を定めたうえで、それを確保するための留置担当官の権限・義務を法律上明確に規定しなければならない。刑事被収容者処遇法はこのような明確な規定を有していない点において、捜査と留置の機能分化について決定的な不十分さと曖昧さを残している[32]。取調室において被留置者に対する食事の提供が実際に行われていたなど[33]、これまでの代用刑事施設制度のもとでの実務の状況からしても、両機能の分化が実質化するかはきわめて疑わしい。「捜査と拘禁の分離」の第2の要請にも応えていないのである。

## （3）国連拷問禁止委員会の最終見解と「捜査と拘禁の分離」

国連拷問禁止委員会に提出された日本政府報告は、上述のように、「捜査と拘禁の分離」に関連して、「代用監獄制度においては、捜査を担当しない部門に属する留置担当官が、関係する法令等に基づき、勾留された被疑者等の処遇を人権に配慮して行っているところであり、不必要な精神的、肉体的苦痛を内容とする人道上残酷と認められる取扱い又は刑罰は行われていない。したがって、このようにいわゆる代用監獄制度が適正に運用されている限り、『残虐な、非人道的な又は品位を傷つける取扱い又は刑罰』が行われているとして、本条約上の問題が生じるものではないと考える」とするのみであった。日本政府報告は、被逮捕者は裁判官の面前に連れて行かれ、裁判官が勾

留を決定すること、勾留場所の決定が裁判官によって行われていることについて指摘するのみであり、勾留決定後、警察留置施設に連れ戻して勾留することが、警察留置の極小化という「捜査と拘禁の分離」の第1の要請に反しないのかという点については、まったく言及していない。かりに捜査と留置の機能分化がなされていたとしても、あくまでも、警察留置の極小化の要請が満たされていることがその前提になければならない。警察留置の極小化について十分な言及がないことは、自由権規約委員会に対する日本政府報告においても、有識者会議『提言』における代用刑事施設存置意見のなかにも、共通にみられることであったが、国際的最低水準としての「捜査と拘禁の分離」は、警察留置を極小化したうえで、さらに捜査と留置の機能分化を要請していることを銘記すべきである。

国連拷問禁止委員会による審査の過程でも、日本政府代表の説明は、捜査と留置の機能分化についてのみのものであった。2007年5月9日、審査の冒頭、政府代表は、政府報告と同旨述べたうえで、捜査部門と留置部門が警察組織上分離されており、刑事被収容者処遇法においては留置担当官が捜査に携わることも、捜査担当者が留置業務に携わることも禁止されていることなどを報告するにとどまった[34]。翌10日、前日各委員から出された質問に対する回答においても、政府代表は、両部門の組織上の分離と被収容者に対するその告知、被留置者が留置施設から出場するさいの留置主任官の審査・承認、留置施設の出入場の記録化、捜査・取調べにおける日課時限の尊重、これらによって代用刑事施設における自白強要の危険がないことを指摘したのみであった。しかし、最終見解において、「(a) 留置担当官を捜査から排除し、また、捜査員を被留置者の留置にかかわる事項から排除することにより、捜査機能と留置機能（護送業務を含む）の完全な分離を確保するよう法改正を行う」べきとの勧告がなされたことから明らかなように、政府報告と政府委員の説明にもかかわらず、委員会は、これら二つの機能が実質的に分化しているとは認めなかった。

他方、政府報告と同様、日本政府代表は、警察留置の極小化についてはまったく触れなかった。この点については、たとえばグロスマン委員から、5月9日の審査において、「私達委員が理解するに、日本では、最長23日間も起訴かどうかを待つ間、被疑者を警察留置施設に拘禁することができる。長期間ですね。……23日は長時間です」との原則的疑問が表明されていた[35]。しかし、政府委員は、翌10日冒頭、「わが国の刑事司法制度は、裁判所の事

前チェックを前提としながらも、身柄拘束期間は短期間に制限されております。……したがって、短期間で捜査を円滑、かつ、効率的に実施するためには、身柄を拘束する場所は、捜査を行う警察と近接し、かつ、取調室等の設備が十分に整備されていることが必要であ」との従来からの見解を繰り返すだけであった[36]。かりに捜査上の便宜ないし効率的な取調べのための必要性があるにして、それでもなお、最長23日間の警察留置が国際的最低水準を満たしているのか、国際人権法上許容されるのかについては、なんら回答していないのである。

　再確認するならば、未決の身体拘束に関する国際的最低水準としての「捜査と拘禁の分離」は、警察留置における捜査と留置の機能分化の前提として、警察留置それ自体の極小化を要請している。かりに日本政府が主張するように、警察組織上の分離などにより捜査機能と留置機能が分化していたとしても——上述のように、実質的にこれが実現しているかはまったく疑わしいが——、警察留置が極小化されていない限り、「捜査と拘禁の分離」の要請が満たされたことにはならない。そして、警察留置の極小化の要請に反することは、いかに捜査上の便宜や取調べの効率性を強調したところで、決して正当化されないのである。国連拷問禁止委員会の最終見解が、「(b) 国際的な最低水準に合致するよう、被留置者が留置施設に身柄を拘束され得る期間に上限を設けるべきである」と勧告したのはそれゆえである。

　このように、国連拷問禁止委員会の最終見解は、代用刑事施設が警察留置の極小化の要請に応えておらず、捜査と留置の機能分化においても不十分であるとした。最終見解が、勧告本文において、「公判前勾留が国際的な最低水準に合致するよう、迅速かつ効果的な手段を採るべきである。特に、締約国は、公判前に留置施設を使用することを制限するため、2006年の監獄法を改正すべきである」としたのは、未決の身体拘束に関する「国際的な最低水準」としての「捜査と拘禁の分離」に適合しない代用刑事施設を制度として廃止すべきこと、そのための法改正を速やかに行うべきことを含意している[37]。「公判前に留置施設を使用することを制限する (limit the use of police cells during pre-trial detention)」とは、代用刑事施設を存置したうえで、その使用施設、使用頻度、使用期間を限定するという意味ではなく、「(b) 国際的な最低水準に合致するよう、被留置者が留置施設に身柄を拘束され得る期間に上限を設けるべきである」との勧告が続いていることからも分かるように、未決の身体拘束のなかで警察留置の許される期間を、被疑者を勾留質問のため

に裁判官の面前に連れて行くまでに限定することによって、まさに代用刑事施設制度それ自体を廃止すべきという意味なのである。

## 4 拷問・虐待防止義務違反としての代用刑事施設

### (1) 代用刑事施設と「拷問」

　国連拷問禁止委員会は、代用刑事施設が未決の身体拘束に関する国際的最低水準に適合していないことを明確に指摘した。そして、警察留置の構造的位置に関する国際的最低水準として最も重要なものは、警察留置の極小化、捜査と留置の機能分化という二重の要請を含む「捜査と拘禁の分離」(自由権規約9条3項)であった。では、代用刑事施設は、国連拷問等禁止条約の具体的規定に違反することになるのか。違反するとすれば、どのような規定に、どのように違反することになるのか。国連拷問禁止委員会の最終見解はこの点について明らかにしていない。

　国連拷問等禁止条約1条は、拷問を、「身体的なものであるか精神的なものであるかを問わず人に重い苦痛を故意に与える行為であって、本人若しくは第三者から情報若しくは自白を得ること……を目的として……、かつ、公務員その他の公的資格で行動する者により又はその扇動により若しくはその同意若しくは黙認の下に行われるもの」と定義している。精神的苦痛を与える行為が含まれるため、脅迫的・強要的言辞が「拷問」となりえることになる。また、条約1条のいう「重い苦痛」(severe pain or suffering)かどうかは、絶対的基準によってではなく、行為の継続時間、身体または精神に対して与える影響、被害者の性別、年齢、健康状態など、個別具体的ケースの事情に応じて相対的に判断されるものである[38]。

　代用刑事施設に勾留された被疑者の取調べが、このような意味の「拷問」に該当する行為となることはありえることである。最近の例として、志布志事件においては、取調べにあたった警察官が、任意取調中の被疑者に対して、自白獲得の目的から、親族の名前やメッセージを書いた紙を踏ませたとされる。「踏み字事件」である。この取調べについて、被害者の提起した国家賠償請求事件の鹿児島地裁判決は、取調担当警察官の「違法行為により被った原告の精神的苦痛、特に本件踏み字においては、その取調手法が常軌を逸し、公権力を笠に着て原告及び原告関係者を侮辱するものであり、これにより

被った原告の屈辱感など精神的苦痛は甚大」であったと認定している[39]。そうであるならば、条約1条のいう「重い苦痛を故意に与える行為」であって、精神的「拷問」に該当するというべきであろう。また、大阪現住建造物等放火事件における大阪地裁決定は、自白調書の取調べ請求を却下するにあたり、逮捕前の任意取調べについてではあるが、「被告人の弁解に全く耳を傾けようとせず、何ら客観的・具体的な根拠に基づかないまま、本件火災が被告人の放火か少なくとも重過失による失火によるものであると決めつけ、その結論に沿う供述を被告人から引き出すために、相当時間にわたり、被告人の膝の上でその手を自分の両手で握りしめたり、被告人の肩に手を回して肩を組むようにしたりしながら、被告人の耳元近くで、『真実から逃げたらあかん。自分のしたことは正直に言わなあかん。自分に正直になれ。』などと……大声で叱るよう繰り返し」たうえ、「任意同行中の被疑者に対し、なれなれしくも肩を組んだり、その両肩を揺すぶったりと常軌を逸した身体的接触まで行って、その押しつけを一層強めていた」と認めた[40]。条約1条のいう身体的「拷問」に該当する行為といえるであろう。これらはいずれも、逮捕前の任意取調中の行為であったが、同様の行為が、被疑者が代用刑事施設としての警察留置施設に勾留されているあいだになされる可能性があることは決して否定できない。ほかにも、被疑者の体験談、弁護人のケース報告などからは、代用刑事施設において、重大な身体的・精神的苦痛を生じさせ、それゆえ拷問に該当しうるような取調べがなお行われていることが示唆されている。これを確実にモニターし、効果的に防止することが、録音・録画による取調べ可視化の要求の最大の根拠となっている[41]。

とはいえ、代用刑事施設に勾留された被疑者の取調べがすべて、あるいは大多数において、国連拷問等禁止条約1条のいう「拷問」に該当する程度にまで身体的・精神的な「重い苦痛」を故意に生じさせているとはいえないであろう。また同じく、条約16条1項の定める虐待に当たるともいえないであろう。国連拷問禁止委員会の最終見解も、そのような指摘はしていない。自由権規約7条も、「何人も、拷問又は残虐な、非人道的な若しくは品位を傷つける取扱い若しくは刑罰を受けない」として、拷問禁止を定めている。しかし、これまでのところ、自由権規約委員会が日本政府報告の審査において、代用刑事施設ないしそこにおける取調べについて直ちに規約7条違反であることを指摘したことはない。

## (2) 拷問・虐待防止義務と代用刑事施設

　国連拷問等禁止条約は、拷問禁止の実効性を確保するため、締約国に対して、拷問行為の確実な処罰、拷問獲得証拠の使用禁止などとともに、拷問を防止するための「効果的な措置」をとることを義務づけ（2条1項）、「拷問」にまで至らない虐待についても、それを防止する義務を課している（16条1項）。この拷問・虐待防止義務との関係において、代用刑事施設はどのような問題を有するであろうか。

　拷問・虐待との関連において代用刑事施設の問題をとりあげたものとして、ナイジェル・ロドリー国連人権委員会拷問特別報告者による1995年報告書がある。報告書は、代用刑事施設について、「起訴前に22日間（正しくは23日間・引用者注）『代用監獄』に勾留できることから、被疑者は常時警察の管理下に置かれることとなり、拷問や虐待が発生しやすい状況が生まれる」と指摘している[42]。代用刑事施設における取調べが直ちに「拷問」や「虐待」(ill-treatment) に当たるわけではないが、代用刑事施設自体がそれらの発生しやすい状況を作り出すことを指摘しているのである。そうであるならば、代用刑事施設を存置していること自体が、国連拷問等禁止条約による拷問・虐待防止義務に違反することになるのであろうか。

　国連拷問等禁止条約の批准をめぐる国会審議において、この点に関連する質疑がなされた[43]。すなわち、1999年4月22日、衆議院本会議において、公明党・赤松正雄議員は、「刑事事件の被疑者の処遇について、なぜ警察施設を代用するのか、拷問の下地にならないのかとの指摘があります。いわゆる代用監獄制度についての問題であります。例えば、警察が容疑者を逮捕した場合、被疑者の留置、勾留の期間は、最長で23日間となります。容疑事実を否認する被疑者の多くは、警察の留置場、いわゆる代用監獄に置かれます。ここでは警察が被疑者を24時間完全に管理できますので、拘置所では不可能な、深夜にわたる取り調べもできます。／また、この第三者の目の届かない場所で拷問もしくはそれに類する行為が行われ、虚偽の自白を生み、冤罪の温床となるとの批判があります。もちろん、この代用監獄制度は被留置者の人権尊重には十分配慮しており、警察の迅速、適正な捜査に寄与しているといった意見もあることは承知をいたしております。／しかしながら、この条約の第2条に、『拷問に当たる行為が行われることを防止するため、立法上、行政上、司法上その他の効果的な措置をとる。』こととしており、その意味からも、拷問もしくはそれに類する行為の可能性がある限り、積極

的に何らかの措置を行わなければならないと考えます」との見解を表明し、法務大臣と警察庁長官の答弁を求めた。代用刑事施設に勾留された被疑者に対する取調べのなか、拷問・虐待が行われる可能性があることから、条約上の防止義務を果たすためになんらかの積極的措置が必要だとしたのである。これに対して、法務大臣・陣内孝雄は、「代用監獄においては、捜査を担当しない部門に属する留置担当官が、監獄法等の関係する法律等に基づき、その責任と判断において、人権に配慮して、勾留された被疑者の処遇を行っているところであり、いわゆる代用監獄における被疑者の身柄拘束が、取り調べに不当に利用されるおそれはないと考えております。このようなことから、代用監獄に身柄を拘束することが、拷問またはそれに類する行為につながったり、その可能性を生じせしめるものとは理解しておりません」と答弁した。また、警察庁長官・野田毅は、「代用監獄に留置されている者に対し、拷問等の行為が行われてならないことは、当然のことであると考えております。警察におきましては、これまでも、捜査を担当しない部門に属する留置担当官が被留置者の処遇を行うこととしておりますほか、被留置者の人権に配慮した処遇を行ってきたところでありまして、今後ともそのように努めてまいる所存であります」と応じた。

　代用刑事施設に勾留中の被疑者に対する取調べのなか、拷問・虐待が行われる可能性があることは、過去の実例からも否定できないはずである。問題は、その可能性と代用刑事施設自体との関連性である。直接かつ強度の関連性があれば、代用刑事施設の存置は、拷問・虐待防止義務に反するといえるであろう。たとえ拷問・虐待の可能性があったとしても、それが取調べの方法の問題であったり、一定の保障措置によって解消されているとすれば、代用刑事施設の存置それ自体が防止義務違反であるとはいえないであろう。法務大臣と警察庁長官は、捜査部門と留置部門とが警察組織上分離されるなど、両機能が分化しているので、代用刑事施設への拘束自体が拷問・虐待の可能性を生じさせることはないというのである。

　断片的なケース報告からも、拷問・虐待の可能性が必ずしも僅少とはいえないと推測できるにせよ、この可能性がどの程度のものかを確認することは、それ自体、困難なことである。それゆえ、代用刑事施設に勾留中の被疑者に対する拷問・虐待の可能性が高いことをもって、この可能性と代用刑事施設への収容との関連性の強さを間接的に裏づけることは、たしかに難しいかもしれない。

## (3) 拷問・虐待防止義務と「捜査と拘禁の分離」

　拷問・虐待の可能性と代用刑事施設への収容との関連性を検討するとき、国連拷問禁止委員会の最終意見が未決の身体拘束に関する国際的最低水準としての「捜査と拘禁の分離」を強調していたことが想起されるべきである。「捜査と拘禁の分離」は、拷問・虐待防止義務とどのように関係するのであろうか。上述のように、「捜査と拘禁の分離」は、警察留置の極小化、捜査と留置の機能分化という二重の要請から成っているが、その目的は、被疑者・被告人の身体拘束が捜査・取調べに不当に利用されることを防ぐとともに、被留置者の処遇が捜査・取調べからの不当な干渉によって歪められる危険を排除することであった。この目的のなかに、実は、拷問の防止という目的が含まれていたのである。

　ナイジェル・ロドリーは、1975年、国連総会が拷問禁止宣言を採択した直後、「あらゆる形態の抑留・拘禁下にある人々を保護するための原則」(以下、国連被拘禁者保護原則) の草案作成を速やかに行うよう要請したことを指摘している。ロドリーによれば、拷問の廃絶のために活動してきたNGOは、拷問を効果的に防止するためには、被拘禁者を保護するための広汎な保障措置を確立する必要があることをすでに認識しており、拷問の効果的防止のために包括的な国連被拘禁者保護原則を作成するというアプローチは、このような認識に基づくものであった。すなわち、1973年、国際人権NGO〈国際法律家連盟〉事務局長は、拷問の可能性を小さくするためには、①逮捕直後から拘禁の全過程において法的援助を受ける権利の保障、②被逮捕者が家族と連絡する権利の保障、③１回の取調べ時間、適切な休憩と軽食に関する厳格なルールの確立、④取調べ開始前の医学的検査、本人または弁護人が要求した場合における取調べ終了後の医学的検査、⑤時間と時刻、取調官と監視者の名前、医学的検査の内容と結果など、取調べに関するすべての重要事実の詳細な記録の作成、⑥被逮捕者は遅くとも24時間以内に裁判官の面前に連れて行かれ、その後は裁判所の命令により、その監督下においてのみ拘束の継続を許されるというルールの厳守、⑦その後の取調べがなされる場合には、裁判官によってのみ行われるべきこと、⑧人身保護請求など、違法な拘禁または虐待について遅延なく裁判所に申し立て、救済を受けられること、という保障措置がとられるべきとの宣言を発表していたのである[44]。未決の身体拘束の構造に関して、⑥において、警察留置の極小化、捜査と留置の機能分化の両面にわたり、「捜査と拘禁の分離」が要請されている点が注目さ

れるべきである。

　また、1984年、〈アムネスティ・インターナショナル〉は、報告書『1980年代の拷問』を発表した。この報告書は、深刻な拷問が世界中に蔓延っていることを厳しく指摘し、その処罰と事後救済とともに、実効的な防止策を至急とるべきことを訴えた。報告書は、拷問を効果的に防止するためには、拷問の発生しやすい「前提条件」("Preconditions" for Torture)を明らかにし、それを解消することが必要だとした。この「前提条件」として報告書があげたのは、①平時または緊急時の立法による広汎な逮捕・拘禁権限の承認、②曖昧かつ薄弱な嫌疑による被疑者の身体拘束、③非公式拘禁ないし「失踪」の発生、④秘密の場所への拘禁、⑤近親者、弁護士など外部との連絡の遮断、⑥不服申立と救済手段の制限、⑥十分な医学的検査記録を作成・保管していないこと、⑦拷問により採取された供述または長期拘禁後の供述を証拠として許容すること、⑧拷問行為の処罰の不徹底、などであった。さらに、⑨「捜査と拘禁の分離」に関連して、報告書は次のように指摘している。「拷問が最も頻繁に発生するのは、被拘束者が拘束された初日においてである。この危険な期間、通例、被拘束者は外部との連絡を遮断された状態において過ごすこととなる。その間、捜査官と保安職員が被拘束者の命運をすべて完全にコントロールし、被拘束者は、近親者とも、弁護士とも、外部の医師とも接触を許されないのである」と[45]。

　アムネスティ報告書『1980年代の拷問』は、これら拷問の「前提条件」に対応する形で、さまざまな拷問防止のための保障措置がとられるよう提起した。そのなか、逮捕（現行犯の場合を除く）およびその後継続する拘禁が裁判所の命令によって行われること、被拘禁者からの人身保護請求を審査し、必要な救済を行うこと、拷問により採取された疑いのある供述を証拠から排除することとともに、「拷問防止のための裁判所の役割」として、被逮捕者が裁判所の面前に連れてこられたとき、拘束中に拷問を受けたのではないかと疑われる場合、裁判所は、被逮捕者を釈放し、または少なくとも別の拘禁施設に移監するなどの保護的措置を講じること、裁判所が身体拘束や取調べを担当する機関の業務を監督する権限を有することがあげられていた。さらに、「拘禁担当機関と取調担当機関の分離」があげられ、「拷問の対象となる被拘束者は、多くの場合、同一機関によって拘束され、取調べを受けている。これら二つの機能を正式に分離することは、被拘束者の取調べを担当する機関以外の機関によりその適切な処遇の確保が監督されることによって、被拘束

者の保護をもたらすであろう」と述べられていた[46]。これらの保障措置は、司法的コントロールを通じての警察留置の極小化、捜査と留置の機能分化という「捜査と拘禁の分離」の二重の要請を意味している。「捜査と拘禁の分離」は、拷問防止のための保障措置として機能するのである。

　ロドリーが指摘するように、1998年に国連総会が採択した被拘禁者保護原則において、未決拘禁の司法的コントロールとそのコロラリーとしての「捜査と拘禁の分離」が強調されたのは、まさに警察留置が長期化し、自白獲得のために身体拘束が利用されるときこそ拷問は最も行われやすくなる、その意味においてこれらが拷問の「前提条件」の重要な要素であるという認識に由来していた。すなわち、国連被拘禁者保護原則は、あらゆる形態の身体拘束が裁判官によって命じられ、またはその効果的コントロールのもとに行われなければならないとしており（原則4）、この効果的コントロールの要請は、逮捕後、身体拘束の全過程を通じて司法的コントロールが維持されるべきことを含意している[47]。また、裁判官による速やかな直接審問なくしては、いかなる拘禁も許されないことを定め（原則11(1)）、拘禁状態を不当に利用することによって自白または他者に不利益な供述を強制することを禁止している（原則21(2)）。拷問を効果的に防止するために、これらの保障措置を要請していたのである。

　以上の検討から明らかなように、拷問禁止をめぐる国際人権法の展開のなか、「捜査と拘禁の分離」は、拷問を効果的に防止するための保障措置として位置づけられてきた。そのことは、警察留置が長期化し、身体拘束状態が取調べないし自白採取のために不当に利用されるときこそ、拷問の可能性が最も高まるという認識に基礎づけられていた。「捜査と拘禁の分離」は、警察留置を極小化したうえで、捜査機能と留置機能を分化することによって、拷問の「前提条件」を解消し、拷問を効果的に防止するために機能するとされたのである。

　国連拷問等禁止条約は、上述のように、締約国に対して、拷問・虐待の防止措置をとるよう義務づけていた（2条1項、16条1項）。「捜査と拘禁の分離」が拷問防止のための重要な保障措置として位置づけられてきたことからすれば、条約において、「捜査と拘禁の分離」に適合しない制度・手続は、そうであるとの理由から拷問・虐待防止義務に反するものとして性格づけられる。国連拷問禁止委員会の最終見解は、代用刑事施設について、警察留置の極小化の点においても、捜査と留置の機能分化の点においても、未決の身

体拘束に関する国際的最低水準としての「捜査と拘禁の分離」に適合しないことを厳しく指摘したが、その含意は、代用刑事施設を存置することが、「捜査と拘禁の分離」の要請に適合しないことを媒介として、国連拷問等禁止条約上の拷問・虐待防止義務に反するということなのである。

　国際法学者の今井直は、被拘禁者の公的登録の保全、権利の告知、独立した法的援助の迅速な保障、独立した医療の保障、家族との面会、拘禁場所の査察・訪問、司法的救済の保障など、すべての被拘禁者に適用される一定の基本的保障が条約2条1項に内在するとした国連拷問禁止委員会の一般的意見草案13項、すべての取調べのビデオ録画など、新たな拷問防止措置が条約2条1項による防止義務に包含されるとした一般的意見草案14項を根拠として、国際的説明責任を果たすことなく、これら例示された拷問防止のための保障措置をとらないことは国連拷問等禁止条約2条1項違反となる可能性を有しており、それゆえ、代用刑事施設に関する委員会の最終見解も、条約2条1項およびそれとほぼ重なるものとされる（一般的意見草案3項）条約16条1項と関連づけて読むことができると指摘している[48]。国際人権法上、拷問防止のための重要な保障措置として位置づけられてきた「捜査と拘禁の分離」への不適合を媒介させることによって、代用刑事施設との関連において、一般的意見草案14項の意味がより具体的に明らかにされるであろう。代用刑事施設の存置は、「捜査と拘禁の要請」に適合しないものとして、国連拷問等禁止条約上の拷問・虐待防止義務に反するのである。

## 5　司法的救済の可能性

　以上明らかにしたように、国連拷問禁止委員会の最終見解は、代用刑事施設が、警察留置の極小化においても、捜査と留置の機能分化においても、未決の身体拘束に関する国際的最低水準としての「捜査と拘禁の分離」に適合していないことを厳しく指摘し、その制度的廃止を勧告した。また、拷問禁止に関する国際人権法の展開のなか、「捜査と拘禁の分離」が、拷問防止のための重要な保障措置として位置づけられてきたことからすれば、代用刑事施設を存置することは、「捜査と拘禁の分離」に適合しないものとして、国連拷問等禁止条約上の拷問・虐待防止義務（2条1項、16条1項）に違反する。

　保坂展人衆議院議員（社民党・当時）の質問主意書（2007年6月7日）（質問第

368号）に対する政府答弁書（2007年6月15日）（答弁第368号）によれば、政府は、刑事被収容者処遇法によって捜査機能と留置機能は適切に分離されており、留置施設視察委員会の設置もなされているから、拷問禁止委員会の勧告にもかかわらず、代用刑事施設を廃止するための法改正は不要であるとの立場を鮮明にしている[49]。しかし、今井直が指摘するように、国連拷問禁止委員会の最終見解は「法的拘束力を有するものではない」として、たんに国内法の解釈や国内政策の観点から最終見解の勧告の実施を拒むという態度は、国連拷問等禁止条約が締約国に課している国際的説明責任と見解尊重義務に適合しないものであろう[50]。日本政府は最終見解を重く受け止め、代用刑事施設の存置が、「捜査と拘禁の分離」を要請する自由権規約9条3項に違反するのみならず、国連拷問等禁止条約上の拷問・虐待防止義務に反することを認めたうえで、最終見解が勧告するように、代用刑事施設を廃止するための立法措置をとるべきである。

　それでは、代用刑事施設が国連拷問等禁止条約上の拷問・虐待防止義務に違反するとしたとき、そのことについて、司法的救済は認められないのであろうか。条約上の防止義務が立法政策上のまたは法運用上の努力義務としてのみ理解される限り、防止義務に違反することは司法的救済には結びつかないであろう。今井直によれば、これまで日本の裁判所が国連拷問等禁止条約の直接適用可能性を認め、その裁判規範性を肯定した例はなく、裁判所の一般的姿勢として、自由権規約のように個人が権利の名宛人になっている人権条約については直接適用可能性ないし自動執行性を肯定する一方、国際社会権規約など、国に積極的義務を課している人権条約については、これらを認めることに消極的であるとされる。たしかに、国連拷問等禁止条約は「proactiveな条約と呼ばれるように、拷問や虐待を禁止するだけでなく、それらを防止するための積極的な措置を締約国に義務づける条約である」[51]。それゆえ、これまでの日本の裁判所の姿勢からすれば、直接適用可能性が認められ、自動執行性が肯定されることは難しいかもしれない。

　しかし、今井直が説くように、「個人の権利という形式で規定されていなくとも、締約国の義務の内容が明確でありかつ司法判断になじむような規定（1条、2条、3条、12〜16条）は日本でも直接適用できる」と理解すべきであろう[52]。国連拷問禁止委員会の最終見解も、国内裁判所による条約の直接適用に関する情報の不足を懸念事項として指摘し、日本政府に対して、「国内裁判所による条約の直接適用を確保するためにとった措置に関する情報を、

事例と共に委員会に提供すべきである」と勧告している（11項）。このことから、委員会自身、条約の直接適用可能性を肯定していることが分かる。先に明らかにしたように、条約2条1項および16条1項の定める防止義務の違反の実質は、代用刑事施設が自由権規約9条3項の要請する「捜査と拘禁の分離」に適合しないことであり、したがって防止義務の内容は具体的に明確なものとなっている。それゆえ、代用刑事施設としての警察留置施設への勾留については、拷問・虐待防止義務に違反するものとして、国連拷問等禁止条約2条1項および16条1項を直接適用し、司法的救済が認められるべきである[53]。

---

1 被疑者の黙秘権の確保に向けられた取調べの適正化は、録音・録画による取調べの可視化だけでなく、取調受忍義務の否定、代用刑事施設の制度的廃止がともなってこそ実現可能であるとするものとして、中川孝博「取調べの可視化は進展したか・改善されたのか」法学セミナー630号（2007年）、渕野貴生「被疑者取調べの課題」法律時報79巻12号47頁（2007年）など。代用刑事施設の廃止を基礎づける法的要請としての「捜査と拘禁の分離」と取調受忍義務の肯定とのあいだには、まさに両者が捜査・取調べと拘禁とを結合させるものであるがゆえに、決定的矛盾があることについて、葛野尋之『刑事手続と刑事拘禁』（現代人文社、2007年）68頁。

2 「未決拘禁者の処遇等に関する有識者会議」第1回（2005年12月6日）における法務省提出の「配付資料7」http://www.moj.go.jp/KYOUSEI/SYOGU/shiryo01-01.pdf。

3 小田中聰樹『現代司法と刑事訴訟の改革課題』（日本評論社、1995年）224頁。

4 代用刑事施設問題の本質について、葛野・注1書53-54頁。

5 法務省ホームページ http://www.moj.go.jp/KYOUSEI/SYOGU/teigen.pdf。『提言』は、「代用刑事施設制度の更なる改善」のために、留置場運営の透明化に寄与する視察委員会や不服申立制度の整備、医療体制の整備とともに、「捜査部門と留置部門との分離の趣旨をより明確にするために、未決拘禁者の捜査に当たる警察官は、その者に係る留置業務に従事してはならない旨を法律上明確に規定することも必要」だとした。

6 北村泰三「被拘禁者の人権と拷問等禁止条約」北村泰三＝山口直也編著『弁護のための国際人権法』（現代人文社、2002年）108-112頁参照。

7 国連拷問等禁止条約について、今井直「拷問等禁止条約の意義——その実体規定の特徴」早稲田法学会誌36号（1986年）、アムネスティ・インターナショナル日本支部編（今井直監修）『拷問等禁止条約——NGOが創った国際基準』（現代人文社、2000年）、拷問等禁止条約の国内的実施に関する研究会（村井敏邦＝今井直監修）『拷問等禁止条約をめぐる世界と日本の人権』（明石書店、2007年）参照。

8 日本の条約批准までの状況と批准要求について、大倉一美編『拷問等禁止条約とはな

にか——国際人権に取り残される日本』(創史社、1998年) 参照。

9 個人通報制度について、海渡雄一「拷問等禁止条約と個人通報」村井＝今井・注7書参照。

10 選択議定書について、今井直「被拘禁者の国際人権保障の新たなメカニズム——拷問等禁止条約選択議定書の成立過程とその内容・特徴」龍谷大学矯正・保護研究センター研究年報1号 (2004年)、桑山亜也「拷問等禁止条約と刑事施設における人権侵害に対する救済・防止メカニズム」村井＝今井・注7書189-201頁参照。

11 Ahcene Boulesbaa, The U.N. Convention on Torture and the Prospects for Enforcement 5 (1999).

12 海渡雄一「拷問等禁止条約と個人通報」村井＝今井・注7書104-107頁。2007年5月の日本政府報告の審査時における委員の略歴については、新津久美子「拷問禁止委員会の報告制度の現状」同書66-68頁。条約実施に関する拷問禁止委員会の権限について、ナイジェル・ロドリー (海渡雄一訳)「拷問禁止委員会による条約実施の権限と手続」自由と正義52巻9号 (2001年) 参照。なお、欧州拷問防止委員会の権限、活動の実際、その意義などについては、ロッド・モーガン＝マルコム・エヴァンス (葛野尋之＝水谷規男訳)「収容施設の査察——ストラスブールからの視点」三重法経107号 (1997年)、Morgan and Evans, CPT Standards: An Overview in Rod Morgan & Malcolm D. Evans (eds.), Protecting Prisoners: The Standards of the European Committee for the Prevention of Torture in Context (2001) 参照。

13 Boulesbaa, supra note 11, at 253-254.

14 Id. at 260-262.

15 Nigel S. Rodley, The Treatment of Prisoners under International Law 152-155 (2nd ed., 1999). ナイジェル・ロドリーは、委員会の一般的意見が「最終見解」として表明されるようになった頃から、審査プロセスへのNGOの積極的参加の影響もあり、委員会の意見が「率直で批判的な」ものになったことを指摘している。

16 アメリカ政府報告の審査について、新津・注12論文。

17 「拷問等禁止条約第19条1に基づく第1回政府報告 (仮訳)」および英語正文は、外務省ホームページ http://www.mofa.go.jp/mofaj/gaiko/gomon/houkoku_01.html。

18 NGOの活動状況について、日本弁護士連合会編『改革を迫られる被拘禁者の人権——2007年拷問等禁止条約第1回政府報告書審査』(現代人文社、2007年)、CATネットワーク『拷問なき明日へ——拷問禁止委員会・第1回日本審査報告／資料集』(2007年) 参照。

19 日本弁護士連合会・注18書「拷問禁止委員会審査の全記録」36-130頁。

20 小池振一郎「代用監獄・取調」日本弁護士連合会・注18書153頁は、拷問禁止委員会が緊急に解決が必要な重要問題として捉えていることの現れであるとする。

21 「取調べに対する規制と自白」に関する懸念・勧告は次のようなものであった (枠囲みの部分が勧告)。

16. 委員会は、特に、公判前勾留の実施について司法による効果的な監督がないこと、及び無罪判決に比べ有罪判決の数が不均衡に高いことにかんがみ、刑事裁判において自白に基づく有罪判決の数が多いことを深く懸念する。委員会は、また、警察に身柄を拘束されている間に被拘禁者の取調べが適切に行われているか否かを確かめる手段がないこと、また特に、取調べの継続時間に厳格な時間制限が定められていないこと、及びすべての取調べに弁護人の立会いが義務付けられていないことを懸念する。加えて、委員会は、国内法において、条約に適合しない形でなされた取調べの結果として得られた自白も法廷において許容される可能性があり、右は条約第15条に違反することを懸念する。

> 締約国は、警察に身柄を拘束されている又は代用監獄にいる被留置者の取調べが、すべての取調べの電子的及びビデオによる記録、取調べへの弁護人のアクセス及び立会い等の措置によって組織的に監視されること、並びにこれらの記録が刑事裁判における利用に供されることを確保すべきである。また、締約国は、取調べの時間の長さについての厳格な規則を、この違反に対する適切な制裁と共に、迅速に採用すべきである。締約国は、条約第15条に完全に適合するよう、刑事訴訟法を改正すべきである。締約国は、強制、拷問若しくは脅迫、又は長期にわたる逮捕若しくは勾留の末になされた自白で、証拠として認められなかったものの件数に関する情報を、委員会に提供すべきである。

22 国連拷問禁止委員会による政府報告の審査、委員会の最終見解の意義について、今井直「拷問等禁止条約に関する報告審査・最終見解の意義」日本弁護士連合会・注18書参照。今井直は、条約批准にともない、制約国は、国際的説明責任と条約実施機関としての委員会の見解尊重義務を負うとし、国会や行政がこれらの責任・義務を果たすことを通じて、条約の実施が確保されることを強調している。
23 代用刑事施設が自由権規約9条3項に適合するかという問題をめぐる先駆的研究として、庭山英雄＝五十嵐二葉『代用監獄制度と市民的自由』(成文堂、1981年) 209頁以下。
24 葛野・注1書57-64頁、126-127頁。
25 自由権規約9条3項によって保障される未決拘禁の司法的コントロールについて、規約実施に関する第3回日本政府報告の審査のなか、自由権規約委員会のポーカル委員（イタリア）は、逮捕後、被疑者を裁判官の面前に連れて行った後に警察留置施設に連れ戻し、警察留置を継続することは規約9条3項違反であることを指摘し、次のように述べている。「(規約9条3項の) 目的は、逮捕が合法的であり、恣意的なものでないということを裁判官が確認し、またそうでない場合には被疑者を釈放しなければならないということだけにあるのではなく、被疑者を司法的保障の下に置き、被疑者を警察による恣意的な処遇から保護するということにあるのです。……あらゆる国において警察は専断的に行動する傾向があるのです。／重要なことは、逮捕された者が裁

判官の面前に連れて行かれた後においては、それ以前と同じ処遇を受けることができない、ということなのです。特に、被逮捕者は、司法的保障を与えられた、すなわち裁判官の監督の下での、処遇を受ける権利を有します。それは、裁判官の面前に連れて行かれる前にはなかったものです。したがって、……拘禁のために警察に送り返され、また警察の唯一のコントロールの下に置かれるということを、我々が受けている情報から知ることができるのですが、警察で被拘禁者が誤った処遇を受けることになれば、それはまさに規約第9条3項が防止しようとしていることなのです」（1993年10月28日、第1280回委員会）（日本弁護士連合会『世界に問われた日本の人権——日本政府の第三回定期報告書に対する国際人権（自由権）規約委員会の審査記録および日本弁護士連合会の報告』〔こうち書房、1993年〕200–201頁）。

26 国連人権センターと犯罪防止刑事司法部門が共同作成したハンドブック『人権と未決拘禁』は、実務ガイドラインとして、「被拘禁者の処遇に関する国際基準を満たすためには、官憲は、犯罪捜査および被疑者の逮捕に責任を有する当局によって管理運営されている場所に被疑者を拘禁してはならない。可能な場合には、被逮捕者の拘禁に責任を有する当局は、別個の指揮命令系統下で監督される施設のなかに位置していなければならない。警察留置場に被疑者を拘禁しないためには、それに代わる措置をとることが不可能な場合でも、その拘禁はきわめて短時間のうちに終了しなければならず、被拘禁者の監督に責任を有する官憲は、逮捕を行う官憲および犯罪捜査を実施する官憲から独立していなければならない／警察署付属の施設における拘禁に代わる方策の可能性がない場合には、そのような施設への拘禁はきわめて短期間でのみ許される」と述べている (United Nations Center for Human Rights and Crime Prevention and Criminal Justice Branch, Human Rights and Pre-trial Detention, para 66, HR/P/PT/3 [1994])。

27 葛野・注1書57–76頁。

28 「未決拘禁者の処遇等に関する有識者会議」第1回（2005年12月6日）における警察庁提出の「説明資料」http://www.moj.go.jp/KYOUSEI/SYOGU/setsumei01-02.pdf。

29 警察留置の極小化の要請からすれば、逮捕後、被疑者の身体拘束を継続する必要がある場合には、「速やかに」（自由権規約9条3項）勾留請求を行うべきであり、72時間までの逮捕留置期間を捜査・取調べにフル活用している現行実務は、この要請に反するというべきであろう（葛野・注1書69–72頁）。

30 第164回国会衆議院法務委員会議録第16号（平成18年4月12日）（民主党・平岡秀夫衆議院議員の質問に対する安藤隆春政府参考人の答弁）。

31 「捜査と拘禁の分離」の二重の要請にともに応えようとしたイギリスの1984年警察・刑事証拠法に基づく警察留置制度について、葛野・注1書第3章参照。取調べにおける自白強要を防止し、警察留置中の適正な処遇を確保するという目的を達成するために、警察・刑事証拠法のもと、①逮捕後原則24時間以内の告発を要求することによる警察留置期間の厳しい限定、②具体的な手続保障と留置管理官（custody officer）制度を通じての警察留置中の捜査と留置の機能分化の徹底、と合わせて、③告発後の取調べを

禁止することによる被疑者取調べの厳格な時間的限定、④当番弁護士制度、広汎な法律扶助、自由で秘密の接見交通、取調べへの立会いなど、逮捕時点からの弁護人の法的援助の手厚い保障、⑤少年または精神障害を有するなど脆弱な被疑者の場合の「適切な成人 (appropriate adult)」の援助の保障、⑥取調べの録音・録画による可視化、がなされていった。日本における取調べの適正化の具体的構想を立てるうえでも、このような手続保障が相互に支え合う重層的構造のなかで存在していることに学ぶべきであろう。もっとも、イギリス法においても、取調べ可能な期間が厳格に限定され、弁護人の立会、可視化などがなされているとはいえ、取調受忍義務を肯定している点について限界が残る。

32 刑事被収容者処遇法案の国会審議において、政府参考人・警察庁長官は、法案16条3項の規定の趣旨を徹底することによって、「捜査と留置の分離」は十分達成できるとしたうえで、「就寝時間を超えて長時間の取り調べが行われるような場合には、取り調べの打ち切りにつきまして検討するよう留置担当の方から捜査担当に要請するほか、当該被留置者の翌朝の起床時間をおくらせて十分な睡眠時間を確保するなどのいわゆる補完措置を講じている」ものの、「捜査担当官と留置担当官は、これは互いに指揮命令を行うような関係にはな」いから、捜査官が深夜被留置者を取り調べようとしているとき、留置業務管理者において、それを止めさせる権限・義務が認められることはないと答弁している（第164回国会衆議院法務委員会議録第16号〔平成18年4月12日〕〔民主党・細川律夫衆議院議員の質問に対する安藤隆春政府参考人の答弁〕）。捜査と留置の機能分化に関する最も重要な点において、大きな限界があるといわざるをえない。

33 第164回国会参議院法務委員会議録（平成18年6月1日）（公明党・木庭健太郎参議院議員の質問に対する安藤隆春政府参考人の答弁）。

34 日本弁護士連合会・注18書「拷問禁止委員会審査の全記録」46頁、49-50頁。

35 日本弁護士連合会・注18書「拷問禁止委員会審査の全記録」68頁。

36 日本弁護士連合会・注18書「拷問禁止委員会審査の全記録」92頁。

37 小池・注20論文149頁は、「逮捕後24時間ないし48時間以内に裁判官のもとに連れて行かれ、その後は警察留置場に連れ戻されることがないというのが『国際的な最低基準』であるから、最終見解は、代用監獄の廃止そのものを勧告したことにほかならない」とし、「『被拘禁者を警察において拘禁できる最長期間』は現行の刑事訴訟法の認めている逮捕から勾留決定までの3日以内に『制限』しなければならないというのが勧告の趣旨である」とする。なお、72時間までの逮捕留置期間を捜査機関の「手持ち時間」として捜査・取調べにフル活用するという実務が、警察留置の極小化の要請に反することについて、本章注29参照。

38 Boulesbaa, supra note 11, at 16-18.「拷問」の定義について、村上正直「拷問等禁止条約が定める拷問の定義について」阪大法学137号（1986年）、今井直「拷問等禁止条約とは何か」自由と正義52巻9号（2001年）34-36頁参照。

39 鹿児島地判平19 (2007)・1・18判時1977号120頁。踏み字を強要したとされる警察官（その後退職）は、現在、特別公務員暴行陵虐罪について公訴を提起されている。

40 大阪地決平18（2006）・2・3判例集未掲載（LEX/DB文献番号28115132）。
41 日本弁護士連合会取調べの可視化実現委員会編『取調べの可視化で変えよう、刑事司法（3）——可視化でなくそう、違法な取調べ』(現代人文社、2005年) 参照。
42 Report of the Special Rapporteur, Mr. Nigel S. Rodley, Submitted Pursuant to Commission on Human Rights Resolution 1992/32, Question of the Human Rights of All Persons subjected to Any Form of Detention or Imprisonment, in Particular: Torture and Other Cruel, Inhuman or Degrading Treatment or Punishment, para 441, Economic and Social Council, The United Nations, E/CN.4/1995/34, 12 January 1995. 日本に関する部分の翻訳（日本弁護士連合会法制第二課仮訳）については、庭山英雄＝西嶋勝彦＝寺井一弘『世界に問われる日本の刑事司法』(現代人文社、1997年) 178-184頁。
43 第145回国会衆議院会議録第25号（平成11年4月22日）。
44 Rodley, supra note 15, at 325.
45 Amnesty International, Torture in the Eighties 10-12 (1984).
46 Id. at 78-85.
47 Rodley, supra note 15, at 331.
48 今井・注22論文134-135頁。
49 日本弁護士連合会・注18書「最終見解に対する政府の見解」222-224頁。
50 今井・注22論文132-134頁。
51 今井・注22論文135頁。
52 今井・注22論文135-136頁。今井直は、拷問禁止委員会も条約の直接適用は可能であるとの立場をとっているにせよ、現時点では、日本の裁判所に対して、直接適用可能性を肯定することを期待することはできないとし、委員会の最終見解についても、「法的拘束力なしという単純な論理で」条約解釈に積極的に援用することはないであろうとする。
53 佐藤元治「国連拷問禁止委員会最終所見の意義と代用監獄問題・被疑者取調べ改革への展望」都留文科大学研究紀要第67集（2008年）13-14頁は、拷問等禁止条約が締約国に対して拷問防止義務を課していることを踏まえ、憲法36条における拷問の「絶対」的禁止の意味は、拷問の可能性や危険性を否定する義務を国に課していることにあるとの理解を前提にして、「代用監獄へ拘禁される被疑者は、捜査機関たる警察の完全な実力支配下に置かれたうえで、弁護人の立会いもない孤立無援の状態で無制限・無制約の取調べを受けねばならず、被疑者は事実上それを拒否することはできない。結局、そのような状況に置かれた被疑者は、それを耐え抜くか、自白をするほか方法はないのである。しかし、このような状況に被疑者を置くこと自体、拷問に値するものであると評せざるを得ないであろうし、少なくとも、実際に拷問や虐待が行われたか否かを問わず、それらが行われる危険性の高い、あるいは行われ得る状況に被疑者を置くこと自体、憲法36条および拷問禁止条約の趣旨・要請（拷問・虐待の防止）に反する」と論じている。拷問防止義務の違反を憲法36条違反として構成する点において、たいへん有意義な見解のように思われる。たしかに、杉原泰雄が指摘するように、憲法31

条以下の諸規定は「公共の福祉・内在的制約の発動方法」としての「身体の自由等の侵害の手続と実体を定めたもの」であるから、「一般に公共の福祉の名による例外を認める余地が本来ない」ことからすれば、憲法36条における禁止の「絶対」性は、「たんに例外を認めないというにとどまらず、その保障手段の整備がとくに入念なものであるべきことを要求している」と理解すべきであろう。杉原泰雄は、この要求に応えて、憲法上の黙秘権の保障、拷問等による自白の排除、自白の証明力の限定、刑法上の特別公務員暴行陵虐罪、特別公務員職権濫用等致死罪、特別公務員職権濫用罪の規定、刑訴法上の準起訴手続が設けられているとしているが(芦部信喜編『憲法Ⅲ・人権(2)』〔有斐閣、1991年〕183頁〔杉原泰雄〕)、拷問禁止の「絶対」性をこのように理解したとき、国は拷問を効果的に防止するための措置をとることが憲法36条によって義務づけられているとすることができるであろう。私はかつて、憲法34条は自由権規約9条3項と同様、未決拘禁に対する司法的コントロールとそのコロラリーとしての「捜査と拘禁の分離」を要請していると理解すべきであり、代用刑事施設としての警察留置施設に被疑者・被告人を勾留することは、憲法34条に違反すると指摘したことがある(葛野・注1書77-79頁)。憲法36条の意味を先のように理解したとき、代用刑事施設への勾留は、憲法34条に違反するのみならず、「捜査と拘禁の分離」に適合しないことを実質とする拷問防止義務の違反として、憲法36条にも違反することになるというべきであろう。

＊本章は、日本弁護士連合会主催のセミナー「国連拷問禁止委員会勧告──勧告を踏まえ、代用監獄廃止と刑事司法改革のために、何をすべきか」(日本弁護士連合会、2007年10月2日)における私の報告「警察留置の国際水準──国連拷問禁止委員会勧告はなにを意味するか」、国際人権法学会第19回大会シンポジウム「拷問等禁止条約と日本」における私の報告「警察留置の国際水準と国連拷問禁止委員会勧告」(愛知学院大学、2007年11月10日)をベースにしている。これら2回の拙い報告に対して、多くの方々から貴重なご教示や有益なご批判をいただいた。心より感謝申し上げる。

# 第4章 代用刑事施設問題の現在
## 2008年自由権規約委員会勧告から

## 1 問題設定

　勾留された被疑者を効果的に取り調べるために、刑事施設ではなく、警察の留置施設に収容する代用刑事施設(代用監獄)制度は、捜査機関が「被疑者の身柄を拘束・管理しその日常生活を支配することから生ずる心理的圧力を取調べに利用するシステム[1]」であるといわれる。代用刑事施設は、ソフト・ウエアとしての取調受忍義務と相俟って、捜査と拘禁を結合させるハード・ウエアとして機能してきた。捜査と拘禁が結合するなか、たとえあからさまな暴行、脅迫が行われなくとも、被疑者の供述の自由ないし黙秘権を脅かすような強制的圧力が生じるのである[2]。かくして、代用刑事施設は、被疑者の取調べとそれによって獲得される自白に依存する刑事手続を支えてきた。代用刑事施設の廃止が刑事司法改革の最大課題の一つとされてきたのは、これらのゆえである。

　代用刑事施設の存続を容認した未決拘禁者の処遇等に関する有識者会議『未決拘禁者の処遇等に関する提言——治安と人権、その調和と均衡を目指して』(2006年2月)を受けて、2006年6月2日に可決・成立した刑事被収容者処遇法(2007年6月1日施行)は、「都道府県警察に、留置施設を設置する」としたうえで(14条1項)、警察留置施設に被逮捕者および被勾留者を「留置し、必要な処遇を行う」こととし(同2項)、勾留された被疑者・被告人を「刑事施設に収容することに代えて」、警察の「留置施設に留置することができる」とした(15条1項)。代用刑事施設を存置したのである。

　しかし、有識者会議『提言』も、今回の法改正においては存続を容認する一方、「代用刑事施設制度は将来的には廃止すべきとする強い意見もあるこ

とや、刑事司法制度全体が大きな変革の時代を迎えていることなどを考えると、今後、刑事司法制度の在り方を検討する際には、取調べを含む捜査の在り方に加え、代用刑事施設制度の在り方についても、刑事手続全体との関連の中で、検討を怠ってはならない」としていた。また、2006年4月14日、衆議院法務委員会は法案を可決するにあたり、「刑事司法全体が大きな変革の時代を迎えていることなどを踏まえて、刑事司法制度の在り方を検討する際には、……取調べを含む捜査の在り方について検討するとともに、代用刑事施設制度の在り方についても、刑事手続全体との関連の中で検討すべきこと」とする附帯決議を行った（2006年6月1日参議院法務委員会附帯決議も同旨）。さらに、2007年5月には、国連拷問禁止委員会が、代用刑事施設が未決拘禁に関する国際的な最低基準に適合しないことを指摘し、その廃止のための法改正を勧告した。裁判員裁判の開始など、大規模な刑事司法改革が進められつつある現在、取調べと自白に依存した刑事手続を改革するために、代用刑事施設の是非をあらためて問い直し、そのあり方を再検討する必要は依然として高い。

　このようななか、2008年10月30日、自由権規約委員会は、自由権規約の実施状況に関する第5回日本政府報告を審査し、最終見解を発表した。これは、代用刑事施設についても重要な勧告を含んでいた。以下、本章は、自由権規約委員会の勧告を同委員会の過去の勧告や国連拷問禁止委員会の勧告の流れのなかに位置づけ、また、「捜査と拘禁の分離」に関する国際人権法の要請を確認したうえで、自由権規約委員会の勧告の主眼が代用刑事施設の廃止にあったことを明らかにする。さらに、代用刑事施設における被疑者の勾留について、「捜査と拘禁の分離」を要請する規約9条3項違反を理由にして司法的救済がなされるべきことを論じる。

## 2　国際人権法における「捜査と拘禁の分離」

### (1) 過去の自由権規約委員会勧告

　自由権規約委員会は、これまでにも、代用刑事施設について深刻な懸念を表明し、その廃止を勧告してきた[3]。

　第2回日本政府報告は、代用刑事施設についての記述をまったく含まなかった。しかし、オルタナティブ・リポートの提出などにより、弁護士有志

と国内のNGOが規約違反を積極的に訴えた結果、自由権規約委員会は代用刑事施設問題をはじめてとりあげた。1988年7月、自由権規約委員会は、規約に適合するために明らかに改善を要する点として、「裁判を待つ被拘禁者の拘禁に警察留置場を用いる点」を指摘した。

　第3回政府報告は、代用刑事施設への勾留が裁判官によって決定され、被留置者の処遇には捜査官とは警察組織上別系統に所属する警察職員が当たっており、捜査と留置は分離されているなどとしたうえで、警察留置場における被疑者の取扱いは「被留置者の人権を十分に保障したものであり、国連の被拘禁者処遇最低基準規則の趣旨を満たしている」と結論づけた。しかし、1993年11月4日、自由権規約委員会の最終見解は、起訴前の拘禁が迅速かつ実効的に裁判官のコントロール下に置かれることなく、警察のコントロールに服している点、代用刑事施設が警察とは別個の官庁のコントロール下にない点において、規約9条3項などの遵守が不完全であることに懸念を表明した。そして、これらの完全な遵守を確保するために、代用刑事施設が規約のすべての要請に適合するよう実施されなければならないことを勧告した。代用刑事施設の制度的廃止を勧告したのである。

　第4回政府報告書も、従前と同様の見解を繰り返した。1998年11月14日、自由権規約委員会は最終見解を発表し、「起訴前勾留は、警察の管理下で23日間もの長期間にわたり継続し得ること、司法の管理下に迅速かつ効果的に置かれ」ていないことについて、強い懸念を表明したうえで、「日本の起訴前勾留制度が、規約第9条、第10条及び第14条の規定に従い、速やかに改革がされるべきことを、強く勧告する」とした。さらに、とくに代用刑事施設について、「委員会は、代用監獄制度が、捜査を担当しない警察の部局の管理下にあるものの、分離された当局の管理下にないことに懸念を有する。これは、規約第9条及び第14条に基づく被拘禁者の権利について侵害の機会を増加させる可能性がある。委員会は、代用監獄制度が規約のすべての要請に合致されるべきとした日本の第3回報告の検討後に発せられたその勧告を再度表明する」とした。

## (2) 国連拷問禁止委員会の廃止勧告

　日本政府は、国連拷問等禁止条約の国内発効後6年以上が経った2005年12月、国連拷問禁止委員会に対して、第1回政府報告を提出した。政府報告は、自由権規約の実施状況報告などにおいて表明された見解を繰り返した

うえで、代用刑事施設への収容自体が拷問にあたることはなく、捜査部門と留置部門の警察組織上の分離などにより虐待の問題も生じえないとするものであった。

これに対して、国連拷問禁止委員会は、2007年5月18日、「代用監獄という監獄の代用制度が、裁判所に出頭後、起訴に至るまで、被逮捕者を長期にわたって勾留しておくために、広範かつ組織的に利用されていることを深く懸念する。この制度は、被留置者の勾留及び取調べに関する手続上の保障が十分でないこととも相まって、被留置者の権利が侵害される可能性を増加させ、また、無罪の推定、黙秘権及び防御権といった諸原則が事実上尊重されないようになる可能性がある」と指摘した。そのうえで、委員会は、「留置担当官を捜査から排除し、また、捜査員を被留置者の留置にかかわる事項から排除することにより、捜査機能と留置機能（護送業務を含む）の完全な分離を確保するよう法改正を行う」こと、「国際的な最低水準に合致するよう、被留置者が留置施設に身柄を拘束され得る期間に上限を設けるべき」ことなど、具体的な優先事項をあげつつ、「締約国は、公判前勾留が国際的な最低水準に合致するよう、迅速かつ効果的な手段を採るべきである。特に、締約国は、公判前に留置施設を使用することを制限するため、2006年の監獄法を改正すべきである」と勧告した。刑事被収容者処遇法により存置された代用刑事施設について、その廃止のための法改正を行うよう明確に勧告したのである[4]。

## （3）自由権規約9条3項と「捜査と拘禁の分離」

代用刑事施設の自由権規約適合性をめぐっては、制度それ自体に関する手続構造の問題から、代用刑事施設における取調べのあり方、不服申立の扱い、設備・収容環境に至るまで、さまざまな問題が存在する。このなか、制度それ自体の規約適合性を考えるにあたり、最も深く関係するのが自由権規約9条3項である。この規定は、「刑事上の罪に問われて逮捕され又は抑留された者は、裁判官又は司法権を行使することが法律によって認められている他の官憲の面前に速やかに連れて行かれるものとし……」と定めている。

すでに明らかにしたように[5]、規約9条3項は、未決拘禁に対する司法的コントロールを要請しており、それは、第1に、未決拘禁が適法か、その要件が備わっているか、裁判官に速やかに直接審査を行わせることを目的としている。第2の目的は、裁判官の面前に速やかに連れて行くことによっ

て、被疑者の警察留置を極小化することである。捜査・取調べを担当する警察の手許に被疑者の身体を置き続けると、往々にして、その身体拘束が捜査・取調べに不当に利用されることになる。また、被留置者の処遇やその権利の保障が捜査・取調べからの不当な干渉によって歪められることにもなる。規約9条3項は、このような危険が現実化しないように、被疑者の身体を警察の手許から速やかに引き離し、警察留置を極小化することを要請しているのである。このような警察留置の極小化という要請からすれば、逮捕後、被疑者を裁判官の面前に連れて行った後、警察の手許に連れ戻して拘禁を継続することは許されないことになる。警察留置が許されるのは、逮捕後速やかに被疑者を裁判官の面前に連れて行くまでの期間だけなのである。

　未決拘禁の司法的コントロールが、警察留置の極小化という第2の要請を含むことから、そのコロラリーとして、「捜査と拘禁の分離」が、同じく規約9条3項によって要請されることになる。「捜査と拘禁の分離」としては、第1に、警察留置の極小化が要請されることになる。警察留置の極小化が未決の身体拘束に関する国際的最低水準であることは、拷問禁止委員会の最終意見が、「国際的な最低水準に合致するよう、被留置者が留置施設に身柄を拘束され得る期間に上限を設けるべき」と勧告していることからも明らかである。第2に、被疑者の捜査・取調べと被留置者の処遇とが相互に歪めあう危険を排除するという目的からすれば、警察留置を極小化したうえでさらに、警察留置における捜査と留置の機能分化が要請されることになる。有識者会議『提言』、刑事被収容者処遇法の国会審議などにおいてしばしば言及された「捜査と留置の分離」は、この「捜査と拘禁の分離」の第2の要請に相当する。今回の自由権規約委員会勧告がなにを意味しているか検討するさいには、このような二重の意味の「捜査と拘禁の分離」の要請が前提となっていることを踏まえなければならない。

## 3 日本政府第5回報告審査と自由権規約委員会勧告

### （1）日本政府の見解

　2006年12月に提出された日本政府第5回報告は、規約10条「被拘禁者等の処遇」の章において、捜査・取調べを効果的に遂行するために代用刑事施

設が必要であること、裁判官による勾留場所の決定、構造・設備や管理運営、被留置者の処遇に問題がないこと、警察内部の組織的分離や留置業務に関する諸規則によって、捜査業務と留置業務の分離がなされていることなど、従前の説明を繰り返すものであった。同年6月に可決・成立した刑事被収容者処遇法（2007年6月1日施行）には言及していなかった。

日本政府が代用刑事施設に関する見解をより詳細に表明したのは、自由権規約委員会に対して政府報告審査に先立ち提出された「市民的及び政治的権利に関する委員会からの質問事項に対する日本政府回答」においてである[6]。「締約国は、本委員会が前回の最終見解で勧告したように、被逮捕者を保釈の可能性なく23日間の長期に亘り警察署に拘禁する代用監獄制度の組織的使用を制限するために、監獄法（2006年）の改正を検討しているか示されたい」との質問に対して、日本政府は次のように回答した。

> 1908年に制定された監獄法は、2005年5月及び2006年6月の2度の改正を経て全面的に改正され、「刑事収容施設及び被収容者等の処遇に関する法律」に改められている。以前の代用監獄制度は、同法により、起訴前の被勾留者を含む未決拘禁者等を刑事施設に収容することに代えて留置施設に留置することができるとする代替収容制度に改められた。
>
> 我が国の警察においては、従来から、捜査員が留置施設内に留置されている被疑者の処遇をコントロールすることを禁止し、捜査を担当しない部門に属する留置担当官が被留置者の処遇を行うという捜査機能と留置機能の分離を組織上及び運用上徹底するなど、人権に配慮した処遇を行ってきたところであるが、さらに上記改正において、このような被留置者の人権保障の観点にも十分配慮すべきであるとの趣旨をより明確にする観点から、捜査と留置の分離の原則が法律上も明確に規定された。加えて、同様の観点から、上記改正において、一般の方を委員とする留置施設視察委員会の設置、不服申立て制度の整備等の制度的改善（これらは、捜査と留置の分離に関するチェック機能の強化の意義もある。）がなされた（詳しくは、我が国パンフレット『警察の留置業務』を参照）。さらに、従前から、被疑者の勾留については、被疑者に逃亡や罪証隠滅のおそれがあることなど、刑事訴訟法所定の要件が満たされる場合に、裁判官が決しているものであり、その勾留場所に関しても、裁判官が、刑事訴訟法等に基づいて、諸般の事情（事案の性質、被疑者の防御上の便宜、施設の収容能力等）を考慮

して、その合理的な裁量によって決している等、被疑者の人権保障への配慮がなされている。

　我が国の刑事司法は、被疑者の取調べを含むち密な捜査とそれに裏付けられた厳格な起訴をその神髄としつつ、起訴前の被疑者の身柄拘束には令状主義と最長23日間の期間制限を設けている。このように限られた身柄拘束期間の中で、被疑者の取調べ等の捜査を円滑かつ効率的に実施しつつ、被疑者と家族・弁護人等との接見の便に資するためには、全国にきめ細かく設置されている留置施設に被疑者を勾留することが現実的であり、現に重要な役割を果たしていると考えている。代替収容制度を廃止すれば、先ほど述べた限られた身柄拘束期間中のち密な捜査とそれに裏付けられた厳格な起訴という、我が国の刑事司法の長所を根本から崩壊させることになりかねないという危惧があるが、目下のところ、このような刑事司法の在り方を改め、簡略な捜査と緩やかな起訴に変更すべしとの国民の強い声もないことから、前記刑事収容施設法を直ちに改正し、これを廃止することは適当でないと考えている。

―――――

　このように政府回答は、「身柄拘束期間中のち密な捜査とそれに裏付けられた厳格な起訴」こそ、日本の刑事司法の「神髄」であり、期間内に被疑者取調べなどの捜査を円滑・効率的に実施するためには、警察留置施設への代替収容制度が必要であるとしたうえで、勾留場所を含む勾留決定が裁判官の判断によりなされることから、被疑者の人権保障への配慮がなされているとしている。さらに、刑事被収容者処遇法によって、捜査と留置の分離が法律上も規定されたことに加え、留置施設視察委員会が設置され、不服申立制度の整備などが行われたことが指摘されている。しかし、自由権規約、とくに「捜査と拘禁の分離」に関する規約9条3項がどのような要請を含んでおり、代用刑事施設がそれに適合しているのかについては明らかにしていない。この点において、報告審査に臨む日本政府の見解の大きな特徴がみられる。

## (2) 日弁連オルタナティブ・リポート

　政府報告書に対して、アムネスティ・インターナショナル、監獄人権センターなど、いくつかのNGOがオルタナティブ・リポートを提出した[7]。2007年12月に提出された日弁連リポート[8]は、「第一次捜査権を有する警察自身が被疑者の身体を拘束し、管理し、全生活を支配するということが、代

用監獄の本質であ」り、「直接的な暴行や脅迫が加えられなくても、被疑者の全生活が捜査機関によって管理されているということ自体が、被疑者の心身に対する圧力として働き、捜査機関への迎合へと誘うのである」としたうえで、代用監獄が虚偽自白を生み出し、それを維持させる「自白強要システム」として働き、「冤罪の温床」となると指摘した。

日弁連リポートは、取調べに対する法的規制の必要性、被留置者の処遇の改善、効果的査察と不服申立制度の整備を指摘し、さらに、「捜査と留置の分離」について、警察内部での分離の制度的不十分さ、「分離」における捜査優位の体制、分離の不十分さを示す実例、生活の管理・支配と取調べの結合を示す内部マニュアルの存在などをあげ、刑事被収容者処遇法のもとでも、捜査と留置の機能分化が不十分であることを強調した。

### (3) 日本政府報告審査

日本報告の審査は、2008年10月15日午後、16日午前、16日午後の3期日に及ぶものとなった。自由権規約委員会の発表している各期日の審議要録によれば[9]、先のような見解を繰り返す日本政府代表に対して、幾人もの委員が、その質問・意見のなかで、刑事被収容者処遇法の施行や最近の実務の変化をも踏まえつつ、長期間に及ぶ密室取調べによる自白採取と関連させながら、代用刑事施設の問題を厳しく指摘した。代用刑事施設のシステムは「身体を拘束された個人にかける圧力を強める」ものであり、「録画も、弁護人の立会もないままに、警察署のなかで昼夜24日（ママ）にわたり続けられる取調べによって自白を採取することを基軸としている」という15日午前のシャネ委員の発言や、16日午前のロドリー委員の発言における被疑者への「圧力を生み出す環境」という一節に示されているように、これらの指摘は、代用刑事施設が自白依存型の刑事手続の中核に位置するものであることを捉えたものであった。いずれの委員からも、代用刑事施設の規約適合性を肯定する意見が明確に表明されることはなかった。

また、代用刑事施設を存置した最近の法改正について、15日午前のサンチェス＝セロ委員は、「締約国は、代用刑事施設のシステムを変化させたと述べていたが、自由権規約委員会は、長期にわたる苦痛に満ちた被疑者の取調べに関係するものであり、人間の尊厳と人権を侵すものであるがゆえに、そのシステムは廃止されるべきものと考えていたのである。自由権規約委員会と人権理事会は、これまで、この点に関しておびただしい数の勧告を行っ

てきたのであり、締約国は、自らの法律を自由権規約の規定に適合するよう確保することを要求されていたのである」と述べた。代用刑事施設は自由権規約に違反するものであり、刑事被収容者処遇法によっても、その規約違反性は解消されていないというのである。

　審査を締め括るにあたり、ポサダ議長は、「代用監獄（Daiyo Kangoku）」が、取調べ、自白の重視、身体拘束の期間などと並んで、以前の政府報告審査の後にも「解消されていない懸念事項」であることを指摘し、「たとえ問題を緩和する措置がとられたとしても、（懸念の）根源的原因は取り除かれてはおらず、自由権規約のもとでの締約国の国際的責務に明らかに違反するような実務がいくつか存在する」と指摘した。

### (4) 自由権規約委員会の最終見解

　自由権規約委員会は、2008年10月30日、日本政府報告を審査したうえで、最終見解を発表した。それは、死刑廃止に向けて政府は世論をリードするための積極的措置をとるべきこと、再審に関する死刑確定者と弁護士との面会における秘密性の確保、逮捕時点からの法律扶助の保障、起訴前保釈の導入、取調べ時間の厳格な制限、取調べ全過程の録画と弁護人の立会の保障、刑事施設・留置施設視察委員会の機能の強化、被拘禁者の不服申立制度の整備、死刑確定者の処遇の改善など、刑事司法に関する多くの勧告を含むものであった。これらの勧告は、刑事被収容者処遇法の制定、取調べの一部録音・録画の試行など、最近における法改正や実務の変更を的確に捉えたうえで、その不十分さの厳しい指摘に立ったものであった。

　代用刑事施設をめぐっては、次のような懸念が表明され、勧告がなされた。

---

18. 委員会は、刑事収容施設及び被収容者等の処遇に関する法律の下で、警察では正式に捜査と留置の機能が分離されているにもかかわらず、代替収容制度（代用監獄）の下では、捜査の便宜のため被疑者を最長23日間警察の留置施設に留置することが可能であり、保釈の可能性がないこと及び特に逮捕後最初の72時間は弁護士との接見が制限されており、自白を得る目的で長期にわたる取調べや取調べの乱用が行われる危険性が増すことについての懸念を再度表明する。（第7条、第9条、第10条及び第14条）

> 締約国は、代替収容制度を廃止するか、規約第14条に規定される全ての保障の完全な遵守を確保するべきである。また、締約国は、全ての被疑者に対して、取調べ中も含めて、弁護士と秘密裏に接見できる権利、嫌疑のある犯罪の種類にかかわらず逮捕された瞬間から法的援助にアクセスできる権利、及び、診療記録を含む事件に関係する全ての警察の記録にアクセスできる権利が保障されることを確保するべきである。また、締約国は、起訴前保釈制度を導入すべきである。

これに続いて、警察の被疑者取調べについては、次のような懸念事項の表明と勧告がなされた。

19. 委員会は、警察の内部規範で定められている被疑者取調べの時間制限が不十分であること、真実を明らかにするよう被疑者を説得するという取調べの機能を阻害するとの理由で取調べにおける弁護人の立会いが認められていないこと、及び、取調べの電子的な監視の手法が散発的及び選択的に行われ、しばしば被疑者の自白を記録することに限定されていることを懸念をもって留意する。また、委員会は、主に自白に基づく有罪率が極めて高いことに懸念を再度表明する。この懸念は、このような有罪判決の中に死刑が含まれることで更に強くなる。（第7条、第9条及び第14条）

> 締約国は、虚偽の自白を防止し、規約第14条に定められている被疑者の権利を確保するため、取調べの厳格な時間制限や法律を遵守しない行為への制裁につき規定する立法措置を取るとともに、取調べの全過程について体系的に録音・録画し、さらに全ての被疑者に、弁護人が取調べに立ち会う権利を保障すべきである。また、締約国は、犯罪捜査における警察の役割は、真実を発見することより、公判のための証拠を収集することであることを認識し、被疑者の黙秘が有罪であることを示すものではないことを確認し、警察の取調べにおいてなされた自白よりも現代的な科学的証拠に依拠するよう、裁判所に働きかけるべきである。

代用刑事施設に関する18項勧告第一文の意味をどのように理解すべきかについては、後述する。19項とあわせると、自由権規約委員会は、被疑者取調べとそれによる自白に強く依存した刑事手続のあり方に対して、国際水準に適合しないものとして厳しい批判を向けていることが分かる。代用刑事施設に関する勧告も、代用刑事施設がそのような刑事手続を構造的に支えている基本要素であるとの認識に基づくものである。勧告の意味は、このような視点から理解されなければならない。なお、自由権規約委員会は、死刑（17項）、被疑者取調べ（19項）、単独室拘禁・保護室収容（21項）とあわせ、代用刑事施設と未決拘禁に関する18項について、日本政府に対して、１年以内にフォローアップ情報を提供するよう要求した（34項）。自由権規約委員会が、規約適合性という観点から、これらの問題をとくに重視していたことの現れである。

## 4　自由権規約委員会勧告の意味

　上記外務省仮訳からは、自由権規約委員会が、18項勧告第一文において、代用刑事施設の廃止と、規約14条の保障の完全遵守とを選択的に要求しているかのようにも受け止められる。すなわち、刑事手続上の権利保障について規定した規約14条が完全遵守されたならば、代用刑事施設は必ずしも廃止しなくてよい、という意味にである。はたしてそうなのか。勧告の意味はどのように理解されるべきなのか。

　やはり、自由権規約委員会の勧告の主眼は代用監獄の廃止にあると理解すべきである。とはいえ、代用刑事施設を完全に廃止するためには、未決拘禁用の刑事施設の新増設など予算措置を要する施設整備も必要となり、一定の時間が必要となる。それゆえ、それまでのあいだにも、即座に実施可能なこととして、規約14条の保障を完全遵守しなければならず、19項勧告にあるように、取調べ時間の厳格な制限、その違反に対する制裁の法定、取調べの全部録画、弁護人の立会の保障がなされなければならない。自由権規約委員会の勧告の意味は、このように理解されるべきであろう。

　それは、第１に、第３回審査、第４回審査の結果出された最終見解が、

代用刑事施設の廃止を勧告しており、とくに第4回審査後の勧告は、その趣旨を再確認していたところ、今回の勧告がそれよりも後退したとは理解しえないからである。今回、自由権委員会は、取調べと自白に強く依存した刑事手続のあり方に強い懸念を表明し、時間制限、全部録画、弁護人の立会など、その適正化のための措置を具体的に勧告している。委員会は、代用刑事施設がそのような取調べ・自白依存型の刑事手続を構造的に支える基本要素であるとの認識に立って、最終見解18項において、「代替収容制度（代用監獄）の下では、捜査の便宜のため被疑者を最長23日間警察の留置施設に留置することが可能」であることに懸念を表明している。これらのことからすれば、今回、自由権規約委員会が、その廃止勧告を従前よりも後退させたと理解することはできないであろう。実際、審議要録をみる限り、委員から、廃止勧告の後退を示唆する質問・意見が出されることはなかった。

　第2に、代用刑事施設の規約違反性が認められるのは、規約14条との関係においてのみではなく、それゆえ、たとえ規約14条の保障が完全遵守されたとしても、その規約違反性は解消し尽くされないからである。上述のように、規約9条3項は、警察留置の極小化、捜査と留置の機能分化という二重の要請を含む「捜査と拘禁の分離」を求めている。すでに明らかにしたように、代用刑事施設は、被疑者を逮捕後最長23日間にわたり警察の手許に置きつつ、取調べを続けるという点において、警察留置の極小化の要請に応えていない。日本政府は、代用刑事施設がこの点において規約9条3項に適合するかどうか、従前同様、まったく言及していない。また、刑事被収容者処遇法のもとでも、捜査と留置の機能分化は不徹底であり、引野口事件のように、むしろ両者の結合を示す例も報告されている[10]。今回、日本政府は、刑事被収容者処遇法による機能分化の法定を強調していたが、どれほど実質的なものか疑わしい。代用刑事施設は、いずれの点についても「捜査と拘禁の分離」の要請に反しており、規約9条3項に適合しないのである[11]。自由権規約委員会が、最終見解18項において代用刑事施設などに関する懸念事項を示すさい、規約14条などとともに、規約9条をあげているのは、それゆえであろう。1998年の前回審査に基づく最終見解においても、自由権規約委員会は、代用刑事施設の廃止を勧告するにあたり、規約14条とともに、規約9条との抵触を指摘していた。

　このように、代用刑事施設の規約違反性の核心に「捜査と拘禁の分離」違反がある以上、たとえ規約14条の保障が完全遵守されたとしても、代用刑

事施設が存続している限り、その規約違反性は解消されない。それゆえ、今回の勧告は、上述のように、代用刑事施設の廃止を主眼としつつ、その達成までのあいだにも、規約14条の保障を即座に完全遵守するよう求めたものと理解されるべきである。

　ところで、代用刑事施設の存置を容認した有識者会議『提言』は、「刑事司法手続は各国独自の歴史と国民性を背景としてきているものであり、これを度外視した『国際的基準』なるものを尺度として、個別の制度の存廃を議論すべきではない」という意見が多数を占めたとしている。日本政府の見解の背後にも、このような考えがあるようにみえる。日本政府が、規約9条3項がどのような手続保障を要請するかについて明確に見解を示すことなく、「捜査と留置の分離」、不服申立制度の整備、刑事施設視察委員会の設置などによって、「被疑者の人権保障への配慮」に欠けることがないと強調しているのは、それゆえであろう。また、「捜査と留置の分離」の達成を説くものの、警察留置の極小化についてはなんら言及しないのも、そのためかもしれない。

　しかし、自由権規約は、国際社会において普遍的に遵守されるべきミニマム・スタンダードとして、実体的・手続的な権利そのものを規定しているだけでなく、それらの権利を確保するために遵守すべき制度的手続保障をも定めている。「捜査と拘禁の分離」を要請する規約9条3項は、そのような規定である。日本が締約国として、自由権規約の保障する権利を「尊重」し「確保」する（規約2条1項）ためには、このような制度的手続保障を遵守しなければならず、そのさい当然に、規約による手続保障の要請に応えているかという観点から、「個別の制度の存廃」も検討しなければならない[12]。たとえ、日本政府がいうように、「捜査と留置の分離」が達成されており、それらによって「被疑者の人権保障への配慮」がなされていると仮定しても、代用刑事施設が警察留置の極小化の要請に反することは明らかであろう。先の仮定に立ったとしても、まさにこの点において、代用刑事施設は規約9条3項に違反するのであり、この規約違反性は、「捜査と留置の分離」などによる「被疑者の人権保障への配慮」によって正当化されることはないのである。

## 5　司法的救済の可能性

　以上、本章は、第5回政府報告書の審査に基づく自由権規約委員会の勧

告について、その主眼が代用刑事施設の廃止にあることを明らかにした。代用刑事施設を存置した刑事被収容者処遇法の制定後、前年の拷問禁止委員会の勧告と同様、最も権威ある国際人権機関によって、その廃止が勧告されたことの意義は大きい。

　しかし、問題は残る。本来、日本政府は、締約国として、自由権規約の保障する権利を確保し、そのために必要な立法その他の措置をとる義務を負っているのであるから（規約２条）、自由権規約委員会の勧告に従い、速やかに代用刑事施設を廃止するための法改正を行うべきである。しかし、政府は、今回の勧告について一般に、「委員会は誤った前提に基づいて的外れな指摘を行ったと受け止めて」おり、「勧告に真摯に耳を傾けようとする姿勢がまったくみられず、勧告の実現に向け、壁は厚い」と指摘されている[13]。政府報告審査の締め括りに、ポサダ議長も、自由権規約委員会の過去の勧告について十分な進展がみられないことから、規約実施に対する日本政府のコミットメントの弱さを指摘していた。このような日本政府の態度は、規約２条の趣旨に明らかに反している[14]。

　このようななか、個別具体的事件において、規約９条３項違反を理由とした司法的救済の可能性が追求されるべきであろう。代用刑事施設との関係において、規約９条３項は自動執行力を有し（self-executing）、国内裁判所において直接適用可能であるのか。自由権規約については、一般に、「締約国に対して権利を『尊重し及び確保する』即時的義務を課する」ものであるから、「直接適用可能である」と認められている[15]。また、民事訴訟に関する受刑者と弁護士の接見の制限が争われた徳島刑務所事件において、第一審の徳島地裁は、自由権規約は「自由権的な基本権を内容とし、当該権利が人類社会のすべての構成員によって享受されるべきであるとの考え方に立脚し、個人を主体として当該権利が保障されるという規定形式を採用しているものであり、このような自由権規定としての性格と規定形式からすれば、これが抽象的・一般的な原則等の宣言にとどまるものとは解されず、したがって、国内法としての直接的効力、しかも法律に優位する効力を有するものというべき」と判示した[16]。控訴審の高松高裁も、この判示を踏襲している[17]。もっとも、一般に、自動執行力を承認するためには、締約国の意思も問題となり、締約国が国内適用可能性を否定する意思を明示した場合には、自動執行力が排除されることになる[18]。自由権規約について、日本政府は、自由権規約委員会に対する第４回政府報告において、「条約の規定を直接適用し得るか否かに

ついては、当該規定の目的、内容及び文言等を勘案し、具体的場合に応じて判断すべき」であり、自由権規約についても、同様に考えられると述べていた。少なくとも、直接適用可能性が一律に否定されることはなく、条項ごとに検討されるべきとしたのである。自由権規約の規定形式からすれば、むしろ原則として直接適用可能性が肯定されるべきであろう[19]。

　この点において重要なのが、司法判断になじむ程度に規定内容が明確かどうかである。この意味における規定の明確性が、「国際法が国内で直接適用されうるかを決定する中心的な基準[20]」とされるのである。規約9条3項についてはどうか。未決拘禁の司法的コントロールのコロラリーとして「捜査と拘禁の分離」が要請され、さらにそれは、警察留置の極小化、捜査と留置の機能分化という二重の要請を含んでいることが、規約解釈上、明確にされているといってよい。そうである以上、「捜査と拘禁の分離」を定める規約9条3項は自力執行力を有しており、国内裁判所において直接適用可能である。これら二重の要請のいずれについても、代用刑事施設は規約9条3項に違反している。それゆえ、代用刑事施設を勾留場所とした勾留決定は違法である。自由権規約9条3項違反を理由として、司法的救済がなされるべきである。

---

1　小田中聰樹『現代司法と刑事訴訟の改革課題』(日本評論社、1995年) 224頁。
2　代用刑事施設問題の本質について、葛野尋之『刑事手続と刑事拘禁』(現代人文社、2007年) 53-54頁。
3　葛野・注2書57-61頁参照。
4　葛野尋之「代用刑事施設と国連拷問禁止条約」立命館法学316号 (2008年) (本書第3章) 参照。
5　葛野・注2書57-64頁、126-127頁。
6　外務省ホームページ http://www.mofa.go.jp/mofaj/gaiko/kiyaku/pdfs/jiyu_kaito.pdf。
7　日弁連ホームページ http://www.nichibenren.or.jp/ja/kokusai/humanrights_library/treaty/data/Alt_Rep_JPRep5_ICCPR_ja.pdf。
8　日弁連ホームページ http://www.nichibenren.or.jp/ja/kokusai/humanrights_library/treaty/data/Alt_Rep_JPRep5_ICCPR_ja.pdf。
9　United Nations, CCPR, Human Rights Committee, 94 Session, SUMMARY RECORD OF THE 2574th MEETING, CCPR/C/SR 2574; COMPTE RENDU ANALYTIQUE DE LA 2575e SÉANCE, CCPR/C/SR 2575; SUMMARY RECORD OF THE 2576th MEETING, CCPR/C/SR 2576. これらについては、自由権規約委員会ホームページ

http://www2.ohchr.org/english/bodies/hrc/hrcs94.htm.

10 福岡地小倉支判平20（2008）・3・5 LEX/DB25400324。この判決について、斎藤司「代用監獄への身体拘束を捜査に利用しつつ同房者を通じて獲得した『犯行告白』の証拠能力が否定された事例」法学セミナー増刊・速報判例解説3号（2008年）、豊崎七絵「警察拘禁の実際的意義」福井厚編『未決拘禁改革の課題と展望』（日本評論社、2009年）参照。
11 葛野・注2書72-76頁。
12 葛野・注2書65-66頁。
13 田鎖麻衣子「冤罪の温床・代用監獄制度に明確な廃止勧告」法と民主主義436号（2009年）18頁。
14 自由権規約の保障を確保するためには、後述する司法的救済とともに、個人通報制度に関する規約第一選択議定書の批准も必要とされるであろう。1993年、1998年の最終見解と同様、今回も、自由権規約委員会は日本政府にその批准に向けた検討を勧告した（8項）。しかし、これについても、日本政府は消極的である。鈴木亜英「総括所見への経緯と概観──裁判官等に対する人権教育と個人通報制度をめぐって」法と民主主義436号（2009年）6-7頁参照。
15 阿部浩己＝今井直＝藤本俊明『テキストブック・国際人権法（第3版）』（日本評論社、2009年）40頁。
16 高松地判平8（1996）・8・3判時1597号115頁。
17 高松高判平5（1993）・11・25判時1653号117頁。
18 小寺彰＝岩沢雄司＝森田章夫『講義国際法』（有斐閣、2004年）107-108頁〔岩沢雄司〕。
19 阿部＝今井＝藤本・注15書44-45頁。
20 小寺＝岩沢＝森田・注18書108頁。

# 第5章 被疑者取調べの適正化と国際人権法
## 弁護人の援助による黙秘権の確保

## 1 問題状況と本章の課題

　身体を拘束された被疑者の取調べは、自白強要のための暴行、脅迫など、人権侵害の危険が最も高まる場面であり、虚偽自白がなされたとき、それは誤判・冤罪に直結する。日本の刑事手続が取調べと自白に強く依存するなか、その適正化は最重要課題とされてきた。

　わけても、取調べの可視化が焦点となっている。警察・検察は、裁判員裁判における自白の任意性立証を効率化するために、取調べの一部録音・録画を開始した。記録メディアが証拠採用された例もある。しかし、自白に至る過程が記録されないことから、取調べの適正化にとって不十分なばかりか、かえって任意性判断を誤らせる危険もあるとして、全件・全過程の録音・録画が要求されている[1]。

　自由権規約委員会は、2008年、規約実施状況に関する第5回日本政府報告書を審査した結果、取調べ・自白に依存した刑事手続からの脱却を進めるなかで、「虚偽自白を防止し、規約第14条に基づく被疑者の権利を確保するために、被疑者の取調べ時間に対する厳格な時間制限や、これに従わない場合の制裁措置を規定する法律を採択し、取調べの全過程における録画機器の組織的な使用を確保し、取調べ中に弁護人が立会う権利を全被疑者に保障しなければならない」と勧告した（19項）。また、警察において捜査と拘禁の機能分化が不十分であり、捜査のために被疑者を最長23日間警察施設に拘束できることに懸念を示し、代用監獄制度の廃止をも勧告した（18頁）[2]。

　注目されるのは、自由権規約委員会が、全件・全過程の録画とともに、取調べ時間の制限、弁護人の立会、代用監獄廃止を勧告していることである。

取調べの適正化を実効的に進め、規約14条の権利を確保するためには、これらの方策を重層的に講じる必要があるとの認識によるのであろう。

近年、欧州人権裁判所は、逮捕後、弁護人へのアクセスを制限したまま被疑者を取り調べること、あるいはそれによって採取した自白を有罪証拠とすることは、欧州人権条約の保障する弁護権とともに、黙秘権を侵害することになると判断している。弁護人の援助によって被疑者の黙秘権を確保するという予防的ルールを確立したのである。以下、本章は、欧州人権裁判所判例の展開と、その影響のもとに現れた英国最高裁判例に検討を加えたうえで、日本法の改革課題を提示する。それによって、取調べの適正化を、たんなる政策論を超えて、憲法と国際人権法による人権保障の基盤のうえに位置づけるための視座を獲得することができるであろう。

## 2 被疑者取調べと弁護人へのアクセス

欧州人権条約6条は、刑事手続、民事手続を問わず、公正な裁判を受ける権利を保障したうえで（1項）、「刑事上の罪の決定について[3]」、弁護人の援助を受ける権利を保障している（3項(c)）。逮捕後、取調べを受ける被告発者 (the accused)（以下、欧州人権条約に関する文脈においては、逮捕された被疑者を被告発者とする）による弁護人へのアクセスを制限することは許されるか。この問題をめぐり、欧州人権裁判所の判例が展開した。

マーレイ対英国事件[4]において、1996年、欧州人権裁判所大法廷は、テロ防止法違反の嫌疑により逮捕された申立人が、警察署内で取調べを受け、黙秘を続ける一方、弁護人との接見を要求したものの、北アイルランド緊急条項法に基づき、警察は48時間の接見停止措置がとられたという事案について、欧州人権条約違反を認めた。判決は、その保障を欠くとき裁判の公正さが重大に損なわれることになるから、被告発者は逮捕後の警察取調べの時期から弁護権を保障されなければならないとしたうえで、本件について、申立人は黙秘を選択したならば、刑事証拠令に基づき不利益推認を受けることになり、他方、取調べ中に黙秘を止めたとしても、不利益推認の可能性は排除されないので、防御の利益を損なうリスクに直面することになるから、「手続初期段階での警察取調べにおいて被告発者が弁護人の援助にアクセスできることが、その防御権にとって至高の重要性を有する」とした。そして、取

調べ開始後48時間の接見制限は、被告発者の防御権に回復不可能なまでの不利益をもたらすから、制限の理由を問わず、条約6条3項(c)との関連において同条1項に違反するとしたのである。

その後、欧州人権裁判所は、マギー対英国事件[5]において、申立人が48時間にわたり弁護人との接見を拒否されるなか、結局は自白調書に署名したという事案について、身体拘束の状況や、外部との接触を排除されていたことは、心理的強制を与えようとの意図によるものであって、この強制的雰囲気に対抗するために、申立人は弁護人と接見する権利を保障されるべきであったと判示した。また、エーヴリル対英国事件[6]において、申立人が警察取調べのあいだ24時間にわたり弁護人との接見を拒否されたことは、たとえその間に申立人が自白しなかったとしても、北アイルランド法により黙秘に不利益推認が及ぶこととからすれば、条約違反にあたるとした。

他方、インブリオーシャ対スイス事件[7]においては、条約違反が否定された。この事件において、申立人は麻薬事犯に関与したとして逮捕された後、直ちに弁護人を選任したが、逮捕・勾留中、弁護人の立会を受けることなく、警察官および検察官によって取り調べられた。弁護人が取調べの実施について通知を受けていないことについて抗議したところ、それ以後、取調べの実施を通知され、立会を許されるようになった。1993年、欧州人権裁判所は、人権条約6条3項(c)のもと、捜査機関は、弁護人を取調べに立ち会わせるために積極的に呼び寄せる義務まで負うわけではなく、具体的事情からすれば、弁護人を呼び寄せることなく取調べたことにより、申立人の防御権に重大な不利益が生じたわけではないから、条約違反はないとした[8]。

## 3 欧州人権裁判所サルダズ判決

欧州人権条約6条3項には、黙秘権に関する明文規定がない。しかし、欧州人権裁判所の判例により、黙秘権は、公正な裁判の保障（6条1項）の核心として承認されており、その保障は捜査段階にも及ぶとされている[9]。これを踏まえ、サルダズ対トルコ事件[10]において、欧州人権裁判所は、身体拘束下での取調べの場面において、弁護人の援助によって被疑者の黙秘権を確保するという予防的ルールを提示した。

この事件において、申立人は、違法組織に参加し、違法公告を掲示したと

して逮捕された。被疑事実と黙秘権を告知する書面に署名した後、警察の取調べを受けた。この間、国内刑訴法に基づき、反テロ法違反の嫌疑による逮捕であるとの理由から、弁護人へのアクセスが拒否され、取調べに弁護人が立ち会うことはなかった。取調べの結果、申立人は被疑事実について数々の自白をした。検察官および予審判事の取調べのさい、申立人は自白が強要による、虚偽のものだと主張した。予審判事の取調べが終了した後、勾留が決定されてはじめて、申立人は弁護人へのアクセスを許された。その後、自白を証拠として有罪判決が言い渡され、確定した。

　警察により身体を拘束され、取調べを受けているあいだ、弁護人へのアクセスが制限されたことは欧州人権条約に違反するとの申立人の主張に対して、2008年、欧州人権裁判所大法廷は、人権条約上の権利の侵害を認めた。判決は、後の公判審理の結果を左右する証拠が収集される点において、捜査手続の重要性は高いとしたうえで、証拠収集その他刑事手続に関するルールがますます複雑性を増すなか、捜査手続における被告発者の「脆弱性」はさらに高まっているとした。続けて判決は、「ほとんどの場合、このような深刻な脆弱性は、弁護人の援助によってこそ、はじめて埋め合わせられる。弁護人は、わけても自己負罪を強要されない被告発者の権利が尊重されるよう確保することを任務としている。この権利は、刑事事件の訴追者は被告発者の意思に反して、強制や圧迫をともなう手段を用いて収集した証拠によることなく、有罪を立証しなければならないとの前提に立っている。弁護人への早期のアクセスは、手続のなかで自己負罪拒否特権のまさに本質が否定されてしまったのではないか検討するにあたり、手続保障の構成要素として、当裁判所がことのほか重視するものである」とした。

　そのうえで、判決は、公正な裁判を受ける権利を実効的に保障するためには、「弁護人へのアクセスは、具体的事情からみて、その権利を制約すべきやむにやまれぬ理由が立証された場合を除き、原則として警察による最初の被告発者取調べの時点から保障されなければならない。さらに、やむにやまれぬ理由により、弁護士へのアクセスの制限が例外的に正当化される場合でも、その制限は、条約6条により保障される被告発者の権利を不当に害してはならない。取調べが弁護人へのアクセスなくして行われ、それによって採取された自己負罪供述が有罪認定に用いられるときは、防御の権利は、原則として回復不可能なまでに害されることになる」と判示した。

　このような判示を踏まえ、判決は、警察取調べによる自白が有罪証拠とさ

れた点において、申立人は弁護人へのアクセスの制限により影響を受けたこと、その後弁護人の援助を受け、対審的な公判手続において自白の許容性を争うことができたとしても、この影響を払拭することはできなかったこと、申立人は取調べに先立ち書面に署名していたから、黙秘権を理解していたとの主張は信用できないこと、アクセス制限が制度的な (systematic) ものであって、国家安全保障裁判所の管轄権に属する犯罪行為について警察による身体拘束を受けた被告発者すべてに適用されることなどを指摘したうえで、「警察による身体拘束中に弁護人へのアクセスが認められなかったことは、申立人の防御権を回復不可能なまでに害することになる」と認めた。かくして、判決は、条約6条1項の趣旨と関連させて理解した同条3項 (c) の違反があるとしたのである。

## 4 サルダズ判決の意義

第1に、サルダズ判決が当該事案の具体的事情を指摘したのは、弁護人へのアクセスの制限により防御権は回復不可能なまでに侵害されるという判示の正当性を論証するためであって、防御権の侵害や手続全体の公正さの毀損が、個別具体的事情に基づき立証されなければならないという趣旨によるのではない。アクセス制限は、それ自体直ちに、原則として防御権の回復不可能なまでの侵害になるとされているのである。また、「原則として」という留保が付されているが、制限が制度的なものである限り、例外的な許容性が認められることはない。

第2に、サルダズ判決は、弁護人へのアクセスの制限によって侵害される防御権について、その内実としてあるのは被告発者の黙秘権であることを明示した。そうであればこそ、弁護人へのアクセスを制限したまま取調べがなされたとき、その結果得られた自白を有罪証拠とすることをもって、直ちに防御権の侵害にあたるとしたのである。翻ってみれば、欧州人権裁判所の先例において、自白の使用または黙秘の不利益推認があるときには防御権の回復不可能なまでの侵害が肯定される一方、自白も不利益推認もない場合にはそれが否定されていたのは[11]、実は、防御権の内実が黙秘権として理解されていたからだといえよう。サルダズ判決は、被告発者取調べの場面において、被告発者の防御権の基軸として黙秘権が据えられるべきことを明示した

のである。
　第3に、判決は、弁護人の援助によって黙秘権を確保するという予防的ルールを明確化した。このとき、被告発者の黙秘権との関係において、弁護権は二つの機能を期待されているといってよい。ジョン・ジャクソンは、それらを、被告発者がその黙秘権を侵害する強制・圧迫によって自白を強要されることのないよう確保するという意味での「保護的機能」、複雑な刑事手続や証拠収集に関して専門的見地からの助言を提供することによる「参加的機能」と呼んでいる[12]。後者には、取調べにおいて被告発者がなにを、どのように供述するか、あるいはしないかについて、手続全体にわたる防御上の合理的判断に立って決定するための助言が含まれる。
　サルダズ判決は、これら両面の機能を有する弁護人の援助によって、被告発者の黙秘権を確保しようとしたのであり、そのために、弁護人アクセスを制限しつつ取調べがなされた場合、その結果採取された自白は、個別具体的事情のいかんによらず、直ちに排除されるべきとする予防的ルールを、絶対的要求に近い先のような意味において原則化したのである。ここに、判決の意義がある。それゆえ、取調べに先立ち弁護人へのアクセスが制限されたならば、弁護人が「保護的機能」のみならず、「参加的機能」をも有するものであるがゆえに、個別事案の具体的事情をもとに、被疑者に対してその意思に反して供述させようとする強制・圧迫が認定されなかった場合でも、被告発者の黙秘権の侵害は肯定されることになる。予防的ルールというのは、このような意味においてである。
　このような予防的ルールは、ダヤナン対トルコ事件[13]における2009年の判決によって、いっそう明確にされた。この事件において、申立人は急進的シーア派組織ヒズボラの構成員であるとの嫌疑により逮捕され、後に有罪とされた。申立人は逮捕後、警察署において取調べを受けるあいだ、弁護人へのアクセスを拒否された。欧州人権裁判所は、国内刑訴法に基づく制度的な制限として、身体を拘束された被告発者が弁護人にアクセスする権利を制限することは、たとえ申立人がこの間の取調べにおいて黙秘していたとしても、それ自体直ちに、欧州人権条約6条1項の趣旨と関連させて理解した同条3項(c)に違反するとした。ここにおいて、有罪判決のための自白の使用や黙秘の不利益推認がなされない場合でも、取調べに先立つ弁護人へのアクセスの制限がそれ自体として、弁護権とともに、黙秘権をも侵害することになるとされたのである。

## 5　英国最高裁カダー判決

　サルダズ判決の直接の影響下、英国最高裁は、2010年10月26日、カダー対法務総裁事件[14]において、取調べに先立つ弁護人へのアクセスの制限が、1998年人権法を通じて国内法的効力を有する欧州人権条約に違反するとした。この事件において、上告人は、重大暴行の嫌疑により検束された後、警察署に引致され、弁護士に検束されたことを通知する権利がある旨告知されたが、その通知を求めなかった。間もなく取調べが始まり、上告人は数多くの自白をした。その後、上告人は逮捕され、重大暴行について正式告発された。上告人は、検束中の自白などに基づき有罪とされた。スコットランド刑訴法のもとでは、迅速に証拠を収集し、正式に刑事手続を始動させるかどうか判断するために、拘禁刑の定められた犯罪の合理的嫌疑による6時間未満の検束が許されており、検束中、被疑者の取調べが認められる一方、弁護人にアクセスする権利は保障されていない。

　上告人は、欧州人権裁判所サルダズ判決に照らして、人権条約違反があると主張し、最高裁に対して上告した。しかし、これに先立ち2009年、スコットランド最高法院は、マクリーン対法務総裁事件[15]において、サルダズ判決は「原則として」欧州人権条約違反となるとするものであって、例外的に許容される余地はあり、また、検束中の弁護人へのアクセスは制限されているとはいえ、検束時間の厳格な制限、弁護士への通知、権利告知など、それ以外の手続保障により十分な公正さが確保されているから、条約違反はないと判示していた。

　最高裁判決において、ホープ裁判官は、マクリーン判決が欧州人権裁判所サルダズ判決に適合するのか検討する必要があるとした。同裁判官によれば、サルダズ判決は、まずは自白強要の手段として虐待その他身体的・精神的圧迫が加えられる危険を排除しようとして、取調べに先立つ弁護人へのアクセスを保障したが、この目的を達成するだけでよいのであれば、録音・録画などの方策によっても可能であろう。しかし、サルダズ判決は、弁護人へのアクセスを制限して被疑者を取り調べた場合、その結果採取された自白を有罪証拠とすることが、それ自体、原則として防御権の回復不可能なまでの侵害になるとしたのであって、「この判決が全体を通じて強調しているのは、弁護人の存在こそが、身体を拘束された者が自己負罪を強要されない権利の尊

重を確保するために必要とされるということなのである」。また、サルダズ判決は、たしかに「原則として」という留保を付していたが、「スコットランド制定法の体系のもとこの事件において生じたような、その判示からの制度的な乖離を許容してはいない。許容される余地ははるかに狭い。すなわち、個別事案の具体的事実からすれば、遵守することが実際上不可能な場合に限って、判示された要請からの乖離が許されるにすぎないのである」。

同裁判官はこのように述べたうえで、サルダズ判決に照らしたとき、「身体を拘束され、弁護人の助言へのアクセスができないままに尋問を受けた者から警察が採取した自己負罪供述を証拠として許容すべきではな」く、例外的に許容される場合もありうるにせよ、この事件において例外を正当化する事由は存在しないとした。

カダー判決によって、サルダズ判決の意義があらためて確認された。第1に、弁護人へのアクセスを制限したままでの取調べによる自白が許容される余地は、判決が述べたように、個別具体的状況からみて、アクセスが実際的に不可能とされる場合に限られる。捜査・訴追上の必要、他の手続保障の存在など、いかなる理由によっても、制度的な制限が許容されることはない。第2に、被疑者の黙秘権を確保するための手段として、録音・録画などによっては代替されえない、弁護人の援助を保障することの特別な意義が再確認された。弁護人の援助によって、取調べを受ける被告発者の黙秘権を確保するという欧州人権条約のもとでの予防的ルールが、いっそう明確にされたといってよい。

## 6 弁護人の援助による黙秘権の確保

自由権規約14条は、公正な裁判を受ける権利を保障したうえで（1項）、刑事上の罪の決定手続において（3項）、弁護権（d）、弁護人と連絡する権利（c）、「自己に不利益な供述又は有罪の自白を強要されない」権利（g）を保障している。欧州人権条約は、もちろん日本に直接適用はされないが、欧州人権裁判所の判例は、自由権規約の解釈にあたって重要な指針となるべきことが認められている。欧州人権条約6条と自由権規約14条の規定の類似性からすれば、欧州人権裁判所判例による手続保障は、自由権規約のもとでも同じく妥当すべきであろう。すなわち、弁護人の援助により黙秘権を確保する

という予防的ルールのもと、逮捕後、弁護人へのアクセスを制限したまま被疑者を取り調べることは、規約14条3項(c)による弁護権を侵害するのみならず、同項(g)の黙秘権をも侵害する。そのような取調べの結果採取された自白を有罪証拠とすることは許されないのである。

　取調べにあたっての弁護人へのアクセスについて、現在の保障水準をみると、取調べ中であれば原則として接見指定が可能だとする最高裁判例の枠組みのなか、2000年最高裁判決は、逮捕直後、弁護人となろうとする者から初回接見の申出がある場合、接見指定にあたって、短時間でも即時または近接時点での接見を認めるべく特別の措置を講じるべきとした[16]。他方、逮捕・勾留中の被疑者から弁護人との接見の申出があった場合については、警察・検察実務において、2008年5月の新通達以降、その旨直ちに弁護人または弁護人となろうとする者に連絡し、弁護人等から接見申出があったときは、取調べ中でなければ直ちに、取調べ中であればできる限り早期に、接見の機会を付与するものとされている。もっとも、被疑者からの接見申出があったときも、取調べに先立ち、または取調べを中止して、必ず接見機会を付与するというわけではなく、連絡を受けた弁護人等からの接見申出を待って対応するということのようである。接見機会を付与しないまま取調べを開始または継続することも可能なのである。

　しかし、先のような自由権規約14条3項(c)・(g)の要請からすれば、逮捕・勾留中の被疑者が、弁護人となろうとする者としての当番弁護士との接見を含め、弁護人等との接見を申し出たときは、取調べに先立ち、または取調べを中止して、接見の機会を付与しなければならない。被疑者が弁護人を選任する意思を表明したときは、当然、弁護人等との接見要求を含む趣旨と理解すべきである。接見・選任の要求があるにもかかわらず、取調べ中または取調べの間近い確実な予定をもって「捜査のため必要がある」(刑訴法39条3項)として接見指定をすることは、弁護人へのアクセスの制度的な制限として許されない。

　このとき、弁護人の援助による黙秘権の確保という予防的ルールを有効に機能させるためには、身体拘束下あるいは取調べ中という状況のなか、被疑者の自由な接見・選任要求を確保するための手続保障を講じることが課題となる。逮捕直後の当番弁護士の接見・助言が重要な役割を担うことになる。逮捕段階での公的弁護の保障も重要課題である[17]。

　また、欧州人権裁判所の判例は、たしかに、取調べ中の弁護人の立会が必

要だとしているわけではない。とはいえ、それは、これらの判例が、弁護人へのアクセス自体の制限に関する事案についてのものであり、被疑者・弁護人の立会要求の拒否を問題にしたわけではないからである。身体的・精神的な強制・圧迫による供述の強要を防止する（保護的機能）だけでなく、被疑者が手続全体にわたる防御上の合理的判断に立って、なにを、どのように供述するか、あるいはしないかを決定できるよう援助する（参加的機能）という二重の役割を担う弁護人の援助によって、被疑者の黙秘権を確保するという予防的ルールの趣旨からすれば、弁護人への自由なアクセスを保障したうえで、さらに取調べ中の立会を保障するという方向に進むべきことになるであろう。いち早く1966年、黙秘権確保のための予防的ルールを確立した合衆国最高裁ミランダ判決がいうように、事前の接見だけでは、身体拘束中の被疑者取調べに内在する強制的雰囲気を払拭して、被疑者の黙秘権を確保するには十分といえないからであり[18]、具体的尋問に即した取調べ中の助言こそが必要とされるからである。

---

1 小坂井久『取調べ可視化論の現在』(現代人文社、2009年)、青木孝之「取調べ可視化論の整理と検討」琉大法学81号 (2009年) など。強烈な映像インパクトにともなうバイアス効果が判断の誤りを生じさせる危険があるとの指摘もある (指宿信『被疑者取調べと録画制度』〔商事法務、2010年〕)。制度設計にあたっての重要な留意点であろう。

2 日弁連編『日本の人権保障システムの改革に向けて』(現代人文社、2009年)。国連拷問禁止委員会による2007年の同旨勧告について、日弁連編『改革を迫られる被拘禁者の人権』(現代人文社、2007年) 参照。代用刑事施設は、捜査と拘禁を結合させることによって、あからさまな暴行・脅迫がなされたわけではない場合でも自白を強いる圧力を生み出すが、この代用刑事施設制度は、最長23日間の警察留置を可能とする点においても、警察留置のなかで捜査と留置の機能分化が徹底していない点においても、規約9条3項の要請する「捜査と拘禁の分離」に違反する。同規定のもと、逮捕された被疑者は「速やかに」裁判官の面前に引致されなければならず、その後の身体拘束は司法的コントロールに服さなければならないから、警察の手許で拘束を継続することは許されない。このことについて、葛野尋之『刑事手続と刑事拘禁』(現代人文社、2007年) 51頁以下、同「代用刑事施設と国連拷問禁止条約」立命館法学312号 (2008年) (本章第3章)、同「代用刑事施設問題の現在」福井厚編『未決拘禁改革の課題と展望』(日本評論社、2009年) (本章第4章) 参照。

3 欧州人権裁判所の判例によれば、犯罪の嫌疑により被疑者が逮捕されたときは、その段階から「刑事上の罪の決定」手続が始動するとされ、逮捕された被疑者は「被告発者

(the accused)」とされる。

4 John Murray v UK, (1966) 22 EHRR 29. 葛野尋之「再審請求人と弁護人との接見交通権」一橋法学8巻3号（2009年）934-938頁（本章第9章268-271頁）参照。

5 Magee v UK, (2001) 31 EHRR 35.

6 Averill v UK, (2001) 31 EHRR 36.

7 Imbrioscia v Switzerland, (1994) 17 EHRR 441.

8 判決は、被告発者や弁護人が立会を要求した場合でも、その拒絶が許されるとしたわけではない。D. J. Harris et al., Law of the European Convention on Human Rights 314 (2009) は、むしろ判決の趣旨からすれば、被告発者・弁護人の立会要求を拒絶したうえで取調べがなされた場合、その結果採取された自白を有罪証拠とすることは、被告発者の防御権を不当に害することになる可能性が高く、そうである限り、欧州人権条約のもと立会要求は認められるべきことになるであろうとする。

9 石田倫識「被疑者の黙秘権に関する一考察」九大法学86号（2003年）159頁以下、中島洋樹「自己負罪拒否特権と法的強制」法学雑誌55巻1号（2008年）227頁以下参照。

10 Salduz v Turkey, (2008) 49 EHRR 421.

11 Brennan v UK, (2002) 34 EHRR 18. この事件においては、北アイルランド緊急規定法に基づき、テロ防止法違反の嫌疑による逮捕後24時間、弁護人へのアクセスが停止されたが、欧州人権裁判所は、この期間に自白がなされておらず、黙秘の不利益推認もないことなどから、条約違反はないとした。また、自白強要の立証手段をめぐって、弁護人の立会と同様、取調べの録音・録画が「警察の違法・不当な行為を防止する保障措置」となりうることを認めつつも、他の証拠により立証可能であるならば、それを欠くことが直ちに公正な裁判の保障に違反するわけではないとした。なお、この事件の後、2000年改正による北アイルランド刑事証拠令に基づき、警察による被疑者取調べの録音・録画が義務化された。

12 Jackson, Re-Conceptualizing the Right of Silence as an Effective Fair Trial Standard, (2009) 58 ICLQ 835, 859-860. ジャクソンは、弁護人の二重の機能は、黙秘権の二重の性格、すなわち個人の尊厳ないし意思の自由の保護という実体的価値の保護に関する権利の側面と、手続的権利としての防御権の側面とに対応しているとする（at 860-861）。ジャクソンの見解については、本書第6章参照。

13 Dayanan v Turkey, application no. 7377/03, Judgment of 13 October 2009.

14 Cadder v HM Advocate (Scotland), [2010] UKSC 43.

15 HM Advocate v McLean, [2010] SLT 73.

16 最判平12（2000）・6・13民集54巻5号1635頁。

17 葛野尋之「被逮捕者と公的弁護」季刊刑事弁護66号（2011年）（本書第7章）参照。

18 Miranda v Arizona, 384 U.S. 436, 469-470 (1966). 黙秘権確保のための予防的ルールの趣旨からすれば、弁護人への自由なアクセスの保障とともに、取調受忍義務が否定されたうえで、黙秘権行使による取調べの打切りが保障されるべきことになろう。これらのことが憲法38条1項の趣旨から保障されるべきとすることは、取調受忍義務の

肯定が直ちに憲法38条１項違反になるわけではないと判示した最大判平11（1999）・３・24刑集43巻７号581頁に矛盾するものではない。

# 第6章 被疑者取調べにおける黙秘権と弁護権

## 1 問題状況と本章の課題

### (1) 被疑者の権利としての取調べ適正化

　逮捕・勾留された被疑者の取調べの適正化は、刑事手続改革における最重要課題の一つとされてきた。近時、いくつかの冤罪事件を通じて、自白獲得のための威圧的・脅迫的取調べ、強度の誘導・暗示などが明らかにされ、それらの結果生まれた虚偽自白が誤判に直結することが再確認された。

　現在、取調べ適正化方策の中心におかれているのは、取調べ過程の録音・録画による可視化である。たしかに、全件・全過程の録音・録画がなされ、自白の任意性が争われたときに、取調べ状況の検証が適切になされるようになれば、取調べの適正化は格段に進展する。警察・検察は、裁判員裁判の開始にともない、自白の任意性立証を効率化する目的から一部録音・録画を開始したものの、取調べの適正化のための全件・全過程の可視化にはなお消極的である。

　他方、取調べの適正化を実効的に進めるためには、録音・録画のみならず、他の方策もあわせ講じるべきとの指摘がなされている[1]。しばしば提案されてきたのが、取調べ中に弁護人の立会を受ける権利(以下、弁護人立会権)の保障である。弁護人立会権について特徴的なのは、それが被疑者の権利として位置づけられていることである。現在、取調べの録音・録画についても、権利論としての構築が試みられてきているが[2]、可視化実施をめぐる議論をみたとき、そのような視点はなお希薄だといわざるをえない[3]。これに対して、弁護人立会権は、1966年の合衆国最高裁ミランダ判決[4]の強い影響もあり、憲法38条1項の黙秘権、さらには憲法34条の弁護権と結びつけられ、

それらにより根拠づけられてきた。

　全件・全過程の録音・録画の提案に対する批判のうち、最も本質的な点は、それにより自白獲得が困難になり、取調べが担う「真相解明」機能が害されるということである。このような批判の基盤には、日本の刑事手続を長く特徴づけてきた「精密司法」があり、さらには、この「精密司法」が国民の期待に応えるものであり、国民性に根ざした法文化によって支えられているとの理解があるといってよい[5]。このとき、「真相解明」の意味が真犯人とおぼしき被疑者に捜査機関の期待するとおりに自白させることではないというのであれば、可視化が本当に「真相解明」機能を害すことになるのか、慎重な検討が必要である。

　そのことに留意しつつ、ここにおいて、かりに取調べの「真相解明」機能が国民性や法文化に根ざした「精密司法」によって基礎づけられているとの前提に立ったとしても、なお問題は残る。すなわち、取調べの適正化はそのような「真相解明」機能を害しない限りにおいて、その基盤にある国民性や法文化と調和する範囲でのみ許容される、とすることでよいのであろうか。現在も自白獲得のための威圧的・脅迫的取調べ、行き過ぎた誘導・暗示の例があり、虚偽自白による冤罪が生じているという現実をみるとき、まさに民主主義社会において人間の尊厳と自由を擁護するためのコストとして、たとえ「真相解明」を抑制してでも、その意味において国民性や法文化に抵触してでも達成されるべき適正化があるのではないか。あるいは、取調べの適正化を通じて、その「真相解明」機能を本質的に変化させる必要があるのではないか。

　このとき、取調べ適正化のための具体的方策が政策論にとどまるならば、国民性と法文化に根ざした「真相解明」機能を抑制してでもその要求を実現することは頑強な抵抗に直面し、困難を余儀なくされるであろう。ここにおいて、取調べの適正化方策をたんなる政策論を超えて、人権という普遍的基盤のうえに建て、被疑者の権利として構築するという課題が浮かび上がる。

## （2）**本章の課題**

　本章は、このような問題意識に立ちつつ、身体拘束下の被疑者取調べにおける弁護人立会権に焦点を合わせる。

　すでに明らかにしたように、欧州人権裁判所は、サルダズ判決[6]において、欧州人権条約6条1項の公正な裁判を受ける権利の保障のもと、逮捕後、

弁護人へのアクセスを制限したまま刑事告発を受けた者（以下、被告発者〔the accused〕）を取り調べること、あるいはそれによって採取した自白を有罪証拠とすることは、弁護権（同条3項(c)）とともに、黙秘権（同条1項）の侵害にあたるとした。弁護人の援助によって黙秘権を確保するという予防的ルールを確立したのである。その後の判例は、弁護人の援助の必要性・重要性をあらためて強調し、その保障をいっそう強化する方向に進んでいる。また、この動向を踏まえ、黙秘権の本質を再検討し、被疑者の効果的防御を可能にするための防御権的性格を重視したうえで、身体拘束下の取調べの場面において、黙秘権を確保するための弁護権の保障のあり方を構想しようとする理論的営為もみられる。

　本章は、これらに検討を加えることによって、身体拘束下の取調べという場面において、被疑者の黙秘権の性質をどのように理解すべきか、また、黙秘権を確保するために、弁護権の保障がどのように具体化されるべきかを明らかにする。それによれば、取調べへの対応が防御上重要な意味をもつ以上、防御権的性格を有する黙秘権を確保するための手続保障として、被疑者が自己の権利を十分理解したうえで取調べに臨み、黙秘するか、なにを、どのように供述するかを判断するにあたり、取調べに先立つ弁護人との接見とあわせ、取調べ中の弁護人立会権が保障されなければならない。このような弁護人の援助は、黙秘権を確保するための手続保障として、憲法34条の弁護権とともに、憲法38条1項により基礎づけられることになる。黙秘権を基軸に据えつつ、強固な人権の基盤のうえに建てられた手続保障であれば、取調べの「真相解明」機能による相対化を免れることができるであろう。

## 2　欧州人権裁判所判例の展開

### (1) サルダズ対トルコ事件判決

　弁護人の援助による黙秘権の確保という予防的ルールを確立したのが、2008年のサルダズ判決である。この事件において、申立人は逮捕され、被疑事実と黙秘権を告知する書面に署名した後、警察の取調べを受けた。この間、国内刑訴法に基づき、反テロ法違反の嫌疑によるという理由から、弁護人へのアクセスが拒否され、取調べに弁護人が立ち会うことはなかった。その後、取調べにより採取された自白を証拠として、有罪判決が言い渡された。

欧州人権裁判所大法廷は、証拠収集その他刑事手続に関するルールがますます複雑性を増すなか、捜査手続における被疑者の「脆弱性」はさらに高まっており、「ほとんどの場合、このような深刻な脆弱性は、弁護人の援助によってこそ、はじめて埋め合わせられる。弁護人は、わけても自己負罪を強要されない被疑者の権利が尊重されるよう確保することを任務としている。……弁護人への早期のアクセスは、手続のなかで自己負罪拒否特権のまさに本質が否定されてしまったのではないか検討するにあたり、手続保障の構成要素として、当裁判所がことのほか重視するものである」とした。

　そのうえで、欧州人権裁判所は、公正な裁判を受ける権利を実効的に保障するためには、「弁護人へのアクセスは、具体的事情からみて、その権利を制約すべきやむにやまれぬ理由が立証された場合を除き、原則として警察による最初の被疑者取調べの時点から保障されなければならない。さらに、やむにやまれぬ理由により、弁護士へのアクセスの制限が例外的に正当化される場合でも、その制限は、欧州人権条約6条により保障される被疑者の権利を不当に害してはならない。取調べが弁護人へのアクセスなくして行われ、それによって採取された自己負罪供述が有罪認定に用いられるときは、防御の権利は、原則として回復不可能なまでに害されることになる」と判示し、本件において、「警察による身体拘束中に弁護人へのアクセスが認められなかったことは、申立人の防御権を回復不可能なまでに害することになる」と認めたうえで、条約6条1項・3項(c)の違反があるとした。

　このように、サルダズ判決は、弁護人へのアクセスを制限しつつ取調べがなされた場合、その結果採取された自白は、個別具体的事情のいかんによらず、直ちに排除されるべきとする予防的ルールを、あらゆる制度的制限も排除されるという絶対的要求に近い意味において原則化した。翌2009年、ダヤナン対トルコ事件の欧州人権裁判所判決[7]は、たとえ申立人が取調べにおいて黙秘していたとしても、身体を拘束された被疑者が取調べに先立ち弁護人にアクセスする権利を制限することは、それ自体直ちに条約6条1項・3項(c)に違反するとの判断を示し、予防的ルールをいっそう明確化した。

### (2) パノビッツ対キプロス事件判決

　欧州人権裁判所は、2008年末、パノビッツ対キプロス事件[8]において、警察による取調べの段階で弁護人の援助が欠けていたことが、欧州人権条約に違反するとした。当時17歳の申立人は、謀殺および強盗の嫌疑について任

意出頭を求められ、父親とともに警察署に出頭し、被疑事実や供述の不利益使用の可能性の告知を受けた後、取調べを受けた。しばらくして申立人は逮捕され、その後の取調べにおいて自白するに至った。取調べ開始前、申立人も、父親も、弁護権の告知を受けておらず、父親が弁護権の告知を受け、捜査官から弁護人の選任を勧められたのは、申立人が自白する直前であった。その後、これらの自白を証拠として有罪判決が言い渡された。

　欧州人権裁判所は、「申立人の取調べ中に弁護人の援助が欠けていたことは、やむにやまれぬ、しかしなお手続全体の公正さを損なうことのないような理由がない限り、その防御権を侵害することになる」としたうえで、この事件の個別具体的事情に即しつつ、申立人による有効な権利の放棄が認められるかを検討した。

　欧州人権裁判所は、重要な公共の利益に反しないこと、放棄する権利の重大性に見合った手続保障があること、黙示の放棄である場合、放棄がもたらす結果を合理的に理解していたこと、という先例による有効性の基準を確認した後、「刑事告発を受けた少年の脆弱性と、刑事手続の本性に由来してその者が直面することになる力の不均衡にかんがみるとき、条約6条による重要な権利の放棄が有効とされるのは、その者が自己の防御権について十分に理解し、その放棄がもたらす結果を理解することができるよう当局が可能な限りの合理的措置を尽くしたうえで、権利の放棄が明確な仕方で表示された場合のみである」と判示した。

　欧州人権裁判所によれば、申立人の年齢、親や弁護人の助言が与えられなかったことからすれば、申立人が自己の弁護権について十分理解していたとはいえず、取調べに先立ち弁護人と相談する権利について、警察は告知を行うだけで、必要な積極的措置をとらなかった点において、その防御権が侵害されている。また、申立人も、その代理として親も、取調べに先立ち法的援助を受ける権利を明確な仕方で放棄したとは認められない。さらに、黙秘権についても、たんに告知するだけでは、申立人が権利の性質を理解するために不十分であって、有効な放棄は認められない。欧州人権裁判所はこのように認定したうえで、条約6条1項・3項(c)違反を認めた。

## (3) ビシャリニコフ対ロシア事件判決

　欧州人権裁判所は、2009年、ビシャリニコフ対ロシア事件[9]においても、弁護人の援助のないままなされた警察の取調べについて、条約違反を認めた。

申立人は、加重強盗の嫌疑により逮捕され、逮捕当日およびその翌日、弁護士を指名し、弁護人として選任したいとの意思を明示したものの、弁護人の選任を受けることなく、その援助を欠いたまま取調べを受けた。捜査機関は、指名された弁護士に連絡をとることができなかったにもかかわらず、別の弁護士や地方弁護士会の派遣弁護士を選任するよう、申立人に助言することはなかった。この取調べにおいて、申立人は、殺人、誘拐、ハイジャック、武器不法所持などの犯罪行為を行う集団に参加していたことを供述し、その後、有罪判決を言い渡された。

　欧州人権裁判所は、弁護権の制限を正当化する理由がないことを確認したうえで、弁護権の有効な放棄が認められるかを検討した。欧州人権裁判所によれば、放棄する権利の重大性に見合った手続保障があること、放棄がもたらす結果を合理的に理解していたことなどに加え、弁護権が公正な裁判の保障にとって基本的権利であることから、「十分な理解と合理的判断に基づく放棄 (knowing and intelligent waiver) の基準という特別な保護」が要求されることになる。被告発者が、権利を告知された後、自己の権利を有効に放棄し、取調べに応答することがまったく許されないわけではないにせよ、「被告発者が弁護人を要求した場合には、さらに特別な手続保障が要求されることになる。なぜなら、弁護人の援助の機会が与えられていないとき、自己の権利について理解する可能性が低下し、その結果、その権利が行使される機会も減少するからである」。

　このように判示したうえで、欧州人権裁判所はこの事件の個別具体的事情に即して検討を進め、「被告発者が、取調べ中に弁護人の援助を受ける権利を実際に行使しようとした場合には、その者が自己の権利を教示されたにもかかわらず、その後の警察主導の取調べに応答したことを示すだけでは、その権利の有効な放棄を立証したことにはならない。……この事件の申立人のように、被告発者が弁護人の援助を受け、弁護人を通じてのみ捜査過程に参加するという意向を表明した場合には、その者自身が警察官または検察官とのさらなるコミュニケーション、やりとり、会話を主導的に開始したのでない限り、弁護人による援助の機会を実際に与えられるまでは、捜査当局のさらなる取調べが行われてはならない」とした。欧州人権裁判所によれば、この事件において、申立人が自ら主導して取調べを開始したという事実は認められず、有効な放棄があったとはいえない。

　欧州人権裁判所はこのように述べた後、弁護人の援助を欠くなかでは、複

雑で技術的な刑事手続を理解することも、自白するとの判断がどのような結果をもたらすことになるか正確に評価することも、自己の権利を十分理解したうえで、それを行使することもできなかったと認められ、このような申立人の不利な立場は、取調べの場面で警察や検察官に取り囲まれるなかいっそう深刻なものとなるとした。欧州人権裁判所は、逮捕当日と翌日の取調べとその結果採取された自白の影響下、その後の取調べによってさらに自白が採取され、これら後の自白が有罪認定の証拠とされている以上、弁護人へのアクセスの制限により、手続全体の公正さが損なわれる結果となったとして、条約6条1項・3項(c)違反を認めたのである。

### (4) 欧州人権裁判所判例の含意

　サルダズ判決は、欧州人権条約6条1項による公正な裁判の保障のもと、取調べに先立つ弁護人へのアクセスの制限が、原則として黙秘権と弁護権の侵害になるとした。この判決は、取調べ前の弁護人の選任自体が許されなかったという事案についてのものであった。この「アクセス」という概念には広がりがあることから、サルダズ判決が取調べ中の弁護人立会権の保障をも含意しているのかをめぐって、意見が対立した[10]。これを肯定する見解もあった。しかし、取調べに先立ち弁護人と接見する機会が保障されることを判示したにとどまるとの理解も有力であった[11]。

　そのようななか、パノビッツ、ビシャリニコフ両判決は、弁護人立会権について、欧州人権裁判所がその立場を明らかにしたものとして受け止められた。もっとも、これらはともに、サルダズ判決と同じく、取調べに先立つ弁護人の選任が許されず、そのいかなる援助も欠くなかで取調べが行われたという事案に関するものであり、弁護人立会の要求が拒否された事案についてのものではない。また、中心的争点は、弁護人の援助がないまま行われた取調べへの応答をもって、有効な権利放棄が認められるのかということであった。これら両判決が、取調べ中の弁護人立会権の保障について、肯定、否定、いずれかの判断を明示したわけではない。

　しかし、パノビッツ判決が、「申立人の取調べ中に弁護人の援助が欠けていたことは、やむにやまれぬ、しかしなお手続全体の公正さを損なうことのないような理由がない限り、その防御権を侵害することになる[12]」とし、ビシャリニコフ判決も、権利放棄の有効性を検討するなかで、「被告発者が、取調べ中に弁護人の援助を受ける権利を実際に行使しようとした場合には、

その者が自己の権利を教示されたにもかかわらず、その後の警察主導の取調べに応答したことを示すだけでは、その権利の有効な放棄を立証したことにはならない[13]」と述べたことから（傍点はいずれも引用者）、サルダズ判決が弁護人立会権を保障していたことを前提にして、これら両判決はそれに依拠したのだとの理解が広がった[14]。サルダズ判決の判示が争点となったカダー対法務総裁事件[15]において、法律家によるNGOジャスティスが英国最高裁に提出した意見書も、同様の理解を示している[16]。たしかに、サルダズ判決自体、申立人の取調べについて、それが弁護人の立会を欠くなかで行われたものであることを明示しており[17]、また、二人の裁判官の同調を得て示されたザグレベルスキー裁判官の補足意見は、全員一致の大法廷判決が、少なくとも「裁判所により証拠として取り調べられる正式の記録が作成される取調べ中の」、または「取調べ中および取調べ開始時点から」の弁護人の援助を保障することを含意していたと指摘している（傍点はいずれも引用者）[18]。

とはいえ、厳密に考えるならば、これらの判決が取調べ中の弁護人立会権を保障したと断言することは難しいかもしれない。少なくとも、これらの判決はそのように明示していない。

逆に、欧州人権裁判所の判例が弁護人立会権を否定していると理解すべきでもない。この点こそが重要である。実際、2009年に公表された調査研究[19]によれば、欧州人権条約締約国とは一致しないが、EU加盟国27か国中、未回答のマルタを除く26か国のうち22か国において、警察取調べに先立つ弁護人との接見の機会が保障され、同じく22か国において、警察取調べ中の弁護人立会権が認められていた。欧州人権条約の判例は、対象とした事案が取調べ前の弁護人の選任自体を許さなかったものであったことから、アクセス制限の点において条約違反との判断を示したのであって、さらに取調べ中の弁護人立会権までは必要ない、としたわけではないのである。むしろ、パノビッツ、ビシャリニコフ両判決が用いた表現からしても、また、弁護人の援助による黙秘権の確保という予防的ルールの趣旨からしても[20]、弁護人立会権を保障することは、欧州人権裁判所の判例の線に沿っているということができよう。

# 3 黙秘権と弁護権の交錯

## (1) 黙秘権の二重の性格——保護的権利と防御権

　サルダズ判決へと至る欧州人権裁判所判例の批判的検討を通じて、身体を拘束された被告発者の取調べに焦点を合わせつつ、黙秘権の正当化根拠や機能、弁護権との関係について理論的考察を加えたのが、ジョン・ジャクソンである[21]。

　サラ・サマーズは、刑事手続上の権利保障について、欧州人権裁判所の判例が被告発者の人格的自律性の保護を強調する一方、公正さを制度的・手続的に確保するための防御的機能を軽視してきたと分析している[22]。また、イアン・デニスは、自己負罪拒否特権の正当化根拠に関する理論を分析し、それらを、実体的価値の擁護に関する根拠と「訴追プロセスの規準（accusatorial process norms）」に関する根拠とに分類している[23]。アンドリュー・ロバーツは、捜査段階における被告発者の手続的権利を、自己に有利となるよう積極的に防御を行うべく、手続への参加の機会を確保するための権利（参加的権利）と、被告発者のために満足いく程度の手続的正確さを用意することにより、誤った事実認定を予防するための合理的手段を講じるよう、国に対して義務づけるための権利（保護的権利）とに分類することができるとしている[24]。

　これらの見解を踏まえ、ジャクソンは、欧州人権裁判所の判例において、黙秘権は当初から公正な裁判を受ける権利と緊密に結びつけられ、それにより根拠づけられてきたものの、黙秘権の正当化根拠において、個人の尊厳や人格の自律性、自由な意思決定という実体的価値の保護という側面ばかりが強調されてきたことを批判する。ジャクソンによれば、黙秘権とは別にプライバシーの権利や表現の自由が保障され、拷問や非人道的取扱いが禁止されていること、供述の強要以外の方法によっても、自由な意思は侵害されうることからすれば、これら実体的価値の保護のみをもって、黙秘権の正当化根拠とすることは難しい。また、黙秘権と無罪推定との関連も不明確であり、黙秘権が無辜の保護に役立つかどうかは、真犯人の処罰の回避についてと同様、明らかなことではないから、黙秘権をこれらによって道具主義的に正当化することも困難である。

　ジャクソンは、黙秘権の防御権的性格、すなわち被告発者に効果的防御を可能にするための手続的権利としての側面を重視すべきであり、とくに身体

拘束下の取調べという場面においてそうであるとする。ジャクソンによれば、これまで黙秘権については、被告発者に対して供述を強要するような身体的・精神的圧迫を排除し、その供述の自由を保護するという保護的権利の側面が強調されてきた。しかし、捜査手続においても、手続全体に占めるその重要性からすれば、被告発者が効果的防御を行うことができるよう、公判手続におけるのと同程度の防御権が保障されるべきであり、黙秘権についても、このような防御権としての性格、効果的な防御を行うための手続的権利としての側面がより重視されるべきである。

　黙秘権の防御権的性格からすれば、被疑者を取り調べることが許されるのは、被告発者が効果的防御を行うことができるよう確保するための手続保障が用意され、それが機能したときに限られる。そのような手続保障が機能したならば、取調べは許されるものの、保護的権利としての黙秘権が保障されることから、被告発者に供述を強要することは許されない。このような効果的防御のための手続保障としては、第1に、身体拘束下の取調べにおいて、被告発者は強い圧力に曝されることになるから、取調べに先立ち弁護人と接見し、相談する機会が与えられなければ、自己の弁護権を有効に放棄したとは認められない。第2に、被告発者が自己の権利を十分理解したうえで取調べに臨み、取調べにどのように対応するか判断するにあたり、弁護人の援助が保障されなければならない。取調べにおいて黙秘するか、なにを、どのように供述するかは、被告発者の防御にとって重要な意味を有している。後の公判手続の結果を左右するだけでなく、その後の捜査の進め方、公訴提起の判断、ダイバージョンの選択に重大な影響を与える。手続全体にわたる見地から効果的な防御を可能にするために、被告発者が取調べにどのように対応するか判断するにあたり、弁護人の援助が保障されなければならないのである。

## (2) 弁護権の保護的機能と参加的機能

　ジャクソンによれば、二重の性格を有する黙秘権は、このような形で弁護権と結節する。これを弁護権の機能としてみると、第1に、身体拘束下の取調べにおいて被告発者が自白を強要され、その意思に反する供述をさせられることのないよう確保するために、弁護人の援助が保障される。その結果、無辜の不処罰ももたらされる。黙秘権の保護的権利としての側面に対応した、弁護権の保護的機能である。第2に、黙秘権の防御権的性格に対応して、

弁護権は、被告発者に効果的防御を可能にするための参加的機能を有する。すなわち、被告発者が手続全体にわたる見地から効果的な防御を行うことができるよう、自己の権利とそのもたらす結果を理解したうえで取調べに臨み、取調べにどのように対応するか判断するにあたり、弁護人の援助が保障されるのである。

欧州人権裁判所のサルダズ判決は、身体拘束下の取調べにおける弁護人の援助の保障は、「公正な裁判という概念の中核にある」ものであり、その正当化根拠は、なかんずく「捜査・訴追当局による虐待や強制から被告発者を保護」し、「誤判を防止する」こととともに、「条約6条の目的、とりわけ捜査・訴追機関と被告発者とのあいだの武器平等を実現すること」にあると述べている[25]。前者が保護的機能に、後者が参加的機能にあたる。これら二重の機能を有する弁護人の援助によって黙秘権を確保しようとしたのである。

サルダズ判決中、ザグレベルスキー裁判官の補足意見は、弁護権の二重の機能について、「弁護人が警察留置場または刑事施設に拘束されているあいだ被告発者と接見する機会があるという事実は、他のいかなる手段以上に、条約3条によって禁止されている取扱い（拷問または非人道的なもしくは品位を傷つける取扱い・引用者）を防止するのに効果的である」（保護的機能）とする一方、弁護人の援助は、より広く、弁護人の援助を受けて展開される身体を拘束された被告発者の防御権の一側面として理解されるべきであって、「身体を拘束された被告発者に対する公正な手続としては、その者が弁護人の援助ととくに結びつけられるあらゆる類のサービス、すなわち事件に関する相談、防御の準備、被告発者に有利な証拠の収集、証人尋問の準備、苦難に瀕した被告発者の支援、拘禁状態の確認などを受けることができ、また、弁護人がそれらを提供することができなければならない」（参加的機能）としている[26]。

## 4 黙秘権、弁護権と弁護人立会権

### (1) 弁護人立会権と黙秘権

以上の検討を踏まえ、日本法において、どのような手続保障が必要とされるべきであろうか。

自由権規約14条のもとでも、類似の規定である欧州人権条約6条のもとにおいてと同様、弁護人の援助による黙秘権の確保という予防的ルールが保

障されるべきであり、少なくとも、身体拘束下にある被疑者が、弁護人となろうとする者としての当番弁護士との接見を含め、弁護人等との接見を申し出たときは、取調べに先立ち、または取調べを中止して、速やかに接見の機会を付与しなければならない。このような手続保障が、自由権規約14条3項(f)の黙秘権とともに、同項(d)の弁護権から要請されることについては、前稿において論じたところである[27]。

　それでは、身体を拘束された被疑者が取調べを受けるとき、弁護人立会権は保障されるのか。弁護人立会権については、その必要性を認めながらも、刑訴法においてそれを明記した規定が存在しないこと、現行法の立法経緯などから、立法論的課題ないし運用上の裁量の問題とする見解が多い[28]。

　他方、憲法の規定を根拠にして、現行法上も保障されているとの立場も有力である[29]。このなか、合衆国憲法修正5条の黙秘権を確保するための予防的ルールとして弁護人立会権を認めた合衆国最高裁ミランダ判決を参照しつつ、黙秘権（38条1項）の実質的保障のための手続保障として、弁護人立会権を位置づける見解が注目される[30]。このとき、黙秘権の保障を実質化するための弁護人の援助を、さらに憲法34条の弁護権により根拠づける見解もある[31]。弁護人立会権を、このように黙秘権を基軸に据えて構成するとき、黙秘権が絶対的性格を承認されてきた権利であるだけに[32]、弁護人立会権は強固な人権の基盤のうえに建てられ、取調べの「真相解明」機能による相対化から免れることができるであろう。

　このとき問題となるのが、黙秘権の内実である。これまで、弁護人立会権を基礎づける黙秘権の内実としては、被疑者における供述の自由な意思の保護ないし被疑者に対する供述の強要禁止が想定されていた。黙秘権の保護的権利としての側面である。このような理解は、弁護人立会の目的とも関連する。三井誠は、弁護人立会の目的について、これまでの議論は違法な取調べ規制（自白強要の防止）が中心であり、あわせて供述の自由の確保に言及するにとどまっていると指摘するが、それも、黙秘権の内実を、供述の自由の保護と供述の強要禁止として捉えてきたからのことであろう[33]。

　黙秘権の内実をこのように理解したならば、供述の強要を防止し、被疑者の供述の自由を保護するための他の効果的な手続保障が用意されている限り、弁護人立会権を保障するまでの必要はないということにもなりうる。近年、取調べ全件・全過程の録音・録画が、取調べの適正化方策の中心に位置づけられるなか、弁護人立会権の要求が後退しているようにみえるのは、取調べ

受忍義務を前提としたときに弁護態勢の確保が困難であることとともに、そのような理由からであろう。

## (2) 黙秘権の防御権的性格と弁護人の援助

　しかし、黙秘権については、ジャクソンが説くように、保護的権利としての側面とともに、被告発者が効果的な防御を行うための防御権的性格を有するものと理解したうえで、身体拘束下の取調べにおいては、この防御権的性格を重視すべきである。

　黙秘権の確立に関するジョン・H・ラングバインの歴史研究は、黙秘権が確立するための制度的・手続的条件を明らかにしている[34]。それによれば、「被告人供述」型裁判においては、弁護人の援助や自己に有利な証人の活用が禁止・制限されていたことから、自己の防御のためには被告人自身が弁明することを余儀なくされ、黙秘権の現実的な存在基盤が欠けていた。刑事訴訟が「被告人供述」型裁判を脱却して、「訴追吟味」型裁判へと移行することによって、すなわち検察官が犯罪事実に関する立証責任を負い、被告人に証人喚問の機会を認める弾劾主義刑事訴訟において、被告人に代わりその防御のために証人尋問や弁論を行う弁護人の援助が提供されるなかでこそ、はじめて被告人は自己の防御のために自ら弁明することを余儀なくされる地位から解放され、黙秘権の現実的な存在基盤が形成された。このことから分かるのは、黙秘権は、それが確立するための制度的・手続的条件という観点からも、弁護権、証人喚問権など、被告人の防御権と深く結びついているということである[35]。ここにおいて、黙秘権の本質において、防御権的性格を見出すことが可能であろう。この点においても、保護的権利としての性格とともに、防御権的性格を重視するジャクソンの見解には説得力があるといえよう[36]。

　黙秘権の防御権的性格からすれば、ジャクソンが指摘するように、身体を拘束された被疑者が効果的防御を行うことのできるよう確保するための手続保障が用意され、機能しない限り、いかなる取調べも許されないことになる。そのような手続保障としては、第1に、被疑者が取調べに先立ち弁護人と接見し、相談した後でなければ、弁護権の有効な放棄があったとは認められない。身体拘束下の取調べにともなう強い圧力からすれば、被疑者が弁護人と接見することなく、その弁護権を放棄し、取調べを受けることは許されないのである。第2に、取調べへの対応は防御上特別に重要な意味を有しているから、被疑者が効果的防御を行うことができるよう、自己の権利とその

もたらす結果とを十分理解したうえで、黙秘するか、なにを、どのように供述するかについて、取調べにどのように対応するか判断するにあたり、弁護人の援助が保障されなければならない。このような弁護人の援助こそが、防御権的性格を有する黙秘権を確保するための手続保障として、要求されることになる。

　ここにおいて問題となるのが、取調べ受忍義務である。ジャクソン自身は、受忍義務について直接論じていない。それはおそらく、取調べに厳格な期間的・時間的限定がかけられ、弁護人立会権、全件・全過程の可視化、自白の証拠能力の制限など実効的な手続保障が備えられた多くの欧州諸国の状況を前提として、議論を展開しているからであろう。しかし、受忍義務を肯定することは、黙秘権と適合しえないといわざるをえない。身体を拘束された被疑者が取調べを拒否したときでも、取調べを強制できるとすることは、「『自白しなくても良い。だが自白するまでは取調べは続ける』というのは、現実的な経験則によれば自白の強要である[37]」という意味において、供述の強要を禁止し、供述の自由を保護しようとする黙秘権の保護的権利としての側面と矛盾する。のみならず、黙秘権の防御権的性格とも相容れない。身体を拘束されたうえ、さらに意思に反して強制される取調べのなかで、被疑者が自己のために効果的防御を行うことは、たとえ弁護人の援助が与えられたとしても、実際にはきわめて困難だからである。取調べ受忍義務の肯定は、これら両面において黙秘権と矛盾するのである。ジャクソンも、弁護権の放棄をめぐって、身体拘束下の取調べの強制的圧力を強調していたことからすれば、受忍義務の否定は、その見解にやはり親和的だといえよう。

## （3）弁護権の参加的機能と弁護人立会権

　防御権的性格を有する黙秘権を確保するための手続保障として、弁護権の参加的機能が発揮される。すなわち、第1に、取調べに先立ち弁護人と接見し、相談した後でなければ、被疑者は、弁護権を有効に放棄したとは認められない。第2に、被疑者が自己の権利を十分理解したうえで取調べに臨み、取調べにどのように対応するかを判断するにあたり、取調べに先立つ接見だけでなく、取調べへの弁護人の立会が保障されなければならない。このような援助によってこそ、身体拘束下の取調べの場面において、被疑者は手続全体にわたる見地から効果的防御を行うことが可能になる。取調べへの対応について的確な実効的援助を提供するためには、弁護人は取調べに立ち

会ったうえで、具体的尋問に即して、また、具体的尋問に対し被疑者がどのように対応したかを確認しつつ、助言・相談を行う必要がある。弁護権の参加的機能を十分発揮させるためには、弁護人立会権の保障が不可欠なのである。

もちろん、弁護人の立会は、取調べにおいて自白強要につながる威圧・脅迫、誘導・暗示などがないよう監視・確保し、被疑者の供述の自由を保護することにもなる。このような形で、弁護権の保護的機能が発揮され、保護的性格を有する黙秘権が確保されるのである[38]。

もともと弁護権は、被疑者・被告人は弁護人の援助を通じて、自己の法的地位を保護し、また、効果的防御を行うことができるとするものである。被疑者・被告人が身体を拘束されたとき、このような弁護人の援助がひときわ必要かつ重要となることから、憲法34条がおかれた。最高裁大法廷判決が、憲法34条による「弁護人に依頼する権利は、身体の拘束を受けている被疑者が、拘束の原因となっている嫌疑を晴らしたり、人身の自由を回復するための手段を講じたりするなど自己の自由と権利を守るため弁護人から援助を受けられるようにすることを目的とするものである」としたのも[39]、このような趣旨によるといえるであろう。

そうであれば、身体拘束下の取調べにおいて、被疑者の黙秘権、すなわち保護的権利としての性格のみならず、防御権的性格を有する黙秘権を確保するために弁護人の援助が保障されるべきことは、まさに弁護権の本質的要請だということができる[40]。したがって、取調べに先立つ接見とあわせ、取調べ中の弁護人立会権が、黙秘権の確保のために保障されるべきとき、これらは、憲法38条1項の黙秘権とともに、同34条の弁護権により基礎づけられることになる。弁護人の援助による黙秘権の確保という関係において、黙秘権と弁護権とが結節するのである[41]。

黙秘権の性格を供述の自由の保護と供述の強要禁止として捉え、取調べへの弁護人立会の目的を「暴行・脅迫など不当な取調べを抑制することにある」としたうえで、弁護人の立会によって、「被疑者の主張を的確に誤りなく伝える、被疑者が取調官の質問を誤解したりせず、適切に供述する手助けをする」ことを、憲法34条の弁護権として保障すべきとする見解がある[42]。このような法的援助は、たしかに弁護権により基礎づけられるというべきであるが、黙秘権の防御権的性格を承認するとき、あわせて黙秘権によっても基礎づけられているというべきであろう。弁護人立会権を弁護権とともに、黙秘

権により基礎づけることによって、弁護人の援助による黙秘権の確保という黙秘権と弁護権の関係を明確化することができ、また、全件・全過程の可視化など他の手続保障によっては代替できない、弁護人立会権の手続保障としての不可欠性を示すことができるであろう[43]。

## 5　立会弁護人の役割

　以上論じてきたように、黙秘権は供述の自由を保護し、供述の強要を禁止するという保護的権利としての性格だけでなく、取調べにおいて被疑者の効果的防御を可能にするための防御権的性格を有している。取調べへの対応が防御上重要な意味をもつ以上、防御権的性格を有する黙秘権を確保するための手続保障として、被疑者が自己の権利を十分理解したうえで取調べに臨み、取調べにどのように対応するかを判断するにあたり、取調べに先立つ弁護人との接見とともに、取調べ中の弁護人立会権が保障されなければならない。ここにおいて、弁護権の参加的機能が発揮されることになる。このような弁護人の援助は、黙秘権を確保するための手続保障として、憲法34条の弁護権とともに、憲法38条1項の黙秘権により基礎づけられることになるが、黙秘権を基軸に据えつつ、強固な人権の基盤のうえに建てられることによって、取調べの「真相解明」機能による相対化を免れることができる。

　弁護人立会権を承認したとき、立会弁護人はなにをなしうるか、また、なすべきかが問題となる。これは、弁護人立会の目的をどのように理解するかに関連する。供述の強要を防止し、被疑者の供述の自由を保護することが目的だとするならば、弁護人の役割は、自白強要につながる威圧・脅迫、誘導・暗示などがないよう監視すること、あるいはそれらをともなう取調べがなされたとき異議を申し立て、場合によっては取調べを中止させることとなるであろう。

　弁護人立会の目的として、防御権的側面における黙秘権を確保し、被疑者の効果的防御を可能にすることを重視するならば、さらに弁護人には、より積極的・能動的役割が期待されることになる。すなわち、取調べ中、取調官の具体的尋問に即して、被疑者が取調べにどのように対応するか、すなわち黙秘するか、なにを、どのように供述するかについて判断するにあたり、手続全体にわたる効果的防御の見地から、助言・相談を提供すべきことになる

であろう。助言・相談を提供するにあたり、必要に応じて、弁護人は取調べの打切りを要求したうえで、刑訴法39条1項による秘密接見の機会を設けるべきことになる。また、具体的尋問の意味が曖昧なときは、その意味を明確化するために、捜査官に質問をすべきことになるであろう。このようにして、弁護権の参加的機能が発揮されるのである。

EU加盟国の状況をみると、4か国を除く22か国において、警察取調べ中の弁護人立会権が認められており、それらの国のうち19か国において、弁護人が取調べに介入することが認められ、21か国において尋問内容について質問することが、21か国において意見を述べることが、18か国において取調べを中断させて、被疑者と秘密の相談をすることが認められている[44]。イングランド・ウェールズにおいては、立会弁護人の役割について、1984年警察刑事証拠法の運用規程C付属解説が、「警察署における弁護士の唯一の役割は、自己の依頼者の法的権利を保護し、増進することである。そのために弁護士は、ときには、依頼者が訴追側立証を強化するような証拠の提供をしなくなるであろう効果をともなう助言をする必要もある。弁護士は、尋問の意味を明確化するために介入し、自己の依頼者にとって不適切な内容の尋問もしくは尋問方法に異議を申し立て、個別の尋問に応答しないよう自己の依頼者に助言し、または必要と認めるときは、自己の依頼者に対してさらに法的助言を提供することができる」と述べている[45]。立会弁護人には、たんに自白強要がないよう監視・確保するだけの役割を超えて、より積極的・能動的に、被疑者の効果的防御を可能にするための援助の提供という役割が期待されているといえよう。弁護権の参加的機能の発現といってよい。

それでは、取調べにおいて被疑者が黙秘した後、弁護人が被疑者に代わって具体的尋問に応答することは認められるべきか。もちろん、被疑者と弁護人とのあいだに十分なコミュニケーションがあり、被疑者自身の意向ないし指示に沿う限りにおいてである。イングランド・ウェールズにおいては、警察刑事証拠法の運用規程C6.9が、「弁護士が立ち会った取調べの場から離れるよう要求されるのは、その行為により、取調官が被疑者に対して適切な尋問を行うことが不可能になる場合に限られる」と定めているのを受け、同付属解説が、「運用規程6.9が適用されるのは、立会弁護士の働きかけまたは行為により、被疑者に対して適切な尋問を実施し、またはその対応を記録することが不可能になり、または不合理に妨げられる場合に限られる。容認されない行為の例としては、被疑者に代わり尋問に応答すること、被疑者が引用

するために書面の応答を提示することなどがある」としている[46]。取調官の尋問に対して被疑者自身が応答することが求められ、弁護人が被疑者に代わって応答することは認められないようである。その背景には、取調べは被疑者自身の供述を引き出すための手続であって、被疑者に有利な方向であれ、不利な方向であれ、被疑者の供述は重要な証拠となりうるとの認識があり、それゆえにこそ、厳しい期間と時間の制限、全件・全過程の録音・録画、弁護人の援助へのアクセスなど、厳格な手続保障のもととはいえ、逮捕後、正式告発までのあいだ、被疑者に取調べ受忍義務が課されているのであろう[47]。

しかし、上述したラングバインの歴史研究からすれば、身体拘束下の取調べの場面でも、被疑者にとって自己に代わり自己の防御のために弁明してくれる弁護人の援助こそが、被疑者自身が自己の防御のために供述を余儀なくされることなく、黙秘することを現実に可能にするための制度的・手続的条件であるといえよう。そうであるならば、たとえ取調べ受忍義務が否定されるにせよ、被疑者が取調べに臨む以上、その黙秘権を確保するためには、取調べに弁護人が立ち会い、被疑者に代わり取調官の尋問に応答することを認めるべきことにもなろう。少なくとも、被疑者が黙秘し、または取調べを打ち切ったとき、黙秘や打切りが直ちに被疑者にとって防御上不利益な結果を生じさせないよう、弁護人が被疑者の立場から意見をまとめ、それを提出する機会を認めるべきであろう。

1  川崎英明「違法取調べの抑制方法」井戸田侃編『総合研究・被疑者取調べ』(日本評論社、1990年)、白取祐司「捜査の可視化と適正化」自由と正義54巻10号(2003年)、渕野貴生「被疑者取調べの課題」法律時報79巻12号(2007年)など。
2  「包括的防御権」に基づく可視化を構想するものとして、渡辺修「被疑者取調べの録画——『可視化原理』と『包括的防御権』」季刊刑事弁護39号105頁(2004年)、小坂井久『取調べ可視化論の現在』(現代人文社、2009年)56頁が注目される。また、アメリカ憲法論の展開として、クリストファー・スロボキン「取調の録音録画に向けて」指宿信『被疑者取調べと録画制度』(商事法務、2010年)315頁。可視化の権利論的構築は、それ自体重要課題である。
3  最近のものとして、「検察の在り方検討会議」の議論が興味深い(http://www.moj.go.jp/kentou/jimu/kentou01_00001.html)。
4  Miranda v Arizona, 384 U.S. 436 (1966).
5  稲田伸夫「被疑者の取調べ——検察の立場から」三井誠他編『新・刑事手続Ⅰ』(悠々社、2002年)、本江威憲「取調べの録音・録画記録制度について」判例タイムズ116号(2003

年)、山上圭子「英国における取調べの録音制度について」法律のひろば56巻6号 (2003年) など。

6 Salduz v Turkey, (2008) 49 EHRR 421. その意義、欧州人権裁判所の先例などを含め、葛野尋之「被疑者取調べの適正化と国際人権法」法律時報83巻3号 (2011年) 11-14頁 (本書第5章175-178頁) 参照。なお、欧州人権裁判所は、法執行機関・司法機関から正式に被疑事実が告知されたとき、被疑者が逮捕されたとき、警察により正式告発がなされたときなどには、欧州人権条約上の「被告発者」の地位が認められるべきとしている (D. J. Harris et al., Law of the European Convention on Human Rights 208-210 [2009])。

7 Dayanan v Turkey, application no. 7377/03, ECtHR Judgment of 13 October 2009.

8 Panovits v Cyprus, application no. 4268/04, ECtHR Judgment of 11 December 2008.

9 Pishchalnikov v Russia, application no. 7025/04, ECtHR Judgment of 24 September 2008.

10 Beijer, False Confession during Police Interrogations and Measures to Prevent Them, (2010) 18 European Journal of Crime, Criminal Law and Criminal Justice 311, 312-314.

11 オランダ最高裁の2009年判決も、このような立場をとった (HR 30 June 2009, LJN: BH 3079)。

12 Panovits v Cyprus, supra note 8, para 67.

13 Pishchalnikov v Russia, supra note 9, para 79.

14 Beijer, supra note 10, at 336; Hodgson, The French Prosecutor in Question, 67 Washington and Lee University Law Review 1361, 1398-1400 (2010).

15 Cadder v HM Advocate (Scotland), [2010] UKSC 43.

16 Intervention for Justice, The Supreme Court of the United Kingdom on Appeal from the High Court of Judiciary (Scotland) between HM Advocate and Peter Cadder 3-5 (2010), http://www.justice.org.uk/pages/cadder-v-hm-advocate.html.

17 Salduz v Turkey, (2008) 49 EHRR 421 para 14.

18 Salduz v Turkey, (2008) 49 EHRR 421, concurring opinion of Judge Zagrebelsky, joined by Judges Casadeval and Türmen.

19 Taru Spronken et al., EU Procedual Rights in Criminal Proceedings 36-37, 44-45 (2009), http://arno.unimaas.nl/show.cgi?fid=16315.

20 葛野・注6論文14-15頁 (本書第5章180-182頁)。

21 Jackson, Re-Conceptualizing the Right of Silence as an Effective Fair Trial Standard, (2009) 58 International and Comparative Law Quarterly 835.

22 Sarah J. Summers, Fair Trials: The European Criminal Procedural Tradition and the European Court of Human Rights 161-162 (2007).

23 Denis, Instrumental Protection, Human Right or Functional Necessity?: Reassessing the Privilege against Self-Incrimination, (1995) 54 Cambridge Law Journal 342, 348.

24 Roberts, Pre-Trial Defence Rights and the Fair Use of Eyewitness Identification Procedure, (2008) 71 Modern Law Review 331, 332-340.
25 Salduz v Turkey, (2008) 49 EHRR 421 para 53.
26 Salduz v Turkey, (2008) 49 EHRR 421, concurring opinion of Judge Zagrebelsky, joined by Judges Casadeval and Tuürmen.
27 葛野・注6論文14-15頁（本書第6章180-182頁）。
28 田宮裕『捜査の構造』（有斐閣、1971年）25頁、石川才顕『捜査における弁護の機能』（日本評論社、1993年）123頁、三井誠『刑事手続法（1）（新版）』（有斐閣、1997年）166-168頁、多田辰也『被疑者取調べとその適正化』（成文堂、1999年）335頁など。
29 大出良知「刑事弁護の憲法的基礎づけのための一試論」自由と正義40巻7号（1989年）は、黙秘権と自白法則の実効化を担保するための弁護人立会権が、憲法34条の弁護権により保障されるとする。また、渡辺修『被疑者取調べの法的規制』（三省堂、1992年）216頁以下、同『捜査と防御』（三省堂、1995年）250頁以下は、黙秘権、弁護権とともに、当事者主義刑事訴訟の一方当事者である被疑者・被告人という法的地位に由来する「包括的防御権」に基づくとする。なお、井戸田侃「取調べの法的規制」熊谷弘＝松尾浩也＝田宮裕編『捜査法大系Ⅰ』（日本評論社、1972年）248頁は、訴訟的捜査構造論を基礎にして、取調べを被疑者から弁解を聴取するための告知・聴聞の手続として位置づける立場から、弁護人立会権を導いている。
30 村井敏邦「刑事弁護の歴史と課題」自由と正義44巻7号（1993年）5－8頁、同「捜査の基本構造」松尾浩也＝鈴木茂嗣編『刑事訴訟法を学ぶ（新版）』（有斐閣、1993年）151頁、『刑事訴訟法』（日本評論社、1996年）116頁。ミランダ判決が弁護人立会権を合衆国憲法修正5条の黙秘権により根拠づけたことの前提には、修正6条の弁護権は「刑事上の訴追」を受けた「被告発者（the accused）」に対して保障されるのであり、正式の刑事告発、予備審問、正式起訴、略式起訴、アレインメントのいずれによるにせよ、正式の司法手続が開始された時点以降において保障されるとする確立した判例存在がある（小早川義則『ミランダと被疑者取調べ』〔成文堂、1995年〕275頁以下、日弁連刑事弁護センター編『アメリカの刑事弁護制度』〔現代人文社、1998年〕36-42頁〔後藤昭〕参照）。
31 高田昭正『被疑者の自己決定と弁護』（現代人文社、2003年）91頁以下。
32 田宮・注28書344頁は、ミランダ判決について、「黙秘権は個人の絶対権であるので、捜査の有効・無効に関係なく自己を貫徹できる。弁護権が黙秘権を担保するためのものと構成されることによって、たとえば接見が、捜査の利益との比較的なものから、絶対的な優先的地歩をかちえたのである」と端的に指摘している。
33 三井・注28書168頁。
34 Langbein, The Privilege and Common Law Criminal Procedure: The Sixteenth to the Eighteenth Centuries, in R. H. Helmholz et al., The Privilege Against Self-Incrimination: Its Origins and Development (1997). そうであればこそ、黙秘権の実質化において、捜査手続を含めた弾劾主義の強化が本質的課題となる。ラングバインの歴史研究につ

いて、吉村弘「(紹介)ジョン・H・ラングバイン『コモン・ロー上の自己負罪拒否の特権の歴史的起源』」北九州大学法政論集23巻1＝2号（1995年）、小川佳樹「自己負罪拒否特権の形成過程」早稲田法学77巻1号（2001年）、伊藤博路「自己負罪拒否特権の確立期についての一考察」帝塚山法学5号（2001年）、中島洋樹「被疑者・被告人の供述主体性（1）」法学雑誌51巻1号（2004年）参照。

35　石田倫識「被告人の主張明示義務に関する批判的考察」九大法学91号（2005年）21頁は、ラングバインの歴史研究に拠りつつ、「黙秘権の内容には、①供述を拒否することができる権利（黙秘権の消極的意義）のみならず、②自己を証拠方法とすることなくなお検察官立証に疑いを提示しうる権利（黙秘権の積極的意義）が含まれて」おり、「弁護人依頼権、証拠調べ請求権、証人喚問権など、被告人に認められた種々の防御権が、黙秘権を中核として一環をなしていることが窺える」とする。的確な指摘である。ただし、ここにいわれる積極的意義は、供述の自由、すなわち供述を強制されることなく自由に供述することをともなう「供述を拒否する」自由と区別された黙秘権の保障内容というより、むしろ黙秘権の性格ないし機能を意味するものというべきであろうから、黙秘権は保護的権利、防御権という二重の性格を有していると理解すべきではなかろうか。

36　黙秘権の生成・確立の歴史をみるとき、生成における起源と、その確立の制度的・手続的条件とは区別されるべきである。保護的権利、防御権という黙秘権の二重の性格に関するジャクソンの見解は、古代法に始まり、中世カソリック教会法のなかにも息衝いていた黙秘権の自然法的起源と、弾劾主義の近代的刑事訴訟、とりわけ弁護人の援助というその確立の制度的・手続的条件とに関する黙秘権の歴史的発展にも符合するであろう（R. H. Helmholz, supra note 34参照）。最近の歴史研究として、松倉治代「刑事手続における Nemo tenetur 原則（1）−（4・完）」立命館法学335-338号（2011年）参照。

37　後藤昭『捜査法の論理』（岩波書店、2001年）154-155頁。明示的な取調べ拒否がなくとも、否認ないし黙秘している被疑者に対する長時間または深夜にわたる取調べは、実質的な取調べの強制として許されないというべきである（同書155頁）。浜田寿美男『自白の研究（新版）』（北大路書房、2005年）は、実例をもとに、身体を拘束したうえでの取調べの強制がどのように被疑者から黙秘ないし否認する自由を奪う心理的圧迫を生むかを描き出している（とくに266-267頁参照）。

38　このような観点から、ミランダ判決は、事前の接見だけでは、身体拘束下の被疑者取調べに内在する強制的雰囲気を払拭して、被疑者の黙秘権を確保するには不十分だとして、弁護人立会権を保障した（Miranda v Arizona, 384 U.S. 436, 469-470 [1966]）。

39　最大判平11（1999）・3・24民集53巻3号514頁。

40　村井敏邦「密室の中での取調べと被疑者弁護の意義」ミランダの会編『「ミランダの会」と弁護活動』（現代人文社、1997年）33-34頁は、弁護人の確認のない供述調書への被疑者の署名拒否をめぐって、被疑者の供述調書の防御上の重要性からすれば、「供述した内容の妥当性、表現の適切性などの検討が必要であり、さらには、証拠としての適

切性について被疑者の立場からの検討が必要である。こうした点の検討・吟味は、被疑者の弁護の最も基本的な事柄である。したがって、被疑者に弁護人がついている場合には、この点の検討・吟味を弁護人とともに行うことができなくては、被疑者の弁護権が保障されているとは、到底いえない」と説いている。まさに正鵠を射ている。また、三井・注28書168頁は、弁護人立会の目的として、違法な取調べ規制(自白強要の防止)、供述の自由の確保に加え、「起訴前弁護の重要性が高まるに伴って、憲法34条にいう弁護を受ける権利との関係上」、「被疑者の防御利益の保護」に「注視する必要が出てこよう」とする。多田・注28書336頁が違法な取調べの防止とともに、被疑者の防御権の積極的保障という目的を承認し、そのために立会弁護人の取調べへの積極的関与を認めている点は注目される。黙秘権の防御権的性格からすれば、被疑者が効果的防御を行うことができるよう、取調べへの対応に関する判断について弁護人の援助が保障されるべきことは、弁護権の本質的要請であるとともに、黙秘権によっても基礎づけられるというべきであろう。なお、当番弁護士制度、被疑者国選弁護人制度による被疑者弁護の拡大・強化は、弁護人立会権の現実的基盤を提供する。この点について、葛野尋之「被逮捕者と公的弁護」季刊刑事弁護66号(2011年)(本書第7章)参照。

41 最大判平11(1999)・3・24民集53巻3号514頁は、憲法38条1項が不利益供述の強要禁止のために身体の拘束を受けている被疑者と弁護人等との接見交通権をも保障しているとの主張に対して、「憲法38条1項の不利益供述の強要の禁止を実効的に保障するためどのような措置が採られるべきかは、基本的には捜査の実状等を踏まえた上での立法政策の問題に帰するものというべき」だとしたうえで、このような主張を退けた。この大法廷判決は、あくまでも刑訴法39条3項による接見指定の合憲性が争われた事案に対する判断を示したものであり、また、取調べに先立つ接見や取調べ中の弁護人立会権の保障は、黙秘権のみならず、弁護権によっても根拠づけられている。それゆえ、このような手続保障を憲法34条・38条1項を根拠として要求することは、大法廷判決に抵触するものではない。

42 渡辺・注29『捜査と防御』251頁。

43 高田・注31書99頁以下は、黙秘権が「被疑者の取調べを『何の制約も受けない自由な意思の行使』として供述できるフォーラム」を要求しているとしたうえで、このようなフォーラムを形成するために弁護人立会権が保障されるべきと説く。すなわち、「捜査機関に取調べを行わせるという主体の決断を被疑者がした場合(憲法34条、38条1項)、つぎに、弁護人の助言・立会いによる援助の下で(憲法34条)、何を、どのように供述するのか、被疑者自身が主体的に判断することになる(憲法38条1項)」とするのである。この見解は、取調べへの具体的対応に関する被疑者の判断について援助するところに弁護人立会の意義を認める点において、黙秘権の防御権的性格を承認することによって、弁護人の援助による黙秘権の確保という関係において、弁護人立会権を弁護権とともに、黙秘権により基礎づけようとする本章の立場と通じるものである。

44 Taru Spronken et al., supra note 19, at 44–47. この時点で弁護人立会権の保障のなかっ

た国のうち、アイルランドを除き、ベルギー、フランス、オランダにおいては、欧州人権裁判所サルダズ判決の影響のもと、重要な手続改革が進められている (Intervention for Justice, supra note 16, at 10-14)。

45 Police and Criminal Evidence Act 1984, Code of Practice C, Note for Guidance 6D. 実務的視点からの立会弁護人の役割について、Ed Cape, Defending Suspects at Police Stations 296-306 (5th ed., 2006) 参照。積極的防御の保障という観点から、弁護人が取調べに立ち会ったうえで「意見を陳述することができる」とする台湾法が注目される（陳運財「日本と台湾における被疑者取調べの規制」比較法38号〔2001年〕参照）。また、韓国の2007年改正刑訴法243条の2は、被疑者の弁護人立会権を保障したうえで（1項）、「取調べに立ち会った弁護人は、取調べの後に意見を陳述することができる。ただし、取調べ中であっても不当な取調べ方法に対して異議を提起することができ、検事又は司法警察官の承認を得て意見を陳述することができる」（3項）、「第3項による弁護人の意見が記載された被疑者取調べ調書は、弁護人に閲覧させた後、当該弁護人に、その調書に記名押印又は署名をさせなければならない」（4項）と定めている。ここにおいて、立会い弁護人は自白強要がないよう監視・確保する役割とともに、被疑者の効果的防御を可能にするための援助の提供という役割を担うべきことが認められているといってよい。もっとも、「司法警察官吏執務規則」によれば、弁護人が承認なく不当に取調べに介入し、あるいは被疑者の代わりに答弁し、または特定の答弁や供述の変更を誘導することによって、取調べ妨害、捜査機密漏洩など、捜査に著しい支障が生じる場合には、取調べ中の弁護人の立会いを制限することができるとされている（藤原夏人「韓国における『取調べの可視化』」外国の立法249号〔2011年〕77-78頁参照）。

46 Ibid.

47 Police and Criminal Evidence Act 1984, Code of Practice C 12.5. この点について、葛野尋之『刑事手続と刑事拘禁』(現代人文社、2007年) 110頁参照。

# 第7章 被逮捕者と公的弁護

## 1 現行被疑者国選弁護人制度の意義と限界

　被疑者国選弁護人制度は、司法改革の最大の成果の一つであった。2004年の刑訴法改正による導入から、2009年5月21日の対象事件の拡大を経て、2010年4月1日現在、17,620人が日本司法支援センターの契約弁護士・スタッフ弁護士となり、2009年6月1日から2010年5月31日の受理事件数は、70,651件に達している。これは、2009年の勾留状発付件数の59％に相当する。被疑者弁護の拡大とその質的強化は、捜査段階のみならず、公判段階も含め、刑事手続全体の適正さを向上させ、被疑者・被告人の権利を確保する現実的基盤となる。

　しかし、現行制度には限界もある。すなわち、対応態勢の問題から、対象事件が限定された。それのみならず、裁判官の選任という国選弁護人制度の枠組みのもと、選任時期が勾留決定後とされた。逮捕段階での当番弁護士出動申込は、2004年に18.4％であったものが、2009年には31.0％になっている。東京三会だけをみれば、54.0％に達する。勾留段階での国選弁護人制度が存在していても、逮捕段階の公的弁護の必要性が高いことが、この数値からも示唆される。この間、申込受付から24時間以内の初回接見は80.4％から83.3％に、弁護人受任率も18.1％から29.0％に増加していることからすると、たしかに、逮捕段階の弁護が拡大・強化されてきたことがうかがえる。しかし、被疑者の弁護権の保障をいっそう実質化するためには、弁護報酬の適正化とあわせ、現行制度の限界が克服されなければならない[1]。

　本章は、選任時期の問題に焦点を合わせる。対象事件の拡大をめぐっては、主として弁護士会の対応態勢が問題となり、すでに弁護士会内部で、その検

証が開始されているからである[2]。本章は、以下、逮捕段階の弁護の必要性・重要性を確認した後、裁判官が被疑者と直接面接して、貧困その他の選任要件を確認する必要は、たとえ皆無でないとしても、僅少でしかないことから、逮捕時から被疑者に選任請求権を認めたうえで、裁判官は選任要件の書面審査により国選弁護人を選任するという制度を設けるべきことを論じる。さらに、逮捕段階からの国選弁護人制度を有効に機能させ、公的弁護の保障を全体としてより強化するため、とくに確実な選任請求のための手続保障として、当番弁護士の接見・助言を公的に保障すべきとする。

## 2 逮捕段階の弁護の必要性・重要性

憲法34条が逮捕・勾留の要件として弁護権を保障し、また、憲法37条3項の「刑事被告人 (the accused)」は逮捕・勾留された被疑者を含むべきことから、これらの規定によって、憲法上、身体を拘束された被疑者の公的弁護が保障されているとの見解も有力である[3]。しかし、通説はこれを認めず、1999年の最高裁大法廷判決[4]も、憲法37条3項は起訴後の被告人に関する規定だとした。

かりに憲法上の要請でないとしても、憲法34条が、逮捕と勾留を区別することなく、身体を拘束されたすべての被疑者・被告人に対して、弁護人の援助を受ける機会を実質的に保障するものである以上、逮捕段階の公的弁護を保障し、貧困な被疑者も弁護人の援助を受けることができるようにすることが、その趣旨によりよく適うものであることに疑いはない[5]。ハーバート・パッカーが指摘するように、適正手続主義の本質には、社会経済的地位によって異なることのない平等な権利保障の要請がある[6]。

勾留に比べ身体拘束の期間は短いとはいえ、逮捕段階の弁護の必要性・重要性は、それ自体として高い。一般に、身体を拘束された被疑者の弁護は、①捜査・取調べの適正さの確保、②身体拘束の回避と拘束からの早期解放、③起訴・不起訴の判断と公判手続に向けての防御活動、④被疑者と家族・社会との繋がりの維持、などの機能を有するが、とりわけ①、②の点において、逮捕段階の弁護の必要性・重要性は明らかである[7]。

第1に、弁護人の援助によって取調べの適正さを確保し、被疑者の黙秘権を確保する必要がある[8]。本来、逮捕後身体拘束の継続が必要なときは、

速やかに勾留請求をすべきであるが、現在の実務は、制限時間72時間を捜査・取調べのためにフル活用している。しかも、この間、被疑者は警察署のなかに拘束されており、身体拘束状態を利用する形で取調べが進められる。逮捕直後は、取調べを受ける被疑者にとって、とりわけ否認する被疑者として自白を迫る捜査官と対峙する被疑者にとって、危機的時期である。逮捕による動転・精神的動揺は、防御主体ないし自由な供述主体としての地位を危うくする。また、歴史的・国際的にみても、暴行・脅迫、拷問など人権侵害的取調べは、逮捕直後において最も多い。逮捕後、被疑者を速やかに裁判官の面前に引致し、警察の手許から引き離すべきとする「捜査と拘禁の分離」が要請されてきたのは(自由権規約9条3項)、それゆえである[9]。実際、アメリカの実証研究によれば、冤罪に直結する虚偽自白のほとんどが、逮捕から24時間以内になされている[10]。逮捕段階の弁護が必要とされる所以である。

　第2に、身体拘束を最短化するための弁護である。身体の拘束は重大な弊害をともなう。防御権の効果的行使を困難にすると同時に、市民的権利を事実上制約する点において、無罪推定を受ける地位との矛盾をはらんでいる。また、受忍義務を課しての取調べの強制と身体拘束とが結合し、あからさまな暴行・脅迫がなくても、自白強要の「見えない」圧力が生じる。ここにおいて、検察官・裁判官への働き掛けや不服申立、取消請求などを通じて、勾留を回避し、勾留された場合でも早期釈放を求めるための弁護を、逮捕段階から展開する必要がある。また、国際人権法のもとでは、本来、勾留決定・審査のためには、直接口頭審理、弁護人の立会援助、重要証拠の事前開示をともなう対審的手続が要請されている[11]。勾留回避と早期釈放のための逮捕段階の弁護が必要とされるのである。

　逮捕段階の公的弁護の保障は、国際人権法の要請でもある。日本が批准している自由権規約14条3項(d)によれば、刑事上の罪の決定手続において、貧困で、「司法の利益」が要請されるときは、無料弁護が保障されなければならない。欧州人権条約の同様の規定(6条3項(c))に関する人権裁判所の判例によれば、被疑者が逮捕されたときは、すでに刑事上の罪の決定手続が始動したものとされ、また、犯罪事実が重大であり、少なくとも法定刑に拘禁刑が含まれる場合には、「司法の利益」が肯定されている[12]。これからすると、自由権規約のもとでも、逮捕された被疑者には、広い範囲で無料弁護が保障されるべきことになる。

## 3 逮捕段階の公的弁護の基本構造

　逮捕段階の公的弁護制度として選択肢となるのが、第1に、当番弁護士制度と支援センターの日弁連委託事業としての刑事被疑者弁護援助制度とをベースにして、それらを公費により運営するというものである。このような制度は、当番弁護士制度の実践を発展的に継承するものであり、逮捕段階での選任も可能になるとして、かつて被疑者の公的弁護制度を新たに導入するさいにも提案されていた[13]。しかし、新制度として採用されたのは、裁判官が弁護人を選任する国選弁護人制度であった。その理由とされたのは、裁判官の選任による方が、より迅速・確実な選任が可能なこと、公判段階の国選弁護人制度と連続性を有する方が、特段の手続なくして同じ弁護人が一貫して弁護を提供できる点において、被疑者・被告人にも有利であり、手続的にも簡便であることであった。第2の選択肢となるのは、国選弁護人制度の枠組みのもと、逮捕時から被疑者に選任請求を認めることである。

　現行の被疑者国選弁護人制度を前提に考えたとき、逮捕段階をカバーする国選弁護人制度を設けることが妥当であろう。捜査段階においては、逮捕段階と勾留段階の弁護の連続性がいっそう強く要請される。これら捜査段階から起訴後の公判段階を通じて一貫した弁護が提供される制度的基盤を形成することは、有効な弁護の保障の趣旨によりよく適うであろう。現在、逮捕段階で刑事被疑者弁護援助制度による私選弁護人がいる場合、勾留決定後いったん辞任し、あらためて国選弁護人として裁判官の選任を受けるという手続がとられているが、このような手続が望ましいとはいえない。

　逮捕時から被疑者に選任請求権を認めることができないかを検討するとき、被疑者国選弁護人制度の導入にさいして、なぜ勾留決定後の選任とされたのかが問題となる。その理由とされたのは、確実な選任のための時間的余裕を得ることである。すなわち、国選弁護人選任のために、被疑者の請求、裁判官の要件審査、支援センターによる弁護人候補の指名・通知、裁判官の選任命令などの手続がとられることとなったが、逮捕段階でそれを実施する時間的余裕がなく、全国一律の実施はきわめて困難であるとされ、とくに裁判官が選任命令を発するにあたり、貧困その他の選任要件に関する事実の取調べ（刑訴法43条3項）のために被疑者を裁判官の面前に押送する必要があるとされた場合、逮捕段階でこのような手続をとることはできない、とされたので

ある[14]。

　たしかに、裁判官面接を含むこのような手続をとることを前提とするならば、逮捕段階でそれを全国的に実施することは、きわめて困難であろう。公的弁護制度検討会も、北海道旭川市・北見市において地方調査を行い、逮捕段階での裁判官面接の実施がほぼ不可能であることを確認していた。この前提に立つ限り、勾留質問時にあわせて要件審査を行うことができることから、選任時期を勾留決定後としたのも肯ける。

## 4　逮捕時からの被疑者の選任請求権

### (1) 裁判官面接は必要なのか？

　しかし、問題は、この前提に立つべきなのかということである。実際、要件審査のために被疑者を裁判官の面前に押送し、裁判官が直接被疑者に質問するという手続がどれほど必要なのであろうか。裁判官面接が必要とはいえないのであれば、弁護士会が対応可能である限り[15]、逮捕時から被疑者に選任請求権を認めたうえで、裁判官が選任要件の書面審査により選任命令を発するという手続をとることも可能になる。裁判官面接の必要性について、現行法の構造と運用実績をもとに検証が必要である。

　以下検討するように、裁判官面接の必要性は、たとえ皆無でないにしても、僅少である。第1に、現行法上、選任要件を正確に審査するための制度的保障が用意されている。もともと、裁判官面接が必要な場合があるとされたのは、選任要件、とくに被疑者自身の資力申告書を資料として行われる資力要件の審査を正確に行うためであった。その背後には、財政逼迫の折、公共支出に関する説明責任の要求が高まるなか、公的資金によって賄われる制度に対する国民の理解と信頼を確保する必要があり、そのためにも資力のある被疑者が貧困だとして国選弁護人の選任を受けることがあってはならないという認識[16]があった。他方、選任手続の迅速性を確保するため、資力要件の審査資料としては、被疑者に資力申告書のみを提出させ（刑訴法36条の2）、資力申告書は被疑者の記憶に基づいて作成すれば足り、資力調査は不要とされた[17]。

　そのようなことから、資力申告書の真実性を担保するために、裁判官の判断を誤らせる目的により、被疑者が資力について虚偽記載のある申告書を提

出したときは、過料を課されることとされた（38条の4）。また、被疑者の虚偽記載のある資力申告書が提出されたことにより、選任要件を欠くにもかかわらず、国選弁護人が付された場合には、国選弁護人の費用は、被疑者・被告人の「責めに帰すべき事由によって生じた費用」とされ、公訴提起がされなかったときも含め、被疑者・被告人に負担させることができるとされている（181条2項・4項）[18]。さらに、このような場合、立法当局者の解説によれば、刑訴法38条の3第1項第1号の定める解任事由である「その他の事由により弁護人を付する必要がなくなったとき」は、当初から選任要件を欠いていたという「原始的欠缺」があったときをも含むべきことから、資力のある被疑者に国選弁護人が付されたことが判明したならば、裁判官・裁判所は国選弁護人を解任することができるとされている[19]。もっとも、防御に回復不可能な不利益が生じることを回避するために、国選弁護人の解任は、他の弁護人が選任され、その弁護人によって有効な弁護が提供される場合に限られるべきであって、被疑者の虚偽記載に対する制裁として用いられるべきではない。この点に留意するにせよ、被疑者の虚偽記載によって裁判官が貧困要件の判断を誤ることのないよう、制度的保障が用意されているのである。

　第2に、被疑者国選弁護人制度の運用状況からみても、選任要件の審査のための裁判官面接の必要性は高いとはいえない。現在、勾留質問時の選任が大多数を占めるが、勾留質問時、裁判官は資力申告書の内容を超えて、被疑者に対して資力に関する質問を行うことはあるのであろうか。裁判官が選任命令を発するにあたり、資力申告書と勾留質問に提出された警察作成の被疑者身上調書の記載とのあいだに大きな齟齬が明白に認められる場合には、被疑者に対して直接質問をして、資力の確認をする可能性はあるものの、身上調書の記載が真実であるとの保障もないことから、そのような形で事実の取調べを行うことは実際にはないといってよい、とのことである。迅速な選任手続が要請されるなか、虚偽記載を排除する制度的保障のある資力申告書に基づき、裁判官が選任要件を審査し、選任命令を発するというのは、まさに順当な実務であろう。また、勾留決定後に被疑者が選任請求した場合、選任要件の審査のために被疑者が裁判官の面前に押送されるという例も、見当たらないという。

## （2）書面審査による選任命令

　このように、現行法上、選任要件の正確な審査のための制度的保障が用意

されており、運用状況からみても、裁判官面接の必要性は、たとえ皆無でないとしても、僅少なものでしかない。そうである以上、逮捕時から被疑者に選任請求権を認めたうえで、裁判官は貧困その他の選任事由について書面審査により判断し、国選弁護人の選任命令を発することとすべきである。僅少な裁判官面接の必要を理由にして、逮捕段階の選任請求を一切認めないというのは、被疑者の弁護権の実質的保障への配慮にあまりにも欠けるものであって、身体を拘束されたすべての被疑者に対して弁護人の援助の機会を実質的に保障しようとする憲法34条の趣旨に反するといわなければならない。逮捕段階の弁護の必要性・重要性の高さからすれば、違憲の疑いさえある。裁判官面接を行わないことにより、貧困要件の審査の正確性がたとえ僅かに低下したとしても、被疑者の十分な資力が事後判明したときは、訴訟費用を負担させることができるのであるから（181条2項・4項）、それによって対処すれば足りるであろう。

　逮捕段階の弁護の必要性・重要性からすれば、逮捕段階で被疑者が選任請求したとき、選任手続はひときわ迅速に進められるべきであるが、勾留請求近くに選任請求がなされた場合など、勾留決定前に実際の選任命令を発することができないこともありうるであろう。選任手続が迅速に進められている限り、結果的に選任時期が勾留決定後となっても、それはやむをえないというべきである。請求全件について逮捕段階で実際の選任ができないからといって、勾留決定までに実際に選任可能なおそらく大多数の事件を含め、逮捕段階での請求権を一切認めないとすべきではない。

## 5　「国選を支える当番」の公的保障

　当番弁護士制度は弁護士会のボランティアによるものであり、公的制度ではないとして、国選弁護人制度とは切り離して位置づけられてきた。しかし、逮捕段階からの国選弁護人制度を有効に機能させるためには、当番弁護士制度が不可欠といえる。また、両制度が接続し、連携するなかでこそ、より充実した公的弁護が実現しうる。「国選を支える当番」に対する公費支出がなされるべき所以である。

　「国選を支える当番」というのは、第1に、当番弁護士の接見・助言が、私選前置手続における私選弁護人の選任機会を提供する、という意味におい

てである[20]。

　第2に、当番弁護士の接見・助言が、被疑者の確実な選任請求のための有効な手続保障となることである。逮捕段階での選任請求の場合、被疑者には、裁判官と直接対面する勾留質問のような機会が用意されていない。しかも、逮捕後、被疑者は警察の手許で拘束され、取調受忍義務のもと、警察の取調べを強制される。このなか、国選弁護人の選任請求は捜査機関との対抗的姿勢を示すものと受け止められる可能性もある。すなわち、身体拘束と取調べの圧力のもと、被疑者の自由な選任請求が抑制される危険があるのである。それゆえ、確実な選任請求のための有効な手続保障が用意されなければならない。

　イギリスの実証研究からみても、丁寧な権利告知があっても、それだけで手続保障として十分とはいえない。当番弁護士の警察署待機が制度化されたのは、そのような認識に基づいている[21]。アメリカにおいてはミランダ・ルールが保障され、被疑者の有効な放棄がない限り、無料で弁護人が選任され、取調べへの立会を含むその援助を受けることが保障されているが、ニュー・ヨーク州においては、弁護人の援助の放棄の有効要件として、弁護士が予め被疑者に接見し、助言を提供することが要求されている[22]。日本の被疑者国選弁護人制度においては、原則、選任は被疑者の請求によるとされたが、そうであればこそ、確実な請求のための手続保障が、制度を有効に機能させるために不可欠なものとして要請されるというべきであろう。

　そのような手続保障として機能するのが、当番弁護士の接見・助言である。逮捕段階での当番弁護士の接見・助言が、弁護人の援助を必要としている被疑者が、貧困の場合には国選弁護人の選任請求を、そうでない場合には弁護士会に対する私選弁護人の選任手続を、確実に行うようにするための手続保障として機能しうるのである。後者の場合にも、私選弁護人が選任されないときは、国選弁護人の選任がなされることになる。このように、当番弁護士の接見・助言が起点となって、逮捕段階からの国選弁護人制度の有効な機能が可能となる。むしろ、当番弁護士の接見・助言こそ、その有効な機能を確保するために不可欠といえるであろう。

　第3に、当番弁護士の接見・助言は、被疑者の選任請求から裁判官の選任までのあいだの弁護の空白をカバーし、また、法定刑や資力により限定することなく、身体拘束されたすべての被疑者を対象とすることから、国選弁護人制度の間隙を埋めることによって、公的弁護の保障を全体としてより強

化するものとなる。身体を拘束されたすべての被疑者に弁護人の援助を実質的に保障するという憲法34条の趣旨が、よりよく具体化されるのである。

当番弁護士の接見・助言を起点として手続が進行し、被疑者が国選弁護人の選任を請求し、資力要件を満たし、あるいは私選前置手続を経て、最終的に国選弁護人が選任された場合には、当番弁護士の接見・助言はまさに国選弁護人の選任の端緒であって、広い意味での国選弁護人選任手続の冒頭部分を構成するということができる。この場合、「国選を支える当番」として、当番弁護士の接見・助言が公的に保障され、そのための公費支出が正当化されることに異論はないであろう。他方、同じく当番弁護士の接見・助言を起点として手続が進行したときであっても、その後私選弁護人が選任された場合には、当番弁護士の接見・助言は私選弁護人の選任の端緒であって、私選弁護人の選任手続の一部を構成するものであるから、その公的保障、そのための公費支出は正当化されない、との意見もあるかもしれない。

しかし、国選弁護人の選任要件からすれば、当番弁護士が接見・助言したすべての被疑者について、その後国選弁護人が選任される可能性が存在する。被疑者に国選弁護人が選任されるか、私選弁護人が選任されるかは、当番弁護士の接見・助言とその後の手続進行の結果によって決まるというべきである。そうである以上、当番弁護士の接見・助言は、その時点において、すべての被疑者について国選弁護人の選任の端緒となりえるのであって、広い意味での国選弁護人選任手続の冒頭部分となる可能性がある。この意味において、最終的に国選弁護人が選任されるか、私選弁護人が選任されるかにかかわらず、当番弁護士の接見・助言は、それを希望するすべての被疑者にとって、起点に位置するのである。そして、当番弁護士の接見・助言が起点に位置すべきなのは、被逮捕者に国選弁護人請求権を認めたとき、国選弁護人の確実な選任請求を保障し、あるいは私選前置手続を早期から迅速に進行させることによって、国選弁護人制度を有効に機能させるためなのであるから、最終的に国選弁護人が選任されなかった場合も含め、当番弁護士の接見・助言が「国選を支える当番」として機能していることに変わりはない。それゆえ、すべての当番弁護士の接見・助言が公的に保障されるべきであって、そのための公費支出は正当化されるというべきである。

このように、「国選を支える当番」として、当番弁護士の接見・助言が公的に保障されるべきである。その機会こそが起点となって、被疑者の公的弁護制度の有効な機能が確保されうることからすれば、イギリスの警察署待機

制度のように、逮捕段階において、より広範囲の被疑者に対して、当番弁護士の接見・助言の機会が現実に提供されるための体制を構築することが重要課題となるであろう。逮捕後速やかに、すべての被疑者に対して当番弁護士の接見・助言の機会が提供されることが、目標とされるべきであろう。

## 6 公的弁護の多元的・重層的保障

　以上論じたように、逮捕時から被疑者に国選弁護人請求権を保障したうえで、「国選を支える当番」として、当番弁護士の接見・助言を公的に保障すべきである。両者は連動し、一体となって、被疑者の公的弁護制度を形作るのである。

　ところで、憲法が要請する有効な弁護の保障においては、被疑者・被告人と弁護人との信頼関係が基礎となる。欧州人権裁判所の判例が、貧困などの理由から無料弁護を保障するにあたり、最終的には国の選任によるとしても、誰に弁護人を依頼したいかについて被疑者・被告人の意向をも考慮すべきとしているのは、それゆえである[23]。イギリスのジュディケア型法律扶助は、身体拘束のない被疑者・被告人にも公的弁護を保障する点とともに、被疑者・被告人が自ら選任した弁護人の援助について、公的費用による保障を及ぼす点において、注目される[24]。他方、裁判官・裁判所の選任による国選弁護人制度においては、選任の偶然性が要求され、被疑者・被告人の「この弁護士に依頼したい」という意向は考慮されない。もちろん、この場合でも、信頼関係の形成は可能であるし、また必要とされるのであるが。

　しかし、本来、公的弁護の保障において、被疑者・被告人自身の選任という契機が一切排除されるべきではないであろう。その将来像においては、被疑者・被告人が自ら選任した弁護人の援助を公的費用により保障するジュディケア型公的弁護と、そうでない場合において裁判官・裁判所の選任による国選弁護人制度との併存が目指されるべきである。公的弁護の多元的・重層的保障のなかでこそ、被疑者・被告人の弁護権の保障はいっそう実質化することになり、憲法の趣旨がよりよく具体化されるのである。逮捕段階から起訴後の公判段階へと至る、手続全体にわたる国選弁護人制度を構築し、その起点として、当番弁護士の接見・助言の公的保障をおくことは、そのような多元的・重層的な公的弁護制度への発展の契機ともなるであろう。

1 山口健一「被疑者国選第二段階開始後の現状と課題」季刊刑事弁護64号（2010年）参照。
2 日弁連『第11回国選弁護シンポジウム基調報告書』（2010年）13頁以下参照。
3 大出良知「刑事弁護の憲法的基礎づけのための一試論」自由と正義40巻7号（1989年）、村井敏邦「刑事弁護の歴史と課題」自由と正義44巻7号（1993年）。
4 最大判平11（1999）・3・24民集53巻3号514頁。
5 酒巻匡「公的被疑者弁護制度について」ジュリスト1170号（2000年）88頁。
6 Herbert L. Packer, The Limits of the Criminal Sanction 168-171 (1968).
7 日弁連のアンケート調査によれば、被疑者弁護の成果として、虚偽自白の防止、勾留請求の回避、勾留請求却下、起訴後の早期釈放、示談、不起訴、主張・立証計画の早期確定などが指摘されている（日弁連・注2報告書70頁以下）。逮捕段階の公的弁護の保障は、このような成果をいっそう向上させるであろう。
8 弁護人の援助によって、取調べを受ける被疑者の黙秘権を確保しようとするのは、欧州人権裁判所の判例が示す方向でもある（葛野尋之「被疑者取調べの適正化と国際人権法」法律時報83巻3号〔2011年〕〔本書第5章〕参照）。取調べ適正化のための被疑者弁護の歴史的展開について、上田國廣「被疑者弁護を通じた取調べの適正化」法律時報83巻2号（2011年）参照。
9 葛野尋之『刑事手続と刑事拘禁』（現代人文社、2007年）63頁以下。
10 スティーヴン・A・ドリズィン＝リチャード・A・レオ（伊藤和子訳）『なぜ無実の人が自白するのか——DNA鑑定は告発する』（日本評論社、2008年）51-52頁。
11 葛野尋之「勾留決定・審査手続の対審化と国際人権法」国際人権21号（2010年）（本書第1章）参照。
12 Benham v UK, (1996) 22 EHRR 293; Quaranta v Switzerland, (A/24) May 24, 1991 ECHR.
13 川崎英明「被疑者国公選弁護制度の可能性」『佐伯千仭先生卒寿祝賀論文集・新・生きている刑事訴訟法』（成文堂、1997年）、髙田昭正「被疑者国公選弁護制度の理念をどう実現するか」季刊刑事弁護21号（2000年）。
14 落合義和＝辻裕教『新法解説叢書21』（法曹会、2010年）251-252頁。
15 逮捕は突発的に起きることから、いっそう迅速な対応が求められ、また、比較的短期間のあいだに、1回の接見・助言を超える、より多面的で継続的な弁護が期待されることになって、たしかに弁護士（会）の負担は大きい。この点についての検証とさらなる対応態勢の強化が必要とされるであろう。
16 落合＝辻・注14書260頁。
17 落合＝辻・注14書262頁。
18 落合＝辻・注14書290頁。
19 落合＝辻・注14書262・283-284頁。
20 公的弁護制度検討会第8回（2003年5月23日）において、弁護士の浦功委員が、私選弁護人の選任機会の迅速な提供、貧困要件の審査資料作成の援助、裁量的職権選任の

機能確保を理由として、「国費による当番弁護士制度」を提案したことが注目される。
21 岡田悦典『被疑者弁護権の研究』(日本評論社、2001年) 333頁以下。
22 渡辺修『被疑者取調べの法的規制』(三省堂、1992年) 63頁以下。
23 Croissant v Germany, (1993) 16 EHRR 13; Lagerblom v Sweden, Application No. 26891/95, 14 Jan. 2003.
24 岡田・注21書100頁以下、小山雅亀「『イギリス』の法律扶助制度」西南学院大学法学論集31巻1号 (1998年) 参照。

＊本章は、日弁連・第11回国選弁護シンポジウム (2010年12月14日、京都国際会議場) のパネル・ディスカッションにおける私の発言をベースにしている。パネリストの前田裕司弁護士、木下信行弁護士、コーディネイターの藏冨恒彦弁護士に感謝申し上げる。

# 第8章 弁護士会の人権救済活動と刑事被拘禁者

## 1　本章の課題

　人権を確実に保障するためには、人権が侵害されたとき、実効的救済が確保されなければならない。そのためには、有効に機能する人権救済システムが存在しなければならない。このとき必要とされるのが、重層的な救済システムである。

　日弁連および各弁護士会の人権擁護委員会は、基本的人権の擁護と社会正義の実現という目的のもと（弁護士法1条）、弁護士自治を基盤としつつ、高い専門性と独立性を備えた活動を通じて、さまざまな人権侵害の救済において重要な役割を担ってきた[1]。今後もまた、担い続けるであろう。その実績のゆえに社会的信頼も厚い。近年、日弁連に対する人権救済申立は急増しており、1990年に93件、2000年に127件であったものが、2009年には420件に達している。かなりの割合の事件が各弁護士会に移送されているが、2000年から2009年までの10年間に、勧告・要望、警告など、53件の救済措置がとられている。

　以下、本章は、実効性のある人権救済のためには、重層的な救済システムが必要であり、そのなかで、弁護士会への救済申立制度が重要な役割を担っていることを確認したうえで、被逮捕者、被勾留者、受刑者、死刑確定者など、刑事施設・留置施設の被収容者（以下、刑事被拘禁者）の人権救済を実効的に行うにあたり、弁護士会の人権救済活動が直面する制度的課題を明らかにする。続けて、実効的救済システムのモデルとして、イングランド・ウェールズ（以下、イギリス）の刑事施設・保護観察オンブズマンを紹介し、それを踏まえつつ、機関の独立性・専門性、調査権限、救済措置の拘束力、

行刑内部の不服申立との関係などについて、どのような人権救済システムが必要とされるかを示す。

刑事被拘禁者の人権救済について、重層的な救済システムのもと、実効的救済を確保するためにも、また、弁護士会による人権救済活動の過重な負担を緩和し、その有効な機能を促すためにも、十分な独立性と専門性を備えた救済機関を設置し、強制的権限をもって調査したうえで、拘束力のある救済措置をとることができるようにすべきである。このことは、パリ原則に適合した国内人権機関の設置という焦眉の課題と結節する。また、弁護士会の人権救済活動それ自体の実効性を高めるために、その救済措置に対する法務大臣の応答義務が認められるべきであり、刑事被拘禁者の救済申立に関する調査においては、被拘禁者と調査を実施する弁護士との面会・信書発受について、自由と秘密性が保障されるべきである。

# 2 重層的な人権救済システム

実効的な権利救済のためには、それぞれ特色ないし強みのある救済システムが複数存在し、相互に補完しながら機能することが求められる。救済システムの重層性である。

第1に、権利救済において、もちろん司法の担う役割は決定的に重要であるが、司法とともに、司法外の救済システムが整えられなければならない。司法外のシステムは、相対的に簡易・迅速な、利用しやすい手続を通じての救済を可能とし、高度な専門性のともなう対象領域にも対応しうるからである。

第2に、政府機関による救済と非政府機関による救済が併存すべきである。人権救済のための政府機関としては、現在、法務省の人権擁護委員会制度がある。これまで一定の役割を果たしてきたことはたしかであるものの、政府機関からの独立性に薄いこと、公権力の人権侵害にはほとんど対処していないことなどの限界がある。パリ原則に適合した、十分な組織体制と独立性、有効な救済手続を備えた国内人権機関の設置が要請される所以である[2]。このことは、2008年、国連人権理事会UPR審査の結果、日本政府に対して勧告されていた[3]。さらに同年、自由権規約に基づく人権委員会によっても、「パリ原則……に適合し、締約国が受諾した全ての国際人権基準をカバーす

る幅広い権限を有し、かつ、公的機関による人権侵害の申立を検討し対処する能力を有する独立した国内人権機構を政府の外に設立すべきであり、機構に対して適切な財政的及び人的資源を割り当てるべき」ことが勧告された（9項）[4]。2010年6月、法務省は、「新たな人権救済機関の設置について（中間報告）」を発表した。それを踏まえて、具体的制度の構想も進められつつあるが[5]、パリ原則に適合する国内人権機関の設立は、焦眉の課題である。

第3に、国内の救済システムとともに、人権の国際的保障のもと、国際的救済システムが必要とされる。最重要課題は、国際条約による「個人通報制度」への参加、とりわけ自由権規約第一選択議定書の批准である[6]。国際的システムは、それ自体、有効な救済システムとして機能しうるとともに、国内的システムの機能の活性化をも促すであろう。

これとも関連して、第4に、国内法ベースの人権救済にあわせ、国際法ベースの救済が促進されるべきであろう。すでに下級審においては、国際人権法を裁判規範として活用することも広がりつつある。しかし、最高裁はなお消極的である。司法における国際人権法の積極的活用は、人権救済の実効性を確実に高めるであろう。

## 3 弁護士会の人権救済活動――意義と限界

パリ原則に適合する国内人権機関が未だ設置されておらず、個人通報制度を通じて国際的救済システムを利用することができないなか、重要な役割を担い続けているのが、弁護士会の人権救済活動である。高度の専門性と独立性を備えたその活動が、積極的に展開され、高い社会的信頼を得ていることは、過去、判例のなかでも認められてきた。

たとえば、1989年の東京地裁判決[7]は、旧監獄法に基づき拘置所長が死刑確定者の信書発受を制限したことを違法としたが、その理由中、日弁連人権擁護委員会の「調査、勧告などの活動は、確かに直接的な根拠を有せず、従って、人権侵害者に対する法的な強制力もないが、日弁連ないし人権擁護委員会の高い知名度、勧告に至るまでの公正かつ厳重な手続、その活動に寄せる国民の信頼・期待並びに従前の実績によって、強力に支えられており、事実上のものながら強い強制力を有するに至っていることは、公知の事実である」と述べている。

また、2005年の広島高裁判決[8]は、広島弁護士会人権擁護委員会が広島刑務所の受刑者からの人権救済申立を受け、委員である弁護士が調査のために他の受刑者との接見を求めたところ、刑務所長が旧監獄法に基づきそれを拒否したことを違法としたが、その理由中、「弁護士会の人権擁護委員会に対する人権救済の申立てが、簡便な救済措置として利用価値が極めて高く、一般の国民にもそのように認識されていること、人権擁護委員会の行う調査、警告、勧告等の活動は、人権侵害者に対する法的な強制力こそ有しないものの、国民の信頼や従前の実績等により裏付けられた事実上の強い影響力をもつものであること、受刑者が人権侵害の権利救済を求める場合には、法務省から離れた第三者機関であるという点で、受刑者である申立人にとって、調査、警告、勧告等の活動が比較的厳しく行われることを期待することができることなどは」、原判決「に判示するとおりである」とした。

　その上告審において最高裁[9]は、2008年、刑務所長の措置を適法としたが、田原睦夫裁判官の補足意見は、「拘禁施設内における人権侵犯事案、殊に刑務所の職員による被収容者に対する人権侵犯事案の調査においては、事案の性質上、刑務所及び被収容者に関する関連法規についての知識が不可欠であり、また、その調査は組織的に取り組む必要があるところ、刑務所を所管する法務省の一部局である人権擁護局がかかる事案に対応することは、人権侵犯を主張する被害者の納得という面から必ずしも適切ではない。他方、弁護士会の人権擁護委員会は、それが第三者機関であること及びその調査に必要とされる知識を有し、また調査態勢を整えることができるところから、かかる事案の調査を行い、必要に応じて適宜の処理を行うのに最も適してい」ると述べている。

　もっとも、弁護士会の人権救済活動は、これらの判例も示唆しているように、いくつかの問題に直面している。第1に、弁護士法1条の目的によるものとはいえ、具体的法的根拠に基づく制度ではないため、救済措置に強制力がなく、相手方に応答義務もない。社会的信頼と実績により、事実上の影響力が認められるとはいえ、これらは、実効的救済にとって限界となる。また、強制的調査権限も認められていない。それゆえ、調査対象が非協力的な態度をとるときは、実効的調査が困難となる。刑事被拘禁者の救済申立に関する調査を行う場合、施設内への立入りや文書閲覧の権限はなく、面会や信書発受も制限を受ける。

　第2に、弁護士会の人権救済活動は、近年の救済申立の激増もあって、

過剰ともいえる負担に直面している。より迅速で実効的な救済を可能とするために、専門性と独立性を備えた救済機関を設置し、重層的な救済システムを構築するなかで、弁護士会の負担を軽減していく必要がある。そのことによって、弁護士会の人権救済活動も、より有効に機能することになるであろう。パリ原則に適合する国内人権機関の創設は急務である。

# 4 刑事被拘禁者の人権救済

## (1) 刑事被拘禁者の人権救済と弁護士会

　刑事施設・留置施設は、その権力性、裁量性、密行性のゆえに、人権侵害の危険が最も高まる場所である。しかも、実効的救済システムは未整備である。それゆえ、刑事被拘禁者から、弁護士会に対して、多くの救済申立がなされている。2009年には、日弁連に対する救済申立総数420件のうち、刑務所・拘置所における人権侵害に関する救済申立が249件、59％を占めている。しかも、名古屋刑務所事件が発覚した頃から増加が続き、2001年には27件であったものが、2003年には89件、2004年には143件、2005年には267件となり、その後も減少していない。

　このように、刑事被拘禁者の人権救済は、弁護士会の人権救済活動において大きな比重を占めているが、先に指摘した二つの問題は、刑事被拘禁者の人権救済との関係においてとりわけ深刻である。すなわち、強制的調査権限や救済措置の拘束力がないことによって、刑事被拘禁者の人権侵害の実効的救済はとりわけ困難になり、また、刑事被拘禁者からの救済申立の多さが、弁護士会の人権救済活動に重大な負担をもたらしているのである。それゆえ、刑事被拘禁者の人権救済について、高度の専門性と独立性を備えつつ、強制的調査権限と救済措置の拘束力を有する救済システムを用意することは、その実効的救済を保障することになるのと同時に、それが弁護士会の人権救済活動を過剰な負担から解放し、より有効に機能するよう促すことになるのである。

## (2) 新たな救済機関の必要性

　今般の行刑改革においても、人権救済システムの整備は重要課題であった。2003年の行刑改革会議『提言』[10]は、社会復帰処遇の前提として、受刑者の

人間性を尊重すべきとする基調に立って、「行刑施設における被収容者の人権侵害に対し、公平かつ公正な救済を図るためには、矯正行政を所掌する法務省から不当な影響を受けることなく、独自に調査を実施した上で判断し、矯正行政をあずかる法務大臣に勧告を行うことのできる機関を設置することが必要不可欠である」とした。そして、このような実効的救済のための国内人権機関が設置されるまでは、「暫定的かつ事実上の措置」として、「刑事施設不服審査会」を設置し、その審査会に「調査審理をさせ、必要な場合に法務大臣への勧告を行わせることにより、その公平かつ公正な処理を期するべき」とした。

　この提言を受け、刑事被収容者処遇法のもと、2006年1月、「刑事施設の被収容者の不服審査に関する調査検討会」が設置された。審査の申請の裁決に不服がある者が法務大臣に対し再審査の申請をした場合、または事実の申告に関する確認に不服のある者が法務大臣に対し事実を申告した場合（165条）、法務大臣が再審査の申請を棄却し、あるいは事実なしの確認をしようとするときに、調査検討会が申請・申告について調査・検討し、法務大臣に対し提言することとされた。調査検討会については、精力的活動がうかがわれるものの[11]、事実上の暫定措置として設置されたものであることから、行刑当局からの独立性と独自のスタッフを有せず、強制的調査権限も、意見の拘束力も与えられていない。

　このような現状に対して、実効的な救済システムを整備すべきことが、国際人権機関からも求められている。国連拷問禁止委員会は、2007年、同条約の実施状況に関する日本政府報告書を審査した結果、警察留置場の被留置者について、第三者の関与する実効的な不服申立制度がないこと、調査検討会について、行刑当局からの独立性が欠けること、強力な調査権限がないこと、不服申立手続に重大な制限があることなどに懸念を表明し、警察留置場の被留置者を含むすべての刑事被拘禁者からの不服申立について、「迅速、中立的かつ効果的に調査する権限を有する独立機関を設置することを検討すべき」ことを勧告した（21項）。また、自由権規約委員会は、2008年、刑事被拘禁者の「不服申立制度が実効的であるために必要な独立性、資源及び権限を欠いていることを懸念する」とし、調査検討会に十分なスタッフが配置され、その意見が法務大臣に対して拘束力を有するよう確保すべきことを勧告した（20項）。

### (3) 刑事被拘禁者の人権救済と国内人権機関

　現在、行刑改革会議『提言』にあったように、刑事被拘禁者の人権救済についても、新設されるべき国内人権機関の管轄下におくことが予定されている。日弁連もそのような立場をとっている。パリ原則に適合する国内人権機関が設置されたならば、その機関に担当させることによって、独立性のある、強力なスタッフを擁する救済機関が、強制的調査権限と拘束力のある救済措置をもって実効的救済を行っていくことを期待できるであろう。また、そのような国内人権機関においては、地方組織の整備も予定されているから[12]、全国各地に点在する刑事施設・留置施設への対応も可能となろう。

　しかし、なお検討すべき点もある。すなわち、刑事施設の権力性、裁量性、密行性からすれば、被拘禁者の救済申立に関して十分な調査を行い、有効な救済措置を講じるためには、救済機関において高度の専門性が不可欠である[13]。また、現行の「審査の申請」制度を維持するかどうかは別として、たとえば審査の申請に対する裁定に不服がある場合、独立機関への再審査の申請を認めることにするなど、なんらかの形で、行刑内部の不服申立制度と独立機関の救済活動とを接合させることもありえよう。むしろ、両者を接合させた方が、救済システムの機能が効率化することになるであろう。行刑内部の不服申立制度と接合することになると、新設される国内人権機関が担当する場合でも、そのなかで、刑事被拘禁者の人権救済については、相対的に他から独立した部局が管轄することになるであろう。

## 5　イギリスの刑事施設・保護観察オンブズマン

### (1) オンブズマンの任務と組織

　イギリスの刑事施設・保護観察オンブズマンは、行刑内部の不服審査手続と接合される形で、刑事被拘禁者の人権救済のための専門機関として設置されている[14]。実効的な救済システムを構想するうえで、参考にすべきであろう。

　1980年代末、刑事施設において大規模な暴動が連続し、重大な政治的・社会的問題となった。これを受け、1991年、ウールフ控訴院判事を座長とする調査委員会は、未決、既決双方にわたる行刑の現状を入念に調査し、包括的な改革提案を勧告した。この報告書に牽引され、イギリスはその後、大規模な行刑改革を進めていった。ウールフ報告書の勧告のうち最も重要なも

のの一つが、独立した外部機関の関与する実効的な人権救済システムの確立であった。報告書は、行刑当局内部で完結するそれまでの不服審査手続を批判し、独立した外部機関が行刑当局の判断を再審査することが、実効的救済システムにとって不可欠であるとしたのである[15]。

ウールフ報告書の勧告に基づき、1994年、初代の刑事施設オンブズマンが、内務大臣により任命された。2001年9月以降は、行刑と保護観察の組織統合という大きな流れのなか、刑事施設・保護観察オンブズマンとして活動しており、また、2004年4月には、生命に対する権利に関する欧州人権条約2条の要請に応える目的から、オンブズマンは、刑事施設、保護観察滞在施設（probation hostel）および入国管理施設における死亡事案について調査する権限を有することとなった。

オンブズマンの権限は、刑事施設・入国管理収容施設の被収容者と保護観察対象者による不服申立の再審査、そして上述した死亡事案の調査に及び、その任務は、不服申立と死亡事案について独立した調査を行うことを通じて、真相の解明と不正の是正をなし、関係機関の教訓を提示することとされている。その活動において尊重すべき価値として掲げられているのは、容易なアクセス、高度の専門性、公平性、効率的活動、影響力と実効性、アカウンタビリティである。

オンブズマンは、組織構造上、行刑当局から完全に独立しており、独自のスタッフを擁している。目下、オンブズマン1人、副オンブズマン4人、オンブズマン補佐11人、専任調査官60人、インテイク担当官14人、その他専任スタッフが多数おり、近時、拡大・増強している。2008年2月現在、担当する刑事施設は139、被収容者数は約82,000人であった。1999年1月以降、2010年4月、現職のジェーン・ウェッブに交替するまで長らくオンブズマンを務めたのは、ステファン・ショーであった。彼は、綿密な調査と積極的な改革提案で知られるNGO「刑罰改革トラスト」の元事務局長である。

(2) 調査権限と救済措置

不服再審査の手続をみると、行刑内部の不服審査手続が前置され、不服審査の請求が棄却された場合、オンブズマンに対して、信書または申請用紙の提出による再審査を請求することが認められている。再審査の請求があると、オンブズマンは、簡易調査のうえ到着後10日以内に受理するかどうか返答し、受理した場合、正式の調査を行い、必要に応じて救済措置をとる。12

週間以内に正式調査を完了することが、目標とされている。調査権限としては、事前通告のうえ刑事施設等を自由に訪問し、調査実施のため自由に施設内に立ち入り、請求人、施設職員その他関係者と面談することができる。被収容者との面談については秘密性が保障され、職員は視覚的監視のみを行い、面談内容を聴取することはない。これらの点は、オンブズマン「権限規程」にあるだけでなく、行刑局規則のなかにも明記されている[16]。

　救済措置としては、簡易・迅速な措置として、相手方の同意する解決策を提示する「直接解決」、相手方が同意しない場合の簡易・迅速な措置としての「簡易報告・指示」、施設側が同意しない場合の正式措置としての「最終報告」がある。これらの救済措置は、行刑局長、内務大臣などに対する拘束力を有していない。しかし、行刑局長、内務大臣などは、オンブズマンの救済措置にどのように対処したかについて、4週間以内に応答する義務を負っている。たとえば、オンブズマンが被収容者に対する金銭の任意給付を勧告した場合であれば、いつ給付がなされたかを通知しなければならないのである[17]。

　運用状況についてみると、2009年度、再審査請求件数は、刑事施設の被収容者から4,050件、保護観察対象者から488件、入国管理施設の被収容者から103件であり、受理事件の割合はそれぞれ、46%、14%、56%であった。請求内容は多岐にわたるが、私物・金銭、収容条件、運営体制、拘禁程度、懲罰、釈放の順となっている。請求が受理され、正式調査が行われた2,083件の処理結果としては、約30%の633件において、請求者に有利な救済措置がとられ、うち155件において、相手方の同意による調停的解決がなされた。相手方の同意がない救済措置についても、その内容が履行される場合がほとんどである。年次報告書に具体的数値の記載はないが、2004年度の年次報告書によれば、行刑局に対して正式に救済措置を通告する「最終報告」は115件であったが、ほぼすべてについて、行刑局はその内容に従った対処をしており、そのように対処しなかった例は4〜5件にすぎなかったという[18]。また、利用者の満足度調査によれば、正式調査のうえ自己に有利な救済措置がとられた者のうち約65%、そのような措置がとられなかった者のうち30%、簡易調査の結果、請求が受理されなかった者のうち約35%が満足すると回答した[19]。

　以上のように、オンブズマンは、行刑当局から独立した機関として、独自のスタッフを擁し、強力な調査権限の行使を通じて、実効的な人権救済のた

めに重要な役割を担っている。しかし、なお限界もある。すなわち、オンブズマン自体、具体的な法的根拠に基づき設置された機関ではない。それゆえ、救済措置は、事実上きわめて高く尊重されているものの、施設長や内務大臣に対する拘束力を有していない。また、オンブズマンの任命も司法大臣（かつては内務大臣）によるものであり、そのことから、行刑局や保護監察局、入国管理局からの独立性は確保されているとはいえ、司法省や内務省からの独立性には曖昧さが残っている。オンブズマンの活動実績とそれに対する社会的信頼、それらに基づく事実上の影響力は認められているところであるが、具体的な法的根拠の不存在が、問題の根源であり続けているのである[20]。

## 6 弁護士会の人権救済申立制度をめぐる改革課題

### (1) 救済措置に対する応答義務

　刑事被拘禁者の人権救済について、高度の独立性と専門性を備えた救済機関が設置され、強制的調査権限と救済措置の拘束力を有する救済システムが整備されたならば、弁護士会に対する刑事被拘禁者からの救済申立は相当程度減少するであろう。あるいは、両救済システムのあいだに、なんらかの形で、事実上のものとしても、実質的連携が形成されることになるかもしれない。両者の関係をどのようにすべきかについては、今後、十分な検討が必要である。

　しかし、実効的な人権救済のためには、重層的システムが求められる。公的な人権救済機関が設置された後にも、弁護士会の人権救済活動が存続することの意義は大きい。また、公的機関による救済システムの整備は、繰り返したように焦眉の課題であるものの、完全な実現までには、なおしばらくの時間を要するであろう。それゆえ、弁護士会の人権救済申立制度それ自体について、救済の実効性をより高めるために、必要な改革がなされなければならない。刑事被拘禁者の人権救済においてとくに重要なのは、救済措置の実効性を確保すること、十分な調査を可能にする手続的整備をすることである。

　まず問題となるのは、救済措置の実効性確保である。現在、弁護士会の救済措置については、法的拘束力がないだけでなく、法務大臣や施設長の応答義務も認められていない。それゆえ、救済措置に対してどのような改善措置がとられたのか明らかでない場合も少なくない。

たしかに、弁護士会の人権救済が、具体的な法的根拠によるものではなく、弁護士会独自の活動としてなされる限り、法務大臣や施設長に対する拘束力を認めることは困難かもしれない。しかし、イギリスの刑事施設・保護観察オンブズマンの例にあるように、応答義務を認めることは可能である。たとえば、弁護士会と法務省とのあいだの協定に基づき、法務大臣や施設長は、救済措置が通知されてから一定期間内に、どのように対処したかについて応答しなければならないと取り決めればよいのである。救済措置の内容に沿った対処がなされないときは、その理由も通知すべきこととできるであろう。このように応答義務を認めることにより、救済措置の実効性は向上するであろう。

### (2) 面会および信書発受に関する制限

　次に、調査手続の問題である。現在、弁護士会の人権擁護委員会委員の弁護士が、刑事被収容者からの救済申立に基づき調査を実施する場合（以下、このような場合の弁護士を調査弁護士という）、その調査には重大な制限が存在する。これは、面会、信書発受の双方についていえる。
　刑事被拘禁者である申立人と調査弁護士との面会は、受刑者の場合には、刑事被収容者処遇法111条1項2号のいう「法律上……の重大な利害に係る用務の処理のため面会することが必要な者」との面会として扱われ、施設長により、面会自体が不許可とされることはない。他方、未決拘禁者については、一般に面会の相手方に制限はなく、調査弁護士との面会は原則認められることになる（115条、216条）。もっとも、被勾留者であれば、刑訴法81条に基づき裁判所・裁判官の決定した接見制限を受ける可能性がある。
　しかし、刑事施設に収容されている受刑者の場合、刑事被収容者処遇法上、一般に、無立会の面会が原則とされているものの（112条1項）、施設職員の立会が排除される面会の類型（同但書1号・2号）にはあたらないとされている。もっとも、法務省内部の通達によれば、受刑者の面会立会については、一般に、「受刑者の面会の立会い等は『必要があると認める場合』（法第112条）に行うものであるから、職員の業務負担も考慮しながら、立会い等の要否を適切に判断し、漫然と立会い等を行わせる運用とならないよう留意すること」とされており[21]、受刑者と調査弁護士との面会については、運用上、無立会の面会が原則化しているという。
　他方、未決拘禁者の場合、一般に、職員立会のうえでの面会が原則、立会

省略は例外とされており（116条1項）、未決拘禁者と調査弁護士との面会であっても、実際に立会がなされてきたという。これについて、立会の実質的必要性が認められず、受刑者の場合との不均衡もあることから、日弁連が法務省矯正局に改善を求めたところ、検察官への求意見を速やかに行ったうえで、立会省略を広く認めるよう運用が改められたという[22]。

運用上、無立会面会が原則化することは、たしかに望ましい方向である。しかし、施設長の裁量による無立会面会であるだけに、なお立会の可能性は残る。また、留置施設に留置されている未決拘禁者の場合には、刑事被収容者処遇法の規定上、職員立会が必要的なものとされ、無立会面会は認められていない（218条1項）。

信書の発受についてみると、制限はより厳格である。刑事被収容者処遇法において、刑事施設に収容されている受刑者の場合、127条1項により、内容検査を行うことが認められている。未決拘禁者の場合には、135条1項（刑事施設）または222条1項（留置施設）により、必要的な内容検査が定められている。また、刑事被拘禁者が発信する信書の通数については、130条（刑事施設の受刑者）、136条（刑事施設の未決拘禁者）、225条（被留置者）によって制限することができるとされているが、人権救済申立に関して発信する信書も、その制限通数に算入されることとされている（刑事施設被収容者処遇規則〔以下、処遇規則〕79条参照）。

## (3) 秘密性の保障

しかし、これらの制限は排除されるべきである。まず、人権救済申立に関する調査のための刑事被拘禁者と調査弁護士とのあいだの面会、信書発受については、秘密性が保障されなければならない。

本来、憲法と国際人権法による公正な裁判を受ける権利の保障の趣旨からすれば、刑事被拘禁者と弁護士とのあいだの法的コミュニケーションは、面会にせよ、信書発受にせよ、自由と秘密性が保障されるべきであり、その実質的制約は許されない。すなわち、民事手続、刑事手続の双方について、公正な裁判を受ける権利を保障する欧州人権条約6条1項をめぐる欧州人権裁判所の判例によれば、公正な裁判を受ける権利の本質的要素として裁判にアクセスする権利が認められており、その保障を実質化するために、弁護士との法的コミュニケーションについては、自由と秘密性が保障されなければならない。このような法的コミュニケーションの保障は、刑事被拘禁者との

関係においては、刑事事件の弁護人とのコミュニケーションだけでなく、訴訟準備の段階を含む民事訴訟に関する弁護士とのあいだのものにも及ぶ。これらについて、面会機会を奪い、信書発受を禁止することができないだけでなく、面会の職員立会、信書の内容検査など、秘密性の剥奪も許されないのである[23]。欧州人権条約6条1項と同旨規定する自由権規約14条1項のもとでも、同様の保障がなされていると理解すべきである[24]。また、憲法32条による公正な裁判を受ける権利の内容としても、同様の保障が認められているというべきであろう。さらに、欧州人権裁判所の判例を受けて、イギリス法において保障されているように、訴訟の具体的準備に関する相談に限らず、いかなる法的用務に関する弁護士とのコミュニケーションも、訴訟へと発展する潜在的可能性を有するから、裁判へのアクセスの実質的保障という憲法32条および自由権規約14条1項の趣旨からすれば、その自由と秘密性が保障されるべきである[25]。

　実質的に考えても、高度の専門性を有し、弁護士会内部の懲戒制度に裏打ちされた厳格な職業倫理に拘束される弁護士が介在する以上、刑事被拘禁者が調査弁護士と面会し、または信書を発受することによって、正当な拘禁目的を阻害する現実的危険が生じることは、たとえ皆無といえないにしても、希有であろう。拘禁目的が阻害される現実的危険が僅少であるにもかかわらず、職員立会や内容検査によって面会や信書発受の秘密性を奪うことは、法的コミュニケーションの過剰な制限であって、その結果、刑事被拘禁者の人権救済の申立を萎縮させ、あるいは実効的救済の前提となる十分な調査を困難にすることになる。それゆえ、本来、刑事被収容者処遇法を改正し、人権救済申立に関する調査を含め、法的用務に関する弁護士とのコミュニケーションについては、秘密性の保障を明記すべきである。

　現行法の運用においても、調査弁護士を含め、法的用務に関して刑事被拘禁者と面会し、または信書を発受する弁護士を、「自己に対する刑事施設の長の措置その他自己が受けた処遇に関し弁護士法……第3条第1項に規定する職務を遂行する弁護士」（面会について112条2号・116条2項・218条3項2号。信書発受について127条2項3号・135条2項3号・222条3項1号ハ）に準じて扱ったうえで、その秘密性を保障すべきであろう。この場合、刑事被収容者処遇法の規定によれば、刑事施設・留置施設に収容された未決拘禁者がこのような「弁護士」に発する信書については、内容検査までも許されているが、上述のように、その必要性は僅少であって、内容検査による秘密性の剥奪は

過剰な制限というべきであるから、このような「弁護士」から受ける信書の場合と同様、そのような信書であることの該当性判断の限りで検査が許容されるとすべきである。また、刑事被収容者処遇法において該当性の検査にとどめられた趣旨は、法的コミュニケーションの秘密性を確保することであるから、該当性の検査が信書の内容に及び、その秘密性を奪うことは許されない[26]。

### (4) 制限通数への不参入

次に、人権救済申立に関する信書の発信は、救済申立を抑制しないために、制限通数に算入すべきではない。現在、刑事被拘禁者の発信通数が厳格に制限されているのは、施設職員による内容検査が前提となっている。人的体制の限界のもと、内容検査が可能な範囲内に、発信通数が制限されているのである[27]。人権救済申立に関して発信する信書については、上述のように、そのような信書であることの該当性判断の限りで検査が許されるとすべきであって、そのようにすれば、内容検査を行わない信書なのであるから、制限通数に算入する必要はないことになる。

かりに発信信書については内容検査を行うことを前提としても、人権救済申立に関する信書を制限通数に算入することは、自由な救済申立を抑制することになるから、許されないというべきである。現在、通数制限ができることを定めた刑事被収容者処遇法130条・136条を受けて、処遇規則79条は、刑事施設の被収容者が刑事施設視察委員会に対して発する信書（1号）および審査の申請など不服申立に関して発する信書（2号）について、制限通数に算入することを禁止している。その目的は、明らかに、通数制限により自由な救済申立が抑制されないことである。刑事被拘禁者の人権救済におけるその重要性と実績からすれば、弁護士会への自由な救済申立が抑制されることも排除されるべきである。そうであるならば、それに関する信書は、制限通数に算入されるべきではない。とりわけ、独立した外部機関の関与する不服申立制度が整備されていない現在、弁護士会への自由な救済申立を確保する必要は、いっそう高いといわなければならない。かくして、弁護士会への救済申立に関して発する信書は、処遇規則79条2号のいう審査の申請に関する信書に準じて扱われるべきであろう。このことは、刑事被拘禁者の人権の尊重という刑事被収容者処遇法の目的（1条）にも適うのである。

なお、受刑者の場合、発信通数の制限は、具体的処遇内容に関する優遇措

置としての性格を有している。優遇区分が上昇するにつれて、制限が緩和されているのである（処遇規則54条）。しかし、人権救済申立に関する信書の発信を、優遇措置として制限することは、救済申立の抑制を排除するという趣旨から、許されないというべきである。

## 7 結語

　以上論じてきたように、人権救済の実効性を高めるためには、重層性のある救済システムが必要とされるが、弁護士会の人権救済活動は、基本的人権の擁護と社会正義の実現という目的のもと（弁護士法1条）、弁護士自治を基盤としつつ、高い専門性と独立性を備えた活動を通じて、さまざまな人権侵害の救済において、これまでとても大きな役割を担ってきた。この弁護士会の人権救済活動において、刑事被拘禁者の人権救済は大きな比重を占めており、逆に、被拘禁者の実効的な人権救済にとって、とりわけ独立した外部機関の関与する不服申立制度が未整備である現在、弁護士会への救済申立が占める位置は、ひときわ重要である。

　刑事被拘禁者の人権救済の実効性を確保するとともに、弁護士会による人権救済活動の過重ともいえる負担を軽減し、それをより有効に機能させるために、組織構造の面だけでなく、スタッフ構成においても、法務省・警察庁から独立した救済機関が、強制的調査権限を活用しつつ、拘束力のある救済措置を講じることのできるような救済システムを、早急に構築すべきである。このような救済システムは、行刑内部の不服申立制度と接合されるべきであろう。また、行刑の権力性・裁量性・密行性からすれば、実効的救済のためには、高度の専門性を有する救済機関が必要とされる。そのモデルとして、イギリスの刑事施設・保護観察オンブズマンは参考になるであろう。パリ原則に適合した国内人権機関の設置は焦眉の課題であるが、その具体化にあたっては、これらのことが踏まえられなければならない。

　弁護士会の人権救済活動それ自体についても、手続整備が必要とされる。弁護士会独自の救済システムとして、たとえ強制的調査権限や救済措置の拘束力は認められないとしても、刑事被拘禁者の救済申立に関する調査活動においては、面会についても、信書発受についても、自由と秘密性が保障されるべきである。また、弁護士会が発した救済措置については、法務大臣に対

して応答義務が課されるべきである。これらは、現行法のもとでも可能であろう。

1 日弁連人権擁護委員会による人権救済の意義、手続、運用状況、これまでの救済事例などについて、日弁連人権擁護委員会編『日弁連人権侵犯申立事件警告・勧告・要望例集（全5巻）』（明石書店、2005年）、同「連載・人権を問う──人権救済活動の最前線から」法学セミナー616号（2006年）-639号（2008年）、「特集・日弁連の人権救済活動を振り返って」『弁護士白書2007年版』参照。1987年以降の人権救済申立事件に関する「警告・勧告・要望」は、日弁連ホームページ上に公開されている http://www.nichibenren.or.jp/ja/opinion/hr_case/index.html。
2 山崎公士「日本における人権救済制度の整備」自由と正義61巻3号（2010年）、竹村二三夫「国内人権機関の設立を目指して」同誌所収、同「国内人権機関設置の展望」法の科学41号（2010年）参照。
3 日弁連編『国際社会が共有する人権と日本──国連人権理事会UPR日本審査2008』（明石書店、2008年）参照。
4 藤原精吾「総括所見を受けて──国内人権機関」自由と正義60巻4号（2009年）参照。
5 小池振一郎「法務省『新たな人権救済機関の設置について（中間報告）』を公表」自由と正義61巻11号（2010年）参照。
6 安藤仁介「人権規約と個人通報制度の現状」ジュリスト1299号（2005年）、田島義久「第一選択議定書（個人通報制度）の批准を求めて」自由と正義60巻4号（2009年）、永野貫太郎「『個人通報制度』とその手続」自由と正義61巻3号（2010年）など参照。
7 東京地判平元（1989）・5・31判時1320号43頁。
8 広島高判平17（2005）・10・25判時1928号64頁。
9 最判平10（1998）・4・15民集62巻5号1005頁。批判的評釈として、村岡啓一「判批」判例評論613号（2010年）参照。
10 『行刑改革会議提言──国民に理解され、支えられる刑務所へ』（2003年12月22日）http://www.moj.go.jp/content/000001612.pdf。
11 法務省ホームページ http://www.moj.go.jp/shingi1/kanbou_shinsa_index.html 参照。
12 小池・注5論文14-15頁。
13 刑事立法研究会『入門・監獄改革』（日本評論社、1996年）92頁〔葛野〕。過去、刑事被拘禁者の権利制約の適法性をめぐる訴訟においては、施設長の専門的裁量が高く尊重され、権利制約が適法とされる傾向が顕著であった。しかし、それでは、被拘禁者の権利が十分尊重されない結果となる。被拘禁者の権利制約にあたっては、個別事案の具体的事情に基づき、正当な拘禁目的を阻害する現実的危険が認められなければならないというべきであり、そのことからすれば、刑事施設の状況に通暁し、被収容者の状態をよく認識しうる立場にある施設長の専門性の高さは、直ちにその裁量の尊重へ

とつながるものではなく、むしろ権利制約にあたって、この現実的危険を根拠づける具体的事情を明確に示すべき施設長の責任を基礎づけているというべきであろう。

14 以下、現状については、主として、Prisons and Probation Ombudsman for England and Wales, Annual Report 2009-2010 による http://www.ppo.gov.uk/annual-reports.html。詳細な年次報告書、特別調査報告書などの作成・公表も、社会的アカウンタビリティを果たすための一手段と認識されている。刑事施設オンブズマンについて、行刑監視のための市民参加、専門的査察制度とあわせて、葛野尋之『刑事手続と刑事拘禁』(現代人文社、2007年) 385頁以下参照。

15 Prison Disturbances April 1990, Report of an Inquiry by the RT Hon Lord Justice Woolf and His Honor Judge Stephan Tumin, paras 14.342-14.363 (1991).

16 Prison Service Order 2520, The Prison & Probation Ombudsman, 12/12/2001.

17 Id. para 4.21.

18 Prisons and Probation Ombudsman for England and Wales, Annual Report 2004-2005, at 53-55.

19 Sue Gauge, What Stakeholders Think about the Prisons and Probation Ombudsman (2010) http://www.ppo.gov.uk/docs/Perceptions-of-PPO-2009-2010.pdf.

20 Simon Creighton and Hamish Arnott, Prisoners: Law and Practice 601 (2009). なお、専門的外部査察を行う行刑査察官は、行刑法5A条に基づいて設置され、首席査察官が女王により任命される (葛野・注14書388-390頁)。

21 法務省矯正局長による「被収容者の外部交通に関する訓令の運用について (依命通達)」法務省矯成3350号、平成19年5月30日の3 (1)。

22 「未決拘禁者と弁護人等以外の者との面会における職員の立会い等の省略に関する検察官への求意見方法について (通知)」矯成303矯正成人矯正課長通知、平成21年1月21日。この辺りの経過について、日弁連人権擁護委員会『人権救済申立事件調査における刑事施設職員の立会問題に関する報告書』(2009年11月26日) 2-4頁参照。

23 北村泰三『国際人権と刑事拘禁』(日本評論社、1996年) 221頁以下、葛野・注14書255-258頁。

24 旧監獄法下の徳島刑務所事件における第一審判決および控訴審判決は、受刑者と民事訴訟の代理人弁護士との面会について、このことを実質的に承認した (北村泰三「国際人権法の解釈とわが国の裁判所」北村泰三=山口直也編『弁護のための国際人権法』〔現代人文社、2002年〕171頁以下)。

25 葛野・注14書321頁以下。行刑改革会議・注10『提言』24-25頁においては、このような保障の方向が、一定の限定と曖昧さをともないながらも示されていたことが注目される。刑事被収容者処遇法の現行規定は、これを後退させたといわざるをえない。

26 葛野・注14書360頁以下。

27 林真琴=北村篤=名取俊也『逐条解説・刑事収容施設法』(有斐閣、2010年) 664頁。

# 第9章 再審請求人と弁護人との接見交通権

## 1 問題の所在

### (1) 法的問題

　再審請求手続における弁護権の保障について、鴨良弼は、かつて、次のように問題を提起した。すなわち、通常手続においては「憲法の保障する被告人の弁護人依頼権の理念が基調とされている。この保障理念は、そのまま再審の審判手続でも保障されるべきではないのか。……被告人に弁護人の実質的な援助を保障するときは、いつでも、どのような手続段階でも、弁護人の援助が期待されるというのが、被告人の弁護人依頼権の内容である。この地位は、もっとも実質的な援助の手を必要とする審判手続での請求者には適用がないとされるのか、大変な課題である」と[1]。この問題提起を踏まえて、冒頭、本章が検討すべき法的問題を確認しておく。

　刑事事件の被疑者・被告人と弁護人との接見交通権（以下、被疑者・被告人の接見交通権については、選任権者の依頼により弁護人となろうとする者との接見も含み、弁護人との接見とする）は、刑訴法39条1項に明記されており、その保障には、「立会人なくして」の接見、すなわち秘密接見の保障が含まれている。しかも、このような接見交通権は、被疑者・被告人について憲法34条、被告人について憲法37条3項により保障される弁護権に基礎をおくものとされている[2]。1999年3月24日の最高裁判所大法廷判決[3]によれば、憲法34条による弁護権は、「身体の拘束を受けている被疑者が、拘束の原因となっている嫌疑を晴らしたり、人身の自由を回復するための手段を講じたりするなど自己の自由と権利を守るため弁護人から援助を受けられるようにすることを目的とするものであ」り、「単に被疑者が弁護人を選任することを官憲が

妨害してはならないというにとどまるものではなく、被疑者に対し、弁護人を選任した上で、弁護人に相談し、その助言を受けるなど弁護人から援助を受ける機会を持つことを実質的に保障している」ものである。そして、刑訴法39条1項の定める接見交通権は、「憲法34条の右の趣旨にのっとり、身体の拘束を受けている被疑者が弁護人等と相談し、その助言を受けるなど弁護人等から援助を受ける機会を確保する目的で設けられたものであり、その意味で、刑訴法の右規定は、憲法の保障に由来するものである」。憲法34条の弁護権を実質化するために、自由な秘密接見の保障が不可欠であることが、ここに示されている。

　さらに、秘密接見の保障の意義について、後藤国賠事件における2004年3月9日大阪地裁判決[4]は、「刑訴法39条1項が被告人等は弁護人と立会人なくして接見することができる旨規定しているのは、被告人等とその弁護人との間において、相互に十分な意思の疎通と情報提供や法的助言の伝達等が、第三者、とりわけ捜査機関、訴追機関及び収容施設等に知られることなく行われることが、弁護人から有効かつ適切な援助を受ける上で必要不可欠なものであるとの考えに立脚するものであるが、これは、接見の機会が保障されても、その内容が上記各機関等に知られるようなことがあれば、両者のコミュニケーションが覚知されることによってもたらされる影響を慮ってそれを差し控えるという、いわゆる萎縮的効果を生ずることにより、被告人等が実質的かつ効果的な弁護人の援助を受けることができないことも十分に予想されるからである」としている（控訴審・大阪高裁の2005年1月25日判決[5]もこれを支持。最高裁の2007年4月13日上告不受理決定により確定）。また、志布志接見国賠事件において、鹿児島地裁2008年3月24日判決（確定）[6]は、「刑訴法39条1項が被告人らが弁護人と立会人なくして接見することができると規定しているのは、被告人らが弁護人から有効かつ適切な援助を受ける上では、被告人らが弁護人に必要かつ十分な情報を提供し、弁護人から被告人らに適切な助言をするなど自由な意思疎通が捜査機関に知られることなくなされることが必要不可欠であると考えられることに基づくものであるが、これは接見内容が捜査機関に知られることになれば、これを慮って、被告人らと弁護人の情報伝達が差し控えられるという萎縮的効果が生じ、被告人らが実質的かつ効果的な弁護人の援助を受けることができなくなると解されることによる」としている。これらの判決において、秘密接見の保障が、自由なコミュニケーションを通じて、被疑者・被告人に対する弁護人の援助の実効性を確

保するうえで不可欠であることが示されている。弁護人の実質的援助の保障としての弁護権は、自由な秘密接見の保障を内包するのである。

　他方、刑訴法440条1項は、「検察官以外の者は、再審の請求をする場合には、弁護人を選任することができる」と定め、再審請求人（以下、弁護権の保障に関連して、検察官以外の請求人をいう。また、後述するように、この弁護権の保障は、再審の請求をする場合において請求前にも及ぶところ、弁護人を選任した再審請求前の請求権者を含めて再審請求人という）の弁護権を保障している。しかし、同条2項が、「前項の規定による弁護人の選任は、再審の判決があるまでその効力を有する」と規定する以外、弁護権の具体的あり方を定めた条項は存在せず、再審請求人と弁護人との接見に関する具体的規定もない。刑事被収容者処遇法においては、両者の面会について、制限規定がおかれている。すなわち、刑訴法上、再審開始決定が確定した後には、請求人は被告人の地位を獲得することから、刑事被収容者処遇法145条によって、逮捕・勾留された被疑者・被告人としての未決拘禁者の場合と同様、同法117・118条による場合を除き、自由な秘密面会が認められているのに対し、再審請求人と弁護人との面会については、受刑者の場合には同法112条によって、死刑確定者の場合には同法121条によって、刑事施設長の指名する職員の立会が定められている。

　このような刑訴法および刑事被収容者処遇法の規定をみたとき、再審請求人と弁護人との接見はどのように保障されるべきか、自由な秘密接見は保障されるべきか、刑訴法39条1項は準用されるべきか、という問題が浮かび上がってくる。これらは、再審弁護のあり方を左右する重要問題である。再審弁護のあり方が、再審請求の権利がどれほど実質的に保障されているか、無辜の救済に向けて、再審制度がどれほど有効に機能しうるかを決定することになる。現在に至るまで、秘密接見が認められた例が散見されるものの、職員の立会がなければ接見を許可しないとされた例も多く、これに関して実務の対応は一様でない[7]。以下、本章は、これらの法的問題を検討し、再審請求人と弁護人とのあいだに、自由な秘密接見が保障されるべきことを明らかにする。

## （2）問題解決の四つのアプローチ

　本章は、このような結論へと至るうえで、四つのアプローチに沿って法的問題の検討を進める。

第1のアプローチは、刑訴法440条1項による再審請求人の弁護権の実質化というものである。再審制度は、誤判からの無辜の救済を理念とする。刑訴法435条による再審請求の権利を実質化するために、刑訴法440条1項は、請求人に対して弁護権を保障している。無辜の救済に向けて再審制度が有効に機能するためには、請求手続において請求人の請求趣旨が可能な限り反映されなければならず、そのためには弁護人の実質的援助が不可欠である。また、再審弁護においては、請求人から直接事情を聴取し、事実と証拠を検討するなど、請求人と弁護人とのコミュニケーションは特別に重要である。請求人が拘禁されている場合、このような弁護人の実質的援助が確保されるためには、請求人と弁護人とのあいだに、自由な秘密接見が保障されなければならない。自由な秘密接見の保障を欠くとき、弁護人の援助の実効性は確保されず、再審請求人の弁護権は実質的制約を余儀なくされる。これは、再審請求の権利の実質化という趣旨に反する。

　第2のアプローチは、刑訴法39条1項の準用というものである。最高裁の白鳥・財田川決定のもと、再審請求手続は、新旧全証拠の総合評価に基づき、確定判決の有罪認定に合理的疑いが生じるかどうかを判断する手続として規定される。このような判断を行う点において、請求手続は公判手続との共通性を有している。このとき、無辜の救済に向けて再審制度が有効に機能するために、請求手続においては、請求人の請求趣旨が可能な限り反映されるよう、その実質的関与が強化されなければならず、請求人の手続的権利の保障をともなう当事者主義構造が要請される。手続構造においても、請求手続と公判手続のあいだには共通性が認められる。このような性質・構造における両手続間の共通性からすれば、手続的権利の十分な保障をともなう適正な手続のもと、証拠の適切な評価に基づき、正確な事実認定を確保するという刑事弁護の目的は、再審請求手続においても、公判手続と同じく妥当する。刑訴法440条2項は、請求手続と公判手続を通じて一貫した再審弁護が提供されるべきことを予定しているが、このことからすれば、請求手続においては、再審公判手続において被告人に適用される弁護に関する規定が、刑訴法39条1項を含め、準用されるべきである。

　これら二つのアプローチに関連して、自由な秘密接見の保障は、憲法34条の弁護権をその基盤におくことによって、強固な憲法的基礎を有することとなる。すなわち、憲法34条の弁護権は、司法的コントロールを通じて違法な拘束から身体を解放するための手続保障としての性格を有するが、この

弁護権は、身体を拘束された被疑者・被告人だけでなく、拘禁された再審請求人に対しても保障される。身体を拘束された被疑者・被告人の場合、憲法34条の弁護権は、刑訴法39条1項による自由な秘密接見の保障として具体化されている。再審請求人の弁護権は、憲法34条の弁護権によって基礎づけられているものであるがゆえに、被疑者・被告人の場合と同様、自由な秘密接見の保障を内包するものとして具体化されていると理解すべきである。

　第3のアプローチは、国際人権法による弁護権に基づくものである。市民的及び政治的権利に関する国際規約(以下、自由権規約)14条3項(c)は、「刑事上の罪の決定」のための手続において弁護権を保障し、同項(b)は、同じく弁護人とのコミュニケーションを保障している。国際人権法において、弁護権を実質化するため、弁護人とのコミュニケーションについては、自由と秘密性が保障されている。再審請求手続は、「刑事上の罪の決定」そのものに関する手続ではないにせよ、これら弁護権の保障は、請求手続から公判手続を通じて、再審手続全体にわたる裁判の公正さ(自由権規約14条1項)を確保するために不可欠であることから、公判手続のみならず、請求手続にも及ぼされるべきであり、したがって、請求人と弁護人とのあいだに、自由な秘密接見が保障されなければならない。

　第4のアプローチは、国際人権法による裁判にアクセスする権利に基礎をおくものである。自由権規約14条1項は、刑事、民事を問わず、公正な裁判を受ける権利について規定しているが、その保障内容として、裁判にアクセスする権利を保障し、さらに、その権利を実質化するために、弁護士の法的援助を保障している。このとき、弁護士による法的援助の実効性を確保するために、自由な秘密接見が保障されている。刑訴法435条の定める再審請求の権利は、自由権規約14条1項による裁判にアクセスする権利を具体化したものであり、この権利を実質化するために、自由な秘密接見の保障をともなう弁護権が保障されることになる。このような弁護権が、刑訴法440条1項において具体化されている。また、憲法32条も、裁判を受ける権利の保障のもと、裁判へのアクセスを保障しているから、弁護人による法的援助の実効性を確保するための自由な秘密接見の保障は、憲法32条の保障の趣旨からも導かれる。

　以下、本章は、これら四つのアプローチに沿いつつ、再審請求人と弁護人とのあいだに、自由な秘密接見が保障されるべきことを論じる。

## 2 再審請求人と弁護人との接見をめぐる現行法と実務

### (1) 再審請求人の弁護権

　再審請求の理由は、刑訴法435条に列挙されているが、そのうち、実務上最も重要なのは、無罪などを言い渡すべき明らかな新証拠を発見したとき（6号）である。再審請求のほとんどは、この理由に基づくものである。この場合について、再審請求は、おおむね次のような手続により行われる。すなわち、再審請求にあたって、請求人は趣意書と原判決の謄本、そして新証拠（証拠書類および証拠物）を管轄裁判所（刑訴法438条）に提出する（刑訴規則283条）。通常、この趣意書またはその補充書において、後述する最高裁の白鳥・財田川決定の枠組みに従い、証拠構造を分析し、旧証拠の証拠評価を行い、それに新証拠を加えた全証拠の総合評価の結果、確定判決の有罪認定に合理的疑いが生じたことが、請求人の主張として提示される。裁判所は請求人の請求趣旨を前提にしつつ、検察官に対して意見を求めたうえで（刑訴規則286条）、必要に応じて事実の取調べを行い（刑訴法445条・43条3項）、請求が不適法または理由がないときは、決定を持ってこれを棄却し（刑訴法446条・447条1項）、理由があるときは再審開始を決定する（同448条1項）[8]。

　刑訴法339条1項が、「有罪の言渡を受けた者」その他の再審請求権者を定めたうえで、刑訴法440条1項は、「検察官以外の者は、再審の請求をする場合には、弁護人を選任することができる」と定め、請求人に対して弁護人の援助を受ける権利を保障している[9]。後述するように、請求人にとって、確定判決の有罪認定を検討し、新証拠を発見・収集し、再審理由となる主張を構成し、請求趣意書を作成・提出し、請求手続を進めるうえで、専門法曹としての弁護人の援助はきわめて重要である。請求人が拘禁されている場合には、ほとんど不可欠といってよい。

　しかし、再審請求手続において、請求人に対する弁護人の援助には、重大な制限が課されてきた。かつて、弁護士の竹澤哲夫は、請求人が拘禁されている場合、弁護人との接見が「請求を維持遂行するにつき重要な役割をもつことは多言を要しない」としたうえで、その「実情は、刑務官の立会がつき、接見打合せの内容を逐一記録している」というものであり、後述する帝銀事件の例にあるように、「接見交通の内容を記録し、これを保管しているのが

刑務所当局であってみれば、まさに『相手方』検察官に請求準備の段階から通じる結果になることは免れない」と指摘した[10]。自由な秘密接見が保障されないことは、現在に至るまで同じである[11]。近時も、刑事施設側が請求人と弁護人との秘密接見を許さず、刑事施設の職員が接見に立ち会った例が報告されている。広島の国賠事件2件においてもそうであった[12]。このような制限の結果、後述するように、再審請求人の弁護権は実質的制約を余儀なくされてきた（本章3（2）参照）。

### （2）接見制限の法的根拠

再審請求人と弁護人との接見に対する実質的制限については、どのような法的根拠が援用されてきたのか。

第1に、身体を拘束された被疑者・被告人と弁護人とのあいだに自由な秘密接見を保障する刑訴法39条1項が、刑の確定を経て拘禁された再審請求人と刑訴法440条1項により選任された弁護人（以下、再審弁護人）との接見に対しては、適用ないし準用されないという理解が前提となっている。再審請求人は刑訴法上の「被疑者」・「被告人」にあたらず、通常手続と請求手続とのあいだには性格・構造の違いがあることから、総則中の弁護に関する規定は適用されず、さらに、刑訴法39条1項が「被告人・被疑者のみにかかることはその文理上明らかであるうえに、有罪の確定判決に基づき受刑中の者との接見や物件の授受はもっぱら監獄法、同法施行規則等によって律せられている」から、その準用もないとの理解が支配的だったからである[13]。通常手続の被疑者・被告人と死刑確定者とのあいだの法的地位の違いを強調して、刑訴法39条1項の準用を否定した下級審判例もある[14]。

第2に、接見の実質的制限を積極的に根拠づけてきたのは、刑事拘禁法の規定である。具体的な根拠規定は、監獄法の全面改正によって変化した。

旧監獄法のもとでは、上述の刑訴法解釈に立って、再審弁護人は、無立会の接見を定めた同法施行規則127条1項ただし書や、接見の時間制限を排除した同規則121条ただし書にいう「弁護人」には含まれないと理解された。そのうえで、これら規則の本文に基づき、立会、時間制限などの接見制限が行われていた。また、請求人が死刑確定者である場合、かつては未決被拘禁者の場合に準じる取扱いを定めた旧監獄法9条のもと、無立会の接見が認められていたものの、昭和38年3月15日付矯正局長通達甲第96号が発せられた後、帝銀偽証事件も与って、弁護人接見にも職員の立会が付されるよう

になったという[15]。

　2007年6月1日施行の刑事被収容者処遇法のもとでは、被収容者が未決拘禁者でない場合、あるいは通常手続の被疑者・被告人の地位にない場合には、弁護人以外の者との面会について、受刑者であれば、職員立会を認める112条により、死刑確定者であれば、職員立会を原則とする121条により、職員の立会がなされている。ただし、受刑者の場合、同法112条ただし書によって、「自己に対する刑事施設の長の措置その他自己が受けた処遇に関し弁護士法……第3条第1項に規定する職務を遂行する弁護士」などとの面会については、原則として職員立会が排除されている。刑事被収容者処遇法の制定に先立ち、2003年12月22日に発表された『行刑改革会議提言』[16]は、より広く、重要な法的用務を処理するための弁護士面会については、「認めることが相当であり、面会方法についても、その用務等に応じて必要と認める場合は、職員が立会いをしないなどの配慮をすることが相当である」として、立会排除を原則とすべきことを示唆していた。これは、再審請求人と弁護人との接見を含む趣旨であろう。刑事被収容者処遇法の規定は、『提言』から後退したといわざるをえない。死刑確定者の場合にも、刑事被収容者処遇法121条ただし書により、「訴訟の準備その他の正当な利益の保護のためその立会い又は録音若しくは録画をさせないことを適当とする事情がある場合において、相当と認めるとき」は、職員立会を付さなくてもよいとされている。職員立会のほかにも、一時停止・終了（113条・122条）、相手方の人数、場所、日時・時間帯、時間、回数などに関する制限が認められている（114条・122条、刑事施設及び被収容者の処遇に関する規則69〜75条）。

　再審開始決定が確定した後は、刑事被収容者処遇法145条により、「被告人である被収容者」としての地位が認められ、未決拘禁者に関する規定が準用される結果、弁護人接見の立会は排除される（116条参照）。これに対して、再審開始確定前の請求人については、同法145条の適用はなく、受刑者であれば112条が、死刑確定者であれば同法121条が適用されるとの理解に立って、実務は運用されている。受刑者である請求人と弁護人との面会は、112条ただし書2号の定める面会には該当しないとされている。死刑確定者の面会の立会省略に関する121条ただし書の運用について、平成19年5月30日矯正局長依命通達「被収容者の外部交通に関する訓令の運用について（依命通達）」24(4)は、「例えば、死刑確定者が受けた処遇に関して弁護士法第3条第1項に規定する職務を遂行する弁護士や、再審請求等の代理人たる

弁護士との面会については、立会い等の措置の省略を適当とする事情があると考えられるところ、このような場合であっても、必ず立会い等の措置を省略すべきというものではなく、さらに、立会い等の措置の省略を相当と認めることが必要であり、その判断に当たっては、立会等の措置を省略することにより刑事施設の規律及び秩序を害する結果を生ずるおそれがあると認められるかどうか、死刑確定者の心情を把握するため立会い等の措置を執ることが必要であるかどうかを個別に検討することが必要であること」としている。すなわち、再審請求人と弁護人との接見であれば、刑事被収容者処遇法121条ただし書における立会省略が適当な場合にあたるとしながらも、さらに個別具体的な面会ごとに、刑事施設の規律・秩序が阻害されるおそれ、死刑確定者の心情把握のための必要などを考慮して、相当と認められる場合に限り、立会省略がなされるべきというのである。現在、死刑確定者である再審請求人と弁護人との接見について職員立会が行われているのは、この通達がいうような刑事施設の実質判断に基づき、立会省略の相当性が認められなかったことの結果なのであろう[17]。

　時間制限、職員立会など、自由な秘密接見に対する制限は、このように正当化されてきた。しかし、制限を認める立場においては、刑訴法440条1項により再審請求人に対して弁護権が保障されていることの意義が、十分深く検討されているとはいえない。請求人が「被疑者」・「被告人」にあたらず、請求手続と通常手続とのあいだに性格・構造の相違があることはたしかである。再審請求人と弁護人とのあいだの自由な秘密接見を明記する条項もない。しかし、以下論じるように、再審請求の権利を実質化するために、再審請求人に対して弁護権が保障されていることの意義を実質的に捉え、弁護人の援助の実効性を確保しようとするとき、自由な秘密接見が保障されるべきことになる。

## 3　弁護権の実質化と自由な秘密接見

### (1) 再審請求手続と弁護権の保障

　刑事裁判は、どれほど適正に運用されたとしても、誤判の危険から完全に免れることはできない。それゆえ、再審は、「非常救済手段とはいえ、裁判には不可欠な制度」である[18]。憲法39条が二重の危険の禁止を定めたことに

ともない、不利益再審が禁止されたことによって、再審は端的に誤判からの「無辜の救済」のための制度として位置づけられた[19]。無辜の救済に向けて再審制度が有効に機能することが、刑事裁判が制度全体として健全性を確保するために不可欠とされるのである。

　刑訴法440条1項により再審請求人が弁護権を保障されているのは、刑訴法435条・436条による再審請求の権利を実質化し、再審制度を有効に機能させるためである。再審請求手続において、請求人は再審請求の趣意書（刑訴規則283条）、同補充書、事実取調べ請求書などを作成・提出し、証人尋問、請求人質問などを行ったうえで、最終意見（刑訴規則286条）を明らかにする。趣意書の記載内容は、法律や規則により規定されていないが、最低限の内容として、請求人、請求の趣旨、再審の理由、再審理由となる新規・明白な証拠などを明記するものとされている[20]。このような請求手続からすれば、それを「すすめるために専門法曹たる弁護士の援助は不可欠であり」、同条項が弁護権を保障したのは「当然の規定」だとされている[21]。

　弁護士の岡部保男は、再審請求を行うにあたって、①確定記録の検討、事件現場の調査などによる事件の全体像の把握、②確定有罪判決の証拠構造の検討、③供述証拠や鑑定の採否・判断などについて確定判決の弱点の解明、④新証拠の発見・確保、⑤確定訴訟記録がない場合にはその復元の努力、が必要になるとしている。とくに、新証拠の発見・確保については、新証拠の「創造」と表現したうえで、「新証拠がすでにあってこれを発見するというものではなく、弁護人が事件全体の構造を把握したうえで、原判決を覆すに足る証拠はなにであるかを見定めて、これに適合する証拠を、事実のなかから、関係者のなかから、科学的分析のなかから、つかみ出し、証人として、鑑定人として、物証として、証拠書類として、検証請求として、『創造』して、再審請求審理に持ち込むものである」と説いている[22]。このようにして再審請求を効果的に進めるためには、弁護人の援助がほとんど不可欠といえるであろう。請求人が拘禁されている場合、請求人自らの能動的・積極的準備活動が制約を免れないことから、そのことはいっそう強く妥当する[23]。

　再審請求手続において弁護権の保障が本質的に重要であることは、請求手続の性格・構造によっても基礎づけられる。誤判からの無辜の救済という再審の制度理念のもと、最高裁の白鳥・財田川決定は、再審請求手続の性格・構造を再規定した。1975年、最高裁・白鳥決定は、刑訴法「435条6号にいう『無罪を言い渡すべき明らかな証拠』とは、確定判決における事実認定

につき合理的な疑いをいだかせ、その認定を覆すに足る蓋然性のある証拠をいうものと解すべきであるが、右の明らかな証拠であるかどうかは、もし当の証拠が確定判決を下した裁判所の審理中に提出されていたとするならば、はたしてその確定判決においてなされたような事実認定に到達したであろうかどうかという観点から、当の証拠と他の全証拠と総合的に評価して判断すべきであり、この判断に際しても、再審開始のためには確定判決における事実認定につき合理的な疑いを生ぜしめれば足りるという意味において、『疑わしいときは被告人の利益に』という刑事裁判における鉄則が適用されるものと解すべきである」と判示した。翌1976年、財田川決定は、これを敷衍し、「疑わしきは被告人の利益に」という「原則を具体的に適用するにあたつては、確定判決が認定した犯罪事実の不存在が確実であるとの心証を得ることを必要とするものではなく、確定判決における事実認定の正当性についての疑いが合理的な理由に基づくものであることを必要とし、かつ、これをもつて足りると解すべきであるから、犯罪の証明が十分でないことが明らかになつた場合にも右の原則があてはまるのである」と判示した。すなわち、再審開始の要件としての新証拠の「明白性」は、新証拠それ自体によってではなく、確定有罪判決の証拠構造（すなわち、「原判決の有罪認定とその証拠関係」〔白鳥決定〕ないし「確定判決の有罪認定とその対応証拠の関係」〔財田川決定〕）を確認し、旧証拠に新証拠を投入して、旧証拠を再評価したうえで新旧全証拠を総合評価した結果、「疑わしきは被告人の利益に」の鉄則に従って、確定判決の有罪認定に合理的疑いが認められることをいうとしたのである[24]。

　白鳥・財田川決定によって、再審請求手続の性格がこのように規定されるとき、請求手続における請求人の実質的関与を強化しなければならず、そのための手続保障として、弁護人の援助が保障される必要がある。三井誠は、①無辜の救済のための利益再審という制度目的からすれば、憲法31条の要請として、請求人の請求趣旨を可及的に反映するような手続構造が設定されるべきこと、②請求手続は一種の訴訟手続であり、再審請求理由の大多数を占める刑訴法435条6号に関する判断について、「その内実は事実の取調べ（法445条）が主軸をなし、同号にいう『明白性』の審理は罪責問題そのものの審理とはいいにくいがそれに近いもの——実際上は公判審理と同種のもの——である」こと、③請求手続の審理が公判審理と同種のものであることは、白鳥・財田川決定も認めるところであること、④請求手続に関する刑訴法・刑訴規則の規定は旧法を踏襲したものが多いが、「現行法上の再審規定の解

釈は、利益再審への転換を基軸にして現行法の基本構造・原則に沿って独自に展開されてよ」いから、現行法の規定は、「意見聴取を例示的に定め、その他は請求人側の手続的権利保障をできるだけ広範囲に認める余地を残した趣旨」と理解できることを指摘し、これらのことから、請求人の実質的関与を確保するために、その手続的権利の保障を強化すべきと論じている。三井誠が指摘するように、白鳥・財田川決定を契機として、実務においても、かつての「請求人不関与構造」が克服され、請求人の請求趣旨が十分汲み取られるよう、その実質的関与と手続的権利の保障が進展してきた[25]。このような手続的権利として最も重要なのは、弁護権の保障であろう。無辜の救済に向けて再審制度を有効に機能させるために、請求手続において請求人の請求趣旨が可能な限り反映されるよう、その実質的関与を確保しようとするとき、弁護人の援助こそが不可欠だからである。

## (2) 接見制限による弁護権の実質的制約

　再審請求手続において弁護人の実効的な援助が確保されるためには、請求人と弁護人とのコミュニケーションが十全に保障されなければならない。それが欠けるならば、再審請求人に対する弁護人の援助は実効性を失い、再審請求の権利の実質化という趣旨に反する結果となる。請求人が拘禁されている場合、弁護人とのコミュニケーション手段として最も重要なのは接見である。しかし、刑訴法440条1項による弁護権の保障にもかかわらず、自由な秘密接見は保障されていない。請求人と弁護人との接見は、刑訴法39条1項の適用・準用を受けることはなく、時間制限、職員立会など、刑事拘禁法上の制限に服すべきとされているからである。このような接見制限によって、再審請求人の弁護権は実質的制約を余儀なくされ、再審請求を行ううえで、現実的障害も生じたのである。

　たとえば、岡部保男は、「再審請求は……高度な専門的知識を必要とするばかりか、事実関係、証拠関係について実に詳細な検討が必要である。そして、その検討は、再審請求を行う準備の段階においてより必要とする。したがって、再審請求の前後を通じて、弁護人との打合せは必要不可欠である」としたうえで、請求人と弁護人との接見に施設職員が立ち会い、その内容がすべて聴取され、逐一記録化されることによって、「事件の核心にふれて、詳細な打合せをすることは不可能である」と指摘している。なぜなら、第1に、「打合せの秘密が守られない」という状況のもとでは、「けっして真実に

迫ることはできない」からである。第2に、立会職員の記録がその主観によって「いかようにも表現され、どのように事実が歪曲されるかもしれない危険があり」、さらに「その記録が行刑当局によって、なんらかの資料として利用される」おそれがあるからである。第3に、帝銀事件の再審請求審においてのように、「この記録が再審請求の審理を担当している裁判所によって、再審請求の理由の有無の判断の一資料に利用されるおそれがある」からである。岡部保男は、「再審請求人と弁護人との間に秘密交通権が保障されないならば、再審請求を行う第一歩の段階で重大な支障に直面する」としている[26]。

　1977年に公刊された日本弁護士連合会編『再審』によれば、「再審の段階での弁護活動にはさまざまな障害があって弁護を全うすることが困難な状態におかれているのが実情である」が、その「最初の障害が接見の問題である」という。すなわち、死刑確定者の場合を含め、請求人が自由を拘束されているとき、「弁護人が請求人との打合せのために面会に行くと、傍らに刑務官が腰掛けてその内容を克明に記録している」。たとえば、帝銀事件においては、1965年3月11日の再審請求棄却決定に至る過程で「宮城拘置所から請求人にかかる接見簿等を職権で取り寄せて判断資料としていたことがその棄却決定中に判示され」た。「請求人と弁護人との接見が刑務当局によって記録され、それが法務・検察当局に直ちに通じ、さらには再審裁判所が一方的に弁護人不知のあいだにこれを取り寄せ判断資料とするごときことは、弁護権の否認に通じ、かくてはとうてい弁護人・請求人の訴訟活動を全うすることはできない」という。また、後に再審無罪が確定する財田川事件においても、大阪拘置所に収容中の請求人谷口繁義氏との接見について、「弁護人が谷口と接見するたびに、拘置所当局に対して、刑務官の立会をやめ、弁護人の秘密交通権を補償するよう要求してきたが、拘置所はこれを拒否し、毎回、刑務官が立ち会い、接見中のやりとりをすべて記録している。このような状態では請求人がいいたいこともいえず、弁護人は聴きたいことも聴けない。刑務官がどのように、そのやりとりを誤解・歪曲して記録し、あるいは上司に報告するやもしれぬ不安があり、さらにその報告がそのようにゆがんで検察官・裁判官に通ずるかもしれないという恐れはぬぐいきれない」という。財田川事件再審請求における弁護活動は、「記録の検討と請求人を含む事件関係者からの事情聴取、現場関係者の調査を繰り返し行うことから始まった」という。もちろん訴訟記録の検討は重要であるものの、「もともと訴訟

記録は、基本的には検察官の有罪立証の記録であって、請求人の側に有利なものは顕出されていない場合が多」い。それゆえ、「請求人からの事情の聴取は再審遂行上重要な位置を占める」というのである[27]。

同じく後に再審無罪が確定する松山事件においても、請求人と弁護人との接見について、秘密性の保障がなかったことが報告されている。弁護士の島田正夫は、「再審を準備しこれを遂行してゆくためには、請求人及び弁護人にとってその打合せのための接見交通が重要な役割をもつ」にもかかわらず、松山事件の場合、昭和40年頃から「刑務官の立会がつき接見打合せの内容を逐一記録するようになった。他の再審事件でも問題になったが、その記録を再審裁判所が押収取調べの対象にする可能性が現実にある以上、この点からも再審は大きな制約を受けている」と指摘している[28]。

さらに、1986年に公刊された日本弁護士連合会編『続・再審』も、「刑務官が請求人の傍らに付き、弁護人と請求人と接見・打合せに立ち会い、接見の内容や状況を克明に記録しているのが」なお「現状である」としている[29]。

このように、再審請求人と弁護人とのあいだに、自由な秘密接見が保障されていないことによって、刑訴法440条１項による請求人の弁護権は実質的制約を受け、再審請求を行ううえで現実的支障が生じている。再審弁護において、請求人から直接事情を聴取し、事実と証拠を検討する機会として、接見がことのほか重要であることからすれば、この弁護権の制約は、まさに急所を突かれるような重大なものである。このような接見制限が、現在に至るまで続いている。

## （3）弁護権の実質化のための自由な秘密接見の保障

時間制限、職員立会などの接見制限は、上述のように、再審請求人が「被疑者」・「被告人」にあたらず、両者の法的地位が異なることを根拠にして、刑訴法39条１項の適用・準用が否定されることによって正当化されてきた。しかし、これに対しては、自由な秘密接見が保障されるべきとの見解も有力に主張されてきた。再審請求人の弁護権を実質化するためにである。

岡部泰昌は、最高裁白鳥決定の直後、無辜の救済に向けて再審制度が有効に機能するよう、請求手続の「当事者主義的構成」を進展させ、デュー・プロセスを強化する必要があるとしたうえで、弁護人の援助の実効化を提起している。岡部泰昌は、接見の時間制限、職員立会、確定記録の閲覧・謄写の制限などにより、請求人の弁護権に重大な制約が課されていることを指摘し、

「デュー・プロセス、法の下の平等保護の見地から、請求人に対して、被告人に保障されている国選弁護人選任権、自由な接見交通権、確定記録の閲覧・謄写権、検察官手持証拠の開示請求権などを差別なく保障することが現下の急務」であると論じている[30]。また、高田卓爾は、刑訴法440条の趣旨について、再審請求に関する「手続の性質上むしろ法律専門家である弁護人（弁護士たる）の関与を認めるのが妥当である」としたうえで、弁護人の資格を弁護士とする刑訴法30条1項などと同じく、「39条は準用を認めるべきである」としている[31]。松尾浩也監修・松本時夫＝土本武司編集代表『条解刑事訴訟法（第3版）』は、「捜査手続または公判手続を前提とする総則中の弁護に関する諸規定……は、原則として適用がない」とする一方、刑訴法440条は「再審請求者の利益保護のために弁護人の関与を認めたものであるから、本条の趣旨に副う規定、例えば、39条の適用はあるものと解すべき」と論じている[32]。田宮裕も、「弁護人である以上、39条、40条の規定も準用されよう」としている[33]。

　さらに、高田昭正は、弁護に関する刑訴法の総則規定は「公開主義・口頭主義・弁論主義をとらない捜査手続もカバーする」から、たんに再審請求手続と通常手続との性格・構造の違いによって、総則規定の不適用を正当化することはできないとしたうえで、「再審は、誤った確定有罪判決を受けた市民が尊厳を回復するため、冤罪を正す訴訟活動を主体的に尽くす手続となるべきものである。刑事手続に引き込まれた市民の尊厳と主体的地位・主体的防禦権を擁護するという点で、捜査弁護・公判弁護の課題と再審弁護の課題は同じである。それゆえ、弁護に関する総則規定は、再審請求手続についても適用がある」と論じている。むしろ、「再審弁護の重要性と困難性に鑑み、その実効的保障は通常手続よりも強められなければならない」のであり、刑訴法440条は、再審請求人について「総則が定める弁護権をもつことを確認した」ものであると説くのである。高田昭正によれば、再審は有罪判決言渡後の非常救済手続であるから、刑訴法総則の「起訴後弁護（被告人弁護）に関する規定を適用すべき」であり、接見交通権についていえば、「再審請求人が選任した弁護人は、有罪を言い渡された刑事施設収容中の者と立会いなしに接見し……、書類等の授受をすることができねばならない」とされる[34]。

　再審請求人に対する弁護人の援助の実効性を確保するために、自由な秘密接見が保障されなければならない。刑訴法440条1項による弁護権は、自由な秘密接見の保障を内包するのである。

もともと、刑訴法39条１項による秘密接見の保障は、「被告人等とその弁護人との間において、相互に十分な意思の疎通と情報提供や法的助言の伝達等が、第三者、とりわけ捜査機関、訴追機関及び収容施設等に知られることなく行われることが、弁護人から有効かつ適切な援助を受ける上で必要不可欠なものであるとの考えに立脚するものであ」り、「これは、接見の機会が保障されても、その内容が上記各機関等に知られるようなことがあれば、両者のコミュニケーションが覚知されることによってもたらされる影響を慮ってそれを差し控えるという、いわゆる萎縮的効果を生ずることにより、被告人等が実質的かつ効果的な弁護人の援助を受けることができないことも十分に予想されるから」であった[35]。自由な秘密接見の保障が欠けるならば、弁護人の援助は実効性を保持しえないのである。

　このことは、再審請求人の弁護権についても同じであろう。しかも、再審弁護においては、上述のように、請求人から直接事情を聴取し、事実と証拠を検討するなど、請求人と弁護人との接見はひときわ重要である。自由な秘密接見の保障がないとき、請求人と弁護人とのコミュニケーションは抑制を余儀なくされ、再審請求人の弁護権は実質的制約を受けることになる。このことは、再審請求の権利の実質化という趣旨に反する。これまでの再審弁護の実践は、その障害を乗り越えようとするものであった。しかし、再審請求に現実的障害も生じてきた。そうであればこそ、弁護人の援助の実効性を確保するために、自由な秘密接見が保障されなければならない。そのことが、再審請求の権利を実質化し、再審制度を有効に機能させるため前提的要請なのである。

　また、自由な秘密接見の保障は、一貫した再審弁護のためにも要請される。すなわち、刑訴法440条２項は、「前項の規定による弁護人の選任は、再審の判決があるまでその効力を有する」と定めているが、この規定は、再審請求手続から開始決定が確定した後の公判手続を通じて、弁護人の一貫した援助が保障されるべきことを前提としている。一貫した再審弁護こそが、再審請求の権利を実質化するうえで効果的であろう。このとき、再審公判手続においては、刑訴法39条１項により、「被告人」と弁護人との自由な秘密接見が保障されると理解されている。請求手続の段階から自由な秘密接見が保障されないとすれば、たとえ再審開始決定が確定した後になってそれが保障されたとしても、請求手続から公判手続を通じての一貫した再審弁護の保障という刑訴法440条２項の趣旨に反することになるであろう。それゆえ、同条

1項の弁護権は、請求手続においても、自由な秘密接見の保障を含むものと理解されなければならないのである。

## （4）刑事被収容者処遇法上の取扱い

　再審請求人と弁護人との接見については、上述のように、刑事被収容者処遇法のなかに制限を許すかのような規定が存在している。刑訴法440条1項のもと、再審請求人の弁護権を実質化するために、自由な秘密接見が保障されているとの理解に立つとき、これらの制限規定については、どのように理解すべきか。刑訴法39条1項により秘密接見を保障されている未決拘禁者については、刑事被収容者処遇法においても、職員の立会は排除されていた（116条参照）。再審開始決定が確定した後も、同法145条により、「被告人である被収容者」としての地位が認められ、未決拘禁者に関する規定が準用された。再審請求人についても、刑訴法440条1項の要請として、自由な秘密接見が保障されるべきことは未決拘禁者の場合と同じであるから、刑事被収容者処遇法においては、未決拘禁者と弁護人との面会に関する規定が準用されるべきであろう。

　かりに、この準用が認められない場合でも、制限規定の限定解釈によって、面会機会の制限と職員立会は排除されなければならない。

　まず、接見機会の確保についてはどうか。刑事被収容者処遇法においては、受刑者についても（111条1項2号）、死刑確定者についても（120条1項2号）、「法律上……の重大な利害に係る用務の処理のため面会することが必要な者」との面会については、特別な例外的場合を除いて、許可されるべきと定められている。刑訴法440条1項により再審請求人が選任した弁護人は、これにあたるものとして、面会が許可されるべきである。平成19年5月30日矯正局長依命通達「被収容者の外部交通に関する訓令の運用について（依命通達）」も、「民事訴訟や再審請求等について委任又は相談を受けている弁護士等」がこれに該当するとしている（受刑者について1（2）（イ）、死刑確定者について24（1））。再審請求人と弁護人との接見について、刑事施設が、個別具体的な機会ごとに、重大な法的用務の処理のため面会が必要かどうかを判断し、必要がないと認めたならば面会を不許可にしてよいと理解すべきではない。そのような面会内容にまで立ち入った実質的な必要性判断に基づく不許可を認めたならば、恣意的判断を完全に排除することはできず、また、判断が不安定なものとなり、結果的に自由な接見の保障は失われるからである。

秘密性の確保についてはどうか。刑事被収容者処遇法において、受刑者については、施設長は、「刑事施設の規律及び秩序の維持、受刑者の矯正処遇の適切な実施その他の理由により必要があると認める場合には」、面会に施設職員を立ち会わせ、またはその面会を録音・録画することができるとされつつ（112条本文）、「自己に対する刑事施設の長の措置その他自己が受けた処遇に関し弁護士法……第3条第1項に規定する職務を遂行する弁護士」などとの面会について、「刑事施設の規律及び秩序を害する結果を生ずるおそれがあると認めるべき特別の事情がある場合」を除き、職員立会が排除されている（同条但書）。また、死刑確定者については、職員立会が原則とされながらも、「訴訟の準備その他の正当な利益の保護のためその立会い又は録音若しくは録画をさせないことを適当とする事情がある場合において、相当と認めるとき」は、立会の省略が認められている（121条）。

刑訴法440条1項の要請として秘密接見が保障されるべき以上、刑事被収容者処遇法によって、接見の秘密性を実質的に制限することは許されない。職員の立会は排除されるべきである。再審請求人と弁護人との接見については、受刑者の場合、自己の処遇に関する弁護士面会の場合と同じ扱いにより、職員立会を排除すべきである。「刑事施設の規律及び秩序を害する結果を生ずるおそれ」があるとして、例外的に立会をさせることも許されない。実質的に考えても、再審弁護人との接見によって、刑事施設の規律・秩序が害される現実的危険が生じる可能性は、もし皆無でなくとも、きわめて僅少のはずであるから、それを理由にして職員を立ち会わせ、接見の秘密性を奪うことは過剰な制限といわざるをえない[36]。再審請求人が死刑確定者である場合、弁護人との接見については、「訴訟の準備……のためその立会い又は録音若しくは録画をさせないことを適当とする事情があ」り、「相当と認めるとき」（刑事被収容者処遇法121条ただし書）にあたるものとして、職員立会が排除されなければならない。立会省略に関する規定については、上述のように、依命通達により限定的な解釈・運用がなされている。しかし、依命通達がいうように、刑事施設側が個別の具体的接見ごとに「相当」かどうか実質判断を行うことは許されない。まして、予想される接見内容を考慮し、立会省略を「適当とする事情」があるか実質的判断を行うことは許されない。いずれの場合にも、秘密接見の保障が失われる結果となるからである。なお、死刑確定者の処遇については、その「心情の安定」に配慮すべきとされているが（同32条1項）、「心情の安定」はあくまでも本人の内心の問題であるから、本人

の意思に反しない限りにおいてそのための条件を整備することを超えて、本人の意思に反して死刑確定者の権利を制約する根拠とすることはできないというべきである[37]。それゆえ、「心情の安定」への配慮を理由として、死刑確定者である再審請求人と弁護人との接見に制限を課すことは許されない。

## 4 刑訴法39条1項の準用可能性

### (1) 準用を否定する見解

　以上のように、刑訴法440条1項による再審請求人の弁護権を実質化するために、自由な秘密接見が保障されなければならない。さらに、弁護権の保障の目的との関係において、再審請求手続と公判手続とのあいだには、性質・構造における共通性が認められるから、請求手続において刑訴法39条1項の準用が認められるべきである。

　従来の実務は、再審請求人は刑訴法のいう「被疑者」・「被告人」にあたらないこと、通常手続と請求手続とのあいだには性格・構造の違いがあることを理由にして、総則中の弁護に関する規定の適用・準用を否定する見解に立ってきた。すなわち、再審請求手続は「既に刑が確定した後のものであるから、一般の刑事事件の審判手続とは全く別個のものであって、有罪の確定判決を受けた者は存在するが、被告人は存在しない。その意味で、この段階の手続は、検察官と被告人とが対立する当事者として存在する一般の刑事手続とは著しくその性格を異にし、当事者主義の構造をとっていない。したがって、再審請求手続においては、総則中の弁護に関する諸規定は、当然にはその適用がない」とされたのである。さらに、準用についても、「これらの諸規定は、いずれも通常の捜査手続又は公判手続を前提とする規定であるから」、原則として否定されるべきとされた。もっとも、準用の可能性が全面否定されるわけではなく、「当該規定の性質・内容がこの手続にもなじむもの」については、準用を認めてよいとされ、弁護人の資格を弁護士と定める刑訴法31条1項、弁護人の選任手続に関する刑訴規則18条、さらに弁護人の固有権として裁判所における訴訟記録・証拠物の閲覧・謄写を認める刑訴法40条については、準用を認めるべきとされた。しかし、刑訴法39条については、「同条が被疑者・被告人のみにかかることは文理上明らかであるうえに、有罪の確定判決に基づき受刑中の者との接見や物件の授受はもっぱ

ら監獄法、同法施行規則等によって律せられている」から、準用が認められるべきではないとされた[38]。

　旧監獄法下の事件についてのものであるが、刑訴法39条1項の準用を否定した下級審判例もある。東京拘置所に拘置されている死刑確定者が、再審請求の準備を進めるにあたり選任した弁護人との接見について、拘束者である拘置所が接見時間を30分以内と制限し、また、接見に職員を立ち会わせることが、人身保護法上の違法な拘束にあたるとして、接見時間の制限と職員の立会の禁止を求めた人身保護請求事件において、1989年3月1日の東京地裁決定[39]は、刑訴法39条1項は、死刑確定者が再審請求の準備のために選任した弁護人に対しては準用されないとした。判決は、「刑事被告人等の未決拘禁者については無罪の推定が働き、したがつてまた有罪判決の確定までは身柄は拘束されないのが原則であるのに対し、死刑判決の確定者については、同人を有罪として死刑を言い渡した確定判決の効力により拘束されているものであり、また、死刑の執行のために必然的に不(ママ)随する手続として、一般社会とは厳に隔離されるべき者として拘禁されているものであるから、監獄法は、死刑判決の確定者に対して、少なくとも再審開始の決定のある前においては、未決拘禁者に関する規定をそのまま準用することを予定しているものと解することはできないのであつて、右の死刑判決の確定者の拘禁の目的及び性質に照らし合理的な限度においては、これと再審弁護人との接見交通について、ある程度の制限を加えることが許されるものと解するのが相当である。そしてまた、同様の見地からすれば、刑事訴訟法39条1項が死刑判決の確定者の再審弁護人に対してそのまま準用されるとの解釈をとり得ないことも明らかであつて、結局、拘置所の所長には、死刑判決の確定者と再審弁護人との具体的な接見交通について、右の拘禁の目的及び性質に照らし、一定の範囲内において、相当な措置をとる権限が与えられているものと解するのが相当である」と述べ、本件接見制限を適法と認めた。

　たしかに、刑訴法上、再審請求人は「被疑者」・「被告人」には該当しないから、文言上、請求手続において、弁護に関する総則規定の適用を認めることはできないであろう。問題は、刑訴法39条1項の準用の可能性である。これを否定する見解のなかで、再審請求人と弁護人との接見が刑事拘禁法により規律されているということは、決定的理由にはならないであろう。もし、刑訴法上の権利として自由な秘密接見が保障されるのであれば、それに対する拘禁法上の実質的制限は排除されなければならず、そのように刑事拘禁法

の規定は限定的に解釈・運用されるべきだからである。手続的権利の保障について、刑訴法の保障する権利が拘禁法によって実質的に制約されるべきではない[40]。このような立場は、大阪拘置所が勾留中の被告人と弁護人との信書を検閲し、検察官に対してその結果を報告したことを違法とした2000年5月25日大阪地裁判決（髙見・岡本国賠事件）[41]がとるところでもある。実際、刑訴法39条1項が適用される被疑者・被告人と弁護人との接見について、少なくともその秘密性を制限する規定は、旧監獄法にも、現行の刑事被収容者処遇法にも、おかれてこなかった。刑訴法による自由な秘密接見の保障は、刑事拘禁法上の制限を排除するのである。

したがって、刑訴法39条1項の準用の可能性をめぐる主要な問題は、再審請求手続と通常手続との性格・構造の違い、それにともなう請求人と被疑者・被告人との法的地位の違いをどのように考えるかである。他方、刑訴法440条1項が、再審請求人に対しても、通常手続の被疑者・被告人の場合と同様、「弁護人」の援助を保障していることの意義を考慮する必要がある。

## (2) 再審請求手続の性格・構造と刑訴法39条1項の準用

刑確定後の非常救済手続としての再審請求手続と通常手続とのあいだに、性格・構造の違いがあることはたしかである。それにともない、再審請求人と通常手続における被疑者・被告人とのあいだには、法的地位の違いもある。しかし、これらの相違をあげるだけでは、刑訴法39条1項が準用されないことの根拠として不十分であろう。問題は、弁護権の保障の目的との関係において、再審請求手続の性質と構造をどのように捉え、そのなかで請求人の法的地位をどのように理解するかである。

再審請求手続は、「事件そのものに対する審判手続とは異なるから、当事者主義の構造（口頭主義、弁論主義等の公判審理に関する原則）はそのまま妥当しない」とされ、「原則として職権主義が支配する」とされてきた。事実の取調べの要否、程度、方法に関する判断は、「すべて裁判所の適切かつ合理的な裁量に委ねられている」とされ、それが「確立した判例」だとされたのである[42]。このようななか、かつては、「職権的・密行的な手続運用が常態化していた」と指摘されている[43]。裁判所は、多くの場合、事実の取調べに積極的ではなく、また、請求人や弁護人の立会なしで証人尋問が行われ、意見聴取が請求直後の「求意見書」により形式的に行われるなど、請求人を実質的に関与させるための手続保障も十分ではなかった。三井誠は、このような請

求手続のあり方を「請求人不関与構造」と呼んだ[44]。

しかし、最高裁の白鳥・財田川決定によって、再審請求手続の性格が再規定され、それにともない、実務上、その構造にも変化が生じた。白鳥・財田川決定は、上述のように、確定有罪判決の証拠構造を確認し、旧証拠に新証拠を投入して、旧証拠を再評価したうえで新旧全証拠を総合評価した結果、「疑わしきは被告人の利益に」の鉄則に従って、確定判決の有罪認定に合理的疑いが認められるときは、無罪を言い渡すべき「明らかな証拠を新たに発見したとき」(刑訴法435条6号)にあたり、再審開始を決定すべきとした。かくして、「『明白性』の審理は罪責問題そのものの審理とはいいにくいがそれに近いもの[45]」であることが認められ、「事実の取調べについても、白鳥・財田川決定による総合評価の採用によって不可欠の手続になってきていることに見合った位置づけが行われ、一般公開という点を除けば、通常の公判手続と基本的に同様の手続運用が行われる事例も増えた」というのである[46]。最高裁判例のなかにも、裁判所が鑑定の証明力の正確性や手記の筆跡の同一性について、新鑑定・再鑑定を求めなかった事案について、必要な証拠調べをしなかった点において審理不尽の違法があるとしたものがある(財田川事件)[47]。また、刑訴規則286条による意見聴取についても、「再審制度が個々の裁判の事実認定の誤を是正し、有罪の言渡しを受けた者を救済することを目的とするところから、再審請求人の意見を十分に酌んだ上で、再審請求の理由の有無を判断することがのぞましいこととして設けられたもの」であるから、「手続の進展にともない意見を表明しうるような機会を与えなければならない」として、必要とされる意見を述べる機会を与えないまま請求棄却を決定したことが、審理不尽の違法にあたるとした高裁判例もある(松山事件)[48]。

学説においても、無辜の救済に向けて再審制度を有効に機能させるために、請求人の実質的関与を強化すべきことが提起された。高田昭正は、三井誠の見解を敷衍しつつ、再審請求人の「主体的地位」を保障するために、請求手続の「当事者主義化」が進められるべきと論じている[49]。それは、第1に、再審理念が無辜の救済へと転換したことから、請求人の請求趣旨を可能な限り反映させ、「その納得のいく取扱いを保障する」ような手続構造が設定されなければならないからである。第2に、再審請求手続が「訴訟手続」であることに違いはなく(刑訴規則85条参照)、「とくに435条6号の再審事由が主張されるケースでは、その審判の実質は『公判審理と同種のもの』であり」、それゆえ、再審請求手続について、明示の反対規定がない限り、請求人の主

体的関与を認める当事者主義的構造をとるべきだからである。第3に、現行規定は、利益再審への転換にともない、現行法の当事者主義の基本構造・原則に沿って解釈されるべきであり、「誤った有罪判決から救済される権利」ないし「救済のための手続を要求する憲法31条の権利」を「実現するために成立し、遂行される再審請求手続は、その者の主体性・主導性をもっともよく保障できる当事者主義構造をとるものでなければならない」からである。かくして、再審請求手続については、請求人の請求趣旨を可能な限り反映させ、請求人の実質的関与を保障するような当事者主義的構造が要請されるのである。

　再審請求手続の性格・構造がこのように規定されるとき、弁護権の保障の目的にかんがみ、刑訴法39条1項の準用が認められなければならない。すなわち、再審請求手続は、証拠の総合評価に基づき、確定判決の有罪認定に合理的疑いが生じるかどうかを判断するものであり、犯罪事実に関するこのような判断を行う点において、公判手続と共通性を有するといえよう。また、手続構造の面においても、当事者主義的構造がとられ、そのもとで請求人の実質的関与が強化され、その手続的権利が保障されるべき点において、公判手続と共通性を有するのである。再審請求手続と公判手続とのあいだには、性質・構造において共通性が認められるのである。そうである以上、手続的権利の十分な保障をともなう適正な手続のもと、証拠の適切な評価に基づき、正確な事実認定を確保するという刑事弁護の目的は、再審請求手続においても、公判手続における場合と同じく妥当すべきである。このことからすれば、公判手続における弁護権に関する規定は、刑訴法39条1項を含め、規定内容から明らかに適さない場合を除き、再審請求手続において準用されるべきである。刑訴法440条1項が、公判手続の「被告人」に対してと同じく、再審請求権者に対して「弁護人」の援助を受ける権利を規定しているのは、このような理由によるのであろう。

　刑訴法440条2項は、「前項の規定による弁護人の選任は、再審の判決があるまでその効力を有する」と定めており、この規定は、上述のように、請求手続から再審開始決定が確定した後の公判手続を通じて、一貫した再審弁護が保障されるべきことを前提としている。請求手続と公判手続を通じての再審弁護の一貫性ということからすれば、請求手続において請求人に対しては、再審公判手続における被告人の弁護に関する規定が準用されるというべきであろう[50]。

なお、再審請求手続において、刑訴法39条１項が準用されるべきとするとき、刑事被収容者処遇法の制限規定の適用は、当然、排除されなければならない。刑事被収容者処遇法においても、再審請求人と弁護人との接見は、再審公判手続における被告人と弁護人との面会と同じ取扱いがなされなければならない。再審開始決定が確定した後は、刑事被収容者処遇法145条により、「被告人である被収容者」としての地位が認められ、未決拘禁者に関する規定が準用される。それゆえ、再審請求人と弁護人との接見についても、同法145条が準用され、未決拘禁者に関する規定に基づく取扱いがなされるべきである。

## 5　憲法34条と再審請求人の弁護権

### (1) 憲法34条の手続保障

　再審請求人と弁護人とのあいだに自由な秘密接見が保障されるべきことは、請求人の弁護権が憲法34条の弁護権に基礎づけられ、それを具体化したものであることを承認することによって、確固たる憲法的基礎を有することになる。

　憲法34条は、「何人も、理由を直ちに告げられ、且つ、直ちに弁護人に依頼する権利を与へられなければ、抑留又は拘禁されない。又、何人も、正当な理由がなければ、拘禁されず、要求があれば、その理由は、直ちに本人及びその弁護人の出席する公開の法廷で示されなければならない」と定めている。この条項は、「『逮捕』に続く拘束の継続である『抑留』および『拘禁』について、それが人身の自由に対する重大な侵害であることに鑑み、それが公明正大に行われることを確保しようとする趣旨のもの[51]」であり、「身体の自由の拘束の継続については、ただちにその理由（抑留・拘禁を必要とする実質的理由であり、単に犯罪事実だけではない）を告知し、防御権を実質的に保障することによって、不当な身体の自由の拘束を排除することを目的とする[52]」と理解されている。

　この憲法34条は、逮捕に関する33条と捜索・押収に関する35条とのあいだにおかれていることから、刑事手続上の権利保障に関する条項として性格づけられてきた。刑訴法の定める逮捕・勾引後の留置が「抑留」にあたり、勾留および鑑定留置が「拘禁」にあたるとされ、後段の規定に相当するものが、

勾留理由開示の制度（刑訴法82〜86条。鑑定留置について167条5項）であるとされている。また、この条項にある「弁護人に依頼する権利」については、「単に形式的に弁護人を選任する権利を有するということにとどまらず、被拘束者がその自由や権利を防禦する上で最も必要なときに実質的に法律専門家の援助を得られる権利として理解されなければならない」とされている[53]。弁護人の実質的援助を受ける権利という意味の弁護権の保障である。もっとも、憲法34条後段が定める拘禁理由開示をめぐっては、違法拘禁からの解放にまったく言及がないことから、公開法廷において単に理由が開示されれば足りるとする見解に対して、英米法のヘイビアス・コーパスや予備審問の制度に由来するものとして、裁判所が拘禁理由の有無・当否を審査し、理由なしと認めるときは釈放を命じる裁判の制度として理解すべきとの見解も有力である[54]。

憲法34条の性格について、村岡啓一は、制定経過の詳細な分析、アメリカ合衆国憲法修正6条との比較検討などから、この条項が「アメリカ合衆国の予備審問をモデルとして、警察が被告者を逮捕した場合、ただちに被告者を司法機関の下へ連行し、司法機関によって身柄拘束の当否が審査される予備審問制度を想定していた」ことを明らかにしている[55]。村岡啓一によれば、「憲法34条は、専ら、国家による人身の自由の制約といった場面に着目して、その制限を最小限度にするための制度的保障を明らかにしたものであ」り、それゆえ、「必ずしも刑事手続の一環として身柄を拘束されたものだけを適用対象とするものではな」く、「その適用の射程距離は、より広く、国家権力によって個人の身柄が拘束される場面一般（たとえば、行政検束、予防拘禁など）にまで及ぶ」とされる。弁護権についても、「公正な裁判」の要請に基づく憲法37条3項の弁護権とは異なり、「34条のそれは、明らかに刑事司法手続の脈略から離れた（刑事手続による場合も含むが）身柄拘束それ自体にともなう権利として保障されている」とされるのである。

このような理解は、憲法34条の性格を正しく把握したものといえるであろう。では、このとき、刑訴法440条1項による再審請求人の弁護権は、憲法34条の弁護権との関係において、どのように性格づけられることになるのか。

## （2）再審請求人の弁護権の憲法的基礎

憲法34条が、身体の拘束という人権の重大な制約に着目し、司法的コン

トロールを通じて、あらゆる違法拘束から身体を解放するための手続保障を定めるものであり、そうであるがゆえに、刑事手続に限定されることなく、広く行政手続による身体拘束にも、その保障が及ぼされるべきとの理解に立つとき、刑事手続のなかでも、憲法34条の適用対象は、逮捕・勾引後の留置（抑留）や勾留・鑑定留置（拘禁）を超えて広げられるべきことになるであろう。たしかに、逮捕に関する33条の後におかれていることからすれば、憲法34条は、刑事手続におけるこれらの身体拘束を主要な適用対象とするものであることは否定できない。しかし、司法的コントロールによる違法拘束からの解放のための手続保障という目的に適合する場合、これら以外の身体拘束に対しても、その手続保障は及ぼされるべきである。このとき、身体拘束の性質に応じて、憲法34条の手続保障は、逮捕・勾引後の留置や勾留・鑑定留置の場合とは異なる形で、それに適した形で具体化されることになるであろう。この場合、同条が「準用」されるというべきであろう。

　拘禁された刑確定者が再審請求を行う場合についてはどうか。刑確定者が拘禁されているとき、再審請求は、まさに裁判所に対して、拘禁の実体的根拠としての確定判決の有罪認定について、自己に有利な見直しを求めるものにほかならない。そうである以上、このような場面において、それに適した形で、憲法34条の手続保障は準用されなければならない。この手続保障として最も重要なものは、弁護権である。違法な身体拘束からの解放要求は、弁護人の実質的援助を受けてこそ、実効性をもちうるからである。かくして、拘禁された刑確定者が再審請求を行う場合、憲法34条によって弁護権が保障されるべきことになる。それを刑訴法において具体化した規定が、440条1項なのである。

　このように、拘禁された刑確定者が再審請求を行う場合、刑訴法440条1項による弁護権が憲法34条によって基礎づけられるのであれば、それは再審請求手続においてどのように具体化されるべきか。このとき想起されるべきは、刑訴法39条1項による自由な秘密接見の保障が、憲法34条にその基礎をおくものであったことである。本章冒頭に示したように、1999年3月24日最高裁大法廷判決は、憲法34条の弁護権について、その目的が、「身体の拘束を受けている被疑者が、拘束の原因となっている嫌疑を晴らしたり、人身の自由を回復するための手段を講じたりするなど自己の自由と権利を守るため弁護人から援助を受けられるようにすること」にあり、それゆえ、この権利は、「被疑者に対し、弁護人を選任した上で、弁護人に相談し、その

助言を受けるなど弁護人から援助を受ける機会を持つことを実質的に保障している」と判示した。そのうえで、大法廷判決は、刑訴法39条1項は「憲法34条の右の趣旨にのっとり、身体の拘束を受けている被疑者が弁護人等と相談し、その助言を受けるなど弁護人等から援助を受ける機会を確保する目的で設けられたものであり、その意味で、刑訴法の右規定は、憲法の保障に由来するもの」だとした。刑訴法39条1項による自由な秘密接見の保障は、たんに刑訴法により独自に保障された権利ではなく、憲法34条の弁護権により基礎づけられたものなのである。

　再審請求人が拘禁されているとき、刑訴法440条1項の弁護権が憲法34条の弁護権によって基礎づけられるものである以上、その保障内容としても、自由な秘密接見の保障が要請されることになる。憲法の人権規定は、人権保障のミニマム・スタンダードを設定するものである。そうである以上、憲法34条の弁護権の保障が及ぶとき、その対象領域の違い、すなわち通常手続における被疑者・被告人の弁護権としてか、再審請求人の弁護権としてかにかかわらず、その保障内容の核心部分は同じように具体化されていると理解すべきであろう。身体を拘束された被疑者・被告人の弁護権について、自由な秘密接見の保障が、憲法34条の弁護権を実質化するために要請される一方で、拘禁された再審請求人の弁護権については、それが自由な秘密接見の保障を内包していないとしたならば、これら双方が同じく基礎をおいている憲法34条の弁護権が、保障内容の核心部分において異なる形で具体化されていることになる。これは、憲法の人権規定の趣旨に反する。それゆえ、拘禁された再審請求人の弁護権は、それが憲法34条による弁護権を具体化したものであるがゆえに、自由な秘密接見の保障を内包しているというべきである。同じく憲法34条の弁護権によって基礎づけられた刑訴法39条1項が、拘禁された再審請求人に対して準用されるといってもよい。

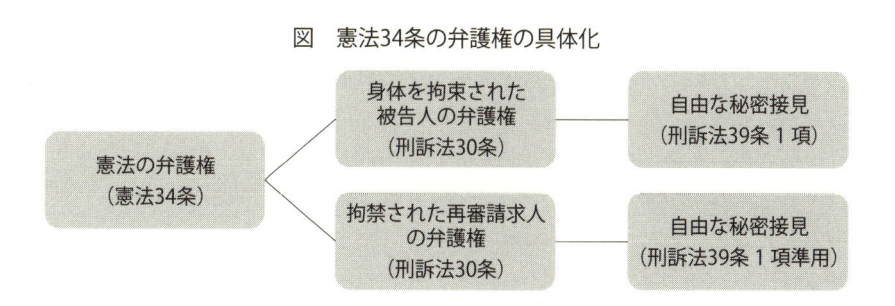

図　憲法34条の弁護権の具体化

憲法の弁護権（憲法34条）
├─ 身体を拘束された被告人の弁護権（刑訴法30条） ─ 自由な秘密接見（刑訴法39条1項）
└─ 拘禁された再審請求人の弁護権（刑訴法30条） ─ 自由な秘密接見（刑訴法39条1項準用）

# 6 国際人権法による弁護権と再審請求人の弁護権

## (1) 被告人の権利としての弁護権

　再審請求人と弁護人とのあいだの自由な秘密接見の保障は、国際人権法からも要請されている。自由権規約14条3項(b)・(d)により、「刑事上の罪の決定」のための手続において被告人に保障される弁護権、それに内包される自由な秘密接見の保障は、再審請求手続にも及ぼされるべきである。

　国際人権法は、実体刑法、刑事手続、刑事拘禁、刑事処遇にわたって、刑事司法における権利を手厚く保障している。国際人権法として最も重要なものは、日本も批准している自由権規約である[56]。自由権規約14条3項は、「すべての者は、その刑事上の罪の決定について (in the determination of any criminal charge against him)、十分平等に、少なくとも次の保障を受ける権利を有する」と定めており、同項(b)は、「防御の準備のために十分な時間及び便益を与えられ並びに自ら選任する弁護人と連絡すること (to communicate with counsel)」を、同項(d)は、「自ら出席して裁判を受け、及び、直接に又は自ら選任する弁護人を通じて、防御すること。弁護人がいない場合には、弁護人を持つ権利を告げられること。司法の利益のために必要な場合には、十分な支払手段を有しないときは自らその費用を負担することなく、弁護人を付されること」を掲げている。「刑事上の罪の決定」に関する手続に付された人（以下、国際人権法に関する叙述の文脈では、刑事告発〔criminal charge〕を受けた人という意味において被告発者という）に対して、弁護権を保障したうえで、防御準備のための弁護人とのコミュニケーションを保障しているのである。

　自由権規約14条に関する自由権規約委員会の一般的意見32は、同条3項(b)について、「この規定は、公正な裁判を保障するための重要な要素であり、また武器対等の原則を適用するものである」としたうえで (32項)、「弁護人と連絡する権利は、被告発者が弁護人への速やかなアクセスを許可されることを要求している。弁護人は依頼人と他者の同席なしに接見すること、および連絡の秘密が十分に尊重される状態で被告発者と連絡することができなければならない。さらに、弁護人はいかなる方面からも制限、影響、圧力または不当な干渉を受けることなく、一般に認められている職業倫理に従って、刑事上の罪に問われている者に助言し、その者を代理することができなければならない」と明記している (34項)[57]。弁護人とのコミュニケーションの保

障は、とくに被告発者が身体を拘束されているとき、防御の準備のために決定的に重要であることから、そのような保障を明記するために、規約案に後に挿入された[58]。そして、一般的意見がいうように、防御準備を実効化するために、コミュニケーションの秘密性が確保されるのである[59]。

## （2）刑事告発後の弁護権の拡張

　自由権規約14条3項の権利は、「刑事上の罪の決定について」保障されている。問題は、同項(b)による自由な秘密接見の保障が、再審請求手続にも及ぶかどうかである。以下論じるように、再審請求手続は「刑事上の罪の決定」そのものに関する手続ではないものの、再審手続全体としての裁判の公正さを確保するために不可欠であることから、再審請求手続においても、公判手続においてと同じく、自由な秘密接見の保障が及ぼされるべきである。

　たしかに、再審請求手続は、有罪判決の確定後、請求人に有利なその見直しを求める再審請求に応えて、再審を開始するかどうか決定する手続であって、被告発者について「刑事上の罪」を積極的に問うための手続ではない。それゆえ、自由権規約14条3項の適用はないともいえそうである。しかし、公正な裁判の保障という規約14条全体の目的や、裁判の公正さを確保するための権利保障という同条3項の目的からすると、これは形式論にすぎるであろう。

　本章4（2）において論じたように、再審請求手続を実質的にみるとき、その性格は「罪責問題そのものの審理とはいいにくいがそれに近いもの」であって、「実際上は公判審理と同種のもの」である[60]。また、その構造においては、無辜の救済に向けて再審制度を有効に機能させるために、請求人の請求趣旨を可能な限り反映させ、請求人の実質的関与を確保するような当事者主義的構造が要請されている。このような性質・構造からすれば、再審請求手続は、「刑事上の罪の決定」のための手続と共通性を有すると認めることができるであろう。それゆえ、自由権規約14条3項がたとえ「適用」はされないまでも、規定内容から明らかに適さない場合を除き、「準用」されるべきである。弁護権の保障の目的にかんがみるとき、弁護権（同項(d)）、さらに弁護人とのコミュニケーションの保障（同項(d)）に関する規定は、再審請求手続において準用されるべきである。

　また、国際人権法において、以下にみるように、「刑事告発」を受けた被告人のための権利保障が、「刑事上の罪の決定」に関する手続を超えて拡張

されてきたことからすれば、再審手続全体としての裁判の公正さを確保するために不可欠なものとして、請求手続においても、公判手続と同じく、自由かつ秘密のコミュニケーションの保障を含む弁護権が保障されるというべきである。

## (3) 欧州人権条約における刑事告発前の弁護権

　自由権規約を解釈するうえで、その重要な解釈指針となるのが、欧州人権条約に関する欧州人権委員会・人権裁判所の判例である。自由権規約の実施にあたって、自由権規約委員会も、欧州人権条約に関する判例をしばしば参照している。下級審判例であるが、日本の判例もそのことを認めている[61]（本章7(1)参照）。

　自由権規約14条に相当する規定として、欧州人権条約6条がある。同条1項は、すべての者に対して、民事、刑事を問わず、公正な裁判を受ける権利を保障している。公正な裁判の保障は、自由権規約14条の場合と同じく、欧州人権条約6条全体の目的として理解されている。同条3項は、「刑事上の罪に問われているすべての者 (everyone charged with a criminal offence) は、少なくとも次の権利を有する」とし、そのうえで、同項(b)は、「防御の準備のために充分な時間及び便益を与えられること」を、同項(c)は、「直接に又自ら前出する弁護人を通じて、防御すること。弁護人に対する充分な支払手段を有しないときは、司法の利益のために必要な場合には無料で弁護人をふされること」を掲げている。自由権規約14条3項(b)の場合と異なり、被告発者と弁護人とのコミュニケーションの保障は明示的に規定されていない。しかし、欧州人権委員会・人権裁判所の判例により、欧州人権条約6条3項(c)の弁護権は、防御の準備をするために不可欠なものとして、弁護人とのコミュニケーションの保障を含むものであり、このコミュニケーションについては、弁護人の援助の実効性を確保するために、きわめて限定された例外的状況がある場合を除き、自由と秘密性が保障されなければならないとされている[62]。S対スイス事件における1991年欧州人権裁判所判決[63]は、自己の弁護人と秘密のコミュニケーションを行う被告発者の権利は、「民主的社会における公正な裁判の基本的要請のひとつであり、条約6条3項(c)によって保障されている。もし弁護人がそのようなサーベイランスなしでは自己の依頼者と相談し、依頼者から秘密の指示を受け取ることができないのであれば、欧州人権条約が実際に行使可能で、かつ実効的な権利の保障を意図

していたにもかかわらず、弁護人の援助はその実効性を大きく喪失することになってしまうであろう」と判示した。

　欧州人権条約6条3項 (c) により弁護権が保障されるのは、同項本文のいう「刑事上の罪に問われているすべての者」についてであり、また、同項は、条約6条全体による公正な裁判の保障を具体化するものとして位置づけられている。しかし、欧州人権委員会・人権裁判所の判例は、刑事告発が正式になされる前の手続段階にも、手続全体としての裁判の公正さを確保するうえで不可欠な場合には、弁護権の保障を拡張してきた。そのリーディング・ケースが、ジョン・マーレイ対英国事件における1996年の欧州人権裁判所判決[64]である。

　申立人ジョン・マーレイは、1990年1月17日、北アイルランドのベルファスト市内で、1989年テロ防止法違反の嫌疑により現行犯逮捕された。逮捕後、申立人は、警察署内で取調べを受け、黙秘を続ける一方、弁護人との接見を要求した。この要求に対して、警察は、1987年北アイルランド法（緊急条項）15条1項に基づき、テロ行為の捜査のために必要だとして、逮捕後48時間にわたり弁護人との接見を停止する措置をとった。その後、申立人は、刑事告発され、北アイルランド首席裁判官によって、テロ防止法違反について有罪を認定され、8年の拘禁刑を言い渡された。申立人は、北アイルランド控訴院に控訴を申し立てたが、これは棄却された。そこで、申立人は、①1988年北アイルランド刑事証拠令3条に基づき、取調べ中の黙秘について不利益推認を許すことは、欧州人権条約6条1項の公正な裁判を受ける権利を侵害し、②刑事告発前、警察留置中の48時間にわたり、弁護人との接見を停止したうえで、警察が申立人を10回取り調べたことは、自己の防御に不利な影響を与え、裁判の公正さを損なうものであって、とりわけ警察取調べ中の黙秘が不利益に推認されることによってそうであるから、条約6条1項および同条3項 (c) に違反する、などと主張して、欧州人権委員会に救済申立を行った[65]。弁護権侵害の主張に対して、英国政府は、警察取調べの段階にも人権条約による弁護権の保障は及ぶものの、テロ犯罪捜査の必要による逮捕後48時間の接見停止は、申立人の防御になんら不利益を生じるものではなく、適法であったと主張した。

　欧州人権委員会は、1994年6月22日、黙秘の不利益推認については、人権条約違反を認めなかったものの、逮捕後48時間にわたる弁護人接見の停止は条約違反にあたるとの意見を示した[66]。欧州人権委員会は、欧州人権条

約上の権利は「実際に行使可能で実効的な (practical and effective)」ものとして保障されなければならないから、条約6条3項(c)の弁護権は、弁護人とのコミュニケーションの保障を含むものであることを確認したうえで、「1988年刑事証拠令によれば、公判前の段階であっても、申立人が警察官の質問に応答しない、あるいは一定の事実について説明をしないことが不利益に推認される可能性があり、このような事実からすれば、手続の初期段階において、申立人が自己の弁護人の援助を受けることには、特別な重要性が認められる」とした。かくして、欧州人権委員会は、本件の接見制限によって申立人の防御権が不利な影響を受けたことを認め、条約6条1項の公正な裁判を受ける権利とともに、同条3項(c)の弁護権が侵害されたとした。

事件の付託を受けた欧州人権裁判所は、1996年2月8日、大法廷において、黙秘の不利益推認については条約違反を否定する一方、接見制限については条約違反を認める判断を示した。判決は、条約6条3項(c)の弁護権が刑事告発前の警察取調べ段階にも適用されるかについて、「条約6条、とりわけ同条3項は、手続の初期段階において条約の規定が遵守されなかったならば、裁判の公正さが重大な損失を被ることになるであろう場合には、その限りにおいて、事件が公判手続に付される前であっても関連性を有する」とし、刑事告発前の捜査手続において、条約6条3項(c)の弁護権がどのような形で適用されるかは、問題となる手続の特徴や個別具体的事件の状況によって決せられるとした。そのうえで、判決は、「国内法上、手続初期段階での警察の取調べに対して、被告発者がどのように対処したかが、その後の刑事手続における防御の見込みにとって、決定的影響を有しうることが認められていることがある。そのような場合には、条約6条のもと、被告発者は、原則として、手続初期段階の警察取調べの時期から弁護人の援助を保障されている」とした。しかし、判決によれば、警察取調べに適用されるこの権利は、欧州人権条約のなかに明記されてはいないので、正当な理由により制約を受けることがある。それゆえ、具体的状況のなかで、制限を正当化するだけの十分な理由が認められるか検討される必要がある。「そのとき、問題となるのは、手続全体をみたとき、被告発者から公正な裁判が奪われたかどうかである」。

判決は、このように述べたうえで、本件について、「刑事証拠令のスキームのもとでは、手続初期段階での警察取調べにおいて被告発者が弁護人の援助にアクセスできることが、その防御権にとって至高の重要性を有すること

になる」。それは、被告発者が、警察取調べの開始時点から、自己の防御に関して深刻なジレンマに直面するからである。すなわち、黙秘を選択したならば、刑事証拠令の規定に基づき不利益推認を受けることになり、他方、取調べ中に黙秘を止めたとしても、不利益推認の可能性が必ずしも排除されるわけではないので、防御の利益を損なうというリスクに直面するのである。かくして、判決は、「このような状況下、条約6条が具現している公正さの概念からの要請として、被告発者は、手続初期段階の警察取調べの時期から、弁護人の援助を受ける権利を保障されなければならない。警察取調べの開始後48時間のあいだ弁護人との接見を拒否されることは、それにより被告発者の防御権が回復不可能なほどに不利益を被ることになる状況が認められる以上、制限の理由がいかなるものであれ、条約6条が保障する被告発者の権利を侵害することになる」と判示した。

その後、欧州人権裁判所は、マギー対英国事件[67]において、申立人が48時間にわたり弁護人との接見を拒否されるなか、結局は自白調書に署名したという事案について、申立人が身体を拘束されていた状況や、外部の者との接触を排除されていたことは、心理的強制を与えようとの意図によるものであって、この強制的雰囲気に対抗するために、被告発者は、弁護人と接見する権利を保障されるべきであったと判示した。また、エーヴリル対英国事件[68]において、申立人が警察取調べのあいだ24時間にわたり弁護人との接見を拒否されたことは、その間の黙秘に不利益推認が及ぶことと相俟って、条約6条3項(c)の弁護権を侵害すると判示した。このように、欧州人権裁判所の一連の判例によって、「条約6条、とりわけ同条3項は、手続の初期段階において人権条約の規定が遵守されなかったならば、裁判の公正さが重大な損失を被ることになるであろう場合には、その限りにおいて、事件が公判手続に付される前であっても関連性を有する」（マーレイ対英国事件判決）ことが確認され、条約6条3項(c)の弁護権が、刑事告発後の手続のみならず、告発前の警察取調べにおいても保障されてきたのである。

マーレイ対英国事件やエーヴリル対英国事件において、欧州人権裁判所は、警察取調べ段階における弁護人接見の制限が、裁判の公正さを深刻に損なうであろうことを認定するうえで、取調べ中の黙秘が不利益に推認されうるという事情を指摘していた。たしかに、不利益推認が許容されることにより、刑事告発前の警察取調べにおける弁護人接見の保障が、手続全体としての裁判の公正さの確保に直結することになるといえるであろう。しかし、不利益

推認の許容が指摘されたのは、いずれの事件においても、被告発者が取調べ中実際に黙秘しており、英国政府は、被告発者の自白が不利益証拠として使用されていない以上、取調べ段階の接見制限が裁判の公正を現実的に損なうことはないと主張していたからである。判決が黙秘の不利益推認を強調したのは、このような主張を否定するためである。たとえ自白の不利益使用がなくとも、黙秘の不利益推認によって、取調べ時の接見制限が裁判の公正さを損なう結果を生むとしたのである。

## (4) 再審手続全体としての公正さの確保と請求人の弁護権

　欧州人権条約は、もちろん日本国内に直接適用されることはない。しかし、国内法的効力を有する自由権規約を解釈するうえで、上述のように、欧州人権委員会・人権裁判所の判例による欧州人権条約の解釈は、重要な指針として参照されるべきである。欧州人権条約については、欧州人権委員会・人権裁判所の判例により、権利保障の具体的内容がすでに明確にされてきている。このことを考えるならば、自由権規約と欧州人権条約の規定の文言が同一であり、または非常に類似しているときは、自由権規約の規定解釈において、欧州人権条約において認められている権利保障の水準を後退させることは許されないというべきであろう。このことは、条約および確立した国際法規の「誠実な遵守」を要請する憲法98条2項の趣旨にも適うところであろう[69]。

　欧州人権条約6条3項(c)は弁護権を明記しており、それは被告発者と弁護人とのコミュニケーションの保障を含むとされているが、その規定の文言は、自由権規約14条3項(d)の文言のなかに、すべて包含されている。被告発者と弁護人とのコミュニケーションの保障については、自由権規約においては、14条3項(b)が別に明文規定をおいている。これらのことからすれば、弁護権の適用範囲に関する欧州人権条約の解釈が、自由権規約の解釈においても妥当するというべきであろう。すなわち、自由権規約14条3項(b)・(d)のもとでも、刑事告発を直接問題にする手続ではなく、その意味において「刑事上の罪の決定」そのものに関する手続でなくとも、手続全体としての裁判の公正さを確保するために不可欠と認められる場合には、刑事告発がなされた後、被告発者に対して保障される弁護権が保障されるべきなのである[70]。「刑事上の罪の決定」のための手続に適用される規定が、準用されるといってもよい。

　自由権規約の弁護権は、再審請求手続においても保障されるか。再審請求

手続の性格・構造からすれば、上述のように、それは自由権規約14条3項のいう「刑事上の罪の決定」に関する手続と同視すべきであって、弁護権に関する同項(b)・(d)も、請求手続において準用されるべきである。しかし、再審請求手続が、それ自体、「刑事告発」を問題にするものではないこともたしかである。それゆえ、自由権規約14条3項のいう「刑事上の罪の決定」に関する手続ではないとの立場もありえよう。

この立場からしても、請求手続が、再審公判を開始するかどうかを決定する手続であることは、否定されえない。請求手続の結果いかんが、公判手続の存否自体を決定するのである。再審手続全体のなかで請求手続が占める位置は、まさに決定的に重要である。それゆえ、請求手続から公判手続を通じて、再審手続全体としての裁判の公正さが確保されるためには、自由権規約において公正な裁判のために保障されている権利が、権利内容から明らかに適さない場合を除いて、請求手続においても保障されなければならない。そうでなければ、再審手続全体としての裁判の公正さが損なわれる結果となり、公正な裁判の保障という自由権規約14条全体の目的に反することになる。弁護権は、裁判の公正さを確保するために不可欠な権利である。かくして、自由権規約14条3項(b)・(d)による弁護権は、再審公判手続のみならず、請求手続においても保障されると理解すべきである。これらの規定が、請求手続において準用されるといってもよい。このとき、同規約14条3項(b)による被告発者と弁護人とのコミュニケーションの保障は、自由な秘密接見の保障を含むものであったから、この規定の準用によって、再審請求人と弁護人の自由な秘密接見が保障されるべきことになる[71]。

# 7 裁判にアクセスする権利と再審請求人の弁護権

## (1) 欧州人権条約における裁判へのアクセスと法的援助

公正な裁判を受ける権利を保障する自由権規約14条1項は、その保障内容として、裁判にアクセスする権利、さらには、その権利を実質化するために、弁護士の法的援助を受ける権利を保障している。このとき、法的援助の実効性を確保するために、依頼者と弁護人のあいだの自由かつ秘密のコミュニケーションが保障される。再審請求人と弁護人の自由な秘密接見は、このような自由権規約14条1項によっても、保障されなければならない。

欧州人権条約において自由権規約14条1項に相当する規定は、条約6条1項であり、この条項は、「すべての者は、その民事上の権利及び義務の決定又は刑事上の罪の決定のため、法律で設置された、独立の、かつ、公平な裁判所による妥当な期間内に公正な公開審理を受ける権利を有する」と定めている。刑事、民事を問わず、公正な裁判を受ける権利を保障しているのである。欧州人権委員会・人権裁判所の判例によって、条約6条1項の公正な裁判を受ける権利は、裁判にアクセスする権利を含んでおり、この権利を実質化するために、法的援助が保障されなければならないとされてきた。ここにおいては、法的専門知識や特別の技能を有しない一般市民も、弁護士の法的援助を受けることによって、当事者間で不均衡が生じることなく、平等に、裁判へのアクセスを保障されなければならないという意味において、「武器平等」法理が強調された。この「武器平等」は、裁判の公正さにとっての本質的要素とされた。さらに、「武器平等」の実現にとって、法的援助の実効性の確保が不可欠であるところ、そのために、依頼者と弁護士とのあいだの自由かつ秘密のコミュニケーションが保障されてきた[72]。

　そのリーディング・ケースは、ゴルダー対英国事件における1975年の欧州人権裁判所判決[73]である。この事件においては、刑事施設に収容されている申立人が、施設職員に対して損害賠償請求訴訟を提起しようと考え、内務大臣に対して弁護士との面会を要求したところ、これが不許可とされ、また、弁護士宛の信書の発信が差し止められた。当時、刑事施設内の処遇に関する訴訟や施設職員に対する訴訟については、「施設内手続前置主義」が定められていた。この事件においては、すでに提起された訴訟の手続ではなく、施設内での苦情処理手続を尽くす前における訴訟提起の準備のための弁護士との面会であったことから、面会は不許可とされ、また、信書の発信も差し止められたのである。欧州人権裁判所は、民事訴訟の提起を検討するための弁護士との面会が不許可とされたことは、条約6条の保障する公正な裁判を受ける権利の侵害にあたると判示した。判決によれば、明文として規定されてはいないものの、裁判所にアクセスする権利が否定されたとき、公正な裁判を受ける権利は無意味なものとなるから、条約6条は裁判にアクセスする権利を保障している。申立人は、施設職員に対する損害賠償請求訴訟の提起を準備するために、内務大臣に対して弁護士との面会を要求していたが、「ゴルダーは法的手続を開始しようと考え、弁護士との面会を正当に要求することが可能でなければならなかった。内務大臣が、提起準備中の訴訟の見

通しを評価することはできない。提起される可能性のある訴訟の請求について判断を下すのは、独立した公平な裁判所なのである。要求されていた面会許可を与えなかったことにより、内務大臣は、条約6条1項により保障される裁判所に訴訟を提起する権利を尊重しなかったことになる」とされたのである。

その後、キャンベル＝フェル対英国事件においては、刑事施設に収容されている申立人が、施設職員による身体傷害についての損害賠償請求訴訟の提起を準備するために弁護士との面会を要求したところ、当時のイギリス刑事拘禁規則37（2）に基づき、視覚的監視だけでなく、会話内容の聴取を含む施設職員の立会という条件が付されたうえで面会が許可された。これについて、1982年、欧州人権委員会は次のように述べ、条約6条1項に違反することを認めた[74]。すなわち、「すでに提起された、または提起を準備している訴訟に関する弁護士とその依頼者とのあいだの会話は、依頼者が弁護士に対して自己の事柄について不安を感じることなく、また、考えている訴訟提起のいかなる理由をも歪めることなく打ち明けることができるように、特別な保護を与えられるという原則が、締約国において一般に認められてきた。当委員会の意見によれば、訴訟の提起を考えている潜在的当事者が、国内法により通常与えられるこのような特別な保護を否定された状況下においてしか、裁判所へのアクセスを認められないとすれば、それは原則として、条約6条1項により保障される裁判にアクセスする権利の侵害にあたる。／当委員会は、弁護士と依頼者とのあいだの連絡に対しても、一定の具体的状況下においては、いくらかの制限が正当化されうることを認める。……しかしながら、当委員会の意見によれば、訴訟を実際に提起するまで、弁護士と被拘禁者とのあいだの特別に保護された連絡が、個別具体的な保安上の必要によって禁止されるのではなく、すべて一律に禁止されるというのは、裁判にアクセスする権利を過度広汎に制約するものであり、条約6条1項に適合するとは認められない。この点について、当委員会は、訴訟提起前の連絡に特別な保護を与えることが、実際に訴訟が提起された後に特別な保護を与えることに勝るとも劣らず重要であると考える。訴訟提起前の段階における弁護士との相談の多くは、依頼者の請求原因の事実的根拠を聴取することに関係しているであろうが、訴訟を遂行するにあたっての戦術など他の事項についても協議がなされることになり、これらについて、依頼者が秘密にしておきたいと望むことは正当である。それゆえ、当委員会は、本件の制限が条約

6条1項に適合すると認めることはできない」。

このように、欧州人権条約においては、公正な裁判を受ける権利を保障する条約6条1項のもと、裁判にアクセスする権利が保障され、さらにこの権利を、「武器平等」という観点から実質化するために、弁護士による法的援助が保障されなければならないとされた。そして、この法的援助においては、その実効性を確保するために、依頼者の弁護士とのあいだの自由かつ秘密のコミュニケーションが保障されてきたのである。

## (2) 自由権規約における裁判へのアクセスと法的援助

自由権規約14条1項は、「すべての者は、その刑事上の罪の決定又は民事上の権利及び義務の争いについての決定のため、法律で設置された、権限のある、独立の、かつ、公平な裁判所による公正な公開審理を受ける権利を有する」と定めているが、これは、欧州人権規約6条1項とほぼまったく同じ文言による。上述のように、自由権規約を解釈するうえで、欧州人権条約に関する欧州人権委員会・人権裁判所の判例は、その重要な指針とされなければならない。

自由権規約14条1項による裁判を受ける権利について、このような解釈方法が、すでに、徳島刑務所事件の下級審判例においてとられている。控訴審判決についてみると、1997年11月25日の高松高裁判決[75]は、自由権規約14条1項による裁判を受ける権利について、「この権利の内実をより明確に解釈するために、条約法条約では文脈とともにその31条3項に掲げる、(a)条約の解釈又は適用につき当事国間で後にされた合意、(b)条約の適用につき後に生じた慣行であって、条約の解釈についての当事国の合意を確立するもの、(c)当事国の間の関係において適用される国際法の関連規則、を考慮すると定められているものと解される。／ところで、B規約（自由権規約を指す・引用者注）草案を参考にして作成されたヨーロッパ人権条約では、B規約14条1項に相当するその6条1項で、同規約と共通する内容で公正な裁判を受ける権利を保障しており、右条約に基づき設置されたヨーロッパ人権裁判所におけるゴルダー事件においては、右6条1項の権利には受刑者が民事裁判を起こすために弁護士と面接する権利を含む、との判断が、また同裁判所におけるキャンベル・フェル事件においては、右面接に刑務官が立ち会い、聴取することを条件とする措置は右6条1項に違反する、との判断がなされている……。ヨーロッパ人権条約は、その加盟国がB規約加盟国の

一部にすぎず、我が国も加盟していないことから、条約法条約31条3項(c)の『当事国の間の関係において適用される国際法の関連規則』とはいえないとしても、ヨーロッパの多くの国々が加盟した地域的人権条約としてその重要性を評価すべきものであるうえ、前記のようなB規約との関連性も考慮すると、条約法条約31条3項における位置づけはともかくとして、そこに含まれる一般的法原則あるいは法理念についてはB規約14条1項の解釈に際して指針とすることができるというべきである」とした。そのうえで、判決は、「B規約14条1項は、その内容として武器平等ないし当事者対等の原則を保障し、受刑者が自己の民事事件の訴訟代理人である弁護士と接見する権利をも保障していると解するのが相当であり、接見時間及び刑務官の立会いの許否については一義的に明確とはいえないとしても、その趣旨を没却するような接見の制限が許されないことはもとより、旧監獄法及び同法施行規則の接見に関する条項については、右B規約14条1項の趣旨に則って解釈されなくてはならない」とした。

判決は、憲法32条の裁判を受ける権利についても検討した後、「受刑者とその民事事件の訴訟代理人である弁護士との接見について、当該事件の進捗状況及び準備を必要とする打合せの内容からみて、具体的に30分以上の打合せ時間が必要と認められる場合には、相当と認められる範囲で時間制限を緩和した接見が認められるべきである。また、当該民事事件が、当該刑務所内での処遇ないしは事件を問題とする場合には、刑務所職員が立ち会って接見時の打合せ内容を知りうる状態では十分な会話ができず、打合せの目的を達しえないことがありうることは容易に理解しうるところであって、現に接見の経験を有している弁護士が問題として指摘するところである。そのような状態で訴訟を進めなければならないとすれば、受刑者であるゆえに訴訟において不利な立場に置かれ、訴訟における『武器の平等の原則』に反し、裁判の公正が妨げられることになるのであるから、接見を必要とする打合せの内容が当該刑務所における処遇等の事実関係にわたり、刑務所職員の立会いがあって会話を聴取している状態では十分な打合せができないと認められる場合には、その範囲で刑務所職員の立会いなしでの接見が認められるべきである」として、これに反した接見制限と接見への職員立会は違法であると判示した。かくして、判決は、接見時間を30分以内に制限した2件の措置、接見に施設職員を立ち会わせた1件の措置を違法と認定した。

この判決に示されたように、自由権規約14条1項について、この条項に

よる公正な裁判を受ける権利は、裁判へのアクセスの保障を包含しており、この保障を「武器平等」という観点から実質化するために、弁護士による法的援助の保障が要請されていると理解すべきである。さらに、この法的援助の実効性を確保するために、弁護士とのあいだの自由かつ秘密のコミュニケーションが保障されなければならない。

### (3) 再審にアクセスする権利と再審請求人の弁護権

　自由権規約14条1項による公正な裁判を受ける権利について、その保障内容がこのように理解されるとき、刑訴法440条1項による再審請求人の弁護権は、どのような形で保障されるべきか。

　刑訴法435条による再審請求の権利は、冤罪からの無辜の救済という制度理念のもと、確定有罪判決の請求人に有利な見直しを求めて、再審の開始を請求する権利である。それゆえ、この権利は、自由権規約14条1項が保障する裁判にアクセスする権利を、再審という裁判を請求する場面において具体化したものにほかならない。刑訴法は、再審請求の権利の重要性にかんがみ、再審請求の手続それ自体を「訴訟手続」として規定したのである（刑訴規則285条参照）。自由権規約14条1項において、裁判にアクセスする権利を「武器平等」という観点から実質化するためには、弁護士の法的援助が保障されるべきとされたが、再審にアクセスする権利を実質化するために保障されているのが、刑訴法440条1項の弁護権である。すでに指摘したように、再審請求にあたっては、確定判決の有罪認定における証拠構造を検討し、再審開始の理由となる新規・明白な証拠を発見・確保し、再審理由となる主張を構成したうえで、再審請求の趣意書（刑訴規則283条）を提出する。さらに、裁判所における事実の取調べとして（刑訴法445条）、証人尋問、請求人尋問などを行い、最終意見（刑訴規則286条）を明らかにする。弁護人の援助を受けなければ、このような再審請求の手続を効果的に進めることは、きわめて困難である。弁護権の保障こそが、再審請求の権利を実質化するために不可欠なのである（本章3（1）参照）。

　このように、刑訴法440条1項による再審請求人の弁護権が、自由権規約14条1項による裁判にアクセスする権利を実質化するための法的援助を受ける権利を具体化したものとして位置づけられるとき、規約同条項の要請として、請求人が拘禁されている場合、弁護人の実効的な援助を確保するために、自由な秘密接見が保障されるべきこととなる。秘密性の保障が、自由な

コミュニケーションにとって不可欠である。被疑者・被告人と弁護人との接見については、「接見内容が捜査機関に知られることになれば、これを慮って、被告人らと弁護人の情報伝達が差し控えられるという萎縮的効果が生じ、被告人らが実質的かつ効果的な弁護人の援助を受けることができなくなる[76]」（鹿児島地判平20〔2008〕・3・24、志布志接見国賠事件）との認識から、「立会人なくして接見」できることを定めた刑訴法39条1項がおかれた。また、2004年『行刑改革会議提言』においては、「受刑者であっても、訴訟の遂行等法律上の重大な利害に係る用務を処理することが否定されるべきではなく、その処理のためには、外部交通が重要な手段であることも明らかである」と認められ、「訴訟の遂行等法律上の重大な利害に係る用務の処理……のためには弁護士との面会を認めることが相当であり、面会方法についても、その用務等に応じて必要と認める場合は、職員が立会いをしないなどの配慮をすることが相当」であるとされ、このような認識に立って、刑事被収容者処遇法112条ただし書2号は、自己の処遇に関する刑事施設の被収容者と弁護士との面会に適用範囲を縮小しつつも、職員の立会を排除したのである。自由なコミュニケーションを確保するために秘密性が保障されるべきことは、再審請求人と弁護人との接見についても同じく妥当する。むしろ、再審弁護において、請求人からの直接の事情聴取や、請求人との事件・証拠の検討などが決定的重要性を有することからすれば（本章3（2）参照）、秘密保護の要請はなおいっそう強いともいえよう。弁護人の援助の実効性を確保するために、自由な秘密接見が保障されなければならないのである。

このとき、公正な裁判を受ける権利について、自由権規約14条1項と同様の保障内容が、憲法32条からも要請されるべきことを確認しなければならない[77]。憲法32条による裁判を受ける権利は、民事・行政事件の場合、「政治部門から独立した公平な裁判所に訴訟を提起することを拒まれないこと」を保障している[78]。このことの意味は、国側からみれば「司法拒絶の禁止」ということであるが、これを市民の側から実質的に捉えるならば、「すべての人が平等に、政治部門から独立の公平な裁判所の裁判を求める権利を有する[79]」ということであって、市民が裁判にアクセスする権利が保障されているのである。裁判にアクセスする権利を実質化するためには、自由かつ秘密のコミュニケーションを通じて、実効的な法的援助が確保されなければならないのである。

憲法32条の裁判を受ける権利が、このように、自由権規約14条1項と同

様の保障内容を有するのであれば、刑訴法435条による再審請求の権利は、憲法32条による裁判にアクセスする権利を具体化したものにほかならず、刑訴法440条1項による再審請求人の弁護権も、憲法32条のもと、裁判にアクセスする権利を実質化するために保障されるべき法的援助を受ける権利を具体化したものとして位置づけられる。このとき、憲法32条からも、弁護人の実質的援助を確保するために、自由な秘密接見の保障が要請されるのである[80]。

## 8　再審請求手続における自由な秘密接見の保障

　以上、本章は、再審請求手続における弁護権の保障について検討してきた。それによれば、第1に、刑訴法440条1項による再審請求人の弁護権を実質化するために、請求人と弁護人とのあいだに、自由な秘密接見が保障されなければならない。請求人から直接事情を聴き、事実と証拠を検討するなど、再審弁護において請求人と弁護人との接見がひときわ重要であることからすれば、自由な秘密接見を保障することが、弁護人の援助の実効性を確保するために不可欠であり、そのことは、再審請求の権利を実質化させ、無辜の救済に向けて、再審制度を有効に機能させるという趣旨に適う所以である。第2に、最高裁の白鳥・財田川決定のもと、再審請求手続の性格・構造を考えたとき、刑訴法39条1項が準用されるべきである。また、この刑訴法39条1項は、憲法34条の弁護権により基礎づけられているが、司法的コントロールを通じての違法な身体拘束からの解放というその目的は、再審請求手続にも妥当すべきであるから、刑訴法440条1項による再審請求人の弁護権もまた、憲法34条の弁護権によって基礎づけられ、それゆえ刑訴法39条1項の場合と同じく、自由な秘密接見の保障を包含するものと理解すべきである。第3に、自由権規約14条3項(b)・(d)の弁護権は、請求手続から公判手続を通じて、再審手続全体としての裁判の公正さを確保するために不可欠であることから、請求手続においても保障されるが、このとき、規約同条同項(b)により、自由な秘密接見が保障されることになる。第4に、自由権規約14条1項による公正な裁判を受ける権利は、裁判にアクセスする権利を保障し、さらに、その権利を実質化するために、弁護士の法的援助を保障している。法的援助の実効性を確保するためには、自由な秘密接見の保障が不

可欠である。このように、再審請求手続において、請求人と弁護人とのあいだに、自由な秘密接見が保障されなければならず、それに対する実質的制限は、刑訴法440条1項・39条1項、自由権規約14条1項・3項(b)に違反することになる。また、憲法との関係においても、憲法34条の弁護権、32条の公正な裁判を受ける権利の保障の趣旨に反することになる。

　ところで、自由な秘密接見は、再審請求権者と、再審の請求をする場合において、請求権者から刑訴法440条1項による選任を未だ受けていないが、その依頼により弁護人となろうとする弁護士とのあいだの接見についても認められるべきか[81]。刑訴法39条1項は、身体を拘束された被疑者・被告人と、すでに選任された弁護人のみならず、「弁護人を選任することができる者の依頼により弁護人となろうとする者」とのあいだに、自由な秘密接見が保障されるべきことを明記している。これは、弁護人の選任に関する相談、選任手続などを行うために、選任前から「弁護人となろうとする者」との自由な秘密接見を保障しなければ、弁護人の援助の実効性を確保することができないからである。これに対して、再審請求権者の弁護権について、接見に関する具体的規定はない。しかし、請求権者とその依頼により弁護人となろうとする弁護士とのあいだの接見についても、自由な秘密接見が保障されるべきである。第1に、刑訴法440条1項により再審の請求をする場合において弁護人を選任した請求人と弁護人との接見について、刑訴法39条1項が準用されるべきとするとき、その規定からすれば、選任前であっても、再審請求権者とその依頼により弁護人となろうとする弁護士とのあいだの自由な秘密接見も認められるべきことになる。第2に、再審請求人の弁護権を実質化するためには、選任に先立ち、請求権者とその依頼を受けた弁護士とのあいだで、再審請求のために弁護人を選任すべきかについて自由な話し合いの機会が保障されなければならない。この機会の保障を欠くとき、弁護人の援助の実効性は、その重要部分において、制限されることになる。これは、再審請求の権利の実質化という趣旨に反する。第3に、自由権規約14条3項(c)の弁護権の保障内容として、自由な秘密接見が保障されるべき場合にも、また、自由権規約14条1項により、あるいは憲法32条のもと、再審にアクセスする権利の保障内容として、自由な秘密接見が保障されるべき場合にも、このことは同様である。かくして、刑訴法440条1項による選任前であっても、再審請求権者とその依頼により弁護人となろうとする弁護士とのあいだにも、自由な秘密接見が保障されなければならない[82]。

ところで、本章は、再審請求人と弁護人とのあいだの自由な秘密接見の保障に焦点を合わせてきたが、刑訴法440条1項による請求人の弁護権を実質化し、それを通じて再審請求をする権利を実効的に保障するためには、このほかにも、必要とされる手続保障があるであろう。その一つは、国選弁護権の保障である。国選弁護制度の不存在のゆえに、再審請求人が皆等しく、弁護人の援助を受けることができないという状態が続いてきた[83]。再審請求を効果的に行うために、弁護人の援助がほとんど不可欠であることから、国選弁護権の保障が要求されてきた[84]。その実質的必要性は否定されえないであろう。

再審請求手続における国選弁護は、もちろん、立法により制度化されることが望ましいが、現行法のもとでも、国選弁護権が保障されていると理解すべきである。本章4（2）において論じたように、弁護権の保障の目的との関係において、再審請求手続と公判手続のあいだには性質・構造において共通性が認められるから、再審公判手続における被告人の弁護に関する規定が、請求手続において準用されるべきであり、再審請求人に対しても、国選弁護人が選任されるべきなのである（刑訴法36〜38条の4の準用）[85]。さらに、自由権規約14条3項（d）は、弁護権を保障したうえで、「司法の利益のために必要な場合には、十分な支払手段を有しないときは自らその費用を負担することなく、弁護人を付されること」を定めている。この規定は、再審請求手続にも準用されるべきである（本章6（4））。再審制度は、憲法39条によって、冤罪からの無辜の救済のための制度として性格づけられた。人権保障を原理とする憲法、とくに適正手続を要請する憲法31条のもと、無辜の救済に向けて再審制度が有効に機能するよう、再審請求手続における弁護権を実質化することは、「司法の利益」に適うであろう。再審請求人に対する国選弁護権は、自由権規約14条3項（d）によっても保障されているのである。

---

1 鴨良弼「再審研究の課題と方法——現代的課題としての再審制度」同編『刑事再審の研究』（成文堂、1980年）6頁。
2 弁護人の実質的援助を確保するために、自由な秘密接見が保障されなければならないこと、本来、信書発受、電話を含むあらゆるコミュニケーション手段について、自由と秘密性が保障されるべきことについて、葛野尋之『刑事手続と刑事拘禁』（現代人文社、2007年）331-352頁参照。
3 最大判平11（1999）・3・24民集53巻3号514頁。

4 大阪地判平16（2004）・3・9判時1858号79頁。
5 大阪高判平17（2005）・1・25訟月52巻10号3069頁。
6 鹿児島地判平20（2008）・3・24判時2008号3頁。
7 2007年8月13日の愛知県弁護士会会長談話「死刑確定者である再審請求人と弁護人との秘密交通の完全実施を求める」（愛知県弁護士会ホームページ http://www.aiben.jp/page/frombars/topics2/293himitsukoutsu.html）によれば、名張事件の再審請求において、名古屋拘置所は、2007年8月8日、死刑確定者である再審請求人の奥西勝氏と再審弁護団長（主任弁護人）との接見について、職員の立会を付さなかったが、その後の接見について秘密接見を保障するわけではなく、個別の接見申込ごとに職員の立会を付すかどうか判断するとの立場を表明しているという。
8 水谷規男「再審法理論の展望」村井敏邦＝川崎英明＝白取祐司編『刑事司法改革と刑事訴訟法（下）』（日本評論社、2007年）530-531頁。
9 刑訴法440条1項のもと、再審請求権者による弁護人の選任は、現に再審を請求した後だけでなく、請求前から認められる。請求権者から事情を聴取し、確定判決の有罪認定と証拠を検討し、新証拠を発見・収集し、再審理由にあたる主張を構成するなど、再審請求において請求準備段階の弁護活動こそ最も重要であることからすれば、このことは正当であろう。伊藤栄樹他編『新版・注釈刑事訴訟法（第7巻）』（立花書房、2000年）149頁〔臼井滋夫＝河村博〕なども、請求前の弁護人選任を肯定する。京都地決昭46（1971）・11・9判時657号100頁は、再審請求権者による弁護人の選任が請求前から認められることを前提として、弁護人による再審請求を適法とした。その理由として、同決定は、①再審請求は訴訟行為中いわゆる手続形成行為にあたり、その性質上代理に親しむこと、②刑訴法440条1項は「再審の請求をする場合には」と規定し、「した場合」としていないので、文理上、弁護人を代理人として再審を請求することが当然に包含されていると解されること、③刑訴規則283条は再審請求をする場合の手続を規定しているが、その趣旨からすれば、弁護人の専門的知識と経験が多く必要とされること、④新憲法下、弁護人の地位が重視され、その代理行為の範囲も広く認められていること、をあげた。最高裁判例は、弁護士による上訴申立の代理（最大判昭24〔1949〕・1・12刑集3巻1号20頁）、同じく付審判請求の代理（最決昭24〔1949〕・4・6刑集3巻4号469頁）を認めており、再審請求の代理を認めることは、これらの判例に整合的であるといえよう。
10 竹澤哲夫「請求者の側からみた再審制度」刑法雑誌20巻1号110頁（1974年）。
11 水谷・注8論文539頁。
12 石口・武井国賠訴訟（広島地方裁判所平成20年（ワ）第2145号・損害賠償請求事件）、藤井・久保国賠訴訟（広島地方裁判所平成21年（ワ）第979号・損害賠償請求事件）。
13 伊藤他・注9書148-150頁〔臼井＝河村〕。
14 東京地決平2（1989）・3・1訟月35巻9号1702頁。これについては、後述する。
15 日本弁護士連合会編『続・再審』（日本評論社、1986年）385-386頁。
16 行刑改革会議『行刑改革会議提言——国民に理解され、支えられる刑務所へ』（2003年）

http://www.moj.go.jp/KANBOU/GYOKEI/KAIGI/teigen.pdf。

17 2008年、自由権規約の国内実施に関する第5回政府報告書の審査にあたり、自由権規約委員会の事前質問に対して提出された日本政府回答においては、「2007年6月1日に施行された刑事収容施設及び被収容者等の処遇に関する法律では、……死刑確定者と再審請求弁護士との面会については、個別の事案ごとに、立会い等の省略を適当とする事情の有無や、立会い等の省略により刑事施設の規律及び秩序の維持に及ぼす影響、死刑確定者の心情把握の必要性等を考慮しながら、立会等の省略が相当と判断した場合には、これを省略することができる旨定められている」とされている(外務省ホームページ http://www.mofa.go.jp/mofaj/gaiko/kiyaku/pdfs/jiyu_kaito.pdf)。

18 田宮裕「再審の指導理念」鴨・注1書19頁。

19 田宮裕『一事不再理の原則』(有斐閣、1978年) 294頁。

20 岡部保男「再審請求はどのように行うか」竹澤哲夫＝渡部保夫＝村井敏邦編『刑事弁護の技術(下)』(第一法規、1994年) 100頁。

21 藤永幸治＝中山善房＝河上和雄『大コンメンタール・刑事訴訟法(第7巻)』(青林書院、2000年) 110頁〔高田昭正〕。

22 岡部・注20論文96-100頁。

23 免田栄『獄中ノート』(インパクト出版会、2004年) 77-80頁、95頁以下によれば、免田事件の再審請求においても、当初独力による再審請求は困難を極め、3次請求後、弁護人の援助を受けたことによって、ようやく再審請求の準備を効果的に行うことが可能になったとされる。

24 白鳥・財田川決定の意義について、とくに、川崎英明『刑事再審と証拠構造論の展開』(日本評論社、2003年) 1-27頁、加藤克佳「最高裁白鳥決定・財田川決定を学ぶ」季刊刑事弁護34号 (2003年) 参照。明白性判断をめぐるその後の判例と学説の展開について、水谷・注8論文参照。

25 三井誠「再審手続の構造」鴨・注1書169-173頁。

26 岡部保男「再審請求手続の実態と問題点」法と民主主義82号 (1973年) 8頁。

27 日本弁護士連合会編『再審』(日本評論社、1977年) 122-124頁。かつて死刑確定者である請求人と弁護人との接見には立会がつかなかったが、1965年の帝銀偽証事件をきっかけとして、弁護人との接見にも職員立会を付すことが一般化したという。

28 島田正夫「再審担当弁護人からみた検察官、裁判官——松山事件を中心に」自由と正義28巻4号 (1977年) 70頁。

29 日弁連・注15書385頁。

30 岡部泰昌「再審請求手続の構造と請求人の権利」ジュリスト601号 (1975年) 52-54頁。「当事者主義的構成」を進めつつも、片面的構成によるデュー・プロセスの強化とともに、二重の危険禁止の法理のもと、利益再審のみが許されていることから、請求手続において検察官が請求人に不利な主張・立証を積極的に行うことは制限されるとしている (53頁)。

31 平場安治他『注解刑事訴訟法 (全訂新版)』(青林書院新社、1983年) 348-349頁〔高田

卓爾」。
32 松尾浩也（監修）・松本時夫＝土本武司（編集代表）『条解刑事訴訟法（第3版）』（弘文堂、2003年）957頁。
33 田宮裕『刑事訴訟法（新版）』（有斐閣、1996年）509頁。検事の山本和昭は、「再審請求人の援助を全うするためには、請求人と弁護人とが相互に連絡をとり、資料収集及びその検討に十全を期す必要がある」とし、ドイツにおいて秘密接見が保障されていることを指摘したうえで、そのためには、請求人と弁護人との接見交通権の保障が「最も重要であるが、刑事訴訟法39条なみの保護を与えるかどうかを中心に監獄法改正作業の上で検討される問題となろう」としている（山本和昭「刑事再審の構造と立法上の問題点」法律のひろば29巻12号〔1976年〕12頁）。
34 藤永＝中山＝河上・注21書111-112頁〔高田〕。
35 大阪地判平16（2004）・3・9判時1858号79頁。
36 被疑者・被告人と弁護人との信書の発受について、弁護士の高度な職業倫理、弁護士会内の懲戒システムの存在、刑事処分の可能性などからすれば、それにより拘禁目的が阻害される現実的危険性は僅少であり、それにもかかわらず内容検査によって信書の秘密性を奪い、防御に関するコミュニケーションを抑制することは、弁護権の実質的制約として過剰な制限になることと同じである。この点について、葛野・注2書331-352頁参照。
37 葛野尋之「死刑廃止——共に生きる社会のために」法学セミナー41巻10号（1996年）74頁。刑事被収容者処遇法案可決にさいしての2006年4月14日衆議院法務委員会附帯決議14および2006年6月1日参議委員法務委員会附帯決議13が、「心情の安定」を根拠とする権利制約は認められるべきでないことを確認している。死刑確定者の処遇について、石塚伸一「監獄法改正と死刑確定者の処遇」刑事立法研究会編『代用監獄・拘置所改革のゆくえ』（現代人文社、2005年）参照。
38 伊藤他・注9書148-150頁〔臼井＝河村〕。
39 東京地決平2（1989）・3・1訟月35巻9号1702頁。この事件は、旧監獄法下のものであることとともに、再審請求手続における接見制限それ自体を問題にしていたのではなく、再審請求人である人身保護請求者と弁護人との接見についての時間制限と職員立会によって、人身保護請求者の拘束が人身保護法規則4条のいう「法令の定める方式もしくは手続に著しく違反していることが顕著である」かどうかを判断するものであった点に、注意すべきである。
40 手続的権利の保障において、刑訴法と拘禁法は一元的関係に立つべきことについて、後藤昭『捜査法の論理』（岩波書店、2001年）111-117頁参照。後藤昭によれば、刑訴法が保障する未決拘禁中の被疑者・被告人の権利について、刑事拘禁法が刑訴法の予定する範囲を超えて制限しても矛盾ではないとする「二元主義」に対して、①「訴訟法と施設法とでは権利を制約する目的や領域が違うと言ってみても、拘禁される人間は一人であり、制約の実際的な結果は同じである」から、「一方では権利を保障しておいて、他方で実質上それを制約するとすれば、やはり矛盾である」こと、②「訴訟法に

よって、訴訟目的を実現するために未決拘禁が認められ……、その未決拘禁を実際に執行するために、具体的な内容を定めるのが施設法であ」るから、「目的を定めている訴訟法によって、手段である施設法の内容も規制されるのが当然であ」ること、からすれば、訴訟法と施設法の関係について「一元主義」的考えをとるべきであり、したがって、「訴訟法が被拘禁者の権利として、積極的に明文で規定している部分については、……施設法にそれを浸食するような規定を設けるとすれば、訴訟法上の保障に反する」こととなり、刑事拘禁法が、刑訴法39条2項の予定する範囲を超えて、管理運営上の支障を理由とする制限を独自に規定することは認められないとされる。この「一元主義」からすれば、刑訴法の明文規定による権利だけでなく、刑訴法の規定の解釈によって認められるべき権利についても、刑事拘禁法により独自に制約することは許されないというべきであろう。

41 大阪地判平12（2000）・5・25判時1754号102頁。被告人と弁護人との信書の取扱いについて、判決は、「監獄法及び監獄法施行規則の各規定は、その文言上は、刑訴法81条の決定がない場合であっても収容施設の所長の判断で信書の授受を不許可にできることとしたものであるだけでなく、弁護人との間の信書の授受とそれ以外の者との信書の授受についても何らの区別を設けておらず、一律に右の各規定によるものとしている。そうすると、少なくとも右各規定の文言どおりの意味は、弁護人との間の信書の授受についてその39条で別に規定する刑訴法の内容とは相当に異なるものといわざるを得ず、憲法が規定する弁護人を依頼する権利に対する配慮が窺えない不備なものといわざるを得ない。したがって、監獄法及び監獄法施行規則の右各規定と刑訴法の右各規定とを整合性を有するように解釈する必要があることは明らかである。そして、刑訴法39条1項……の内容が憲法で保障された弁護人を依頼する権利に由来するものであるのに対し、監獄法や監獄法施行規則の前記規定が弁護人を依頼する権利についての憲法の規定に対する配慮がないことに照らすと、法解釈としては、監獄法及び監獄法施行規則の規定を、少なくとも弁護人との間の信書に関する限り、刑訴法の各規定、特に39条1項についての右5で説示した内容（判決は、「信書の内容をできる限り捜査機関、訴追機関及び収容施設側に秘密にすることを保障するのが刑訴法39条1項の趣旨」であり、この趣旨に適合する限りにおいて、信書の内容検査が許されるとした・引用者注）に整合するように解釈すべきである」とした。
42 松尾・注32書958-959頁。
43 小田中聰樹＝大出良知＝川崎英明編著『刑事弁護コンメンタール・刑事訴訟法』（現代人文社、1998年）410頁〔大出良知〕。
44 三井・注25論文167-168頁。
45 三井・注25論文172頁。
46 小田中＝大出＝川崎・注43書410頁〔大出〕。
47 最決昭51（1976）・10・12刑集30巻9号1673頁。
48 仙台高決昭48（1973）・9・18判時721号104頁。
49 藤永＝中山＝河上・注21書131-134頁〔高田〕。この「当事者主義化」は、あくまでも、

請求人の請求趣旨を可能な限り反映させるべく、その実質的関与を確保することを目的とするものであり、請求手続の目的、位置づけ、構造からして、検察官の積極的反証活動は許されるべきではない。高田昭正は、当事者主義的構成のもとでも、二重の危険禁止を定める憲法39条によって、利益再審のみが許されている制度趣旨にかんがみ、再審請求に対する請求人の権利を制約しないよう、検察官の積極的反証活動は許されないとしている（同書134-135頁）。三井・注25論文175-181頁も、請求人の実質的関与を強化すべきとする一方、①無辜の救済に向けて利益再審を有効に機能させること、②請求審の審理・判断の対象は再審請求理由の有無であり、検察官はすでに通常手続の公判審理において攻撃を尽くしていること、③請求審における再審請求理由の判断の内実は、開始決定後の公判手続で無罪判決を得る可能性があるかの判断であり、検察官の積極的立証活動は再審公判手続においてなされるべきことから、検察官の関与自体を否定できないにせよ、検察官の活動は刑訴規則286条に基づく意見陳述、証拠調べへの立会などが中心となり、立証活動としては、請求人の提出した新証拠の証明力を争うためのものに限られるべきとしている。この点について、水谷・注8論文1068-1070頁参照。また、証拠構造論とも関連させつつ、請求手続の構造を論じたものとして、田淵浩二「再審請求審の手続問題の一考察」『梶田英雄判事・守屋克彦判事退官記念論文集』(現代人文社、2000年) 参照。

50 それゆえ、接見指定に関する刑訴法39条3項の準用はない。再審請求人の弁護権について、刑訴法39条1項の内容を盛り込んだ具体的規定がおかれなかったのは、現行法の再審に関する規定が旧法の規定をほぼそのまま引き継いだものであることとともに、そもそも弁護権と捜査権限との調整を想定する必要がなかったことに起因するのであろう。

51 樋口陽一＝佐藤幸治＝中村睦男＝浦部法穂『注解法律学全集・憲法Ⅱ』(青林書院、1997年) 305頁〔佐藤幸治〕。

52 浦部法穂『憲法学教室（全訂第2版）』(日本評論社、2006年) 292頁。

53 樋口＝佐藤＝中村＝浦部・注51書307頁〔佐藤〕。

54 芦部信喜編『憲法Ⅲ・人権（2）』(有斐閣、1981年) 154-156頁〔杉原泰雄〕、浦田賢明＝大須賀明編『新判例コンメンタール・日本国憲法（2）』(三省堂、1994年) 297-298頁〔古川純〕など。

55 憲法的刑事手続研究会『憲法的刑事手続』(日本評論社、1997年) 286頁以下。もともと、この条項は刑事手続に関する規定であるとの理解に立ったうえで、行政手続による身体の拘束にも可能な限り準用され、あるいはその趣旨が及ぼされるべきとの見解が有力であった（芦部・注54書157頁〔杉原〕、樋口＝佐藤＝中村＝浦部・注51書313-314頁〔佐藤〕）。これに対して、安念潤司「憲法問題としての『手続上の権利』」ジュリスト884号 (1987年) 254-255頁は、①36条の定める拷問の禁止は、事柄の性質上すべての公権力の行使に妥当すべきであるから、33条の次におかれていても、もっぱら刑事手続に関する規定だとはただちにいえないこと、②「抑留」・「拘禁」という一般的概念が用いられ、刑事手続を「本来の適用場面であると窺わしめるに足る文言が見当たら

ない」こと、③身体拘束の開始に関する事前抑制のための手続保障としては、刑罰という重大な不利益が将来予想される場合に限り、令状主義という比較的簡易で形式的なもので足りるとしても、「拘束状態が継続すれば、それが刑罰によると否とを問わず、一般に人権を行使する可能性を大幅に縮減するものであることから、弁護人の援助および公開法廷における理由の開示というより実質的な保護を与える必要がある」こと、などから、憲法34条は、もっぱら刑事手続に適用される規定ではなく、より広く、「公権力によって直接的な強制手段を背景に身柄を拘束するすべての場合に適用される」ものであると論じている。

56 自由権規約については、一般に、「締約国に対して権利を『尊重し及び確保する』即時的義務を課する」ものであるから、「直接適用可能である」と認められている（阿部浩己＝今井直＝藤本俊明『テキストブック・国際人権法〔第3版〕』〔日本評論社、2009年〕40頁）。また、徳島刑務所事件において、第一審の徳島地裁は、自由権規約は「自由権的な基本権を内容とし、当該権利が人類社会のすべての構成員によって享受されるべきであるとの考え方に立脚し、個人を主体として当該権利が保障されるという規定形式を採用しているものであり、このような自由権規定としての性格と規定形式からすれば、これが抽象的・一般的な原則等の宣言にとどまるものとは解されず、したがって、国内法としての直接的効力、しかも法律に優位する効力を有するものというべき」と判示した（徳島地判平8〔1996〕・8・3判時1597号115頁）。控訴審の高松高裁も、この判示を踏襲している（高松高判平9〔1997〕・11・25判時1653号117頁）。

57 International Covenant on Civil and Political Rights, Human Rights Committee, General Comment No. 32 on Article 32: Rights to Equality before Courts and Tribunals and to a Fair Trial, CCPR/C/GC/32, 23 August 2007. 日本語訳として、自由権規約委員会「一般的意見32——第14条：裁判所の前の平等と公正な裁判を受ける権利」日弁連ホームページ http://www.nichibenren.or.jp/ja/kokusai/humanrights_library/treaty/liberty_general-comment.html。なお、一般的意見32の34項からすれば、自由権規約14条3項 (b) によって、自由な秘密接見は、弁護人の固有権としても保障されていると理解することができる。自由権規約の権威ある注釈書も、自由権規約14条3項 (b) による防御のいかなる準備をする権利も、刑事手続のすべての段階にわたり、また、刑事告発を受けた者のみならず、弁護人に対しても保障されるとしている (Manfred Novak, CCPR Commentary 256 [1993])。

58 Novak, supra note 57, at 256.

59 個人通報に対する審査においても、自由権規約委員会は、秘密接見の侵害を規約14条3項 (b) に違反すると判断を示している (Communications No. 1117/2002, Khomidova v. Tajikistan, para. 6.4; No. 907/2000, Siragev v. Uzbekistan, para. 6.3; No. 770/1997, Gridin v. Russian Federation, para. 8.5)。

60 三井・注25論文172頁。

61 受刑者と訴訟代理人弁護士との面会制限が問題となった徳島刑務所事件において、徳島地判平8（1996）・3・15判時1597号115頁、高松高判平9（1997）・11・25判時

1653号117頁は、自由権規約14条１項の解釈において、同じ文言により規定されている欧州人権条約６条１項とまったく同一の解釈が妥当するとまではいえないにしても、欧州人権条約の解釈が「一定の比重」を有し、「指針」とされるべきと認めたうえで、自由権規約14条１項は、欧州人権条約６条１項と同様、受刑者が自己の民事事件の訴訟代理人弁護士と面会する権利の保障をも内包しているとした。これらの判決について、金子武嗣「判例紹介・徳島刑務所接見妨害事件」国際人権８号（1997年）、海渡雄一「判例紹介・国際人権規約14条１項と受刑者と弁護士の面会の権利」国際人権10号（1999年）、北村泰三「国際人権法の解釈とわが国の裁判所」北村泰三＝山口直也編『弁護のための国際人権法』（現代人文社、2002年）、葛野・注２書154-158・323-324頁参照。

62 Stafan Trechsel, Human Rights in Criminal Proceedings 278-282 (2005)；北村泰三『国際人権と刑事拘禁』（日本評論社、1996年）130-135頁、葛野・注２書266-270頁。

63 S v Switzerland, [1991] 14 EHRR 670.

64 John Murray v UK, (1966) 22 EHRR 29. これについて、北村泰三「国際人権法と接見交通権・再考――欧州人権裁判所判例からの示唆」北村＝山口・注61書42-56頁、同「弁護人依頼権と起訴前の接見制限――ジョン・マーレイ判決」戸波江二他編『ヨーロッパ人権裁判所の判例』（信山社、2008年）232-238頁参照。警察取調べにおける黙秘と不利益推認に関する問題について、石田倫識「被疑者の黙秘権に関する一考察――イギリス黙秘権制限立法を手がかりに」九大法学86号（2003年）160-165頁、中島洋樹「被疑者・被告人の供述主体性――イギリスにおける黙秘権保障の歴史的展開を手掛かりに（２・完）」法学雑誌51巻２号（2004年）184-186頁参照。

65 当時、欧州人権条約上の権利侵害については、まず、欧州人権委員会に対して救済申立を行い、その後、事件の付託を受けて、欧州人権裁判所の審判が行われた。欧州人権条約のもとでの当時の実施システムについて、畑博行＝水上千之『国際人権法概論（初版）』（有信堂高文社、1977年）217頁以下参照。

66 John Murray v UK, Opinion of the European Commission of Human Rights, 27 June 1994, Reports 1996-I, p.66.

67 Magee v UK, (2001) 31 EHRR 35.

68 Averill v UK, (2001) 31 EHRR 36.

69 金子武嗣「ヨーロッパ人権条約と日本の国内判例」国際人権12号（2001年）43頁参照。北村・注61論文181頁は、「自由権規約の条文解釈を補足するものとして、欧州人権条約の豊富な判例法を合理的な解釈基準として依拠するのは、――それが条約として直接わが国を法的に拘束するものではないが――裁判所がとるべき自由権規約の解釈方法として妥当である」とし、憲法98条２項の要請は、かくして実現が図られるとする。

70 Grote, Protection of Individuals in the Pre-Trial Procedure, in David Weissbrodt and Rudiger Wolfrum (eds.), The Right to a Fair Trial 719-720 (1997) は、自由権規約14条３項 (b)・(d) による弁護権の保障が、公判手続のみをカバーしているのか、刑事手続全体に及ぶのかについては、規定の文言上、必ずしも明白ではないとしているが、

個人通報による救済申立に対して、軍事法廷の手続に付されたウルグアイの市民が2年にわたり弁護士との接見を禁止されたことについて、規約14条3項(b)違反を認めた自由権規約委員会の先例をあげつつ、「この先例からすれば、公判前の段階も含み、手続全体にわたり、いつでも弁護人と接見する権利が保障されていることが示唆される」としている。

71 このとき、刑訴法440条1項による再審請求人の弁護権を実質化するために、自由な秘密接見の保障が要請される場合と同様、時間制限、職員立会など、刑事被収容者処遇法による接見の実質的制限については、同法の未決拘禁者に関する規定の準用、あるいは実質的制限を定めた規定の限定解釈によって、その適用が排除されなければならない(本章3(3)参照)。

72 この点について、北村・注62書130-135・238-250頁、葛野・注2書255-258・266-272頁参照。「武器平等」法理について、Trechsel, supra note 62, at 94-102; Pieter van Dijk et al. (eds.), Theory and Practice of the European Convention on Human Rights 580-583 (4th ed., 2006) 参照。「武器平等」は、刑事手続においては、弁護権その他手続的権利とあらゆる防御権の保障を通じて、被告発者の当事者的地位を強化し、検察官とのあいだの実質的対等性を実現することを意味する。

73 Golder v UK, [1975] 1 EHRR 524. 北村泰三「受刑者と弁護士との間の訴訟相談のための接見拒否が、公正な裁判を受ける権利を侵害するとした事例——ゴルダー判決」戸波他・注64書275-280頁参照。

74 Campbell and Fell v UK, Report of the Commission, 12 May 1982, Series B, No. 65, para. 157-158.

75 高松高判平9(1997)・11・25判時1653号117頁。この判決について、注61参照。その後、原告、被告双方の上告を受けて最高裁判所は、刑務所長の措置を違法とした控訴審の判断を破棄し、事件を高等裁判所に差し戻した(最判平12〔2000〕・9・7民集199号371頁)。最高裁判決は、接見時間を30分以内とし、接見に施設職員の立会を要することを定めた旧監獄法施行規則の規定が憲法13条、同21条に違反しないことは、最高裁判所の先例の趣旨に徴して明らかであり、また、自由権規約14条に違反すると解することもできないとした。そのうえで、判決は、「刑務所における接見時間及び接見度数の制限は、多数の受刑者を収容する刑務所内における施設業務の正常な運営を維持し、受刑者の間における処遇の公平を図り、施設内の規律及び秩序を確保するために必要とされるものであり、また、受刑者との接見に刑務所職員の立会いを要するのは、不法な物品の授受等刑務所の規律及び秩序を害する行為や逃走その他収容目的を阻害する行為を防止するためであるとともに、接見を通じて観察了知される事情を当該受刑者に対する適切な処遇の実施の資料とするところにその目的がある。したがって、具体的場合において処遇上その他の必要から30分を超える接見を認めるかどうか、あるいは教化上その他の必要から立会いを行わないこととするかどうかは、いずれも、当該受刑者の性向、行状等を含めて刑務所内の実情に通暁した刑務所長の裁量的判断にゆだねられている」から、刑務所長の判断は、「裁量権の範囲を逸脱し、又

はこれを濫用したと認められる場合でない限り」、国家賠償法上違法とは認められず、このことは、「受刑者が自己の訴訟代理人である弁護士と接見する場合でも異ならない」とした。この多数意見に対して、遠藤光男裁判官は、憲法32条により受刑者も公正な裁判を受ける権利が保障されている以上、これを事実上阻害するおそれがないよう十分配慮しなければならないとの基本的立場を示したうえで、民事訴訟においては弁護士とのあいだで長時間、秘密の打ち合わせが必要となる場合もあり、また、本件において「打合せを実質上の相手方ともいうべき徳島刑務所の職員の監視の下で行わせるということは、誰の目から見ても余りにも不公平であることは明らかであり、これを容認するとすれば、公正な裁判を受けさせるという理念は完全に没却されてしまう」から、時間制限と職員立会に関する刑務所長の措置は違法であるとの反対意見を付した。その後、旧監獄法の全面改正の結果、刑事被収容者処遇法112条ただし書２号により、刑事施設の被収容者が自己の処遇に関して弁護士と行う面会については、限定的な例外状況の場合を除き、職員の立会が排除された。

76　鹿児島地判平20（2008）・３・24判時2008号３頁。
77　葛野・注２書321-326頁。国際法学者の北村泰三は、国際人権法の発展を踏まえつつ、「『裁判を受ける権利』は、……弁護士の援助を通じた『実質的な訴権』の保障を当然に含」み、「裁判を提起し遂行しようとする在監者にとって、弁護士との接見は実質的訴権行使のための唯一の窓口である」から、被拘禁者が「代理人ないし代理人となろうとする弁護士と接見する権利が『裁判を受ける権利』と密接不可分の権利として憲法32条により保障されて」いると論じている（北村・注62書194頁）。また、憲法学者の只野雅人は、「受刑者と民事訴訟代理人との接見は、憲法32条が想定する典型的事案ではないとしても、裁判を受ける権利の実質化という観点から、国際人権保障の動向をも視野に入れた32条解釈の再構成が求められる」としたうえで、「民事訴訟の提起・進行に直接関わる接見」が憲法32条によって保障されていることを示唆している（只野雅人「最新判例批評」判時1746号〔2001年〕204頁）。
78　辻村みよ子『憲法（第２版）』（日本評論社、2004年）312頁。
79　浦部・注52書307頁。
80　自由権規約14条１項によって、あるいは憲法32条のもとで、再審請求人と弁護人とのあいだに自由な秘密接見が保障されるべきとき、時間制限、職員立会など、被収容者処遇法による接見の実質的制限については、それを定めた規定の限定解釈によって、その適用が排除されなければならない（本章３（３）参照）。
81　この場合における再審請求人の「依頼」は、弁護人として選任することの明確な意思に基づく依頼でなくとも、接見し、相談したうえで、弁護人として選任することがある旨の依頼で足りると理解すべきである。この点について、後藤・注40書221頁参照。
82　再審請求の権利の実質化という趣旨を徹底するためには、請求権者の依頼を未だ受けていない弁護士が、再審請求に関する相談を行うために、請求権者との面会を申し出た場合、刑事施設側はこの申出を請求権者に伝達しなければならないというべきであろう。請求権者が拘禁されていない場合、いかなる弁護士も、請求権者に対して自由

に再審請求に関する相談を申し出ることができ、請求権者は、その申出に応じるかどうか判断する機会を有している。他方、請求権者が拘禁されている場合、刑事施設側がなんらかの理由により弁護士の面会の申出を請求権者に伝達しないことが許されるとするならば、請求権者はただ拘禁されているという理由から、再審請求について弁護士と相談し、それに関する判断を行う機会を奪われることになり、このことは、再審請求の権利の実質化という趣旨に反するからである。高度な職業倫理、弁護士会内の懲戒システムからすれば、弁護士の申出であれば、請求権者との面会を認めることにより、逃亡、集団生活の安全・平穏など、拘禁目的が阻害される危険性はきわめて僅少である。それにもかかわらず、僅少な拘禁目的阻害の危険を理由にして、請求権者と弁護士との面会を許さないことは、再審請求の権利の重要性からすれば、過剰な面会制限として許されないから、刑事被収容者処遇法の制限規定の適用は排除されるべきである。このとき、弁護士の申出にもかかわらず、刑事施設側が再審請求に関する相談の目的とは認められないとして、面会を不許可とすることもできないというべきである。このような理由による面会不許可を認めるならば、結局、請求権者が拘禁されている場合、再審請求について弁護士と相談する機会が拘禁されているがゆえに実質的に制約される結果が生じるからである。また、後藤・注40書223頁は、当番弁護士制度における委員会派遣の弁護士による接見申出について、「弁護人依頼権を保障したと言えるためには、被疑者がその権利を行使するかどうかを判断するうえで本質的な重要性をもつ情報をも保障しなければならない。自分からはまだ弁護人を求めていない被疑者であっても、もし弁護士会の派遣した弁護士が（しかも無料で）相談にのる目的で、拘禁の場所に来ていると知れば、会ってみようと考えるのが普通である。それを伝えないことは、憲法34条が保障する権利を被疑者が行使する機会を奪うことになる。したがって、被疑者を拘禁している機関は、このような事実を本人に伝える義務がある」と論じているが、このことは、再審請求権者の弁護権についても、同じく妥当するというべきである。弁護士の面会の申出が伝達されなければ、再審請求権者の弁護権は実質化しえない。弁護士の面会の申出が請求権者に伝達された後、請求権者が面会を希望したときは、その弁護士は、再審の請求をする場合において請求権者の依頼により弁護人となろうとする弁護士としての地位を獲得し、両者のあいだには、自由な秘密接見が保障されることになる。他方、弁護士の申出が伝達されたにもかかわらず、請求権者が面会を拒絶した場合には、このような依頼はないことになるが、請求権者を拘禁している機関は、請求権者に対して弁護士の申出をその目的をも含め正確に伝達したが、請求権者が自由な理性的判断に基づき面会を拒絶したことを、客観的証拠により立証する責任を負うというべきである（後藤・注40書221-222頁参照）。

83 日弁連・注15書351-352頁。
84 岡部・注30論文54頁、鴨良弼「再審の基本的性格」ジュリスト601号（1975年）16頁、井戸田侃「再審を考える——弘前大学教授夫人殺害事件再審決定を読んで」ジュリスト622号（1976年）106頁など。検事の山本和昭も、「再審請求手続の重要性にかんがみれば、再審請求に対する請求手続こそ勝負どころであり、請求人にとっては事実上及

び法律上の援助を必要とする場合も少なくないと思料される。そこで、再審請求段階においても、国選弁護人を選任できるようにすべきであるとの意見が出て来るわけである。……再審請求手続の現状を前提にする限り、前向きに取り組むべき事項の一つである」としている（山本・注33論文12頁）。

85　藤永＝中山＝河上・注21書113-114頁〔高田〕も、刑訴法総則中の弁護に関する規定の準用により、再審請求人に対して国選弁護権が保障されるべきとする。

＊本章は、石口・武井国賠訴訟（注12）において、広島地方裁判所に対して、原告弁護団から提出された私の2009年8月22日付意見書をベースにしている。

　その後、石口・武井国賠訴訟において、2011年3月23日、広島地裁（広島地判平23〔2011〕・3・23判時2117号45頁）は、刑訴法39条1項の準用、憲法34条の要請などにより、再審請求人と弁護人とのあいだに秘密交通権が保障されるべきとする原告の主張を否定する一方、刑事被収容者処遇法121条の解釈として、「同条ただし書に基づいて立会いをしないこととするか否かについては、死刑確定者の正当な利益の保護する必要性と、死刑確定者の心情の安定や、死刑の執行に至るまでの間社会から厳重に隔離してその身柄を確保すること、当該刑事施設内の規律及び秩序を維持すること等の必要性を比較考量して判断することが当然に予定されているといえるから、その判断は、刑事施設の長の裁量に委ねられていると解される。したがって、刑事施設の長のこの判断については、その基礎とされた重要な事実に誤認があること等により判断の基礎を欠くことになる場合、又は事実に対する評価が明らかに合理性を欠くとか判断の過程において考慮すべき事情を考慮していないこと等によりその内容が社会通念に照らして著しく妥当性を欠くものと認められる場合に限り、裁量権の範囲を逸脱し又は濫用したものとなり、かつ、上記判断に当たり職務上通常尽くすべき注意義務が尽くされていないと認められる場合に限り、国家賠償法上も違法であるとの評価を受けるというべきである」と判示した。広島地裁は、広島拘置所長が死刑確定者と再審弁護人2名との接見に施設職員を立ち会わせた3件のうち後2件について、個別具体的事情を検討したうえで、「死刑確定者から選任された弁護人が再審請求の準備のために拘置所職員の立会いなしで面会し、所要の打合せをすることの必要性は論を俟たず、このような利益は例えそれが憲法から直ちに導かれる権利とまではいえないにしても、拘置所長が裁量権を行使する上での判断において十分尊重され保護されるべきである」としつつ、施設長が立会いの省略を相当ではないと判断するに足りる具体的事情はなかったと認められ、その判断は基礎となる重要な事実を欠くか、またはその内容が社会通念に照らして著しく妥当性を欠くものであり、かつ、職務上通常尽くすべき注意義務を尽くした上でのものともいえないと認め、国賠法上違法であるとの判断を示した。これに対して、原告、被告の双方が控訴した。

　その後、2012年1月27日、控訴審において広島高裁（広島高判平24〔2012〕・1・27判例集未掲載）は、「死刑確定者も、再審の請求について、弁護人を選任することができ（刑訴法440条1項）、身柄拘束を受けている再審の請求をしようとする死刑確定

者が弁護人と相談し、その助言を受けるなどの弁護人からの援助を受ける機会を確保することは必要であると解されるから、死刑確定者の身柄拘束の目的・性質や再審請求手続の構造に抵触しない範囲で、再審の請求をしようとする死刑確定者は、弁護人と立会人なくして接見する法的利益を有する」と判示した。そのうえで、刑事被収容者処遇法121条に基づく施設職員の立会いの必要性・相当性について、個別具体的事情を厳格に検討した結果、「刑訴法39条1項が身体の拘束を受けている被告人又は被疑者に秘密交通権を保護した趣旨・意義を考慮すれば、死刑確定者の身柄拘束の目的・性質等に反しない範囲で、再審の請求をしようとする死刑確定者は、弁護人と立会人なくして接見する法的利益を有する」一方、「自傷、自殺、さらには逃亡等の死刑確定者の身柄を確保するとの拘禁の目的などに反する事態や広島拘置所内の規律及び秩序を阻害する行為に及ぶおそれはなかったから」、施設職員を立ち会わせないこととするのが適当・相当であったと判断し、施設長が接見に施設職員を立ち会わせた3件すべてについて国賠法上の違法性を認めた。控訴審判決は、刑事被収容者処遇法の解釈にあたり、刑訴法39条1項による秘密接見の保障の趣旨、さらには刑訴法440条による再審請求人に対する弁護権の保障の趣旨を踏まえて、再審請求人である死刑確定者とその弁護人との秘密接見の法的利益を重視したものといえるであろう。また、控訴審判決は、死刑確定者の処遇にあたっては、その心情の安定に留意すべきとされているにせよ（刑事被収容者処遇法32条1項）、「死刑確定者の心情自体は、個人の主観にかかわる内心の問題であるから、心情の安定を図ること（すなわち、内心の問題）を理由に死刑確定者の権利・法的利益を制限することはできない」と明言した点においても、注目される。

# 第10章 最高裁接見交通判例再読

## 1 接見指定の合憲性・適法性

安藤・斎藤事件
最大判平11（1999）・3・24民集53巻3号514頁

### （1）事実の概要

　最判平12（2000）・2・22判時1721号70頁（安藤・斎藤事件）による。弁護士Ａ、Ｂは、昭和64年12月4日、恐喝未遂の嫌疑により逮捕され、翌日より福島県郡山警察署の留置場に勾留されていた被疑者の弁護人であった。Ａは、9日以降、留置副主任官の警察官と捜査担当の検察官に再三接見を申し入れたが、検察官が接見指定書の受領・持参を要求したため、一般指定処分の取り消しを求め、2度にわたり準抗告を申し立てた。福島地裁郡山支部は、準抗告を容認し、検察官の接見指定処分を取り消す決定を出した。しかし、検察官はなおも接見指定書の受領・持参を要求し続けたため、Ａ、Ｂは、福島地検郡山支部に赴いたうえで、接見指定書を受領し、13日、19日、23日に被疑者との接見を行った。接見指定書により認められた接見時間は、13日午前10時から11時50分までの1時間、17日午前9時から10時までの1時間、19日午前10時40分から11時20分までの30分であった。

　Ａ、Ｂは、接見交通権の侵害を主張し、国と福島県に対して、国賠法に基づく損害賠償請求を行った。第一審（福島地郡山支判平2〔2000〕・10・4判時1370号108頁）は、検察官の措置の一部を違法と認め、請求を一部容認した。双方控訴を受け、控訴審（仙台高判平5〔2003〕・4・14判時1463号70頁）は、検察官の措置に違法はないとして、国の敗訴部分を取り消した。Ａ、Ｂが上告したところ、上告趣意中の憲法違反に関する上告理由については、裁判所

法10条１項により、大法廷において審理されることとなった（論点回付）（最高裁判所事務処理規則９条３項後段）。最高裁は、以下のような判断によって、憲法違反の論旨には理由がないとした。

### (2) 法の解釈

（ⅰ）憲法34条による「弁護人に依頼する権利は、身体の拘束を受けている被疑者が、拘束の原因となっている嫌疑を晴らしたり、人身の自由を回復するための手段を講じたりするなど自己の自由と権利を守るため弁護人から援助を受けられるようにすることを目的とするものである。したがって、右規定は、単に被疑者が弁護人を選任することを官憲が妨害してはならないというにとどまるものではなく、被疑者に対し、弁護人を選任した上で、弁護人に相談し、その助言を受けるなど弁護人から援助を受ける機会を持つことを実質的に保障している」。刑訴法39条１項が「被疑者と弁護人等との接見交通権を規定しているのは、憲法34条の右の趣旨にのっとり、身体の拘束を受けている被疑者が弁護人等と相談し、その助言を受けるなど弁護人等から援助を受ける機会を確保する目的で設けられたものであり、その意味で、刑訴法の右規定は、憲法の保障に由来するものである」。

もっとも、憲法は、刑罰権の発動ないしそのための捜査権の行使が国家の権能であることを前提としているから、接見交通権が憲法の保障に由来するからといって、刑罰権ないし捜査権に絶対的に優先するものではない。「捜査権を行使するためには、身体を拘束して被疑者を取り調べる必要が生ずることもあるが、憲法はこのような取調べを否定するものではないから、接見交通権の行使と捜査権の行使との間に合理的な調整を図らなければならない。憲法34条は、身体の拘束を受けている被疑者に対して弁護人から援助を受ける機会を持つことを保障するという趣旨が実質的に損なわれない限りにおいて、法律に右の調整の規定を設けることを否定するものではない」。

刑訴法39条３項は、捜査機関の接見指定による接見交通権の行使の制限を認めているが、これは、「刑訴法において身体の拘束を受けている被疑者を取り調べることが認められていること（198条１項）、被疑者の身体の拘束については刑訴法上最大でも23日間（内乱罪等に当たる事件については28日間）という厳格な時間的制約があること……などにかんがみ、被疑者の取調べ等の捜査の必要と接見交通権の行使との調整を図る趣旨で置かれたものである」。そのうえで、刑訴法39条３項ただし書きは、「捜査機関のする右の接

見等の日時等の指定はあくまで必要やむを得ない例外的措置であって、被疑者が防御の準備をする権利を不当に制限することは許されない旨を明らかにしている」。

「このような刑訴法39条の立法趣旨、内容に照らすと、捜査機関は、弁護人等から被疑者との接見等の申出があったときは、原則としていつでも接見等の機会を与えなければならないのであり、同条3項本文にいう『捜査のため必要があるとき』とは、右接見等を認めると取調べの中断等により捜査に顕著な支障が生ずる場合に限られ、右要件が具備され、接見等の日時等の指定をする場合には、捜査機関は、弁護人等と協議してできる限り速やかな接見等のための日時等を指定し、被疑者が弁護人等と防御の準備をすることができるような措置を採らなければならないものと解すべきである。そして、弁護人等から接見等の申出を受けた時に、捜査機関が現に被疑者を取調べ中である場合や実況見分、検証等に立ち会わせている場合、また、間近い時に右取調べ等をする確実な予定があって、弁護人等の申出に沿った接見等を認めたのでは、右取調べ等が予定どおり開始できなくなるおそれがある場合などは、原則として右にいう取調べの中断等により捜査に顕著な支障が生ずる場合に当たると解すべきである」。

なお、上告理由は、憲法38条1項により、逮捕・勾留中の被疑者の取調べ受忍義務は否定されるから、被疑者の希望があるときは取調べを中断しなければならず、取調べは接見交通権の行使を制限する根拠となりえないと主張する。しかし、「身体の拘束を受けている被疑者に取調べのために出頭し、滞留する義務があると解することが、直ちに被疑者からその意思に反して供述することを拒否する自由を奪うことを意味するものでないことは明らかである」から、上告理由の主張は前提を欠く。

このように、「被疑者の取調べ等の捜査の必要と接見交通権の行使との調整を図る必要があるところ、(1)刑訴法39条3項本文の予定している接見等の制限は、弁護人等からされた接見等の申出を全面的に拒むことを許すものではなく、単に接見等の日時を弁護人等の申出とは別の日時とするか、接見等の時間を申出より短縮させることができるものにすぎず、同項が接見交通権を制約する程度は低いというべきである。また、前記のとおり、(2)捜査機関において接見等の指定ができるのは、弁護人等から接見等の申出を受けた時に現に捜査機関において被疑者を取調べ中である場合などのように、接見等を認めると取調べの中断等により捜査に顕著な支障が生ずる場合に限

られ、しかも、(3)右要件を具備する場合には、捜査機関は、弁護人等と協議してできる限り速やかな接見等のための日時等を指定し、被疑者が弁護人等と防御の準備をすることができるような措置を採らなければならないのである。このような点からみれば、刑訴法39条3項本文の規定は、憲法34条前段の弁護人依頼権の保障の趣旨を実質的に損なうものではない」。

「なお、刑訴法39条3項本文が被疑者側と対立する関係にある捜査機関に接見等の指定の権限を付与している点も、刑訴法430条1項及び2項が、捜査機関のした39条3項の処分に不服がある者は、裁判所にその処分の取消し又は変更を請求することができる旨を定め、捜査機関のする接見等の制限に対し、簡易迅速な司法審査の道を開いていることを考慮すると、そのことによって39条3項本文が違憲であるということはできない」。

(ⅱ)上告理由は、憲法37条3項は、公訴提起後の被告人のみならず、公訴提起前の被疑者も対象に含めているとし、刑訴法39条3項本文は、憲法37条3項に違反すると主張する。しかし、「憲法37条3項は『刑事被告人』という言葉を用いていること、同条1項及び2項は公訴提起後の被告人の権利について定めていることが明らかであり、憲法37条は全体として公訴提起後の被告人の権利について規定していると解されることなどからみて、同条3項も公訴提起後の被告人に関する規定であって、これが公訴提起前の被疑者についても適用されるものと解する余地はない」。それゆえ、上告理由の主張は独自の見解を前提としており、採用できない。

(ⅲ)上告理由は、憲法38条1項は、不利益供述の強要の禁止を実効的に保障するため、接見交通権をも保障しているとし、それゆえ、刑訴法39条3項本文は憲法38条1項に違反すると主張している。しかし、「憲法38条1項の不利益供述の強要の禁止の定めから身体の拘束を受けている被疑者と弁護人等との接見交通権の保障が当然に導き出されるとはいえない」。それゆえ、上告理由の主張は独自の見解を前提としており、採用できない。

### (3) 法の適用

下記(5)(ⅲ)の最判平12(2000)・2・22(安藤・斎藤事件)参照。

### (4) 接見交通権と憲法の弁護権との関係

(ⅰ)本大法廷判決は、刑訴法39条3項による接見指定を合憲とした初の最高裁判例である。合憲性判断の前提として、本大法廷判決は、過去の最高

裁判例を踏まえ、憲法34条の保障の趣旨、刑訴法39条1項と憲法34条との関係、刑訴法39条1項の保障の趣旨を確認した。

この点について、最判昭53 (1978)・7・10民集32巻5号820頁 (杉山事件) は、「憲法34条前段は、何人も直ちに弁護人に依頼する権利を与えられなければ抑留・拘禁されることがないことを規定し、刑訴法39条1項は、この趣旨にのつとり、身体の拘束を受けている被疑者・被告人は、弁護人又は弁護人となろうとする者 (以下「弁護人等」という。) と立会人なしに接見し、書類や物の授受をすることができると規定する。この弁護人等との接見交通権は、身体を拘束された被疑者が弁護人の授助を受けることができるための刑事手続上最も重要な基本的権利に属するものであるとともに、弁護人からいえばその固有権の最も重要なものの一つである」としたうえで、「弁護人等の接見交通権が前記のように憲法の保障に由来するものであることにかんがみれば」との一節を用い、刑訴法の接見交通権が憲法の弁護権の保障に「由来する」とした。その後、最判平3 (1991)・5・10民集45巻5号919頁 (浅井事件) も、弁護人等と「被疑者との接見交通権が憲法上の保障に由来するものであることにかんがみれば」との一節を用いていた。

本大法廷判決は、これらを敷衍して、憲法34条の弁護権が、身体を拘束された被疑者に対して、たんなる選任の機会の保障にとどまらず、弁護人を選任したうえで、その相談をし、助言を受けるなど「弁護人から援助を受ける機会を持つことを実質的に保障している」としたうえで、刑訴法39条1項の接見交通権は、このような弁護人からの援助を受ける機会を確保するために保障されており、この意味において、「憲法の保障に由来する」と判示した。

(ⅱ) もっとも、「憲法の保障に由来する」ということの意味には、若干の曖昧さが残る。接見交通権は憲法34条の弁護権の保障内容に含まれ、刑訴法39条1項はその確認規定であるとの理解もありえよう。接見交通権は、それ自体として憲法上の権利だとの理解である。しかし、本大法廷判決は、そのことを明言していない。本件上告にあたり、上告理由は、憲法34条の弁護権は「弁護人による実質的な援助を受ける権利」であり、「接見交通権は憲法34条の保障の中に当然に内包されている」とし、このような接見交通権を「『捜査の必要』を理由に捜査官自身が制限するという事態を憲法が容認していない」と主張していた。本大法廷判決は、このような主張を容れることなく、接見交通権を「憲法の保障に由来する」ものとしたうえで、憲法が前提としている捜査権とそのような接見交通権の調整が可能だとした。このこ

とからすれば、本大法廷判決は、接見交通権それ自体を憲法の弁護権の保障内容に含まれるものとは認めておらず、刑訴法によって保障された権利として捉えているとの理解も可能であろう。とはいえ、本大法廷判決は、「憲法の保障に由来する」権利と性格づけることによって、接見交通権が憲法による弁護権の保障の趣旨を具体化したものであることを認めている。この意味において、接見交通権は、たんなる立法政策上認められた刑訴法の権利なのではなく、憲法の弁護権に根拠をおき、あるいはそれによって基礎づけられているということができる。

　問題は、憲法の弁護権の趣旨を具体化した権利であるということから、どのような保障内容が要求されるかである。本大法廷判決において、「憲法の保障に由来する」接見交通権が刑訴法39条として具体化されていると理解されていることからすれば（3「法の解釈」(1)第3・第4パラグラフ参照）、その保障内容としては、「捜査機関は、弁護人等から被疑者との接見等の申出があったときは、原則としていつでも接見等の機会を与えなければなら」ず、接見指定は「あくまで必要やむを得ない例外的措置であ」ることが要求されているといえるであろう。このような保障内容の要求が、「憲法の保障に由来する」権利としての接見交通権ということの実質なのである。

## (5) 接見指定の要件、内容、方法

　(ⅰ) 本大法廷判決は、合憲判断の前提とされるべき接見指定の要件とその内容を明らかにしている。これらは、過去の最高裁判例の判示を踏襲したものである。

　まず、本大法廷判決は、接見指定の要件としての刑訴法39条3項の「捜査のため必要があるとき」の意味を明示した。注意すべきは、現に取調べ中であること、検証、実況見分等に立ち会わせる必要があること、確実で間近な取調べ予定があることが、直ちに指定要件となるのではなく、指定要件はあくまでも「接見等を認めると取調べの中断等により捜査に顕著な支障が生ずる場合」であって、先のような場合は、「原則として」捜査に顕著な支障が生ずる場合に該当するとしていることである。それゆえ、弁護人の接見申出に応じて接見を認めるにあたり、取調べを一時中断し、あるいは取調べの開始を予定より遅らせなければならなかったとしても、それにより捜査に顕著な支障が生じないような場合には、接見指定は認められないことになる。本大法廷判決がいうように、接見交通権が「憲法の保障に由来する」ものであり、

接見申出に対し、捜査機関は「原則としていつでも接見等の機会を与えなければなら」ず、接見指定は「あくまで必要やむを得ない例外的措置であ」ることからすれば、捜査に顕著な支障が生じるかどうかは、むしろ例外的場合として、具体的事情に即して、厳密に判断されなければならないであろう。しかし、後述する最判平12（2000）・2・24訟月46巻9号3665頁（第一内田事件）のように、そのような判断がなされていないかにみえる例もある。なお、平成20年5月1日最高検察庁通達「取調べの適正を確保するための逮捕・勾留中の被疑者と弁護人等との間の接見に対する一層の配慮について（依命通達）」によれば、弁護人の接見申出があった時点で「現に取調べ中でない場合には、直ちに接見……の機会を与えるよう配慮」すべきとされ、「現に取調べの場合であっても、できる限り早期に接見の機会を与えるようにし、遅くとも、直近の食事又は休憩の際に接見の機会を与えるよう配慮」すべきこととされた（同名の平成20年5月8日警察庁通達も、現に取調べ中の場合について同旨）。捜査への顕著な支障の有無について、実務も厳密な判断を行う方向へと進むかにもみえる。

　接見指定の要件について、かつては、罪証隠滅の防止のための必要を含む、捜査一般の必要性をいうとの理解（非限定説）も有力であったが、最判昭53（1978）・7・10（杉山事件）は、弁護士が、刑訴法39条1項にいう「弁護人となろうとする者」として、逮捕当日、被疑者と接見するために留置中の警察署に赴いたところ、接見指定を受ける旨要求され、接見を拒否され、同日、約4時間後、接見が認められたという事案について、「捜査機関は、弁護人等から被疑者との接見の申出があったときは、原則として何時でも接見の機会を与えなければならないのであり、現に被疑者を取調中であるとか、実況見分、検証等に立ち会わせる必要がある等捜査の中断による支障が顕著な場合には、弁護人等と協議してできる限り速やかな接見のための日時等を指定し、被疑者が防禦のため弁護人等と打ち合せることのできるような措置をとるべきである」と判示したうえで、接見申出のとき被疑者は現に取調べ中であり、担当警察官が捜査主任官の指定がないことを理由に接見申出を断ったとしても違法ではないとした。「捜査の中断による支障が顕著な場合」に接見指定が可能であると判示することによって、非限定説の立場によらないことを明らかにした。

　（ⅱ）次に問題となったのが、取調べ中、あるいは検証、実況見分等の立会い中以外にも、「捜査の中断による支障が顕著な場合」があるかである。

この点について判断したのが、最判平3（1991）・5・10（浅井事件）である。この判決は、接見指定の要件に続き、その内容、その方法についても判示している。

名古屋市内に事務所をもつ弁護士が、昭和48年10月4日午後0時40分頃、富山県魚津警察署に勾留中の被疑者との接見を申し出たところ、検察官は、担当警察官を通じて、富山地検まで接見指定書を取りに来るよう応答した。弁護士は、魚津警察署から富山地検までは往復2時間以上かかるから、現に取調べ中でない限り、指定書なしで接見させるよう再度申し入れたが、担当警察官がこれに応じなかったため、同日1時過ぎ頃、警察署を退去した。同日1時過ぎ頃から、被疑者の取調べが予定されていたものの、接見申出のあったときは、現に取調べ中ではなかった。

このような事案について、判決は、まず接見指定の要件について、「捜査の中断による支障が顕著な場合には、捜査機関が、弁護人等の接見等の申出を受けた時に、現に被疑者を取調べ中であるとか、実況見分、検証等に立ち会わせているというような場合だけでなく、間近い時に右取調べ等をする確実な予定があって、弁護人等の必要とする接見等を認めたのでは、右取調べ等が予定どおり開始できなくなるおそれがある場合も含むものと解すべき」と判示した。また、接見指定の内容についても判示し、接見指定の要件がある場合には、「弁護人等と協議の上、右取調べ等の終了予定後における接見等の日時等を指定することができるのであるが、その場合でも、弁護人等ができるだけ速やかに接見等を開始することができ、かつ、その目的に応じた合理的な範囲内の時間を確保することができるように配慮すべきである。そのため、弁護人等から接見等の申出を受けた捜査機関は、直ちに、当該被疑者について申出時において現に実施している取調べ等の状況又はそれに間近い時における取調べ等の予定の有無を確認して具体的指定要件の存否を判断し、右合理的な接見等の時間との関連で、弁護人等の申出の日時等を認めることができないときは、改めて接見等の日時等を指定してこれを弁護人等に告知する義務があるというべきであ」とした。さらに、判決は、指定方法について、捜査機関の合理的裁量に委ねられているものの、「その方法が著しく合理性を欠き、弁護人等と被疑者との迅速かつ円滑な接見交通が害される結果になるようなときには、それは違法なものとして許されない」と判示した。指定要件がある場合において、どのような内容・方法において接見指定が許されるかという問題は、指定要件の有無と並んで、接見指定の適法性

をめぐる判例の重要論点となる。

　このような判示に基づき、判決は、現に取調べ中でなかったものの、接見申出から間近いときに取調べが確実に予定されており、「接見等を認めると右の取調べに影響し、捜査の中断による支障が顕著な場合に当たるといえないわけでなく」、「検察官が接見等の日時等を指定する要件が存在するものとして被上告人に対し右の日時等を指定しようとした点はそれ自体違法と断定することはできない」とした。しかし、「検察官は、魚津警察署の警察官から電話による指示を求められた際、同警察官に被上告人側の希望する接見等の日時等を聴取させるなどして同人との時間調整の必要を判断し、また必要と判断したときでも弁護人等の迅速かつ円滑な接見交通を害しないような方法により接見等の日時等を指定する義務があるところ、こうした点で被上告人と協議する姿勢を示すことなく、ただ一方的に、当時往復に約2時間を要するほど離れている富山地方検察庁に接見指定書を取りに来させてほしい旨を伝言して右接見等の日時等を指定しようと……（しなかった）ものであるから、同検察官の措置は、その指定の方法等において著しく合理性を欠く違法なものであり、これが捜査機関として遵守すべき注意義務に違反するものとして、同検察官に過失があることは明らか」だとして、損害賠償請求を容認した。

　このような多数意見に対しては、坂上壽夫裁判官の補足意見がある。補足意見は、接見申出のときに現に被疑者を取調べ中であっても、「その日の取調べを終了するまで続けることなく一段落した時点で右接見を認めても、捜査の中断による支障が顕著なものにならない場合」もありえ、また、確実で間近な取調べ予定があっても、「その予定開始時刻を若干遅らせることが常に捜査の中断による支障が顕著な場合に結びつくとは限らない」から、捜査機関が接見指定の要件の存否を判断するさいには、「単に被疑者の取調状況から形式的に即断することなく、右のような措置が可能かどうかについて十分検討を加える必要があ」るとしている。実務において連日長時間の取調べが常態化していることを考えたとき、接見指定の適法性を判断するうえで、このような検討が不可欠であろう。

　（ⅲ）接見指定の要件がある場合、どのような内容の接見指定が許されるかが問題となる。この点については、最判平3（1991）・5・10（浅井事件）が判示していたが、本大法廷判決も、指定「要件が具備され、接見等の日時等の指定をする場合には、捜査機関は、弁護人等と協議してできる限り速や

かな接見等のための日時等を指定し、被疑者が弁護人等と防御の準備をすることができるような措置を採らなければならない」と判示している。

最判平3 (1991)・5・31判時1390号33頁 (若松事件) は、接見指定の内容について判断している。昭和55年11月22日午前9時15分頃、弁護士が警察署に赴き、被疑者との接見を留置主任官に申し出たところ、午前9時43分頃、検察官は留置主任官に対して弁護士に検察官へ連絡をとるよう伝える旨指示したが、弁護士は数分前すでに警察署を退去しており、その後検察庁へと赴き、午後10時10分頃、担当検察官から具体的指定書の交付を受け、警察署に戻り、午前11時5分から30分まで、取調べの中断を受けて接見したという事案について、接見指定の要件としての「捜査の中断による支障が顕著な場合には、……間近い時に右取調べ等をする確実な予定があって、弁護人等の必要とする接見等を認めたのでは、右取調べ等が予定どおり開始できなくなるおそれがある場合も含む」旨再確認したうえで、「捜査機関は、弁護人等から被疑者との接見等の申出を受けたときは、速やかに当該被疑者についての取調状況等を調査して、右のような接見等の日時等を指定する要件が存在するか否かを判断し、適切な措置を採るべきであるが、弁護人等から接見等の申出を受けた者が接見等の日時等の指定につき権限のある捜査官(以下「権限のある捜査官」という。)でないため右の判断ができないときは、権限のある捜査官に対し右の申出のあったことを連絡し、その具体的措置について指示を受ける等の手続を採る必要があり、こうした手続を要することにより弁護人等が待機することになり又はそれだけ接見が遅れることがあったとしても、それが合理的な範囲内にとどまる限り、許容されている」と判示した。判決は、この判示を踏まえ、接見申出から担当検察官の回答までの一連の手続に要した時間 (約28分) は、合理的範囲内にとどまるものであって許容され、その間弁護士が待機せざるをえなくなり、被疑者との接見が遅れたとしても、留置主任官および担当検察官の措置は違法ではないとした。なお、この判決は、一般的指定制度がとられていた時期のものである。一般的指定制度は、昭和62年12月25日施行の法務大臣訓令「事件事務規程」改正 (昭和63年4月1日施行) により廃止された。

最判平12 (2000)・2・22 (安藤・斎藤事件) は、本大法廷判決の事案について、大法廷判決の憲法判断を受けて具体的判断を行い、接見申出がなされた時点において、「本件被疑者は現に取調べ中であったか、……(両弁護士が)希望した日時には本件被疑者に対する確実な取調べ予定があって、右希望に

沿った接見を認めると、右取調べを予定どおり開始することができなくなるおそれがあったか、又は希望の日時が留置場の執務時間外であったところ、執務時間外の接見を必要とするまでの緊急の事情はなかった」から、担当検察官が接見指定をしたことは、違法な接見妨害にはあたらないとした。そのうえで、検察官の接見指定の内容・方法が合理的なものかについて判断し、接見を申し出たＡ弁護士の事務所と地検郡山支部、郡山警察署との距離はそれぞれ1250メートル、3100メートルであり、それぞれの間の所要時間は自動車で10分程度であったこと、検察官は弁護士に対し接見指定書の受領は事務員でもよい旨伝えていたこと、接見指定書の受領・持参を要求することによって、接見の開始が遅れたわけでないこと、当時は郡山支部から弁護士の事務所に対してファクシミリで指定書を送付することができなかったことなどを指摘したうえで、検察官が接見指定書によって接見の日時等の指定を行おうとし、両弁護士にその受領・持参を求め、その間接見指定をしなかったことが、「著しく合理性を欠き、……迅速かつ円滑な接見交通を害するものであったとまではいえず」、違法とはいえないとした。

接見指定の内容・方法の合理性について、この判決と最判平3・5・10（浅井事件）とのあいだでは結論が分かれている。両者を対比してみると、弁護士事務所から検察庁、接見施設の距離、事務所事務員による代行の可能性などの違いに応じて、弁護士が接見指定書を受領・持参するために要する時間・労力に差があり、前者に比べ後者の事案においては、そのための弁護士の負担がかなり大きくなっている。また、検察官が弁護士の希望接見日時を聴取するなど、合理的調整のための努力をしたかどうかに差があり、後者の事案においては、十分な努力が認められなかった。これらのことが、結論の差異につながったのであろう。

　**(ⅳ)** 最判平12（2000）・2・24（第一内田事件）においては、接見指定の内容に関して、昼食を挟んだ取調べの一体性が問題となった。

　弁護士が、勾留中の被疑者2名との接見を留置担当警察官に申し出たところ、その時点において2名とも取調べ中であったことから、担当検察官と接見指定の協議を行った。検察官は、昼食時間を挟んで夕方まで取調べが続く可能性があったことから、翌日以降に指定する意向を示したが、弁護士は、即時または昼食中の接見を求めたため、接見指定に至らなかった。なお、接見申出のとき、昼食時間の開始・終了の時刻、午後の取調べの終了時刻を予測することは不可能であった。

このような事案について、判決は、被疑者2名について、取調べ中または間近な取調べ予定であったことから、接見指定の要件が存在したことを認めたうえで、被疑者2名の「取調べは、勾留の満期を控え、終日継続する可能性があり、その終了時刻を予測することが不可能であったことや、身柄拘束中の被疑者にとって食事及びその前後の休息の時間が重要であることなどにもかんがみると、……接見申出があった時点において、接見の日時を即時若しくは昼食時間中に指定し、又は午後の取調べの開始時刻を遅らせた上で右日時を昼食時間の終了直後に指定することは、取調べの中断等により捜査に顕著な支障を生じさせるものというべきであり、右時点において、……検察官が右日時を翌日に指定しようとしたことに違法があるとはいえない」とした。

　この多数意見に対しては、遠藤三男裁判官の反対意見が付されている。反対意見は、刑訴法39条において、接見交通権の例外的制限のための要件は厳格に判断すべきこと、午前の取調べは昼食時間の到来により必ずいったん終了することから、昼食を挟んだ午前の取調べと午後の取調べとは一体のものではなく、午前の取調べの終了によって、「現に取調べ中」という状態は消滅し、午後からの取調べが予定されている場合、たんに「間近いときに取調べをする確実な予定」があったにすぎないとする。そのうえで、反対意見は、午後からの取調べ予定について、「取調べが予定どおり開始できないことによって、捜査に顕著な支障を生ずるか否かが別途に検討されなければならない」とし、そのために、第1に、昼食・休憩時間は被疑者自身の健康保持等の利益のために設けられたものであるから、被疑者にとってそれを上回る利益ないし必要性、切実性が認められる場合には、被疑者自身がそれを放棄することは許され、「現に身柄を拘束されている被疑者にとってみれば、特段の事情が存しない限り、弁護人等との接見は、何ものにも代え難い切実な要請事項というべきものであり、その利益及び必要性等は、昼食時間等の確保の利益よりはるかに高い」から、被疑者の利益確保を理由に昼食時の接見拒否は正当化されないこと、第2に、昼食時間帯の接見について、施設管理体制について具体的に検討すべきこと、第3に、午後から開始予定の取調べに先立つ接見を認めるべきかどうかは、「捜査当局において、昼食時間が終了した後、直ちに取調べを開始しなければならない必要性がどの程度差し迫ったものであるかを総合勘案して検討されるべき」ことを指摘した。反対意見は、接見申出が勾留満期の6日前になされたものであって、休日

２日が含まれていたとはいえ、「弁護人等に対する接見を認めたことにより午後からの取調べ開始予定時刻が多少遅れることがあったとしても、他に特段の事情が存しない限り、捜査のため顕著な支障を生じたとは到底認め難い」とした。

このように、反対意見は、捜査への顕著な支障が現実に生じるかについて、具体的事情に即して、厳密な検討を行っている。このような判断が必要なことは、最判平３（1991）・５・10（浅井事件）の坂上補足意見も指摘していたところである。これに対して、多数意見は、「取調べは、勾留の満期を控え、終日継続する可能性があ」ることなどを指摘し、午後の取調べに先立ち接見を認めたならば、「取調べの中断等により捜査に顕著な支障を生じさせる」としているが、勾留満期までに６日あったことからすれば、この判断がどれほど具体的事情に即した、厳密なものであったのか疑問が残る。

（ⅴ）最高裁判例のなかには、いったん開始された弁護人の接見の中断を問題にしたものがある。最判平16（2004）・９・７判時1878号88頁（第二若松事件）の事案は、以下のようなものであった。すなわち、平成10年７月16日午前８時45分頃、弁護人が勾留中の被疑者との接見を警察署の留置係官に申し出たところ、係官は「接見等の指定に関する通知書」が発付されていることを失念し、接見を開始させたものの、その直後これに気づき、直ちに接見を中断させた。留置係官は、担当検察官に連絡をとったものの、朝の登庁前であったため、接見指定をしない旨回答を得るまで約34分を要し、午前９時28分頃、接見を再開した。この当時、一般的指定書制度はすでに廃止され、「接見等の指定に関する通知書」制度がとられていた（昭和62年12月25日法務大臣訓令「事件事務規程」改正）。

このような事案について、判決は、接見申出を受けた者が接見指定の権限を有しないために、「指定の要件の存否を判断できないときは、権限のある捜査機関に対して申出のあったことを連絡し、その具体的措置について指示を受ける等の手続を採る必要があり、こうした手続を要することにより、弁護人等が待機することになり、又はそれだけ接見等が遅れることがあったとしても、それが合理的な範囲内にとどまる限り、許容されているものと解するのが相当である。そして、接見等の申出を受けた者が合理的な時間の範囲内で対応するために採った措置が社会通念上相当と認められるときは、当該措置を採ったことを違法ということはできない」とし、通知書が発せられている場合、「留置係官は、検察官に対して接見等の申出があったことを連絡

し、その具体的措置について指示を受ける等の手続を採る必要があるから、接見等のため警察署に赴いた弁護人等は、こうした手続が採られている間待機させられ、それだけ接見等が遅れることとならざるを得ない。……上記通知書を発出した検察官は、上記の手続を要することにより接見等が不当に遅延することがないようにするため、留置係官から接見等の申出があったことの連絡を受けたときは、合理的な時間内に回答すべき義務があるものというべきであり、これを怠ったときは、弁護人等の接見交通権を違法に侵害したものと解するのが相当である」と判示した。本件待機について、判決は、留置係官から接見申出の連絡を受けてから、担当検察官が接見指定をしない旨回答するまでに約34分を要しているが、弁護人の接見申出が担当検察官の登庁前に、事前連絡もなくなされたものであること、担当検察官への速やかな連絡が試みられ、連絡が取れ次第、速やかな回答がなされ、故意の遅延はなかったことなどを指摘し、合理的な時間内の回答であって、違法ではないとした。また、接見の中断措置については、それが「接見開始直後にされたものであるなど社会通念上相当と認められるときは、当該措置を採ったことを違法ということはできない」と判示したうえで、本件中断措置は接見開始直後のものであり、社会通念上相当であるから、違法ではないとした。

この多数意見に対しては、濱田邦夫裁判官の反対意見が付されている。反対意見は、「いったん弁護人と被疑者とが適法に接見を開始させた後においては、留置係官が接見の場所に突然立ち入ることは、それが接見開始の直後であったとしても、弁護人等と被疑者との秘密交通権を侵害するおそれを生じさせることとなるものであるから、『被疑者が防御の準備をする権利を不当に制限する』もの」であり、また、「接見開始直後」および「社会通念上相当と認められるとき」という基準は不明確であることを指摘したうえで、接見開始後の中断措置は、「中断を正当化できるだけの捜査の必要性が存する場合」を除き、許されないとした。秘密接見の侵害という観点から、接見開始後の中断措置の違法性を論じている点が注目される。

接見指定があるのに、それがないと誤解して接見を許した場合ならまだしも、接見指定の有無を確認すべきあいだに、すなわち接見指定が未だなされていない時点で接見を許した場合にも、確認がなされるまでのあいだ、いったん開始した接見を中断させることが、接見交通権の本来の保障内容と矛盾しないのか疑問が残る。憲法の弁護権の趣旨を具体化した接見交通権としては、接見指定の合憲性を認めた本大法廷判決がいうように、弁護人の接見申

出に対していつでも接見を許すことが原則であり、接見指定は「あくまで必要やむを得ない例外的措置」とされるからである。もっとも、接見指定があるにもかかわらずないと誤解して接見を許した場合でも、いったん開始された接見の中断が許されるかは疑問である。濱田反対意見がいうように、指定要件が存在したかどうかを問わず、いったん開始された接見の中断を許すことは、被疑者と弁護人の秘密接見に対する確信を損なうこととなって、秘密接見の保障の趣旨に反するからである。接見開始後の中断措置を適法とした最高裁判例としては、他に、一般的指定書制度のもとでの最判平12（2000）・3・17集民197号397頁、最判平12（2000）・3・21訟月46巻9号3678頁がある。「接見等の申出を受けた者が合理的な時間の範囲内で対応するために採った措置が社会通念上相当と認められるときは、当該措置を採ったことを違法ということはできない」という判示は、これらから踏襲されている。

**（6）接見指定の合憲性**

（ⅰ）刑訴法39条3項の接見指定については、かつて実務において広汎な指定が行われてきたこともあり、違憲論も強かった。本大法廷判決は、これを積極的に合憲と認めた。もっとも、無条件に接見指定を合憲としたわけでなく、条件を付している。刑訴法39条3項について合憲的限定解釈を施したといってよい。

本大法廷判決は、接見交通権と捜査権との「合理的な調整」をはかる規定として、刑訴法39条3項は憲法34条に違反しないとしたが、その前提として、弁護人から被疑者との接見の申出があったときは、いつでも接見の機会を認めることが原則であることを確認している。接見指定は「あくまで必要やむを得ない例外的措置」だというのである。そのうえで、本大法廷判決は、第1に、接見指定が全面的な接見拒否ではなく、たんなる日時・時間の制限にすぎないこと、第2に、接見指定は、接見を認めると捜査の中断による支障が顕著な場合にのみ許されること、第3に、指定要件がある場合、「捜査機関は、弁護人等と協議してできる限り速やかな接見等のための日時等を指定し、被疑者が弁護人等と防御の準備をすることができるような措置を採らなければならない」ことをあげ、これらのことから、刑訴法39条3項は憲法34条による弁護権の保障の趣旨に反しないとしたのである。

（ⅱ）本大法廷判決において、接見交通権は「憲法の保障に由来する権利」とされた。そして、このような接見交通権の保障内容としては、接見申出に

対して「捜査機関は……原則としていつでも接見等の機会を与えなければならず、接見指定は「あくまで必要やむを得ない例外的措置であ」るとされた。しかし、他方で、現に取調べ中であり、または確実で間近な取調べ予定がある場合、「原則」として接見指定が許されるとされた。このような接見指定が許されるならば、身体拘束中の被疑者に対して、連日長時間の取調べが行われ、しかも被疑者は取調べ受忍義務を負い、そのような取調べを拒否できないとされる実務の現状のなか、むしろ実際には、接見指定が「原則」となってしまうことになる。これは、捜査権との「合理的な調整」の結果として導き出された、接見交通権の先のような保障内容と明白に矛盾する。そのような保障内容を具体的に実現するためには、連日長時間の取調べの受任義務による強制という実務を根本的に変えない限りは、現に取調べ中であり、または確実で間近な取調べ予定がある場合でも、捜査への顕著な支障を媒介として接見指定を「原則」とするのではなく、むしろ「原則」として接見が許されるという方向で、具体的事情に即して、厳密な検討を行わなければならない。現に取調べ中であり、または確実で間近な取調べ予定がある場合、具体的事情に即した厳密な検討をすることなく、捜査への顕著な支障を認めるとすると、接見指定こそが「原則」となるからである。

　また、本大法廷判決は、指定要件がある場合でも、接見指定の内容・方法について、捜査機関が弁護人と協議のうえできる限り速やかな接見日時の指定を行うべきとし、このような措置が、接見指定がなされた場合でも、接見交通権（ひいては、憲法の弁護権）が実質的に制約されないためのセーフガードとして機能すべきことを期待していた。たしかに、セーフガードとして機能すべきである。しかし、たとえば最判平12（2000）・2・24（第一内田事件）をみるとき、実際にそのような機能が果たされているかについて疑問が生じる。そのとき、本大法廷判決における合憲判断の基礎が揺らぐことになる。

　(ⅲ) 本大法廷判決は、逮捕・勾留中の被疑者について取調べ受忍義務を認めたとしても、直ちに憲法38条1項違反になるわけではないとした。この判示は、もちろん、現行法上、取調べ受忍義務が肯定されていることを認めたものではない。取調受忍義務が自己に不利益な供述の強要を禁止する憲法38条1項の「趣旨」に矛盾し、憲法の「精神」からすれば否定されるべきと理解することはなお可能である。

　憲法37条3項の「刑事被告人」が刑訴法上の被告人を意味し、被疑者を含まないという判示は、通説に沿ったものであるが、本来、このように断じる

ためには、旧刑訴法時代の被疑者・被告人の区別、憲法英文において「刑事被告人」がthe accusedとされていることの意義なども踏まえ、より実質的検討が必要とされるであろう。

## 2 逮捕直後の初回接見の申出に対する接見指定の適法性

第二内田事件
最3小判平12（2000）・6・13民集54巻5号1635頁

### (1) 事実の概要

　被疑者は、平成2年10月10日午後3時53分頃、現行犯逮捕され、午後4時10分頃、警察署に引致されていたが、弁解の機会を与えられたところ、救援連絡センターの弁護士を弁護人に選任する旨述べた。他方、救援連絡センターの弁護士が、午後4時35分頃、刑訴法39条1項の「弁護人となろうとする者」として、捜査主任官の警察官に対して、被疑者との接見を申し出た。捜査主任官は、取調べ中なので待ってほしい旨繰り返し、いったん署内に引き上げ、その後、午後5時45分頃、取調べ中なので接見させることはできないので、接見日時を翌日午前10時以降に指定する旨告げた。そのため、弁護士は警察署から退去した。被疑者の写真撮影などの手続が終了後、午後4時45分頃には取調べが開始されていた。捜査主任官は、担当警察官に対して、被疑者の取調べをいったん中断し、留置場において食事をさせた後、取調を再開するよう指示しており、食事は午後6時15分頃終了していたが、この担当警察官は、午後6時10分頃、逮捕現場の実況見分を行っていた警察官の応援依頼を受け、その補助に赴いたため、結局、その日は取調べを再開しなかった。

　被疑者と弁護士は、捜査主任官が即時の接見を拒否し、翌日に接見指定したことについて、東京都に対して、損害賠償請求の訴訟を提起した。第一審（東京地判平5〔1993〕・10・15判時1519号97頁）は、捜査主任官は遅くとも被疑者の留置手続終了後直ちに接見を許すべきであったとして、本件接見指定を違法とした。控訴審（東京高判平6〔1994〕・10・26判時1519号91頁）は、即時の接見により取調べ等が予定どおり開始できなくなり、「捜査の中断により顕著な支障が生じる」おそれがあったとして、本件接見指定を適法と認め、

損害賠償請求を全部棄却した。これに対して、被疑者と弁護士が上告した。最高裁は、以下のような判断によってこの上告を棄却した。

## (2) 法の解釈

「弁護人等の申出に沿った接見等を認めたのでは捜査に顕著な支障が生じるときは、捜査機関は、弁護人等と協議の上、接見指定をすることができるのであるが、その場合でも、その指定は、被疑者が防御の準備をする権利を不当に制限するようなものであってはならないのであって（刑訴法39条3項ただし書）、捜査機関は、弁護人等と協議してできる限り速やかな接見等のための日時等を指定し、被疑者が弁護人等と防御の準備をすることができるような措置を採らなければならないものと解すべきである。

とりわけ、弁護人を選任することができる者の依頼により弁護人となろうとする者と被疑者との逮捕直後の初回の接見は、身体を拘束された被疑者にとっては、弁護人の選任を目的とし、かつ、今後捜査機関の取調べを受けるに当たっての助言を得るための最初の機会であって、直ちに弁護人に依頼する権利を与えられなければ抑留又は拘禁されないとする憲法上の保障の出発点を成すものであるから、これを速やかに行うことが被疑者の防御の準備のために特に重要である。したがって、右のような接見の申出を受けた捜査機関としては、前記の接見指定の要件が具備された場合でも、その指定に当たっては、弁護人となろうとする者と協議して、即時又は近接した時点での接見を認めても接見の時間を指定すれば捜査に顕著な支障が生じるのを避けることが可能かどうかを検討し、これが可能なときは、留置施設の管理運営上支障があるなど特段の事情のない限り、犯罪事実の要旨の告知等被疑者の引致後直ちに行うべきものとされている手続及びそれに引き続く指紋採取、写真撮影等所要の手続を終えた後において、たとい比較的短時間であっても、時間を指定した上で即時又は近接した時点での接見を認めるようにすべきであり、このような場合に、被疑者の取調べを理由として右時点での接見を拒否するような指定をし、被疑者と弁護人となろうとする者との初回の接見の機会を遅らせることは、被疑者が防御の準備をする権利を不当に制限するものといわなければならない」。

## (3) 法の適用

本件申出が継続的に行われていたとき、被疑者の取調べが現に行われ、夕

食後も取調べが予定されていたから、「現に取調べ中か又は間近い時に取調べが確実に予定されていたものと評価することができ、したがって、……自由な接見を認めると、右の取調べに影響し、捜査の中断等による支障が顕著な場合に当たるといえないわけではなく」、捜査主任官が接見指定をしようとしたこと自体は、直ちに違法とはいえない。

　しかし、本件申出は、弁護人となろうとする弁護士による逮捕直後初めての接見の申出であり、弁護人の選任を目的とするものであったから、被疑者が「即時又は近接した時点において短時間でも（弁護士と）接見する必要性が大きかった」。しかも、被疑者は救援連絡センターの弁護士を弁護人に選任する意思を明示し、同センターの弁護士が現に接見の申出をしていたのであるから、「比較的短時間取調べを中断し、又は夕食前の取調べの終了を少し早め、若しくは夕食後の取調べの開始を少し遅らせることによって、右目的に応じた合理的な範囲内の時間を確保することができた」。また、本件「取調べの経過に照らすと、取調べを短時間中断し、夕食前の取調べの終了を少し早め、又は夕食後の取調べの開始を少し遅らせて、接見時間をやり繰りすることにより、捜査への支障が顕著なものになったとはいえない」。本件において、午後4時45分には写真撮影等の手続が終了し、取調べが開始されており、捜査主任官は、午後5時頃までには、被疑者が救援連絡センターの弁護士を弁護人に選任する意向であり、接見申出をしている弁護士が同センターの弁護士であることを容易に確認することができた。

　それゆえ、捜査主任官は、弁護士が「午後4時35分ころから午後5時45分ころまでの間継続して接見の申出をしていたのであるから、午後五時ころ以降、同上告人と協議して希望する接見の時間を聴取するなどし、必要に応じて時間を指定した上、即時に上告人内田を上告人市川に接見させるか、又は、取調べが事実上中断する夕食時間の開始と終了の時刻を見計らい（午後5時45分ころまでには、……（被疑者の）夕食時間が始まって相当時間が経過していたのであるから、その終了時刻を予測することは可能であったと考えられる。）、夕食前若しくは遅くとも夕食後に接見させるべき義務があった」。

　ところが、捜査主任官は、弁護士と「協議する姿勢を示すことなく、午後5時ころ以降も接見指定をしないまま」弁護士「を待機させた上、午後5時45分ころに至って一方的に接見の日時を翌日に指定したものであり」、この措置は、被疑者「が防御の準備をする権利を不当に制限したものであって、刑訴法39条3項に違反する」ものであり、国賠法1条1項にいう「違法な行

為」にもあたる。

### (4) 捜査への「顕著な支障」と接見指定の内容

　本判決は、とくに弁護人となろうとする者による逮捕直後の初回接見の申出について、捜査機関が接見指定にあたりどのような措置をとるべきかについて判断した。この点について、最大判平11（1999）・3・24民集53巻3号514頁（安藤・斎藤事件）は、接見指定「要件が具備され、接見等の日時等の指定をする場合には、捜査機関は、弁護人等と協議してできる限り速やかな接見等のための日時等を指定し、被疑者が弁護人等と防御の準備をすることができるような措置を採らなければならない」と判示していた。指定要件が認められる場合でも、さらに接見指定の内容・方法が問題となるのである。

　本判決は、そのような接見申出についても、接見指定自体が原則として一切許されない、としたわけではない。むしろ、そのような接見申出について、接見指定の要件があり、弁護人の申出どおりの接見を認めるのではなく、接見指定が許される場合でも、接見時間の指定により捜査への顕著な支障を回避できるときは、即時または近接時点での接見を認めるべきとしたのである。本判決によれば、これに反する接見指定は、刑訴法39条3項ただし書のいう「被疑者が防御の準備をする権利を不当に制限するもの」となる。接見時間を指定したうえで即時または近接時点での接見を認めるべきかどうか判断するさい、捜査への顕著な支障が、指定要件の存否を判断するときに続き、再度考慮されることになる。接見指定自体が「例外」であり、本件申出のような場合、即時または近接時点での接見を認めないのはさらなる「例外」なのであるから、「例外中の例外」としての捜査への顕著な支障は、いっそう厳格に判断されなければならない。たしかに、本判決の判示からすれば、接見時間を指定しても捜査に顕著な支障が生じる場合には、即時または近接時点での接見が要求されるわけではないことになる。しかし、接見時間を比較的短く指定することによって、このような支障が回避できないことは実際には稀であろう。

　また、重大事件において被疑者が重要な供述を始めたときなどに、捜査への顕著な支障があるとして、接見を遅らせることは許されないであろう。本判決においても、逮捕直後の初回接見の重要性として、被疑者が取調べにあたって助言提供を受ける最初の機会であることが指摘されていた。さらに、そもそも接見指定とは、接見交通権と捜査とのあいだでの、一つしかない被

疑者の身体の利用をめぐる合理的な時間的・場所的調整のための制度であるというのが、最高裁判例の基本的立場であった。接見指定にあたり、捜査への顕著な支障の有無・程度を判断するうえで、取調べの成果までをも考慮することは、このような基本的立場にそぐわないであろう。このような場合に接見を遅らせてもよいとすることは、取調べの成果をあげるために接見指定を活用することを認めることにほかならない。「捜査のため必要があるとき」（刑訴法39条3項）という概念を、合理的な時間的・場所的調整の基準であることを超えて、すこぶる実質化してしまうことになるからである。なお、接見時間の指定が予定されているが、本件のような接見申出であれば、弁護人の選任と取調べ開始にあたり必要とされる助言のための接見時間は、最低限確保されなければならない。

　本判決が、捜査機関は接見指定にさいして、即時または近接時点での接見を実現するよう特別な措置をとるべきとしたのは、弁護人となろうとする者との逮捕直後の初回接見が、被疑者の防御準備にとって特別な重要性を有することを認めたからであった。防御準備にとってのいっそうの重要性が認められるのであれば、本件のような接見の申出に限らず、同様の特別な措置が求められることになるであろう。たとえば、弁護人となろうとする者との接見は「弁護人の選任を目的と」するものであり、また、逮捕直後でなくとも初回接見は「今後捜査機関の取調べを受けるに当たっての助言を得るための最初の機会であ」るから、そのような場合にあたるであろう。逆に、すでに選任されていた弁護人であっても、逮捕直後の接見申出であれば、弁護権の保障を身体拘束の条件としている憲法34条の趣旨からして、即時または近接時点での接見が認められるべき場合として、特別な措置がとられるべきであろう。これら以外にも、長期接見の機会がなかった場合など、即時または近接時点での接見の必要が類型的に高いと認められるときは、同様である。

　本判決後のものとして、東京地判平18(2006)・2・20判タ1264号167頁は、被疑者が現行犯人として逮捕され、午後9時18分頃警察署に引致され、犯罪事実の要旨と弁護人選任権の告知、弁解録取の後、同30分頃からB警部補による取調べが始められたところ、弁護士が、被疑者の依頼により弁護人になろうとする者として被疑者と接見するため、同日午後10時15分頃、A警察署を訪れ、同20分頃、午後11時頃、同45分頃、26日午前0時5分頃の4回にわたって、接見指定権者である警察官に対して即時の接見を申し出たにもかかわらず、警察官は、取調べ中を理由にこの申出を拒み、取調べ終

了後でなければ接見はできないと答えたが、26日午前０時45分頃に接見の日時を同日午前９時と指定するまで、接見指定をすることなく、25日午後９時30分頃から午後11時30分頃までは身上関係について、その後26日午前２時30分頃までは事実関係について、間断なく被疑者を取り調べたという事案について、本判決の示した判断枠組みによりながら、適法性を判断した。この判決は、弁護人の申出どおり接見を認めるならば、「捜査の中断等による支障が顕著な場合に当たるといえないわけではなく」、警察官が「接見指定をしようとしたこと自体は、直ちに違法と断定することはできない」としながらも、接見指定の内容について、比較的短時間の取り調べの中断によって、弁護人選任の目的に応じた合理的範囲内の時間を確保することができたこと、「取調べを短時間中断するなどして接見時間をやり繰りすることにより、捜査への支障が顕著なものになったとはいえない」ことを指摘し、弁護人「と協議して希望する接見の時間を聴取するなどし、目的に応じた合理的な範囲内の時間を指定した上、即時に」弁護士を被疑者に「接見させるか、又は、……取調べの状況を見計らって近接した時間に接見させるべき義務があった」と認めた。

## 3 起訴後の余罪捜査と接見指定

水戸収賄事件
最１小決昭55（1980）・４・28刑集34巻3号178頁

### (1) 事実の概要

準抗告審（水戸地決昭55〔1980〕・４・17刑集34巻３号183頁）によれば、被告人は、収賄被告事実について、勾留のまま起訴されていたが、その後、余罪である別の収賄被疑事実について逮捕され、勾留されていた。被告事件、被疑事件両方について選任された弁護人が被告人との接見を申し出たところ、担当検察官はこれを認めず、接見指定を行った。

弁護人は、この接見指定に対して準抗告を申し立てた（刑訴法430条１項）。準抗告審は、捜査機関が接見指定をなしうることを認めたうえで、具体的状況に応じて「被告人の防禦権と余罪捜査の必要性との調和を図るのが相当」だとし、準抗告を棄却した。弁護人は、これに対して特別抗告を申し立てた（刑訴法433条）。最高裁は、以下のような判断によって抗告を棄却した。

### (2) 法の解釈

「同一人につき被告事件の勾留とその余罪である被疑事件の逮捕、勾留とが競合している場合、検察官等は、被告事件について防禦権の不当な制限にわたらない限り、刑訴法39条3項の接見等の指定権を行使することができる」。

### (3) 法の適用

準抗告審の同旨判断を相当とし、特別抗告を棄却した。

### (4) 余罪捜査を理由とする接見指定の可否

(i) かつて、最決昭41 (1966)・7・26刑集20巻6号728頁 (千葉大チフス菌事件) は、被告人が余罪である被疑事件について逮捕・勾留されていない場合、「公訴の提起後は、余罪について捜査の必要がある場合であっても、検察官等は、被告事件の弁護人または弁護人となろうとする者に対し、同39条3項の指定権を行使しえない」と判示していた。本決定は、事案を異にすることから、その射程が及ばないことを明らかにした。

準抗告審は、勾留中の被告人が余罪についても被疑者として逮捕・勾留されている場合、接見指定ができるとすると、弁護人と被告人とのあいだの接見交通に重大な制約が及ぶことになる反面、「被告人が一旦公訴を提起され、被告人としての立場に立たされた以上、その後はいかなる余罪が生じ、捜査の必要が生じようとも、検察官等の接見指定権を一切認めないとするのも、行過ぎであ」り、「事件単位に考え、余罪についてのみ接見指定権を認めようという考え方もあるが、現実的ではない」としている。このような考えが、接見指定を許したうえで、具体的状況に応じて「被告人の防禦権と余罪捜査の必要性との調和を図るのが相当」であるとの結論を導いている。また、準抗告審は、この判断において、「被告事件の訴訟の進行状況 (既に第一回公判期日が指定されているかどうか、それが近接した時期にあるかどうか、現に公判審理中のものであるかどうかなど)、事案の軽重、それまでの接見状況、被疑事件の重大性」、さらには「接見時間の大幅な緩和など特段の配慮」の可能性などを考慮するものとしている。

本決定において、最高裁がこの準抗告審の判断と同じ立場によっていたかは疑問である。すでに、最判昭53 (1978)・7・10民集32巻5号820頁 (杉山事件) は、「身体を拘束された被疑者の取調べについては時間的制約があるこ

とからして、弁護人等と被疑者との接見交通権と捜査の必要との調整を図るため、刑訴法39条3項は、捜査のため必要があるときは、右の接見等に関してその日時・場所・時間を指定することができると規定するが、弁護人等の接見交通権が……憲法の保障に由来するものであることにかんがみれば、捜査機関のする右の接見等の日時等の指定は、あくまで必要やむをえない例外的措置であって、被疑者が防禦の準備をする権利を不当に制限することは許されるべきではない」と判示していた。接見指定について、被疑者の身体をめぐる捜査と接見とのあいだの合理的な時間的・場所的調整のための制度という基本的性格の付与は、一連の最高裁判決のなかに引き継がれていく。本決定が、接見指定に対して「被告事件について防禦権の不当な制限にわたらない限り」という限定を付したのは、最判昭53（1978）・7・10（杉山事件）がいうように、接見指定があくまでも合理的な時間的・場所的調整のための制度として機能すべきことを前提としているからであろう。準抗告審が「被疑事件の重大性」までをも考慮すべきとしているのは、それがいうところの「被告人の防禦権と余罪捜査の必要性との調和」が時間的・場所的調整を超えた、より実質的な意味の「余罪捜査の必要性」を問題としているからであろう。それに対して、合理的な時間的・場所的調整のための制度として接見指定を捉えるならば、「被告事件について防禦権の不当な制限にわたらない」かどうかの判断は、あくまでも被告事件の防御権への影響についてなされるべきことになる。このような判断方法は、逮捕直後の初回接見の申出に対する接見指定について、「被疑者が防御の準備をする権利を不当に制限するもの」として違法とした最判平12（2000）・6・13民集54巻5号1635頁（第二内田事件）のとるところでもある。実質的内容をもつ「余罪捜査の必要性」と被告事件の防御の必要性とのあいだの比較衡量によるべきではないのである。

　本決定のいう「被告事件について防禦権の不当な制限にわたらない」かどうかの判断において、より具体的には、準抗告審決定があげた「被疑事件の重大性」以外の事情、すなわち、「被告事件の訴訟の進行状況（既に第一回公判期日が指定されているかどうか、それが近接した時期にあるかどうか、現に公判審理中のものであるかどうかなど）、事案の軽重、それまでの接見状況」などが考慮されることになるであろう。被告事件の公判期日が迫っている時期、その準備のために速やかな接見が必要とされる場合などの接見申出であれば、被告事件の防御権を不当に制限するとして、接見指定が許されないことになるであろう。裁判員制度や公判前整理手続が開始されるにともない、充実した

公判審理のためにいっそう十分な防御の準備が必要とされるなか、被疑事件についての接見指定が被告事件の防御権を不当に制限していないか、厳密な検討がなされなければならない。

（ⅱ）本決定は、弁護人が被疑事件、被告事件両方について選任されている事案についてのものであった。それでは、弁護人が被告事件についてのみ選任されている場合はどうか。この点について判断したのが、最決平13（2001）・2・7判時1737号148頁（北陽クリニック事件）である。

被告人は、殺人未遂の被告事実について勾留のまま起訴されていたが、その後、殺人の事実で逮捕され、勾留された。被告事件についてのみ選任されている弁護人が接見を申し出たところ、検察官は、被疑事件の捜査の必要を理由にして、翌日30分間に接見指定を行った。弁護人はこれに対して準抗告を行ったところ、仙台地裁がこれを棄却したので、さらに特別抗告を行った。最決平13（2001）・2・7（北陽クリニック事件）は、本決定を参照しつつ、「同一人につき被告事件の勾留とその余罪である被疑事件の勾留が競合している場合、検察官は、被告事件について防御権の不当な制限にわたらない限り、被告事件についてだけ弁護人に選任された者に対しても、同法39条3項の接見等の指定権を行使することができるのであるから……、これと同旨の原判断は相当である」とした。

起訴後において被告人の接見交通権も絶対のものでなく、捜査の必要とのあいだで合理的な時間的・場所的調整を余儀なくされるという本決定の基本的立場が、最決平13・2・7（北陽クリニック事件）においても踏襲されたといえよう。もっとも、被疑事件に関する接見と被告事件の接見とを区別せず、一体のものとして捉えることが、弁護人が両事件について選任されているときはともかく、被告事件についてのみ選任されている場合には、どれほど合理的なものかには疑問の余地もある。このような場合であれば、事件単位の観点から、両者の接見を区別することも「現実的でない」とは言い切れないであろう。公訴の提起は事件単位になされる。刑訴法39条3項は、「公訴の提起前に限り」、接見指定を許しているのであるから、事件単位の観点から両者を区別すべきとの趣旨を含むということもできよう。そもそも、刑訴法39条3項は公訴提起後の接見指定を許していないのであるから、「捜査のため（の）必要」が被疑事件に関する接見との関係においてのみ認められるといっても、不都合はないであろう。

他方、一連の最高裁判例は、上述のように、接見指定とは、一つしかない

被疑者の身体の利用をめぐる合理的な時間的・場所的調整のための制度であるとの基本的見方に立っている。このような見方からすれば、被疑事件の「捜査のため(の)必要」との時間的・場所的調整が問題となる接見は、被疑事件に限らず、被告事件に関する接見も含むともいえよう。最決平13・2・7(北陽クリニック事件)は、このようなことから、弁護人が被告事件についてのみ選任されている場合も、あわせて被疑事件についても選任されている場合と同様に取り扱うべきとしたのであろう。

## 4 検察庁舎内での接見拒否と面会接見

**定者事件**
**最3小判平17(2005)・4・19民集59巻3号563頁**

### (1) 事実の概要

17歳の被疑者が、平成4年2月24日、非現住建造物放火について逮捕され、26日、警察留置場への勾留を決定された。弁護人は、この勾留決定に準抗告を行い、3月5日、これが容れられ、勾留場所が少年鑑別所に変更された。同日、弁護人は、被疑者にこのことをできるだけ早く伝えて元気づけようと思い、被疑者が検察庁舎内で取調のため待機中であることを知ったので、担当検察官に対して接見したい旨電話で伝えた。検察官が、広島地検庁舎には接見設備がないので接見はできない旨応じたので、15分後、弁護人は地検に赴き、担当検察官に接見を申し出た。これに対して、検察官は、接見設備がないとの理由で接見を拒否した。

同被疑者は、3月16日、別件の現住建造物放火についても逮捕された。3月18日、同弁護人は地検に赴き、この被疑事実について弁護人選任届を被疑者から受領しておらず、また、検察官の取調べ前に黙秘権などの注意をする必要があるとして、被疑者との接見を申し出た。しかし、担当検察官は、再度、接見設備がないとの理由で接見を拒否した。

弁護人は、これら2回の接見拒否は違法だとして、国家賠償法に基づき慰謝料を請求した。第一審(広島地判平7〔1995〕・11・13判時1586号110頁)は、「身柄拘束の目的を阻害するような接見交通権の行使を認めることは法の許容するところではない」ので、「立会人なしの接見交通の実現と身柄の拘束・確保との妥当な調和と均衡を図る必要があり、刑訴法39条1項が規定する

接見交通権もその限りにおいて制約を受ける」としたうえで、「身柄を拘束された被疑者の現在する施設において、弁護人等から被疑者との接見の申出があったとき、立会人なしの接見を認めても戒護上現実的、具体的な支障が生じるおそれのない場所が同施設内に存在しない場合には、捜査機関は、接見設備がないことを理由に同施設における接見を拒否することができるものと解するのが相当である。そして、この場合、捜査機関は、単に接見を拒否しただけでは足りず、可能な限り速やかに、被疑者を接見設備の設けられている勾留場所である監獄等に押送し、弁護人等が同所において被疑者と接見できるような措置を講じなければならない」と判示し、本件において、地検庁舎の同行室内にいる被疑者と室外にいる弁護人とが立会人なしに接見することを認めた場合には、戒護上現実的、具体的支障は生じなかったから、接見拒否は違法であるとした。双方控訴を受けて、控訴審（広島高判平11〔1999〕・11・17民集59巻3号641頁）は、第一審の判断を維持し、接見拒否を違法とした。これに対して、国が上告し、弁護人が附帯上告を申し立てた。最高裁は、以下のような判断を示したうえで、原判決のうち国の敗訴部分を破棄し、同部分について第一審判決を取り消し、弁護人の請求を棄却するとともに、その附帯上告を却下した。

### (2) 法の解釈

（ⅰ）「検察庁の庁舎内に被疑者が滞在している場合であっても、弁護人等から接見の申出があった時点で、検察官による取調べが開始されるまでに相当の時間があるとき、又は当日の取調べが既に終了しており、勾留場所等へ押送されるまでに相当の時間があるときなど、これに応じても捜査に顕著な支障が生ずるおそれがない場合には、本来、検察官は、上記の申出に応ずべきものである。もっとも、被疑者と弁護人等との接見には、被疑者の逃亡、罪証の隠滅及び戒護上の支障の発生の防止の観点からの制約があるから、検察庁の庁舎内において、弁護人等と被疑者との立会人なしの接見を認めても、被疑者の逃亡や罪証の隠滅を防止することができ、戒護上の支障が生じないような設備のある部屋等が存在しない場合には、上記の申出を拒否したとしても、これを違法ということはできない。そして、上記の設備のある部屋等とは、接見室等の接見のための専用の設備がある部屋に限られるものではないが、その本来の用途、設備内容等からみて、接見の申出を受けた検察官が、その部屋等を接見のためにも用い得ることを容易に想到することができ、ま

た、その部屋等を接見のために用いても、被疑者の逃亡、罪証の隠滅及び戒護上の支障の発生の防止の観点からの問題が生じないことを容易に判断し得るような部屋等でなければならない」。

（ⅱ）しかし、「刑訴法39条所定の接見を認める余地がなく、その拒否が違法でないとしても、同条の趣旨が、接見交通権の行使と被疑者の取調べ等の捜査の必要との合理的な調整を図ろうとするものであること……にかんがみると、検察官が上記の設備のある部屋等が存在しないことを理由として接見の申出を拒否したにもかかわらず、弁護人等がなお検察庁の庁舎内における即時の接見を求め、即時に接見をする必要性が認められる場合には、検察官は、例えば立会人の居る部屋での短時間の「接見」などのように、いわゆる秘密交通権が十分に保障されないような態様の短時間の「接見」（以下、便宜「面会接見」という。）であってもよいかどうかという点につき、弁護人等の意向を確かめ、弁護人等がそのような面会接見であっても差し支えないとの意向を示したときは、面会接見ができるように特別の配慮をすべき義務がある……。そうすると、検察官が現に被疑者を取調べ中である場合や、間近い時に取調べをする確実な予定があって弁護人等の申出に沿った接見を認めたのでは取調べが予定どおり開始できなくなるおそれがある場合など、捜査に顕著な支障が生ずる場合は格別、そのような場合ではないのに、検察官が、上記のような即時に接見をする必要性の認められる接見の申出に対し、上記のような特別の配慮をすることを怠り、何らの措置を執らなかったときは、検察官の当該不作為は違法になる」。

### (3) 法の適用
（ⅰ）「広島地検の庁舎内には接見のための設備を備えた部屋は無いこと、及び庁舎内の同行室は、本来、警察署の留置場から取調べのために広島地検に押送されてくる被疑者を留置するために設けられた施設であって、その場所で弁護人等と被疑者との接見が行われることが予定されている施設ではなく、その設備面からみても、……（弁護人）からの申出を受けた……（検察官）が、その時点で、その部屋等を接見のために用い得ることを容易に想到することができ、また、その部屋等を接見のために用いても、被疑者の逃亡、罪証の隠滅及び戒護上の支障の発生の防止の観点からの問題が生じないことを容易に判断し得るような部屋等であるとはいえないことが明らかである」。それゆえ、検察庁舎内に、接見に適していることを容易に想到・判断しうる

ような部屋等は存在しなかったから、検察官の接見拒否は違法ではない。
　（ⅱ）本件の諸事情によれば、両接見申出について、面会接見を認めても「捜査に顕著な支障が生ずる場合」ではなかったが、3月5日の「接見の申出には即時に接見をする必要性がある」というべきであり、そのさい、弁護人から「接見の場所は本件被疑者が現在待機中の部屋（同行室のことと思われる。）でもよいし、本件執務室でもよいから、すぐに会わせてほしい旨の申出をしているのに、……（検察官が）立会人の居る部屋でのごく短時間の面会接見であっても差し支えないかどうかなどの点についての被上告人の意向を確かめることをせず、上記申出に対して何らの配慮もしなかったことは、違法」である。
　また、3月17日の「接見の申出には即時に接見をする必要性がある」というべきであり、そのさい、弁護人が「被疑者から弁護人選任届を受領していないことから接見の必要があるなどと主張して即時の接見の申出をしているのに、……（検察官が）立会人の居る部屋での短時間の面会接見であっても差し支えないかどうかなどの点についての……（弁護人の）意向を確かめることをせず、上記申出に対して何らの配慮もしなかったことは、違法」である。
　しかし、当時の状況において、検察官に過失があったとはいえない。

## （4）検察庁舎内での接見拒否と「内在的制約」

　本判決は、検察庁舎内での接見のあり方について判断した初の最高裁判決である。「面会接見」という新たな概念を生み出したことから、注目を集めた。
　身体を拘束された被疑者が裁判所構内にいる場合の接見については、刑訴法39条2項のいう「法令」としての刑訴規則30条が、「これらの者の逃亡、罪証の隠滅又は戒護に支障のある物の授受を防ぐため必要があるときは、これらの者と弁護人又は弁護人を選任することができる者の依頼により弁護人となろうとする者との接見については、その日時、場所及び時間を指定し、又、書類若しくは物の授受については、これを禁止することができる」と定めている。しかし、被疑者が検察庁舎内にいる場合の接見に関する規定はない。
　本判決は、接見には「被疑者の逃亡、罪証の隠滅及び戒護上の支障の発生の防止の観点からの制約がある」から、検察庁の庁舎内に、立会人なしの接見に適した部屋等が存在しない場合には、接見を拒否できるとするが、その法的根拠は明らかにしていない。控訴審判決は、接見交通権の内在的制約で

あるとした。しかし、「憲法の保障に由来する」権利（最大判平11〔1999〕・3・24民集53巻3号514頁〔安藤・斉藤事件〕）としての接見交通権の重要性からすれば、本来、その内在的制約は、刑訴法39条2項および3項によってすでに示されているはずであるから、さらに内在的制約として新たな制限を付け加えることには疑問もある。

　第一審と控訴審は、客観的判断によって、同行室を利用して立会人なしの接見が可能であったことを認め、それゆえ接見拒否を違法とした。これに対して、本判決は、同行室は本来の用途・設備からみて、検察官において接見に適していると容易に想到・判断しうる部屋等であるとはいえないから、同行室を利用した立会人なしの接見を認めなかったとしても違法ではないとした。同行室が利用可能という判断自体を否定したわけではない。本来、捜査への顕著な支障がない限り、接見を認めるべき検察官の原則的義務からすれば、その容易な想到・判断を問題にするのではなく、客観的判断によるべきとの疑問もあろう。

### (5) 面会接見配慮義務とその実施方法

　本判決は、接見に適した部屋等がないことを理由に接見を拒否した場合における検察官の面会接見配慮義務について、その法的根拠を明らかにしていない。「刑訴法39条所定の接見を認める余地がなく……」という表現からすれば、刑訴法39条の「趣旨」から導かれる法的義務と性格づけているのであろう。たしかに、接見拒否が認められることを前提とするのであれば、被疑者・弁護人の立場からは、秘密性の保障をあきらめてでも、即時の接見を必要とする場面はあるであろう。とはいえ、検察官は、もともと刑訴法39条1項の接見を認めるべき原則的義務を負っていたのであるから、接見拒否が許される場合でも、面会接見配慮義務さえ尽くせば足りるというわけではないであろう。接見指定の合憲性を認めた最大判平11(1999)・3・24（安藤・斎藤事件）は、指定要件がある場合でも、「捜査機関は、弁護人等と協議してできる限り速やかな接見等のための日時等を指定し、被疑者が弁護人等と防御の準備をすることができるような措置を採らなければならない」としていたが、被疑者・弁護人が面会接見を拒否し、立会人のない接見を求めたときは、弁護人と協議のうえ、速やかな秘密接見を認めるために、被疑者を接見に適した部屋等のある場所に移動させるべく措置をとる義務を負っているというべきであろう。弁護人との面会接見に関する協議は、移動後の速やかな

秘密接見という選択肢を提示したうえで行うべきであり、このような検察官の義務も、刑訴法39条の趣旨から認められるべきである。

名古屋高判平19（2007）・7・12訟月54巻7号1531頁においては、面会接見の実施方法の適法性が争われた。この判決は、「面会接見ができるように特別の配慮をすべき義務は、接見のための設備のある部屋等が存在しないにもかかわらず、そのような設備のある場所での秘密交通権の保障された本来の接見を待たずに、弁護人等の要望により、かつ客観的にその必要性が認められる場合に限り、本来接見が予定されない場所で秘密交通権が十分保障されない短時間の接見を実施するという特別の内容のものである。したがって、検察官においては、短時間でその準備を行う必要があり、かつ、その実施につき罪証隠滅や逃亡のおそれ、戒護における支障の発生等の防止を担保できるような方法を確保する必要があるから、面会接見は、その性質上その実施場所や方法等において、おのずから一定の制約があるものといわなければならない。そして、それは秘密交通権が十分に保障されないことにつき弁護人の了承を得た上で実施されるものであるから、検察庁内のいかなる場所でどのような人の立会いや方法により面会接見を実施するかについては、上記観点に照らしてこれをよく知る検察官に合理的な範囲で裁量権が認められる」から、この裁量権の逸脱または濫用となる場合に限り、検察官の措置は違法となると判示したうえで、面会接見にさいし担当検察官および検察事務官を立ち会わせ、また、戒具である腰縄の端を刑務官が把持していたことについて、裁量権の逸脱・濫用は認められず、違法はないとした。

第一審（名古屋地判平10〔1998〕・10・27判時1962号133頁）は、憲法34条および刑訴法39条の接見交通権の保障の趣旨からすれば、「『面会接見』を実施する場合に、検察官が当該面会接見の立会人の人数及び官職を検討するに当たっては、検察官及び捜査部に所属する検察事務官、殊に当該被疑事件の捜査担当者がこれに立ち会わないよう、慎重に配慮する義務があり、そのような面会接見を実施するには、他に適切な立会人が見当たらないとか、被疑者・弁護人等が、時間等の制約から検察官及び検察事務官の立会いがあっても構わない旨申し添えて面会接見を申し出たなどの特段の事情がない限り許され」ないとして、検察官の措置を違法としていた。名古屋高裁の判決がこれを適法としたのは、その背後に、第一審判決のように検察官に特別配慮義務を課すことは実際的でないという考慮とともに、もともと面会接見は秘密性の保障がないような形での実施を前提としていたことの趣旨にそぐわない、

という考えがあるのかもしれない。しかし、被告人・弁護人が面会接見を希望するかどうかは、その実施方法により左右されるから、実施方法について検察官に広範な裁量権を認めるとなると、面会接見について、被疑者・弁護人の権利としての性格が薄れ、裁量的・恩恵的に許されるものとしての実質が強まることになる。そうであれば、面会接見に頼るのではなく、立会人のない接見を認めるために、同行室など本来的用途の異なる設備を利用する可能性を追求することとともに、面会接見を拒絶した場合において、移動して速やかな秘密接見をさせるための措置をとることが、ますます重要となるであろう。

＊本章の叙述については、松尾浩也「刑事訴訟法39条3項本文の合憲性」ジュリスト臨時増刊・平成11年度重要判例解説（2000年）、後藤昭「逮捕直後の初回の接見申出に対する接見指定」ジュリスト臨時増刊・平成12年度重要判例解説（2001年）、「特集・接見交通権を確立するために」季刊刑事弁護26号（2001年）、大坪丘「刑訴法39条3項本文と憲法34条前段、37条3項、38条1項」最高裁判所判例解説・民事編平成11年度（2001年）、矢尾渉「判例解説」最高裁判所判例解説・民事編平成12年度（2002年）、高野隆＝長沼範良＝後藤昭「論争刑事訴訟法（15）—（16）・接見交通権と取調べ」法学セミナー578-579号（2003年）、森義之「判例解説」最高裁判所判例解説・民事編平成17年度（上）（2008年）をとくに参照した。

# 第11章 検察官による接見内容の聴取と秘密交通権

## 1 事実の概要

**富永事件**
佐賀地判平22（2010）・12・17 LEX/DB25470563
福岡高判平23（2011）・7・1 判時2127号9頁

　本件被疑者は、業務上過失傷害および道路交通法違反の被疑事件により逮捕・勾留された後、引き続き関連する殺人未遂の被疑事件について逮捕・勾留されたが、両事件について原告と別の弁護士の二人を弁護人に選任した。被疑者は、業過傷害等被疑事件による逮捕当日、殺意を否認する供述をしていたものの、翌日から殺意を認める供述を始め、殺人未遂被疑事件の逮捕後の弁解録取および勾留質問時にも殺意を認めた。しかし、原告の相弁護人である弁護士が、被疑者が殺意を認めたとの報道に接した後、接見時に確認すると、被疑者は否認した。この弁護士は報道機関の質問に対しその旨コメントしたところ、そのことが複数紙上で報道された。
　担当検察官は、この新聞記事を読み、被疑者の供述の信用性をより慎重に判断する必要があるとして取り調べたところ、被疑者はその後も殺意を認める供述を維持した。そこで検察官は被疑者に対し、新聞報道にあるように弁護人に殺意を否認したのか確認すると（質問①）、被疑者はこれを認めた。検察官がその理由を質問すると（質問②）、被疑者は罪が重くなると思ったため虚偽の説明をしたと答えた。さらに検察官は罪が重くなるとは弁護人から言われたのか、もともと知っていたのかと質問すると（質問③）、被疑者は弁護人からも聞いたが、もともと知っていた旨答えた。検察官が殺意の否認が虚偽である旨弁護人にも伝えたのかと確認すると（質問④）、被疑者は後に本当

のことを話したと答えた。検察官はこれらの取調べ結果を供述調書として作成し、被疑者に確認させたうえ、末尾に署名・指印させた。殺人未遂事件の起訴後、検察官はこれら供述調書の取調べを請求した。

原告である弁護士は、担当検察官による接見内容の聴取、その結果の調書化、それら調書の取調べ請求によって秘密交通権が侵害されたと主張し、国に対して国賠法に基づく損害賠償を請求した。被告の国は、秘密交通権も捜査の必要との合理的調整に服するものであって、本件被疑者が自発的に供述し、また、相弁護人の弁護士が記者に対する公表により秘密性を放棄していたことから、内容聴取は適法であり、続く調書化、取調べ請求も適法であると主張した。

## 2 第一審判決の要旨

佐賀地裁は以下のような判断を示し、原告の請求を棄却した。

「刑訴法39条1項が被疑者等が弁護人等と立会人なくして接見することができると規定しているのは、被疑者等が弁護人等から有効且つ適切な援助を受けるためには、被疑者等が弁護人等に必要かつ十分な情報を提供し、弁護人等から被疑者等に適切な助言をするなど、被疑者等と弁護人等との間の自由な意思疎通を確保することが必要不可欠であるところ、上記意思疎通の過程が捜査機関に知られるところとなれば、これを慮って、被疑者等と弁護人等との自由な情報伝達が差し控えられるという萎縮的効果が生じ、被疑者等が弁護人等から有効かつ適切な援助を受けられなくなるおそれがあることから、被疑者等と弁護人等との接見内容の秘密を確保しようとしたためである。

そうすると、刑訴法39条1項の『立会人なくして』とは、接見に際して捜査機関が立ち会ってはならないということを意味するにとどまらず、弁護人等の固有権として、接見終了後においても、弁護内容を知られない権利、すなわち秘密交通権を保障したものであると解するのが相当であり、弁護人等にとって、その固有権の最も重要なものの一つである」。

もっとも、憲法は刑罰権の発動ないしそのための捜査権の行使が国家の権能であることを当然の前提としているから、接見交通権が「憲法の保障に由来」するからといって、これが刑罰権ないし捜査権に「絶対的に優先する」わけではない。「接見交通権の一内容である秘密交通権の保障は、捜査機関

による取調の内容の制限を必然的に伴うものであるから、被疑者等の取調べが……刑罰権の適正な発動のために必要不可欠であることに鑑みると、被疑者等の取調べに絶対的に優先するとまではいえない」。

このような「法の趣旨に鑑みると、捜査機関は、刑訴法39条1項の趣旨を尊重し、被疑者等が有効かつ適切な弁護人等の援助を受ける機会を確保するという同項の趣旨を損なうような接見内容の聴取を控えるべき注意義務を負っている」のであり、捜査機関がこれに違反して接見内容の聴取を行った場合、それは国賠法上違法となる。「捜査機関が上記義務に違反して接見内容の聴取を行ったか否かは、聴取の目的の正当性、聴取の必要性、聴取した接見内容の範囲、聴取態様等諸般の事情を考慮して決すべき」である。

被疑者の起訴後においても、このような法の趣旨は妥当するから、検察官は公判において証拠調べ請求、被告人質問等の職務行為をするにあたっても、刑訴法39条1項の趣旨を尊重し、その趣旨を損なわないようにすべき注意義務を負っており、これに違反する職務行為は国賠法上違法となる。

本件において、担当検察官は、「被疑者の供述の変遷の有無及びその動機の解明に必要とされる範囲を超える接見内容を聴取したものではなく、また、その意図もなく、本件供述の変遷の動機を解明し、本件被疑者の殺意に関する供述の信用性を判断するため、供述変遷の動機と密接不可分の関係にある接見内容につき、上記動機の解明に必要とされる相当な範囲において、かつ相当な態様で……聴取をしたものであるから、接見内容の聴取の目的の正当性、聴取の必要性、聴取した接見内容の範囲及び聴取態様に照らして」、担当検察官において職務上の注意義務違反行為は認められない。

接見内容の秘密が聴取行為によっていったん侵害された以上、聴取内容の調書化によってまた新たに侵害されることはなく、また、調書の取調べ請求は、「その目的及び必要性並びにその態様に照らして、なお検察官として本来なすべき職務行為の範囲内」のものであったから、いずれについても国賠法上の違法は認められない。

## 3 控訴審判決の要旨

これに対して、原告が控訴したところ、福岡高裁は以下のような判断を示し、原判決を変更し、原告の請求を一部認容した。

刑訴法39条1項の秘密交通権は、弁護人等の固有権として、接見終了後も接見内容を知られない権利をも保障しているが、被疑者等と弁護人等との接見交通権は、刑罰権ないし捜査権に絶対的に優先するものではない。取調べにあたる捜査官が被疑者等に対し供述を変遷させた理由等について聞き出そうとする際に、「被疑者等の供述が弁護人等との接見内容に及ぶことはままあることであって、その限度において、捜査権の行使が秘密交通権の保障と抵触する」ことがある。「そのような場合に、被疑者等が有効かつ適切な弁護人等の援助を受ける機会を確保するという刑訴法39条1項の趣旨を損なうことにならない限りにおいて、捜査機関が被疑者等から接見内容に係る供述を聴取したことが、直ちに国賠法上違法となる」わけではない。
　もとより接見交通権の重要性からすれば、「捜査権の行使と秘密交通権の保障とを調整するに際しては、秘密交通権の保障を最大限尊重すべきであり、被疑者等と弁護人等との自由な意思疎通ないし情報伝達に萎縮的効果を及ぼすことのないよう留意することが肝要であって、刑訴法39条1項の趣旨を損なうことになるか否かについても、かかる観点から慎重に判断すべき」である。また、「取調べの際に被疑者等が自発的に接見内容を供述したとしても、……弁護人固有の秘密交通権を保護する必要性が低減したということはできない」から、そのような場合、「捜査機関は……漫然と接見内容の供述を聞き続けたり、さらに関連する接見内容について質問したりすることは、……原則として差し控えるべきであって」、接見内容を話す必要がないことを告知するなどして、秘密交通権に配慮すべき法的義務を負っている。「被疑者等の供述の信用性を判断するに当たって、当該被疑者の捜査機関以外の者に対する供述が判断材料になることは、一般に承認されており、当該供述が弁護人等との接見の際になされたものであっても例外ではないが、……捜査機関は、刑訴法39条1項の趣旨を損なうような接見内容の聴取を控えるべき法的義務を負っているから、原則として、……聴取することは禁止されている」。
　本件において、別の弁護士が被疑者の供述の一部を報道機関に公表したからといって、供述過程を含む秘密交通権が放棄されたとは認められない。しかし、被疑者が「被害者が死んだと思い放置した」と供述した事実それ自体については、この公表により秘密性が消失したから、供述した事実の有無を確認した点は(質問①)、「接見交通権に萎縮的効果をもたらすおそれはな」い。また、弁護人に対し捜査機関への供述と異なる供述をした理由を尋ねた点も

(質問②)、「被疑者が接見内容に関わる回答をする可能性はあるものの、……意思疎通の内容を尋ねたわけではなく、その意味では接見内容と無関係に供述が変遷した理由を尋ねたにすぎない」。それゆえ、これらについては「直ちに刑訴法39条1項の趣旨を損なうとまではいえない」。

他方、質問③・④は、「未だ秘密性が消失していない本件被疑者と弁護人との間の情報交換の内容を尋ねるものであり、本件被疑者と弁護人との意思疎通の過程を聴取したものにほかならず、……自由な意思疎通ないし情報伝達に萎縮的効果を及ぼすおそれがある」から、国賠法上違法である。

接見内容の調書化により接見内容の秘密が新たに侵害されることはないから、これは聴取行為と一体のものとして違法となる。また、検察官が「弁護人にも嘘をついたこと」までも立証趣旨として供述調書の取調べ請求をしたことは、弁護人と被疑者との「信頼関係を破壊するおそれ」があり、公判審理の準備のために「秘密交通権を行使する機会をもつことについて、心理的な萎縮的効果を生じさせたもの」であるから、聴取行為とは別個に違法である。

## 4 第一審判決の検討

### (1) 第一審判決の意義

近年、秘密交通権の侵害をめぐる争いが続いている。その一例として、鹿児島地判平20 (2008)・3・24判時2008号3頁 (志布志事件) は、捜査機関による接見内容の事後的聴取も原則許されないとしたうえで、個別具体的事情に基づき秘密保護の必要性、内容聴取の必要性・相当性を検討した結果、ほとんどについて内容聴取を違法とした。他方、第一審判決は、同じく個別具体的事情に基づく検討から、検察官の内容聴取を適法とし、その後の調書化、調書の取調べ請求も適法としている。

捜査機関による接見内容の聴取は許されるか。その限界はどこか。秘密交通権の保障にとって重要問題である。この点について具体的判断を示した点に、第一審判決の意義がある。

### (2) 鹿児島地判平20 (2008)・3・24 (志布志事件) との対比

秘密交通権の意義に関する第一審判決の判示は、「萎縮的効果」を強調す

る点も含め、鹿児島地判平20（2008）・3・24とほぼ同じである。しかしその後、両判決は分岐する。鹿児島地判は、捜査機関が「接見内容を聴取することは、捜査妨害的行為等接見交通権の保護に値しない事情等特段の事情のない限り弁護人の接見交通権をも侵害する」として、内容聴取は許容されないとする厳格な原則を提示した。これに対して、第一審判決は、秘密交通権が取調べに絶対的に優越するものではないとし、刑訴法39条1項のもとでの注意義務違反の存否は、「聴取の目的の正当性、聴取の必要性、聴取した接見内容の範囲、聴取態様等諸般の事情を考慮して決すべき」と判示している。秘密交通権を取調べとのあいだで相対化し、制約するという姿勢が鮮明である。

もっとも、個別具体的事情に即して秘密交通権の要保護性と内容聴取の必要性・相当性とを比較衡量するという判断基準は、両判決に共通している。鹿児島地判平20（2008）・3・24も、76件に及ぶ内容聴取の適法性を判断するにあたっては、被告側控訴の可能性に配慮して「被告らの立場によっても」なお違法となることを示すためにか[1]、個別具体的事情に即して両者を比較衡量していた。その結果、54件を違法とした。第一審判決も、このような判断基準によっている。しかし、この判断基準の適用の仕方においては、両判決のあいだに顕著な相違がある。第一審判決は、被疑者の任意の供述であることから秘密交通権の要保護性を一般に切り下げる一方、聴取目的、聴取範囲などから内容聴取の必要性・相当性を高く評価しているのである。かくして、内容聴取は適法という結論を導いている。

### (3) 被疑者の任意供述と秘密交通権

第一審判決も、鹿児島地判平20（2008）・3・24同様、秘密交通権は被疑者のみならず、弁護人の固有権でもあるとの立場をとる。接見指定の適法性を判断した一連の最高裁判例を踏襲するものである。本件被告の国は、被疑者が自発的に供述した場合には、正当な目的・方法による限り聴取が許されると主張していた。同様の主張に対して、鹿児島地判平20（2008）・3・24は、そのような場合であっても放棄は弁護人の固有権については問題にならないから、「直ちに接見内容を捜査機関が聴取できるとはいえない」としていた。このことから、接見内容を被疑者が回答することを予期してなされた質問を不相当とし、被疑者・被告人が接見内容の供述を始めたときは、捜査機関はそれを制止すべきだとした。

これに対して、第一審判決は、「秘密交通権が究極的には被疑者等の防御の利益を保障するものであることからすると、秘密接見におけるコミュニケーションの一方当事者である被疑者等が、真に自由な意思で接見内容を供述した場合には、もはや秘密性保護の必要性は低減したといえ、その態様によっては接見内容を聴取することが許容される」こともあると判示し、それゆえ、このような場合に、「直ちに被疑者等の供述を遮ったり、弁護人等との接見内容については話す必要がないと告知することまで」は要請されないとしている。このような秘密交通権の要保護性の低減を、比較衡量の出発点とするのである。

　弁護人の固有権性を強調し、要保護性の低減を認めない立場は、防御上の秘密保護においては弁護人の専門的判断が重視されるべきとの考えによるとされる[2]。とはいえ、防御の主体は被疑者であって、弁護人はあくまでもその援助者というべきである。そうすると、秘密交通権は被疑者の防御を究極目的としており、その任意の供述によって要保護性が低減するともいえそうである。

　しかし、被疑者の防御権の実質化における弁護人の援助の重要性からすれば、やはり要保護性の低減はないというべきである。たとえ被疑者の有効な放棄があるならば秘密交通権の要保護性は喪失ないし低減するとの前提に立ったとしても、そのような防御上決定的に重要な判断を、身体拘束下の取調べという特別な状況のなか、被疑者が弁護人の具体的援助を受けることなく単独で行うことができるとすべきではない。弁護人の助言を得て、弁護人と十分相談したうえで判断したときこそ、被疑者の放棄は有効というべきである。弁護人の固有権性の承認は、被疑者単独の判断によっては弁護人の固有権でもある秘密交通権を放棄できないとする点において、実質的には、弁護人のこのような具体的援助を欠いた被疑者の放棄を無効とするという手続保障を含意していたといえよう。そうであれば、秘密交通権が被疑者の防御を究極目的とするものだとしても、その任意の供述をもって直ちに有効な放棄は認められず、それゆえ要保護性が低減することはないはずである。

## (4) 自白の信用性担保のための内容聴取

　鹿児島地判平20 (2008)・3・24は、捜査機関において、自白の信用性を担保するために供述の変遷理由を明らかにする必要があり、そのために「変遷理由を尋ねること自体は正当かつ有用な捜査手法」であると認めながらも、

変遷が継続しているので供述は信用性を担保すべき対象とならないこと、弁護人の否認の働き掛けがそれ自体直ちに捜査妨害行為になるわけではないことを指摘し、内容聴取の必要性を否定した。他方、第一審判決は、「将来公判において重要な争点となる可能性のある殺意の有無に関する本件被疑者の供述について、その信用性を判断するため」、否認供述の有無と動機を聴取することは目的において正当だとしたうえで、否認した相手が弁護人である以上、信用性の判断のために接見時の供述変遷の有無やその動機を質問することには必要性があるとし、また、逮捕当初の否認動機として弁護人との接見内容を供述したことからすれば、被疑者に対する弁護人の発言内容を聴取することにも必要性が認められるとする。

秘密交通権の保障のもと、かりに接見内容の聴取が許される余地があったとしても、それはあくまでも例外であり、厳格に限定されるべきである。そうであれば、その必要性は慎重に判断される必要がある。接見内容の聴取による供述変遷の有無・動機の解明が、自白の信用性担保に役立つこと自体は肯定されるにせよ、判決は、客観的状況との一致など他の方法により自白の信用性を担保することができなかったのか、内容聴取以外の方法によって供述変遷の有無・動機を解明することができなかったのかなどの検討をしていない。また、自白の信用性立証・評価の客観化という観点からは、被疑者自身の供述により自白の信用性を担保することには十分慎重でなければならない。第一審判決による必要性の認定には厳格さが欠ける。

## (5) 弁護人の一部公表と内容聴取

被告の国は、相弁護人が接見時の被疑者供述を報道機関に対し公表したことにより、弁護人の固有権としての秘密交通権は放棄されたと主張していた。本件に特有な事情である。この点について第一審判決は、秘密交通権の保護の核心部分は「接見において被疑者等と弁護人等がどのように情報の交換または交渉をしたかという過程であって、……接見における被疑者等と弁護人等とのコミュニケーション全体が秘密交通権の対象となる」と判示し、被疑者供述の一部の公表によって権利の放棄があったとは認められないとした。

ところが、内容聴取の相当性を判断するにあたり、第一審判決は、弁護人に対する被疑者の供述は新聞報道によりすでに検察官の知るところとなっていたから、検察官が「被疑者が弁護人との間でそのような供述をしていること自体に高度の秘匿性はないと判断してもやむを得ない状況にあった」ので

あり、この「被疑者の供述と関連のない接見内容を直接的に質問したものではない」と指摘し、聴取態様には相当性があると認めている。

この相当性の認定が、一部公表によっても秘密交通権の要保護性は低減しないとする先の認定と整合するのかについて、第一審判決は説明していない。記者発表がそれ自体防御目的による弁護権の具体的行使であること、内容聴取が公表範囲を超える可能性を内包していることにかんがみても、秘密交通権の例外的制約を正当化する根拠の認定としては、厳格さに疑問が残る。

### （6）接見指定の合憲性と秘密交通権の相対化

第一審判決は、秘密交通権が取調べの必要性・相当性により相対化され、個別具体的事情に基づく両者の比較衡量によりその制約の可否・限界が確定されるとの判断基準を、最大判平11（2009）・3・24民集53巻3号514頁（安藤・斎藤事件）の判示から導き出している。たしかに、この判決は、憲法に由来する接見交通権も刑罰権・捜査権に「絶対的に優先」するものではなく、両者の行使のあいだに「合理的な調整」が必要であるとした。

しかし、この判決をもって秘密交通権の相対化を正当化することには疑問がある。最大判平11（1999）・3・24の判示は、接見指定の合憲性を認める前提としてなされたものである。同じく接見交通権の制約であるにせよ、秘密交通権の制約と接見指定とのあいだには本質的相違があるからであり。

第1に、接見指定は法律の根拠に基づく制約である。他方、捜査・取調べ目的による秘密交通権の制約を許容する規定はない。秘密交通権が接見交通権、ひいては憲法の弁護権の重要な構成要素である以上、その制約を法律の規定によることなく許容すべきではない。刑訴法39条1項の接見交通権が内在的制約に服すことを認めるにせよ、その内容と限界はすでに、正当な拘禁目的による同条2項、「捜査のため（の）必要」による同条3項において規定されている。これら以外にさらに内在的制約を認めたならば、2項・3項がその内容・限界をあえて規定したことが無意味となる。捜査・取調べによる秘密交通権の制約は許さないというのが、刑訴法の立場だとみるべきであろう。最判平17（2005）・4・19民集59巻3号563頁（定者事件）は、接見設備のない検察庁舎内での接見拒否を適法としたが、控訴審判決（広島高判平11〔2009〕・11・17民集59巻6号641頁）とは異なり、それを「内在的制約」であるとはしていない。

第2に、接見内容の聴取による秘密交通権の制約は、第一審判決もいう

「萎縮的効果」を考えたとき、捜査・取調べ目的による接見交通権の実質的制約にほかならない。他方、最大判平11（1999）・3・24のいう「合理的な調整」としての接見指定は、憲法34条による有効な弁護の保障を実質的に制限しない範囲において、接見の日時・場所・時間について被疑者の身体の利用をめぐる時間的・場所的調整として許されるにすぎない。この判決は接見指定をこのような時間的・場所的調整に限定することによって、捜査・取調べ目的による接見交通権の、それを超えるような実質的制約を排除したのである。むしろ最大判平11（1999）・3・24の趣旨からすれば、内容聴取により秘密交通権を制約することは許されないというべきであろう。

## 5　控訴審判決の検討

### （1）捜査権行使と秘密交通権の「調整」

　控訴審判決は、「捜査権の行使と秘密交通権の保障とが抵触」する可能性を認め、そのような場合には両者の「調整の余地」があるとして、「刑訴法39条1項の趣旨」を損なわない限り、接見内容の聴取も許容されるとする。一見すると、第一審判決と同様、両者の比較衡量による実質的調整を認めているかのようであるが、実はそうではない。このことは、控訴審判決が第一審判決に比べ、秘密交通権の重要性を高く評価していることの現れである。

　第一審判決は、秘密交通権の要保護性の低減を認める一方、自白の信用性を担保するための内容聴取の必要性・相当性を積極的に肯定したうえで、それを適法とした。控訴審判決は内容聴取を一部適法としているものの、それは第一審判決のような比較衡量による実質的調整の結果ではない。公表事実の秘密性が消失したこと（質問①）、接見内容の聴取ではなかったこと（質問②）が理由である。控訴審判決は、秘密性を保障されるべき事項の聴取を適法とはしていない。むしろ、秘密性が消失していない事項の聴取については（質問③・④）、「自由な意思疎通ないし情報伝達に萎縮的効果を及ぼすおそれがある」として、直ちに違法と断じている。このことからすると、控訴審判決のいう「原則として」内容聴取は違法だということは、聴取事項の秘密性が消失していない限りは違法だという意味に理解すべきであろう。

　第一審判決は、比較衡量において、秘密交通権が弁護人の固有権でもあるにせよ、被告人の自発的供述によってその要保護性は低減するとした。しか

し、控訴審判決は、法的知識に乏しく、刑事手続の理解に劣る被疑者等に対し「唯一の後ろ盾といってよい弁護人の援助を受ける機会を実質的に確保する目的で、秘密交通権を弁護人の固有権と位置づけている」としたうえで、被疑者等の自発的供述によっても、弁護人固有の秘密交通権の要保護性は低減しないとしている。被疑者等の自発的供述があるときも、秘密交通権に配慮する高度の義務を捜査機関に負わせたのは、それゆえである。被疑者の防御権は弁護人の援助によってこそ確実に保障されるという両者の関係性を正しく踏まえた判示というべきであろう。

### （2）秘密交通権と萎縮的効果

　控訴審判決は、接見内容の事後的聴取が「原則として」許されないのは、自由な意思疎通・情報伝達に「萎縮的効果」が生じるからだとしている。ここにいう「萎縮的効果」とは、自由な意思疎通・情報伝達が差し控えられることの結果、被疑者等が弁護人等から有効・適切な援助を受けられないおそれがあるということである。鹿児島地判平20（2008）・3・24（志布志事件）や第一審判決も、同様の理解に立っていた。控訴審判決は、質問③・④は「萎縮的効果」を生じさせるから違法だとする一方、公表事実の秘密性はすでに消失しているので、質問①は「萎縮的効果」を生じさせることはなく、それゆえ適法だとした。控訴審判決のような「萎縮的効果」の理解からすれば、たしかにそういえるであろう。

　従来、萎縮的効果が問題とされたのは、表現の自由など精神的自由に対する規制の合憲性判断においてであった。表現の自由に対する規制法規が不明確であるならば、本来規制されるべきでない合憲的な表現行為をも差し控えさせてしまう萎縮的効果を及ぼすことから、合理的解釈によって不明確性が除去されない限り、かりにその規制法規の合憲的適用の範囲内にあるとされる行為が争われるケースでも、原則として法規それ自体が違憲無効となるという法理である[3]。控訴審判決のいう「萎縮的効果」とは意味合いが異なっている。

　しかし、従来の萎縮効果論の枠組は、秘密交通権の保障の場面にも適用しうる。すなわち、もし内容聴取の対象となる範囲が不明確ならば、聴取が許容されるべきでない事項にまで聴取が及ぶのでないかとおそれて、そのような事項に関する意思疎通・情報伝達を差し控えてしまう。このような萎縮的効果は、憲法上の弁護権に由来する接見交通権の重要性からすれば厳に避け

られるべきである。それゆえ、それ自体のみをみれば聴取が許容される事項についての聴取であっても、その範囲に不明確さがある以上、許容されない。このような限界の不明確さを根拠とする内容聴取の禁止である。

### (3) 公表事実の聴取と萎縮的効果
　公表事実の聴取は、このような意味の萎縮効果をともなう。たしかに、公表事実の範囲それ自体は不明確といえないかもしれない。しかし、公表事実の聴取を許容したならば、その範囲を超えて聴取が広がる危険が生じ、結果として内容聴取の限界は不明確とならざるをえない。取調べは捜査官と被疑者とのあいだの口頭の双方向的コミュニケーションであって、予想外の範囲に展開する可能性をはらんでいる。そのような取調べであれば、聴取が公表事実を超えて、本来聴取の許されない事項にまで及ぶ危険があるのである。身体拘束下の取調べという場面において、被疑者の防御能力は高くない。どのように対応することが自己の防御にとって有効かを十分合理的に判断するのは難しい。このような被疑者の特性を考えたとき、公表事実を超えて聴取が展開する現実的危険は低くない。実際本件において、公表事実に関する質問①から始まった聴取は、質問②を介して、質問③・④へと展開している。たしかに控訴審判決によれば、公表事実以外の事項の聴取は許されず、被疑者が接見内容を自発的に供述した場合でも、捜査官が漫然と聞き続けてはならないとされている。しかし、取調べのこのような展開は、その流動的性格からすればむしろ自然なことであって、質問①から②へと続いた後、質問③・④に至ることなく内容聴取が打ち切られることを期待するのは、実際上困難であろう。

　しかも、聴取が本来許容されない事項にまで及び、その秘密性が探知されることになると、その不可逆性のゆえに、被疑者の防御にとって回復不可能な不利益が生じる。このように、公表事実から始まった聴取が本来許容されない事項にまで及ぶ危険があり、それによって回復不可能な防御上の不利益が生じるのであれば、公表事実の聴取を許容することは、被疑者と弁護人において、本来聴取が許容されない事項に関するコミュニケーションを差し控えるという萎縮的効果を生むことになる。これこそまさに、接見交通権の実質的制約であり、憲法34条による弁護権の保障の趣旨からすれば厳に排除されなければならない事態である。それゆえ、たとえ秘密性の喪失があったとしても、公表事実の聴取は、それにともなう萎縮的効果のゆえに禁止され

## (4) 理由聴取と萎縮的効果

　控訴審判決は、質問①が許容されることを前提として、質問②は公表事実を供述した理由の聴取にすぎず、それ自体接見内容の聴取ではないから許されるとした。しかし、本来、公表事実の聴取は禁止されるべきであるから、公表事実の聴取を前提としたその理由の聴取が許されることもない。

　かりに公表事実の聴取が許されるとの前提に立っても、その理由の聴取は禁止されるべきである。萎縮的効果を生むからである。理由聴取自体は接見内容の聴取ではないとしても、被疑者が捜査官から供述の理由を問われたとき、その回答が接見内容にまで及ぶことは往々にしてありうる。控訴審判決自身、その可能性を指摘している。被疑者の回答が接見内容に及んだとき、捜査官が漫然とそれを聞き続けることは許されないとされるにせよ、実際の取調べのなかで、接見内容の聴取を完全に排除することは困難であろう。接見内容が探知されたとき、回復不可能な防御上の不利益が生じることは上述のとおりである。かくして、理由聴取が許容されたならば、接見内容が探知されることをおそれて、自由な意思疎通・情報伝達が差し控えられるという萎縮的効果が生じるのである。

## (5) 弁護方法としての報道機関への事実公表

　控訴審判決は、事実公表により公表事実の秘密性が消失するとしたうえで、「このように解すると、弁護人等が被疑者等の供述を報道機関に開示することにつき、萎縮的効果が生じることも考えられるが、報道機関への事実公表は、法律の専門家である弁護人等において、その方法や範囲を慎重に取捨選択することができるのであるから、報道機関への事実公表が防御権行使の一環であるとしても、被疑者等の防御権保障の根幹をなす接見交通権と同様の保障が及ぶものではない」としている。

　控訴審判決によれば、事実公表があるときに許容されるのは、公表事実の聴取（質問①）と理由の聴取（質問②）である。捜査官に対して自白した被疑者が否認に転じたことの理由の説明を求められることは、被疑者にとって重大な負担となりうる。過去の実例が示すように、この負担が否認の撤回をもたらすことも多い。たしかに弁護人であれば、この負担を考慮したうえで、あえて事実公表をするかどうかの専門的判断はなしうる。しかし、控訴審判決

がいうように弁護人が「方法や範囲を慎重に取捨選択」したとしても、このような被疑者の負担を解消ないし大幅に緩和することは不可能であろう。それゆえ、事実公表により公表事実と理由の聴取が許されるとすれば、弁護人にとって、弁護方法として事実公表を選択することは事実上困難になる。

もっとも控訴審判決がいうように、防御上の不利益において、このような事実公表の困難が接見交通権の実質的制約に優るとはいえないかもしれない。しかし、報道機関への事実公表は重要な弁護方法の一つであって、実際上その放棄を余儀なくされることは、それ自体、弁護権の実質的制約として重大である。それゆえ、弁護権の憲法的保障の趣旨からして、その重大な実質的制約を排除するために、公表事実と理由の聴取は許されるべきではない。

日本の犯罪報道の特徴として、個別事件の捜査報道の質・量が多いことが指摘されている。捜査報道の大部分は、捜査機関が提供した情報に基づいている。このような犯罪報道は、実名報道原則と相俟って、読者に対して被疑者が真犯人であるとの印象を強く与えてきた[4]。犯人視の社会的雰囲気は、手続関与者の予断を媒介として、被疑者・被告人の公正な裁判を受ける権利(憲法32条)を阻害する危険をはらんでいる[5]。裁判員裁判のもと、その危険はいっそう現実的なものとなりうる。

このようななか弁護方法としてとられてきたのが、報道機関への事実公表である。とくに被疑者が身体拘束下にあり、捜査機関の提供情報に基づく自白報道があるにもかかわらず、接見のさいに否認した場合、弁護人は報道機関に否認の事実を公表し、報道させることによって、犯人視の社会的雰囲気を防止・緩和し、公正な裁判を確保しようとしてきたのである。このように重要な弁護方法の選択に「萎縮的効果」が生じないよう、公表事実とその理由の聴取は禁止されるべきである。

---

1 緑大輔「弁護人との接見内容を取調担当官が被疑者・被告人から聴取・録取した行為の適法性（刑事訴訟法判例研究17）」法律時報81巻11号（2009年）128頁。
2 渡辺修「『防御の秘密』と被疑者取調べの法的限界」『鈴木茂嗣先生古稀祝賀論文集（下巻）』（成文堂、2007年）233頁以下、緑・注１評釈128頁。
3 芦部信喜（高橋和之補訂）『憲法（第４版）』（岩波書店、2007年）191頁。
4 五十嵐二葉『刑事司法改革はじめの一歩』（現代人文社、2002年）40頁。
5 渕野貴生『適正な刑事手続の保障とマスメディア』（現代人文社、2007年）216頁以下参照。

# 終章
# 刑事被収容者処遇法における接見交通関連規定

## 1 弁護人等との接見交通権

　刑訴法に基づき逮捕・勾留され、刑事収容施設に収容された未決拘禁者は、刑訴法39条1項により、「弁護人又は弁護人を選任することができる者の依頼により弁護人となろうとする者」と「立会人なくして接見し、又は書類若しくは物の授受をする」権利を保障されている。この権利は、憲法の保障する弁護権に基礎づけられている。すなわち、1999年の最高裁大法廷判決[1]が、憲法34条の弁護権は「身体の拘束を受けている被疑者が、拘束の原因となっている嫌疑を晴らしたり、人身の自由を回復するための手段を講じたりするなど自己の自由と権利を守るため弁護人から援助を受けられるようにすることを目的とするものであ」り、「被疑者に対し、弁護人を選任した上で、弁護人に相談し、その助言を受けるなど弁護人から援助を受ける機会を持つことを実質的に保障している」と認めたように、憲法37条3項の保障する弁護権も含め、憲法の弁護権は弁護人の実質的援助をないし有効な弁護を受ける権利である。被疑者・被告人が身体を拘束されている場合、このような弁護権を実質化するため、換言すれば、身体拘束による弁護権の実質的制約を排除するためには、弁護人との自由なコミュニケーションが保障されなければならない。さらに、自由なコミュニケーションを確保するためには、その秘密性の保障が不可欠である。それがなければ、いわゆる萎縮効果が生じ、コミュニケーションが不可避的に抑制されるからである。このような目的から設けられたのが、刑訴法39条1項である。
　以上のことからすれば、第1に、刑訴法39条1項の規定から、「接見」について完全な秘密性が保障されていることが明らかであるが、この「接見」は、

弁護に関するコミュニケーションとしての一体性から、後藤国賠事件の大阪地裁判決[2]がいうように、「口頭での打合せに限られるものではなく、口頭での打合せに付随する証拠書類等の提示をも含む打合せ」を意味するものと理解すべきである。また、接見交通権が弁護人等の固有権でもあることから、未決拘禁者である被疑者・被告人と弁護人等双方の放棄がなければ、接見の秘密性は放棄できないというべきである。このとき、身体を拘束された被疑者・被告人は捜査・訴追機関の強い影響下におかれているから、その放棄が有効とされるためには、放棄に先立ち弁護人等との秘密の協議が行われなければならない。弁護人等との事前の秘密協議なくしてなされた被疑者・被告人の放棄は無効というべきである[3]。

　第2に、弁護権を実質化するための自由なコミュニケーションの保障という趣旨からして、信書、電話など、接見以外の手段についても、最大限、秘密性が認められるべきである。刑訴法39条1項の「立会人なくして」が「接見」のみにかかるとしても、接見以外の手段について、その秘密性を無制限に剥奪してよいわけではない。接見に限らず、信書など他の手段を含め、身体を拘束された被疑者・被告人と弁護人等とのコミュニケーションについて、秘密性を保障することは、国際人権法の要請でもある。自由権規約14条3項は、「すべての者は、その刑事上の罪の決定について、十分平等に、少なくとも次の保障を受ける権利を有する」と定めており、同項 (b) は、「防御の準備のために十分な時間及び便益を与えられ並びに自ら選任する弁護人と連絡すること (to communicate with counsel)」を、同項 (d) は、「自ら出席して裁判を受け及び、直接に又は自ら選任する弁護人を通じて、防御すること……」を掲げている。自由権規約14条に関する自由権規約委員会の一般的意見32は、同条3項 (b) について、「この規定は、公正な裁判を保障するための重要な要素であり、また武器対等の原則を適用するものである」としたうえで (32項)、「弁護人と連絡する権利は、被告人が弁護人への速やかなアクセスを許可されることを要求している。弁護人は依頼人と他者の同席なしに接見すること、および連絡の秘密が十分に尊重される状態で被告人と連絡することができなければならない。さらに、弁護人はいかなる方面からも制限、影響、圧力または不当な干渉を受けることなく、一般に認められている職業倫理に従って、刑事上の罪に問われている者に助言し、その者を代理することができなければならない」と明記している (34項)[4]。また、欧州人権条約6条3項は、「刑事上の罪に問われているすべての者は、少なくとも次の権利

を有する」としたうえで、同項 (b) は、「防御の準備のために充分な時間及び便益を与えられること」を、同項 (c) は、「直接に又は自ら前出する弁護人を通じて、防御すること……」を掲げている。自由権規約14条3項 (b) の場合と異なり、被告人と弁護人とのコミュニケーションの保障が明記されていない。しかし、欧州人権委員会・人権裁判所の判例により、欧州人権条約6条3項 (c) の弁護権は、防御の準備をするために不可欠なものとして、弁護人とのコミュニケーションの保障を含むものであり、このコミュニケーションについては、弁護人の援助の実効性を確保するために、きわめて限定された例外的状況がある場合を除き、自由と秘密性が保障されなければならないとされている[5]。S対スイス事件[6]の欧州人権裁判所判決は、自己の弁護人と秘密のコミュニケーションを行う被告人の権利は、「民主的社会における公正な裁判の基本的要請のひとつであり、条約6条3項 (c) によって保障されている。もし弁護人がそのようなサーベイランスなしでは自己の依頼者と相談し、依頼者から秘密の指示を受け取ることができないのであれば、欧州人権条約が実際上行使可能で、かつ実効的な権利の保障を意図していたにもかかわらず、弁護人の援助はその実効性を大きく喪失することになってしまうであろう」と判示した。

第3に、刑訴法39条2項は、「法令（裁判所の規則を含む。以下同じ。）で、被告人又は被疑者の逃亡、罪証の隠滅又は戒護に支障のある物の授受を防ぐため必要な措置を規定することができる」としているが、刑訴法39条1項により秘密性の保障される接見交通については、同条2項に基づく「法令」による「措置」として、その秘密性を奪うような制限を設けることは許されない。これに抵触するかのような刑事被収容者処遇法の規定については、接見交通の秘密性を確保するよう、限定解釈しなければならない。

第4に、刑訴法39条2項に基づく「法令」による「措置」について、未決拘禁の目的としてこの条項に定められたものを超えて、刑事被収容者処遇法が独自の目的から、独自の根拠により、接見交通に実質的制限を課すことは認められないというべきである。このことは、刑事手続上の権利の保障・制約について、刑訴法と刑事被収容者処遇法との関係を一元主義的に理解すべきことからの帰結である[7]。施設の「管理運営」上の必要という刑事被収容者処遇法独自の根拠により制限が可能であり、刑事被収容者処遇法117条・118条1項・219条・220条1項は、そのような趣旨から設けられた規定であるとの見解もある[8]。しかし、刑訴法に基づく未決拘禁の執行を目的とし

て、その具体的方法を定めたものが刑事被収容者処遇法であるから、刑事手続上の権利の保障・制約について、両者は目的と手段の関係に立つはずである。また、刑事被収容者処遇法独自の根拠による実質的制限を認めると、刑訴法39条2項が刑事被収容者処遇法を含む「法令」の規定のあり方を規制する形で、制限根拠を具体的に示したことが無意味なものとなる。それゆえ、刑事被収容者処遇法独自の根拠による実質的制限は許されず、刑事被収容者処遇法の規定に示された制限根拠は、刑訴法39条2項の示した未決拘禁の目的の枠内において、それを具体化したものとして理解すべきである。

第5に、自由かつ秘密の接見交通の保障を実質化するためには、接見室の数、構造など、設備面の条件整備が必要になる。条件整備の遅れから接見交通権が制約を余儀なくされることは、本来あるべきではない。設備面に問題が残るときも、自由かつ秘密の接見交通を最大限実現する方向で、実施上の工夫がなされるべきである。

## 2 弁護人等との電話・ファクシミリ通信

### (1) 電話通信

電話その他電気通信に関して刑事被収容者処遇法146条がおかれたが、これは、もっぱら受刑者に関する規定であって、未決拘禁者の電話通信については、なんら規定は設けられなかった。しかし、現在、弁護人等とのあいだの電話・ファクシミリ通信が試行的に実施されており、接見交通の手段として重要性も高いので、ここにおいて論じておくこととする。

未決拘禁者と弁護人等との電話については、かねてよりその要求が強く[9]、2006年2月に発表された未決拘禁者の処遇等に関する有識者会議(以下、有識者会議)『未決拘禁者の処遇等に関する提言——治安と人権、その調和と均衡を目指して』(以下、『提言』)[10]も、「通信手段が発達・普及した今日における簡便な外部交通の一形態として、電話による外部交通を認めるように配慮することを検討すべきである」とした。とはいえ、有識者会議『提言』が、「弁護人等との電話による外部交通についても、これを認めることにより現場で混乱が生ずることも懸念されることから、権利的あるいは全国一斉に導入することは適当ではないとする意見もあり、原則的な外部交通の手段である接見を補完するものとして、具体的な必要性の程度も勘案しながら、実施可能

な範囲や具体的な方法等について十分に検討を行うことが必要である」としたことから、刑事被収容者処遇法は、これに関する規定を設けることなく、実務上実施が検討されてきた。

電話は社会的に重要な位置を占めているだけでなく、弁護に関するコミュニケーションの手段としても、機を逸することのない迅速な助言・相談を可能とすることから、面会、信書の発受によっては代替しえない固有の必要性・重要性を有している[11]。それゆえ、電話によるコミュニケーションを広く認めることが、被疑者・被告人の防御権の保障の趣旨に適う。この場合、被疑者・被告人と弁護人等との電話は、刑訴法39条1項の「接見」ないし「書類」の授受に直接該当するわけではないにせよ、電話による通話であれば、面会にさいしてのものではないにせよ、口頭での同時双方向型コミュニケーションという本質を接見と共通にすることから、接見に準じて扱うことができるであろう。

本来、弁護に関するコミュニケーションの手段として電話を認める以上、被疑者の防御権の行使に深く関わる事項であるから、たんに事実上実施するというのではなく、法律上の規定を設けるべきであった。有識者会議『提言』は「現場で混乱が生ずることも懸念される」としたが、すでに諸外国において広く実施されていることからすれば、これらの先例に学びつつ態勢を整備することによって、「混乱」は効果的に回避できるであろう。そのような検討をしないまま、観念的な「混乱」の「懸念」を理由にして、電話によるコミュニケーションの「権利」を認めないことは、被疑者・被告人の防御権の保障の趣旨に適合しないというべきである。

未決拘禁者と弁護人等との電話については、秘密の通話を可能とする設備がある限り、刑訴法39条1項の接見に準じて、秘密性が保障されるべきである。被疑者・被告人の弁護権の実質化という観点から、そのような設備が広く、早期に整備されなければならない。なお未整備の場合には、未決拘禁者と弁護人等は、双方の十分な理解に基づく合理的判断により、秘密保護の及ばない電話を選択することも認められてよいであろう。未決拘禁者の判断は、秘密性の保障がないことの意味を十分理解したものでなければならない。

相手方が弁護人等か、それ以外の者かによって、未決拘禁者のコミュニケーションについて秘密性の保障を区別するとの前提に立つ限り、電話の相手方が弁護人等であることの確認が必要になる。有識者会議『提言』は、「弁護人等が検察庁、警察署等の相当な場所に出向いて、弁護人等であることの

確認を受けた上で電話をかけるという方法が適当である」とした。少なくとも、これらのほか、裁判所、弁護士会などに設置された電話を使用した通話であって、相手方が弁護人等であると間違いなく確認できる場合には、刑訴法39条1項による接見の場合に準じて、秘密性が保障されるべきである。

　弁護人等が弁護士事務所の電話を使用する場合には、たしかに弁護人等との通話であるか確認が困難であろうが、たとえば予め弁護士会を通じて弁護士事務所の電話番号を施設側に登録しておき、さらに外国の銀行の電話取引で使うようなアルファベットと数字を組み合わせた10数桁のパスワードを二重に使うことなどによって、弁護人等本人であることの確認が十分可能ではなかろうか。弁護人等との通話であることが確認されれば、秘密性が保障されなければならない。信書の場合と同様、弁護人等が介在することから、弁護人等を装って、あるいは弁護人等と入れ替わって、第三者が制限されるべき通話を行う可能性は高くないであろう。また、そのような僅かの可能性に対処するために電話による弁護人等の助言・相談をすべて禁止したり、あるいはすべて傍受・録音して秘密性を奪うとすれば、それは明らかに過剰な制限であろう。もしどうしても弁護人等であることの確認ができないが、それでも電話によるコミュニケーションをとる必要がある場合には、被拘禁者と弁護人等双方の十分な理解に基づく合理的判断によって、秘密保護の及ばない通話を選択することも認められてよいであろう。

### (2) ファクシミリ通信

　有識者会議『提言』は、「送信に伴う事務負担、誤送信等の過誤のおそれ、通信費用を負担させることに伴う事務処理の煩雑さ」を指摘しつつも、「簡易迅速な連絡手段としてのファクシミリの有用性は否定し難く、これらの問題を解決した上で、未決拘禁者から弁護人等への連絡方法としてファクシミリを認める方向で真剣に検討すべきである」とした。問題解決のための方策を十分検討したうえで、ファクシミリ通信を認めることが、被疑者・被告人の防御権の保障の趣旨に適うところであろう。もっとも、ファクシミリについては、信書のように封入されていないことから、秘密性の保障は不可能であろう。それゆえ、未決拘禁者と弁護人等とのあいだの通信であっても、双方の十分な理解に基づく合理的判断によって、秘密保護の及ばない通信として選択されることにならざるをえない。本来、ファクシミリについても、法律上の規定が設けられるべきである。

### (3) 電話・ファクシミリ通信の運用状況

　刑事施設の未決拘禁者と弁護人との電話・ファクシミリ通信については、法務省と日弁連のあいだで申し合わせがなされ、刑事被収容者処遇法の施行に合わせて施行された[12]。それによれば、電話については、①東京、横浜、大阪、京都、神戸、福岡の各拘置所と福岡、札幌の各拘置支所において実施すること、②弁護人が電話を使用するアクセスポイントは、各刑事施設に対応する地検本庁と日本司法支援センター地方事務所とすること、③平日の午前9時から午後0時まで、午後1時から午後5時までに実施すること、④被拘禁者一人につき、1日1回とすること、⑤前日までに予約が必要であること、⑥アクセスポイントにおいては、通訳人を除き、弁護人一人のみが電話を使用できること、⑦弁護人が刑事施設の指定番号に電話をかけ、必要に応じ、施設職員が弁護人であることを口頭で確認した後に通話が開始されること、⑧通話時間は15分または20分とし、被拘禁者の連行に要する時間、職員の配置などの事情を考慮して、施設長が決めること、などとされた。ファクシミリ通信については、①申合せによるファクシミリ通信の実施に弁護士会が同意した地域において実施すること、②未決拘禁者から弁護人に対しては、平日1日1通を限度とすること、③被収容者からのファクシミリ通信は、所定の様式によるものに限られること、④記載要領に従わない場合、刑事施設の規律・秩序を害するおそれのある記載がある場合、微細な文字、極度に薄い文字などファクシミリ通信に困難をきたす場合、または弁護人に関する情報の欠如から送付先の特定が困難な場合には、刑事施設はファクシミリ通信の取次ぎを行わないこと、⑤刑事施設は1日分をとりまとめて、弁護士会に一括送信すること、⑥弁護士会は受信した書面を各弁護人にファクシミリ送信すること、⑦弁護人から被拘禁者に対するファクシミリ通信は、刑事施設からの通信を受けた弁護人が、その受信した書面の下欄の記載欄に必要事項を記入したうえ、弁護士会に対してファクシミリ送信したものに限られること、⑧弁護士会は、各弁護人から受信した書面をとりまとめて、1週に1度、刑事施設に一括送信すること、などとされた。

　日弁連は、警察庁とのあいだでも、警察留置施設の被留置者と弁護人等との電話に関する申合せを行い、この申合せは、刑事被収容者処遇法の施行に合わせて施行された。その内容は、紹介されているところによれば、①全国9道県の16警察署において実施すること、②弁護人等が電話を使用するアクセスポイントとしては、裁判所本庁所在地近くの警察署が指定される（た

とえば、北海道においては道警本部ごとに留置場をアクセスポイントとして、伊達署、室蘭署の被留置者との電話が、沖縄においては那覇署をアクセスポイントとして、宮古署留置施設の被留置者との電話が行われる)こと、③前日までの予約が必要となること、④1回あたり15分程度の通話とされていること、⑤被留置者は動静監視のため接見室の扉を若干開いた状態で電話すること、というものである[13]。被留置者の動静監視については、当初、警察庁は、通話中、被留置者、弁護人等双方について傍らに施設職員が立ち会うことを主張していたという[14]。

これら電話・ファクシミリ通信は、なお「試行」にとどまる限定的なものであり、また、実施方法においても、回数、時間、手順が制限され、秘密性も保障されないなどの点において、刑訴法39条1項に基づく接見交通としてではなく、それを補助する手段たる通信として施行されたと理解すべきであろう。このような限界はあるにせよ、未決拘禁者と弁護人等とのコミュニケーションを実質的に拡大し、有効な弁護を通じて被疑者・被告人の防御権を強化する方向への有意義な進展である。

とはいえ、警察留置施設の被留置者との電話について、秘密性が確保されていないことは重大な問題である。刑事施設の場合との違いがもし、面会の立会、信書の内容検査の場合と同様、警察留置施設には被疑者が多くいるため罪証隠滅の危険が類型的に高いので、その防止措置を講じる必要があるためだとすれば、そのような理由から秘密性を奪うことは認められない。面会の立会、信書の内容検査について上述したことが、電話の場合にも妥当するうえ、同じく口頭のコミュニケーションとしての刑訴法39条1項による接見について、完全な秘密性が保障されていることとの均衡からも、罪証隠滅の危険を理由にして電話の秘密性を奪うことは許されないからである。警察留置施設の接見室の扉を若干開けた状態において弁護人等との電話をしなければならないとなると、被拘禁者は、秘密性が完全に保障されているはずの刑訴法39条1項による接見についても、秘密保護への確信を失うおそれがある。接見室に電話機を設置するなどして、秘密性の保障が可能な設備・態勢がある以上は、電話についても、接見に準じて秘密保護がなされなければならない。

実施状況をみると、2007年から2009年までは24件、26件、36件と低く推移していたが、2010年4月以降、対象となる警察署を順次拡大したことの影響から、2010年には93件に増加した[15]。対象の警察署を拡大すること

と同時に、実施条件の改善、とくに秘密性の確保が必要とされる。

## 3 面会の一時停止及び終了
### 刑事被収容者処遇法117条・219条・267条

　弁護人等との接見について、旧監獄法施行規則127条2項は、「逃走不法ナル物品ノ授受又ハ罪証湮滅其他ノ事故ヲ防止スル為メ必要ナル戒護上ノ措置ヲ講ス可シ」としつつも、同条1項但書は、職員の立会を排除していた。旧監獄法下において、弁護人等との接見の一時停止や終了を認める規定はなかった。

　刑事被収容者処遇法は、未決拘禁者または弁護人等が規律・秩序を害する行為をしたとき、行為の制止、面会の一時停止・終了ができるとする規定を新設した（117条・219条・267条）。刑訴法39条1項により接見の秘密性が保障されていることから、施設職員による会話内容の聴取が許されないことは当然として、国会審議においては、この規定に基づいて接見状況の視覚的監視が予定されているわけでないことも確認されている。秘密接見の保障の趣旨からすれば、視覚的監視も許されないことは当然であろう。衆参両院において、「未決拘禁者と弁護人の面会については、面会の状況を監視すること等によりかりそめにも秘密交通権の侵害となることがないよう留意する」との附帯決議が付されている。「被収容者の外部交通に関する訓令の運用について（依命通達）」（平成19・5・30矯成3350矯正局長依命通達）は、「未決拘禁者と弁護人等との面会の一時停止については、未決拘禁者が面会室内で大声を出し続けて他の面会室で実施されている面会に支障を生じさせたり、器物を損壊するような行為に及んだ場合や、弁護人等が自己の携帯電話を使用して未決拘禁者と外部の者との間で通話させるような行為に及んだ場合などが想定されるが、その権限はあくまでも刑事施設の規律及び秩序を維持するために必要な限度で行使されなければならないこと。／また、秘密交通権の重要性にも十分配慮する必要があり、殊更に面会の状況を監視しようとしたりすることは適切ではなく、謙抑的な運用に努めるべきであること」としている（4(3)）。

　矯正局長依命通達にもあるように、この規定により対処すべきとされる行為には2類型があるとされる[16]。第1に、面会室の外にいる職員が室内で物

を破損させるなど異常な物音を聞いたとき、あるいは被拘禁者が出入りするドアにはめ込まれた視察窓越しに、たまたま接見室内における規律・秩序を害する行為を確認したときの対処である。しかし、過去このような規定がないにもかかわらず、現実にとくに不都合が生じているわけではないから、その必要性には疑問がある。かつて弁護人等の言動に激高した被拘禁者が、面会室の遮蔽スクリーンの通話孔部分をけりつけ、拳で殴りつけることによって破壊した例があるというが、そもそもそのような事例は稀であり、たとえ規律・秩序を害する行為があった場合でも、弁護人等の判断によって接見を打ち切ることで対処が可能なはずである。

　第2に、接見にさいして弁護人等自身が規律・秩序を害する行為をした場合の対処である。国会審議においては、かつて弁護人等が携帯電話を持ち込み、接見禁止の処分を受けている被疑者に母親と会話させたという懲戒事例が一件のみあげられた。正当な弁護活動の限度を超えて、弁護人等による規律・秩序を害する行為の可能性は、たしかに皆無ではないかもしれない。しかし、そのような行為はもともと希有であるうえ、弁護士倫理に抵触するものとして、弁護士会の懲戒処分の対象となりえるから、あえて面会の一時停止・終了などの規定をおくことによって対処する必要性はきわめて低い。弁護士倫理と弁護士会の懲戒システムによって、効果的にコントロールが可能なのである。

　いずれの場合にも必要性が僅少であるにもかかわらず、このような規定があると、接見の秘密保護に対する信頼が失われ、その結果、自由なコミュニケーションに対する萎縮効果が生じることとなる危険がある。被疑者・被告人と弁護人等との信頼関係の形成にも支障が生じかねない。もともと、未決拘禁者と弁護人等との接見について、上記のように、規律・秩序違反行為のなされる可能性は僅少であるし、規律・秩序違反の可能性が認められた場合でも、弁護人等の判断による接見打切などを通じて、それに対処することが可能であるから、施設職員が「視察窓から面会室内の様子を見」なければならない必要性はきわめて低いはずである。遮蔽板のある「面会室」を用いた閉鎖面会による限り、とりわけそうである。また、施設職員がたとえ「たまたま」面会室内の様子を見た場合であっても、やはり秘密接見の保障に対する信頼を切り崩すこととなり、その結果、被疑者・被告人と弁護人等との自由なコミュニケーションに萎縮効果を生じさせるおそれがある[17]。それゆえ、施設職員が視察窓から面会室内の様子を見ることは許されないというべきで

あろう。

　面会の一時停止・終了を規定することは、会話内容を直接聴取するものではないから、たしかにそれ自体として刑訴法39条1項に違反するわけではないかもしれない。「秘密交通権の保障とは、基本的に、面会時の会話内容を聞かれないということにあるのであり、……（矯正局長依命通達のあるような場合に・引用者）一時停止の権限を行使したとしても、これによって秘密交通権を侵害するものとは考えられない」とされるのである[18]。しかし、秘密保護に対する信頼を切り崩し、自由な接見に支障を生じさせる点において、有効な弁護の保障という憲法の趣旨に適合しないことに疑いはない[19]。それゆえ、これらの規定は、施設職員は弁護人等からの要求がある場合において必要な措置をとることができることを定めている趣旨と限定的に解釈・運用されるべきであろう。

　この点について、「面会室から大きな物音が聞こえた」場合、「施設職員がなんら介入できないとするのは不合理であるし、そのような場合に面会の一時停止がなされるとしても、被疑者・被告人と弁護人との自由なコミュニケーションが萎縮するとは言い難い」とする見解がある[20]。また、未決拘禁者が面会室内で暴れているなどの状況を把握しながら何らの措置をとることもできず、弁護人等からの中止の申出を待たなければならないとすることは、……（未決拘禁者の自傷行為を防ぐという刑事施設の・引用者）責任を全うできないこととなり、適当ではない」ともいわれる[21]。しかし、大きな物音が聞こえた場合の対処は、このような対処の必要が実際上希有であるうえ、弁護人等の要求を待っても可能なはずである。また、刑訴法39条1項による接見の秘密性については、絶対的保障がなされるべきところ、弁護人等の要求なくして施設職員が介入することは、やはり秘密保護の絶対性に対する信頼を損なわせるおそれがあり、憲法・刑訴法による秘密接見の保障の趣旨に反するというべきであろう。仮に面会室から大きな物音が聞こえた場合に限り、弁護人等の要求がなくとも施設職員の対処が認められるとしても、未決拘禁者が「刑事施設の規律及び秩序を害する行為」（113条1号ロ）をするときは面会の一時停止・終了をすることができるとする規定は、規定自体として、過度広汎であるといわなければならない。

　刑事被収容者処遇法117条に基づき、弁護人等との面会の一時停止・終了の措置がとられたとき、その措置は刑訴法39条2項が法令で規定することのができるとしている措置ではない、とする見解がある[22]。たしかに、弁護

人等の要求がないにもかかわらず、刑事施設の規律・秩序の維持を理由にしてこれらの措置をとるならば、その措置は、刑訴法39条2項のいう「逃亡、罪証の隠滅又は戒護に支障のある物の授受を防ぐために必要な措置」を超えるものとなりうるであろう。しかし、刑訴法と刑事被収容者処遇法の一元的関係からすれば、上記のように、刑訴法の予定する範囲を超える実質的制限を刑事被収容者処遇法により規定することは許されないというべきである。

## 4 面会に関する制限

刑事被収容者処遇法118条・220条・268条
刑訴規則30条・302条
刑事被収容者処遇法施行令2条
刑事被収容者処遇規則69条・70条・71条・72条・73条・75条
国家公安委員会関係刑事処遇法施行規則25条

### (1)「管理運営上の支障」と休日・夜間接見

　刑事被収容者処遇法118条・220条・268条の各1項は、面会の日・時間帯の制限の根拠となる規定であるが、未決拘禁者の一般面会や受刑者の面会の場合と異なり、刑事被収容者処遇法自体のなかに規定がおかれている。とくに法律に規定を設けたのは、未決拘禁者と弁護人等との面会が弁護権の実質的保障と防御権の行使にとって重要であることを踏まえてのことだとされている。問題は、面会の日・時間帯の制限が、どのような根拠により、どの範囲において許されるかである。

　旧監獄法施行規則122条は、「接見ハ執務時間内ニ非サレハ之ヲ許サス」と定めていた。「所長ニ於テ処遇上其他必要アリト認ムルトキハ前三条ノ制限ニ依ラサルコトヲ得」とする同規則124条により、執務時間外の接見が例外的に認められる余地もあったが、実務上、休日・夜間の接見は原則として認められなかった。ただし、旧監獄法下でも、接見時間の制限はなく (同規則121条但書)、面談要旨の聴取も認められていなかった (同規則125条2項)。

　弁護人等の夜間・休日接見については、かねてよりその必要性が訴えられてきた[23]。有識者会議『提言』によれば、実務上、警察留置場においては、管理体制が整う限り、夜間・休日の弁護人接見にも対応しており、午後10時頃までであれば接見が認められている一方、拘置所においては、弁護人等

との接見を原則として執務時間内に限り、翌週に公判期日が指定されている場合などにのみ、休日接見を認める運用がなされているという。休日・夜間接見の「原則禁止・例外解除」は、刑訴法39条1項による自由な接見の保障、さらにはその基礎にある憲法34条の弁護権の保障の趣旨に適合しない。このような現状に対して、有識者会議『提言』も、「防御権の行使をより実質的に保障するため、夜間・休日における実施が必要となる場面があると考えられる。／特に、平成21年5月までには、短期間での連日的・集中的な公判審理の必要性が格段に高い裁判員裁判が始まり、拘置所における夜間・休日接見（裁判所の構内における接見設備での開廷前後の接見を含む。）を実施する必要が高まることが予想されるため、法務省は、接見を実施する日及び時間帯について見直し、夜間・休日接見を実施する必要性を勘案しつつ、その具体的な範囲・方法について真剣に検討すべきである」とした。刑事被収容者処遇法は、面会の回数や時間に関する制限を行わない一方で、すべての刑事収容施設において、「管理運営上の支障」がある場合に限り、面会の日・時間帯、弁護人等の人数について制限することができるとしている（118条・220条・268条）。

　刑事被収容者処遇法のもと、未決拘禁者の就寝時から執務開始時までの時間帯については、夜間勤務体制のもと戒護の余裕がないから、「管理運営上支障があるとき」に該当するとの見解がある[24]。面会の日・時間帯の指定は、「刑事施設の業務体制の問題」であるから、「一人の未決拘禁者について弁護人等との面会を行わせることが可能であるとしても、その時間帯に一般的に未決拘禁者の弁護人等との面会を行わせることが可能な業務体制になければ、その時間帯に面会を許すことには『管理運営上支障がある』ことにな」り、すべての被収容者について「面会を許さないことが必要な制限として許される」という見解[25]も、同旨であろう。

　しかし、第1に、管理運営上の支障という制限根拠は不明確である。刑事被収容者処遇法118条1項にいう「『管理運営上支障があるとき』とは、未決拘禁者の連行などに従事する職員の配置がないため、面会を行わせることができない場合」をいうとされるが[26]、そのような面会の制限が、どのような実質的根拠により許されるのかについては、なお明らかでない。それゆえ、管理運営上の支障のなかに、正当な拘禁目的の達成を超える内容までもが広く取り込まれ、過剰な制限がなされる危険がある。管理運営上の支障は、さまざまな場面において権利制約の根拠とされているが、本来、規律・秩序の

維持の場合と同様、安全で円滑な共同生活の維持という観点から捉え直されるべきであり、そのうえで個別具体的な制限ごとに、内容が具体化されるべきである。

第2に、刑訴法39条1項が要請する自由な接見を実現するために、そのような「支障」が極小化するよう、各施設の設備、管理運営のあり方が整備されなければならない。それが、憲法の弁護権の保障の趣旨に適う所以であろう。

第3に、それでもなお「支障」が残る場合、弁護権の実質的制約に及ぶような制限は許されず、必要最小限度の時間調整など、技術的制限のみが許されると理解すべきである。休日・夜間の接見が弁護上必要かどうかは、まさに弁護の具体的方法にかかわるものとして、弁護人等の判断に委ねられるべきであり、それについて施設側が判断することは認められない。「支障があるときを除き」制限ができないとする各規定3項は、このように解釈・運用されるべきである。

このように考えると、刑事被収容者処遇法の解釈・運用のあり方としても、就寝時から執務時間開始までの接見が認められないとすることには、重大な疑問がある。さらには、このような包括的制限の可能性さえ完全に排除しない刑事被収容者処遇法の規定は、憲法・刑訴法による自由な接見交通権の保障と「防御権の尊重」という未決拘禁者処遇の原則（刑事被収容者処遇法31条）を具体化する方向で、見直されるべきであろう。

刑事施設における夜間・休日接見については、「面会の緊急性・必要性が類型的に高いものについては、あらかじめその面会を実施する日・時間を法務省と日本弁護士連合会との間で申し合わせておき、これに合致するものについては、執務時間外であっても、面会のための態勢の確保を図り、面会を確実に実施する一方、これに合致しない面会については、刑事施設側としては（相対的に見て）管理運営上支障が生じやすいことを明らかにし、弁護人等に対して、平日の執務時間に行うよう協力を求めることとされた」という[27]。この申合せ[28]の内容を盛り込んだ「夜間及び休日の未決拘禁者と弁護人等との面会等の取扱いについて（通達）」（平成19・5・25矯成3246矯正局長通達）によれば、①被疑者との面会については夜間（午後8時まで）においても実施すること、②当該刑事施設に収容された後の被疑者との初回面会については、土曜日、日曜日、これと連続する休日の平日の執務時間と同一時間に実施すること、③2回目以降の被疑者との面会については土曜日の午前に実施する

こと、④余罪捜査中の被告人・受刑者で、被疑者として逮捕・勾留されている場合の面会については、土曜日の午前中に実施すること、⑤公判期日、上訴期限または提出書類の提出期限から5日以内の場合には、被告人との夜間および土曜日午前の面会を実施すること、⑥夜間・休日面会を希望する弁護人等は、面会希望日の直近の平日の執務時間までに面会の予約をすること、⑦夜間面会については、面会希望日当日に面会の必要が生じた場合には当日午後3時30分までに、面会希望日に公判期日が開かれており、翌日にも予定されている場合には、その面会希望日の執務時間に予約を行うこと、⑧弁護人等または通訳人が遠隔地から来訪する場合、被疑者・被告人から弁護人等に対して、別件被疑事件について取調べを受けたので至急面会したい旨の信書（電報、ファクシミリを含む）が休日またはその直前に届いた場合、その他これらの場合に準ずる緊急性・必要性が認められる場合には、平日の執務時間内に面会実施が困難なとき、夜間または休日（平日の執務時間と同一時間）にも面会を実施すること、などとされた。現在、この申し合わせに従って夜間・休日面会が実施され、とくに問題は生じていないようである。もっとも、先の⑧において、夜間・休日面会を必要とする「緊急性・必要性」については、弁護人等のその申出によって直ちに認められるべきであり、刑事施設が弁護人等に対してその根拠を示すよう要求し、あるいは弁護人等の申出に対してそれを否定すべきではない。また、とくに被疑者については、休日にも取調べが行われることとの均衡からしても、弁護権を確保するために、制限なく休日面会が認められるべきである。「申合せ」は休日の夜間面会を認めていないが、弁護上必要・重要な場合には、夜間の休日面会も認められるべきであり、刑事施設においてはそのための態勢が整備されるべきである。

翻って考えるとき、刑訴法と刑事被収容者処遇法の一元的関係からすれば、本来、執務時間外である夜間、休日ともに自由に接見が認められるべきであり、刑訴法39条2項に基づく「法令」によりそれが制限できるのは、接見を認めると未決拘禁の目的が阻害される現実的危険がある場合に限られるはずである。ここにいう未決拘禁の目的は、規律・秩序の維持、施設の管理運営という抽象的内容ではなく、被収容者の安全・円滑な共同生活の維持としてより具体的内容が設定されなければならない。先の矯正局長通達はたしかに、自由な接見の保障の方向に従来の実務を発展させるものではあるが、このように考えたとき、なお限界があり、「過渡的」なものとして位置づけられるべきであろう[29]。

## (2) 面会場所

　旧監獄法施行規則126条1項は、「接見ハ接見所ニ於テ之ヲ為サシム可シ」と定め、弁護人等との接見の場合を含め、「接見所」すなわち面会室における接見を要求していた。未決拘禁者については、「疾病ノ為メ已ムコトヲ得ザル場合」においてその「居所」での接見が許されるのみであった（同条3項）。このような面会場所の指定は、弁護人等との接見について、立会を排除する一方で（同規則127条1項）、「逃走不法ナル物品ノ授受又ハ罪証湮滅其他ノ事故ヲ防止スル為メ必要ナル戒護上ノ措置ヲ講ス」必要があるとされた（同条2項）ことによるのであろう。

　刑事被収容者処遇法118条4項・220条4項を受けて、刑事施設について刑事被収容者処遇規則70条2項、警察留置施設について国家公安委員会刑事処遇法施行規則25条は、未決拘禁者と弁護人等との面会が「面会室」において実施されるべきと定めている。これらの規定によれば、「面会室」は、未決拘禁者と弁護人等とのあいだに仕切りが備えられた部屋とされている。刑事施設において、「被収容者が病室に収容されている場合その他の法務大臣が定める場合」（刑事被収容者処遇規則70条2項1号）に例外が認められるのみであり、被収容者の外部交通に関する訓令（平成19.5矯総訓3361）5条によって、この「法務大臣が定める場合」とは、「被収容者か病室に収容されている場合、このほか、被収容者の心身の状況に照らして、仕切り室を面会の場所とすることか相当でないと認めるべきやむを得ない事情がある場合」とされている。このように、ほぼ例外なく、仕切りのある「面会室」での閉鎖面会 (closed visit) によるべきとされるのである。

　しかし、本来、拘禁目的を阻害する現実的危険に対処するための必要最小限度の制限として認められる場合でない限り、遮蔽板のない面会室における開放面会 (open visit) が認められるべきである。イギリスの経験に照らしても、開放面会は、被疑者・被告人と弁護人等がより円滑に意思・情報を伝達し、また、訴訟手続に関する書類などを一緒に見ながら、より効果的に検討することを可能とする。両者の信頼関係もより強固にするであろう[30]。有識者会議『提言』は、もし開放面会を認め、未決拘禁者と弁護人等とのあいだで「直接、文書等の授受を認めることとすると、未決拘禁者は、検査を受けることなく、その意思内容を表す文書を弁護人等に発することが可能となる」から、検査を受けるべきであり、そうである以上、これを認めるべきではないとの立場をとった。しかし、後述するように、信書の場合と同様、未決拘禁者と

弁護人等とのあいだで授受される書類について、内容検査を認めるべきではない。それゆえ、内容検査の必要を理由にして開放面会を否定することはできない。開放面会の原則については、本来、法律上具体的に規定すべきであるが、さしあたり、被収容者の外部交通に関する訓令の改正によって、運用上具体化すべきであろう。さらに、訓令改正までのあいだは、弁護人等との面会は、原則として、訓令にいう「仕切り室を面会の場所とすることが相当でないと認めるべきやむを得ない事情がある場合」にあたるものとする解釈・運用がなされるべきである。

近時、面会場所をめぐり新たな問題が生じている。すなわち、2009年5月21日より被疑者国選弁護の対象が拡大された結果、とくに警察留置施設における接見室不足のために、長時間の待機や接見時間の短縮を迫られる例が広がっているというのである。実際、接見件数の顕著な増加に対して、接見室の増設は進んでいない[31]。また、定者国賠訴訟[32]において、最高裁が、設備上の問題に対処するための窮余の一策として「面会接見」を提示した後も、検察庁における接見室の新増設は遅れているという。施設・設備面の限界から自由な接見が制約されることは回避されなければならない。接見室の新増設が急務である。

十分な接見室が確保されるまでのあいだは、どうすべきか。「面会接見」の活用に頼るべきではない。秘密性が確保されず、それにより、接見にともなうコミュニケーションが不可避的に制約されるからである。第1に、立会人を排したうえで取調室での接見を認めるべきである。室外を警備することにより、逃走防止の措置をとることは可能である。取調室での接見にあたっては、刑事被収容者処遇法118条4項・220条4項に基づき、法禁物、危険物などの持ち込みを防止するための措置をとることが認められるべきであろう。第2に、開放面会によることができず、仕切りのある部屋を使用しなければならない場合には、定者国賠訴訟の第一審判決が示唆したように[33]、秘密性の確保に配慮したうえで、未決拘禁者を収容すべき居室を利用し、その内外に未決拘禁者と弁護人等とが位置する形態により、接見を認めるべきである。第3に、これらによって接見をさせることができない場合には、接見可能な設備の備わった近隣の施設に速やかに未決拘禁者を移動し、そこにおいて弁護人等との接見を認めるべきである。とくに、代用刑事施設としての警察留置施設に被疑者を勾留している場合であれば、弁護人との接見交通権を確保するために、被疑者を刑事施設に速やかに移送すべきである[34]。

「面会接見」は、即時の接見が要求されているとき、これらの措置により接見を認めることがどうしても不可能な場合に限り、未決拘禁者と弁護人等の真摯な同意のもと、いわば最終手段として実施されるべきであろう。

　なお、未決拘禁者と弁護人等との面会については、裁判所構内に設けられた一時的な収容施設（「出廷留置場」と呼ばれる）においても行われるが、裁判所構内での面会は、裁判所（裁判官）の権限と責任において認められるものであって、刑事被収容者処遇法の適用外にあるとされている[35]。その場合、面会の日時・場所・時間の指定、あるいは書類・物の授受の制限については、刑訴規則30条・302条に基づき、裁判所（裁判官）によりなしうることになる。

### (3) 録音機の使用、書類等の持込み

　接見時の録音機使用についてはどうか。旧監獄法施行規則127条2項は、弁護人等との接見について「逃走不法ナル物品ノ授受又ハ罪証湮滅其他ノ事故ヲ防止スル為メ必要ナル戒護上ノ措置ヲ講ス可シ」と定めていた。旧監獄法時代の通達（昭和38.4.4矯正甲279矯正局長通達）によれば、弁護人等が接見内容を録音し、持ち帰ることは、刑訴法39条の適用上、「書類の授受に準ずるものとして取り扱うべき」であり、「テープ等を再生のうえ内容を検査し、未決拘禁の本質的目的に反する内容の部分又は戒護に支障を生ずる虞れのある部分があればその部分を消去」するものとされている。有識者会議『提言』は、「接見を充実したものとするためにも、メモに代わるものとしての録音機の使用は有効であるとする意見」があるとしたうえで、「現行の実務においても、接見の前後にその記録内容を検査することとされているものの、録音機の使用による記録自体は禁じているところではな」いが、「録音機による記録内容の検査の必要性については、……弁護人等に発する信書の検閲の論点と同様に考えるべきであるとする意見が多数を占めた」としている。録音内容の検査が排除されているわけではない。

　しかし、録音内容の検査は、一切許されないというべきである。接見にさいして弁護人等がメモを作成することは、接見時のコミュニケーションの内容を記録するものであるから、それ自体、刑訴法39条1項のいう「接見」の一部を構成する。それゆえ、メモの秘密性は、同規定による秘密接見の保障の範囲内にあり、その内容検査は許されない。このことは、異論なく認められているといってよい。録音記録は、このような接見メモと同じ機能を果たすものであり、むしろ記録の正確性においては、メモに優っているのである

から、メモと同様、「接見」の一部として、秘密性を保障されるべきである。録音内容の検査は、接見の秘密性の喪失に直結するものであるから、刑訴法39条1項が禁止している「立会」に準じるものとして、排除されなければならない。イギリスにおける法曹特権としての法的コミュニケーションの秘密保護が、相談自体だけでなく、相談にさいして作成した記録をも対象とするのは、このような趣旨による[36]。また、仮に弁護人等に発する信書と同じ扱いによるとの前提に立つ場合でも、後述するように、記録内容の検査の必要性は僅少であり、内容検査は過剰な制限にあたるというべきである。

　接見にあたり弁護人等は書類等を持ち込むことが認められるか。また、その書類等について内容検査は許されるか。旧監獄法下、1991年の東京地裁判決[37]は、「接見における文書の携行の自由は、右自由を制限しないならば勾留目的が阻害され、あるいは監獄内の規律及び秩序の維持上放置することのできない程度の障害が生ずる相当の蓋然性があると認められる場合に限り、必要かつ合理的な範囲内で制限し得る」と判示したうえで、出版目的とともに裁判資料としての目的を有する文書の携行を不許可とした処分は、未決拘禁者の刑事手続上の防御権を侵害し、違法であるとした。また、後藤国賠事件の大阪地裁判決[38]は、刑訴法39条1項の「接見」は、口頭での打合せに付随する証拠書類等の提示をも含む打合せ」を意味し、「弁護人が被告人等と直接接見するに当たって持ち込もうとしている書類等の事前検査としては、刑訴法39条1項及びそれが由来するところの憲法の保障の趣旨に照らし、罪証隠滅ないし逃走の用に直接供される物品ないし収容施設内の規律ないし秩序を著しく乱す物品の持込みの有無について、外形を視認することによって確認したり、書面又は口頭で質問する程度の検査を実施することは格別（この程度の事前検査にとどまるのであれば、収容施設等に接見内容を推知されるおそれはなく、被告人等と弁護人とのコミュニケーションにも萎縮的効果を及ぼすものとはいえない。）、持ち込まれる書類等の内容にまで及ぶ検査については、秘密接見交通権が保障された趣旨を没却する不合理な制限として許されない」と判示した。

　接見時のビデオ再生について、最高裁上告不受理決定による後藤国賠事件の判決確定直後、法務省は、接見内容の録画は認めないこととともに、「弁護事件の証拠物又は証拠物として提出を検討しているものであれば、許可するものとし、それ以外の場合については、弁護事件についての弁護人との打合せに必要不可欠か否かという観点から個別に判断すること。例えば、第三

者が被告人をたんに激励するようなビデオテープは必要不可欠とは言えないが、証拠申請はしない場合であっても、犯行現場の映像等は弁護事件についての打合せに当たって必要不可欠なものと考えられること」とする通知を発した（平成19・4・17矯正2501矯正局成人矯正課長通知）。必要不可欠かどうかは、施設側が判断可能であり、判断すべきかのような記述であるが、それを認めたならば、施設側が接見内容に干渉し、自由な接見を抑制することになる危険がある。弁護上の必要性については、弁護人等のみが判断可能であり、その判断に委ねるべきである。翻って考えると、書類等の内容によって、接見にあたっての持込みの許可を決めることには問題がある。刑訴法39条1項は、接見内容のいかんによらず、すべての「接見」について完全な秘密性を保障しており、この「接見」は、「口頭での打合せに付随する証拠書類等の提示をも含む打合せ」を意味している。このことからすれば、接見にあたり、その一部を構成する「提示」のために弁護人等が持ち込む書類等について、その内容により持込みを許さないとすることは、刑訴法39条1項に反するというべきであろう。

### (4) 接見状況の写真撮影・録画

接見時、証拠保全の必要から、弁護人等が接見状況を写真撮影し、または録画することは認められるべきか。なお、接見内容を記録するための録音機の使用については、先に述べた。この点について、「被収容者の外部交通に関する訓令の運用について（依命通達）」（平成19・5・30矯成3350矯正局長依命通達）は、6(2)において、「未決拘禁者との面会を申し出る弁護人等に対しては、次の事項を周知すること」として、「カメラ、ビデオカメラ、携帯電話を使用しないこと」(ウ)をあげている。実質的根拠は明らかにされていないが、接見状況の写真撮影・録画を禁止するとの趣旨である。

しかし、弁護人等が、被疑者・被告人の表情、所作、その身体の状態など、接見時の状況を写真撮影・録画するとき、そのような写真撮影・録画は、刑訴法39条1項により、接見交通権の正当な行使として認められるべきであり、撮影・録画内容の秘密性が保障されなければならない。

第1に、接見状況の写真撮影・録画は、それ自体として、刑訴法39条1項のいう「接見」にあたり、その自由と秘密性を保障され、それゆえ、その制限は同条2項のいう「法令」によってのみ許されることになるが、刑事被収容者処遇法上、弁護人等の写真撮影・録画の制限根拠となりうる規定は存

在しない。すなわち、上記依命通達による禁止については、その法的根拠が存在しないのである。

　刑訴法39条1項のいう「接見」は、たしかに身体を拘束された被疑者・被告人と弁護人等とのあいだの口頭での意思連絡を中核とするものであろうが、それに限られるわけではない。後藤国賠事件の大阪地裁判決[39]は、同規定の「接見」は、「口頭での打合せに付随する証拠書類等の提示をも含む打合せ」を意味すると判示し、口頭での意思連絡以外のものを含む、接見時に行われる広い意味でのコミュニケーションが「接見」となりうることを示唆していた。人間のあいだのコミュニケーションは口頭によるほか、さまざまな手段・方法によりなされるものであるから、同規定のいう「接見」について、コミュニケーションの手段・方法の面から限定することはできないというべきであろう。同規定において、「接見」は、信書発受などのコミュニケーション手段を含む「書類若しくは物の授受」と区別されているから、これらを除いたうえで、被疑者・被告人と弁護人等とのあいだで接見時に行われるコミュニケーションを広く意味し、あらゆる手段・方法によるものを含むと理解することができる。

　接見状況の写真撮影・録画は、接見時の被疑者・被告人に関する情報の取得行為にほかならず、その点において、被疑者・被告人の口頭での陳述を聞き取り、その内容を筆記することと同じである。また、接見状況を写真撮影・録画するにあたっては、その行為をめぐって、弁護人等から被疑者・被告人に対する意思の伝達も行われる。結局、接見状況の写真撮影・録画は、被疑者・被告人と弁護人等とのあいだで接見時になされるコミュニケーションなのであって、それゆえ、刑訴法39条1項のいう「接見」にあたる[40]。このように、写真撮影・録画の場合も、弁護人等が接見時に知覚した被疑者・被告人の外観上の特徴を筆記することが「接見」にあたるのと同様なのである[41]。

　写真撮影・録画が刑訴法39条1項の「接見」にあたるのであれば、同規定によって、その自由と秘密性が保障されたうえで、同条3項の接見指定による場合を除いて、その制限は、同条2項によってのみ許容される。この規定は、「法令」に基づく接見または物の授受の制限が許容されるべきことを明記しており、法令上の根拠がない限り、同条1項による接見交通のいかなる制限も許していない。ところが、弁護人等の写真撮影・録画について、制限根拠となるべき法令は存在しない。刑事被収容者処遇法118条1項ない

し4項は、未決拘禁者と弁護人等との面会に関する制限を定めているが、同規定にあげられているのは、日・時間帯（1項）、相手方の人数（2項）、これらの制限に適合しない面会申出の原則許可（3項）、面会場所（4項）である。写真撮影・録音の禁止を根拠づける規定は存在しない。このように、上記依命通達による禁止には、刑訴法39条2項のいう「法令」上の根拠が存在しないのである。

　第2に、かりに、接見状況の写真撮影・録画が刑訴法39条1項の「接見」にあたるにせよ、同条2項のいう「法令」によることなく、刑事被収容者処遇法独自の制限が、根拠規定がなくとも可能であるとの前提に立ったとしても、写真撮影・録画を禁止すべき必要性は認められない。この場合、実質的根拠とされうるのは、逃亡・罪証隠滅の防止、収容施設における規律・秩序の維持という拘禁目的を阻害する危険であろう。弁護人等宛信書の制限の例からすると、とくに逃亡・罪証隠滅の危険が重視されているのかもしれない。すなわち、写真撮影・録画を通じて、未決拘禁者と弁護人等以外の第三者とのあいだのコミュニケーションが可能となり、逃亡・罪証隠滅の危険が生じる可能性があり、とりわけ刑訴法81条による接見制限がある場合、その趣旨が失われることになる、とされるのである。しかし、弁護人等宛信書の場合と同様、弁護人等が証拠保全の必要から写真撮影・録画を行う限り、それを通じて逃亡・罪証隠滅の危険が生じることはないというべきである。規律・秩序の阻害の危険についても同様である。かりに皆無でないとしても、その危険はきわめて低い。もし未決拘禁者が外部の第三者に対して逃亡を補助し、あるいは罪証隠滅を慫慂する接見時の言動が記録されたとしても、そのような接見記録の社会的流通は、弁護人等の介在によって効果的にコントロールされうるのである。

　第3に、かりに第2の場合と同様の前提に立ったとしても、接見状況の写真撮影・録画の禁止は、弁護権行使の過剰な制約となるから、適正手続（憲法31条）と弁護権（憲法34条・37条3項）の保障の趣旨に反し、許されない。弁護実務の側から、写真撮影・録画の必要性がいわれるのは、たとえば接見時の被疑者の発言、表情、所作などの状況、あるいはその身体に残った受傷の痕跡をできるだけ正確に記録化し、将来の証拠として保全しておくべき必要のある場合があるからである。このようにして証拠保全された記録物が、公判手続において証拠申請され、証拠採用されることは、実務上定着しているといってよい[42]。裁判員裁判においては、裁判員に理解しやすい証拠を示

すために、このような証拠保全の必要はいっそう高いともいわれる。実際、逮捕から間がない時期の被疑者の状況を録画した記録物が、被告人の心神喪失の主張を裏づける証拠として採用され、公判廷での再生により取り調べられた例もある。それにより、公判廷において、被告人に統合失調症の重い症状があることが明らかにされ、判決においては、心神喪失は否定されたものの、検察官による完全責任能力の主張も退けられ、心神耗弱が認定されたという[43]。弁護人等が写真撮影・録画による証拠保全の差し迫った必要があると考えた場合、収容施設に対して証拠保全のための措置をとるよう申し入れたとしても、収容施設側でその必要を認めず、必要な措置がとられない可能性がある。防御上の重要事項について秘密性が失われることになり、有効な弁護を保障する憲法34条・37条3項、あるいは秘密接見を保障する刑訴法39条1項の趣旨にもそぐわないであろう。また、刑訴法179条に基づき裁判官に証拠保全としての検証を請求したとしても、裁判官が請求を却下する可能性もある。請求を認め、証拠保全のための検証を決定した場合でも、時機を逸する可能性もある[44]。このように、弁護人等が証拠保全の差し迫った必要があると考えたときは、接見状況を自ら写真撮影・録画することによって、証拠保全するべき必要があるのである。

　本来、被疑者・被告人が、防御上の必要から、自己に有利な証拠を保全することは、それ自体、適正手続の根幹をなす重要な権利である[45]。弁護権の本質的要素をなすともいえる。証拠保全の必要があるにもかかわらず、接見状況の写真撮影・録画を禁止することは、上記のように、それによる拘禁目的の阻害の危険が認められない以上、弁護権行使の過剰な制約として、適正手続の保障の趣旨に反し、許されないというべきであろう。

　このとき、証拠保全の必要があるかどうかは、まさに弁護の具体的方法それ自体にかかわるものとして、弁護人等の責任ある判断に委ねなければならない。もし、収容施設側が弁護人等に対してその許可を申請するよう義務づけたとしたならば、その申請によって、写真撮影・録画される保全証拠の内容が容易に推測されることになり、弁護の秘密を奪うものとして、弁護権の保障の趣旨に反するというべきであろう。

## 5　信書の検査
### 刑事被収容者処遇法135条・222条・270条

#### （1）秘密性の保障

　未決拘禁者が弁護人等に宛てて発する信書については、刑事被収容者処遇法130条1項・2項に基づく通数、発受の方法、回数に関する制限は及ばないこととされている（同法136条）。問題となるのは、未決拘禁者と弁護人等とのあいだで発受される信書の秘密性の保障である。

　「接見及ヒ信書ニ関スル制限ハ法務省令ヲ以テ之ヲ定ム」とした旧監獄法50条の一般的・包括的委任を受けて、旧監獄法施行規則130条は、弁護人等とのあいだの信書も含め、「在監者ノ発受スル信書ハ所長之ヲ検閲ス可シ」としていた。この規定に基づき、一律の内容検査が行われていた。高野国賠訴訟における第一審判決[46]は、旧監獄法に基づく信書の検閲について、逃亡・罪証隠滅の防止、刑事施設の規律・秩序の維持という拘禁目的の達成のためには、検閲によってその内容を探知する必要がある一方、このような制限はコミュニケーションそのものの規制ではなく、その「手段又は方法を規制する効果を有するにすぎない」から、必要かつ合理的な制限として憲法違反ではないと判示した。

　憲法34条による弁護権の保障の趣旨から、未決拘禁者と弁護人等とのコミュニケーション手段として、接見の場合と同様、信書の秘密性が保障されるべきであり、刑訴法39条1項がそのことを含意していると理解するとき、刑訴法39条2項、これに基づく「法令」としての刑事被収容者処遇法の規定によって信書の内容検査が許される、と理解することはできない。とくに規律・秩序の維持のための制限を許すことは、刑事拘禁法によって憲法と刑訴法の保障する権利を実質的に制約することを認めるにほかならず、刑訴法と刑事被収容者処遇法の一元的関係に適合しない。

　また、弁護に関するコミュニケーション手段としての信書は固定性・正確性においてすぐれており、接見による口頭のコミュニケーションによっては代替し尽くされない固有の重要性を有している。この点について、高野国賠訴訟における最高裁判決の梶谷・滝井反対意見は、「弁護人等が被勾留者と接見する場合、受付時間及び接見可能時間についての制限があるだけでなく、接見までの手続にかなりの待ち時間を要することもあって、これのみで、被

勾留者との情報の交換、助言の伝達等によるコミュニケーションを十分に行えないことが少なくないのが実情である。また、弁護人等が信書によって被勾留者に求めるものや被勾留者から得たい情報を予め被勾留者に知らせ、被勾留者においてそれらの点について整理しておくことを求めて効果的に接見を行い、その後、接見を通じて十分に行えなかったことを追加して伝達したいと考えたことを信書によって伝えるなど、信書のもつ正確性、固定性など固有の特質を活用することによって、口頭による接見を補完することができる」と指摘している。それゆえ、信書の内容検査は、たんなるコミュニケーションの手段・方法の規制ではなく、実質的制限にあたるというべきである。

## （2）信書の内容検査

　未決拘禁者と弁護人等とのコミュニケーションについて、本来、いかなる実質的制限も許されないが、いま仮に、なんらかの実質的制約が許される場合があるとの前提に立ったとしても、信書の内容検査が許されるかは疑問である。刑事被収容者処遇法の規定をめぐって、そのことを明らかにしておきたい。

　刑事被収容者処遇法は、弁護人等から未決拘禁者に宛てた信書については、その旨確認する限度で検査を行うことを原則とする一方、未決拘禁者からの弁護人等宛信書については、内容検査を行うことができるとしている（135条・222条・270条）。「被収容者の外部交通に関する訓令の運用について（依命通達）」（平成19・5・30矯成3350矯正局長依命通達）は、未決拘禁者の発受する信書の差止に関する手続等が、受刑者の場合に準じて行われるべきとしたうえで、「未決拘禁者の発受する信書の差止め等に当たっては、防御権にも配慮した慎重な対応が必要であることに加え、発信する相手方が被疑者等を含む刑事事件の関係者である場合には、脅迫等のほか、証人等威迫罪（刑法第105条の2）にも該当する可能性があるところ、未決拘禁者の発受する信書がこれらの刑罰法令に触れることとなるかどうか、あるいは罪証隠滅の結果を生ずるおそれの有無について、刑事施設において的確な判断が困難な場合は、必要に応じ、検察官に対し適切に情報提供し、執るべき措置等も含めて相談すること」とし（11（8））、信書発受の記録については、「特に、未決拘禁者の弁護人等あて信書については、特別の事情がない限り、要旨の記録は省略し、又は『裁判の件』等簡潔な記載にとどめるものとすること」としている（12（2））。

第1に、弁護人等からの信書であることの確認は、内容検査には及ばないというべきである。高見・岡本国賠訴訟の大阪地裁判決は、刑訴法39条1項から信書の秘密保護が接見に準じて要請されているとする一方、危険物、禁制品など信書以外の書類・物の混入、第三者からの信書または第三者宛信書の混入、間違いなく弁護人等からの信書であるかについての確認のためには、その確認の限度での内容検査も許容されるとした。刑事被収容者処遇法135条2項1号の解釈としても、通常、偽造でないことを確認するために、概括的にせよ記述内容の検査が必要であるとの見解がある[47]。しかし、間違いなく弁護士からの信書であるかの確認は、特別な封筒を用いる、弁護士会の発効する連続番号入りのシールを貼るなど、工夫次第で十分可能なはずである[48]。弁護士からの信書に危険物、禁制品など、拘禁目的を阻害する現実的危険を生じさせる物が混入される可能性は僅少であり、それらの確認は内容検査によらずとも、形状、重量などの外形的検査、エックス線透視検査、金属探知器検査などによって、信書を開披することなく可能であろう。また、証拠書類、そのコピーなど、弁護人等の判断により弁護に関するコミュニケーションに必要な書類または第三者からの信書が同封された場合、このような書類・信書はそれ自体、弁護人等の信書と同様、弁護に関するコミュニケーションを直接構成する要素とみるべきであるが、弁護人等の信書にそれ以外の、罪証隠滅を教唆・慫慂するなど、拘禁目的を阻害する現実的危険を生じさせるような書類が混入される可能性、あるいは弁護人等の信書がそのような内容を含んでいる可能性はきわめて低い。後述するように、弁護人等は高度の職業倫理に拘束され、弁護士会内の懲戒処分、刑事制裁の可能性もあるからである[49]。それにもかかわらず弁護人等の信書の内容検査を行うことは、必要最小限度を超える過剰な制限となり許されない。
　第2に、未決拘禁者からの信書については、内容検査が原則とされた。有識者会議『提言』は、「未決拘禁者が弁護人等に発する信書については、罪証隠滅のための工作を依頼するなど勾留目的を阻害するような不当な内容のものも現に認められ、また、今後も十分に想定されるところ、受領した弁護人等からそれ以外の者に転々流通した場合には、未決拘禁者とこれ以外の者との間で直接信書の発受がなされたのと同じ効果を生ずることになるのであって、これによる罪証隠滅等を防ぐためにも、内容の検査を行い、不適当なものの発信を禁止・制限することが必要」であるとの意見が多数を占めたとする。刑事被収容者処遇法案をめぐる国会審議においても、このような理

由によって、被拘禁者からの信書の内容検査が原則とされたことが確認されている[50]。

　弁護人等からの信書の場合と同じ理由から、たとえ弁護人等宛信書が不当な内容を含み、あるいは不当な第三者宛書類が同封されていたとしても、少なくともそれが弁護人等の手許にとどまる限り、弁護人等が逃走・罪証隠滅などに荷担して、拘禁目的を阻害する現実的危険を生じさせる可能性は極小であり、それを理由に弁護人等宛信書の内容検査を行うことは過剰な制限となる。問題は、それが弁護人等から第三者に交付され、転々流通した場合である。

　この場合について、接見禁止の実質的趣旨は、「逃走や罪証隠滅を防止するため、被疑者と一般人との間の意思・情報の伝達を遮断することにある」として、「書類等の授受については、意思・情報伝達の主体が弁護人等以外のものである限り」、たとえ「書類等が防御に関連すると認められる場合であっても」、接見禁止決定に違反するとの見解が有力である[51]。このような立場からは、いかなる第三者宛書類も同封されていないか確認するために、弁護人等宛の信書の内容検査が認められうることになる。

　しかし、接見禁止の効力は、未決拘禁者と弁護人等とのあいだ、弁護人等と第三者のあいだの書類・物の授受に及ぶものではなく、また、その目的は、「被疑者と一般人との間の意思・情報の伝達を遮断すること」自体にではなく、接見禁止を通じて逃亡・罪証隠滅を防止することにあるから、未決拘禁者の作成した書類が弁護人等から第三者に交付されたとしても、それによって逃亡・罪証隠滅の現実的危険が生じない限り、接見禁止の趣旨に反することはない。このとき、いかなる第三者宛書類も混入されていないか確認するために弁護人等宛信書の内容検査を認めたのでは、弁護人等とのあいだの弁護に関するコミュニケーションの秘密性も奪われる結果となる。これは、弁護に関するコミュニケーションの秘密性の確保という憲法による弁護権の保障の趣旨に反する。上記矯正局長依命通達11（8）にあるように、弁護人等への発信の場合も含みつつ、未決拘禁者の発信する信書について、刑事施設がその制限に関する判断を行うにあたり、検察官に情報を提供し、検察官と相談することが予定されているのであれば、内容検査を通じて探知した弁護人等宛信書の内容が、その未決拘禁者の事件を担当する検察官に伝わることになる可能性があるということになる。弁護権の保障の根幹を切り崩すものとして、このような可能性は、厳に排除されなければならない。

未決拘禁者と第三者のあいだの書類の授受を弁護人等が仲介することは、それが刑訴法39条1項の接見交通権の直接の範囲にあるかについては意見が分かれるものの[52]、社会的繋がりの維持と精神的安定を通じて、身体拘束下にある被疑者・被告人の防御主体としての地位の保障につながるものであるから、正当な弁護活動の範囲にあると認められる。しかしながら、弁護人等宛信書であれ、それに混入された第三者宛書類であれ、弁護人等が、逃亡・罪証隠滅を教唆・慫慂したり、他者を脅迫する内容の信書を第三者に交付し、あるいはそのような書類の授受を仲介することは、接見禁止の決定があるかどうかにかかわらず許されない。不正な行為を助長・利用し、偽証・虚偽陳述をそそのかしてはならないとする弁護士倫理（弁護士職務基本規定14条・75条、弁護士法56条1項）に違反するからである[53]。違反行為は、弁護士会内の懲戒処分のみならず、刑事制裁の可能性にも直面する。

　したがって、たとえ弁護人等宛信書が、罪証隠滅を教唆・慫慂するなど拘禁目的の阻害につながる不当な内容を含み、あるいはそのような第三者宛書類が混入されていたとしても、高度の職業倫理に拘束される弁護人等が介在し、弁護士会内の懲戒処分、さらには刑事制裁の可能性もあることからすれば、そのような信書・書類が弁護人等の手許を離れ、第三者に交付される可能性は、たとえ皆無でないとしても、きわめて僅少である。このような信書・書類の社会的流通は、第一次的受け手としての弁護人等において効果的にコントロールされるのである。それゆえ、その社会的流通を遮断するという目的のために弁護人等宛信書の内容検査を行う必要性はきわめて低い。また、弁護人等とのあいだの弁護に関するコミュニケーションの秘密性が奪われないようにするためにも、弁護士宛信書の内容検閲は認められるべきではない。きわめて僅少な必要性を理由にして弁護に関するコミュニケーションの秘密性を奪うことは、明らかに、拘禁目的を達成するために必要最小限度の制限を超えた過剰な制限である。

　この点に関して、口頭の接見の場合と異なり、信書の場合、「弁護人等は、信書の記述内容を全く把握しないまま交付することもあり得るし、その内容を把握するにしても、巧妙に隠語が使われていたり、事件の全貌を把握していないために、その内容の真の意義を把握できないまま交付することも考えられるのであって、このようにして、未決拘禁者が表した記述が、そのままの表現で、弁護人等はその意義を了知することなく、弁護人等以外の者に伝達されることが想定される」ことから、「不適切な記述があるものが弁護人

等以外の者に交付され、罪証の隠滅の結果などを生ずることを防止するために」、内容検査を行う必要があるとの見解がある[54]。このような場合には、「弁護士会の懲戒処分では対処できないケースも想定される」ともいわれる[55]。弁護人等に認識がなく、それゆえ弁護人等による社会的流通のコントロールが効果的に機能しないような場合も、たしかに皆無とはいえないであろう。しかし、弁護人等は未決拘禁者の親書を第三者に交付するにあたり、拘禁目的を阻害するような信書の社会的流通に関与しないよう、信書のなかに拘禁目的を阻害する内容が含まれていないか確認するために、その高度の専門性と職業倫理をもって、相当の注意を払うべきであろう。このような注意が払われたとき、拘禁目的を阻害するコミュニケーションの社会的流通が弁護人等の介在によって効果的にコントロールできない可能性は、口頭のコミュニケーションによる接見の場合と、信書の場合とで大きな差があるとはいえないであろう。過去の経験に照らしても、弁護人等を介して拘禁目的を阻害する信書が社会的に流通する可能性は、たとえ皆無でないにせよ、疑いなく希有である。拘禁目的が阻害される僅かな可能性に対処するために、弁護人等宛信書の内容検査を原則として（刑事施設の場合）、または一律に（留置施設の場合）行い、それによって弁護に関するコミュニケーションの秘密性を奪うことは、拘禁目的を達成するために必要最小限度の制限を明らかに超えており、憲法34条・37条3項、刑訴法39条1項に反する過剰な制限である。

## （3）内容検査の省略

　刑事被収容者処遇法135条3項は、刑事施設に収容された未決拘禁者について、「刑事施設の規律及び秩序を害する結果又は罪証の隠滅の結果を生ずるおそれがないと認める場合には」、弁護士宛信書の内容検査を行わなくてもよいと規定している。上述のように、弁護士宛信書においてそのような「おそれ」はおよそ生じえないとして、一切の内容検査を排除する解釈・運用が確立されるべきである。

　他方、警察・海上保安庁の留置施設に留置された未決拘禁者については、内容検査の除外規定がない。未決拘禁者が刑事施設に収容されているか、留置施設に留置されているかによって、弁護人等宛信書の扱いにおいて、一律に異なる制限を行う合理的理由は存在しないであろう。留置施設の未決拘禁者は大多数が被疑者であり、それゆえ罪証隠滅の危険性が類型的に高いとの理由によるようである[56]。しかし、個別具体的判断によることなく、ただ被

疑者であるというだけで罪証隠滅の危険を一律に擬制するとき、その擬制された危険は、具体的根拠に基づく現実的危険ではありえず、抽象的「おそれ」にすぎない。これを根拠にして信書の秘密性を一律に剥奪することが、弁護に関するコミュニケーションの秘密性の保障に関する憲法34条・37条の趣旨に適合せず、刑訴法39条1項に違反することは明らかである。この場合にも、135条3項を準用したうえで、内容検査の排除という解釈・運用がとられるべきである。

## 6 信書の内容による差止め等

刑事被収容者処遇法136条・224条・226条・227条・271条・272条・273条
刑事被収容者処遇規則77条・78条・79条・80条・81条・82条
国家公安委員会関係刑事処遇法施行規則26条・27条

刑事被収容者処遇法136条・224条・271条は、未決拘禁者と弁護人等とのあいだの信書についても、信書内容による差止・削除・抹消という制限を予定している。もっとも、刑事被収容者処遇法136条により129条2項が準用される場合、あるいは224条2項または271条2項によれば、未決拘禁者と国・地方公共団体の機関との信書や未決拘禁者にかかる弁護士法3条1項の職務に従事する弁護士との信書については、制限される部分の全部または一部が、129条1項・224条1項・271条1項に掲げられた各号のうち、1ないし3項または6号に該当するときに限り、制限が許されることとされている。弁護人等との信書は、未決拘禁者にかかる弁護士法3条1項の職務に従事する弁護士との信書にあたるものとして、このような制限を受けるものとされている。これらの信書について制限が限定されているのは、公的機関の権限や弁護士の職務に属する事項は「伝達される重要性がある」からだとされている[57]。

刑事被収容者処遇法の文言から、このような制限の限定は、弁護士である弁護人等との信書についてのみ妥当し、特別弁護人等（刑訴法31条2項）との信書は、一般の信書と同じような制限を受けるものとされ、その理由は、弁護士でない特別弁護人等であれば、弁護士の場合と異なり、各規定の4号・5号に該当する信書に対して適切に対応することが期待できず、そのような信書を授受することにより不安となることを防止する必要があることだと

される[58]。しかし、刑訴法上、このような理由から特別弁護人等の弁護活動を制限する規定はない。特別弁護人が裁判所の許可（刑訴法31条2項）を得たうえで選任されることからしても、先のような理由から制限を拡張することは許されないであろう。特別弁護人等との信書については、弁護士である弁護人等との信書に関する規定が準用されるべきである。

　規定の文言においては、未決拘禁者が「発受する信書」が制限の対象とされており、弁護人宛に未決拘禁者が発信した信書と、弁護人から未決拘禁者に発信された信書とは明確に区別されていない。しかし、刑事被収容者処遇法が準用する129条1項、224条1項および271条1項に明記されているように、信書の制限は、それぞれ135条、222条、270条による「検査」を前提とするものである。この「検査」において、弁護人等の発信した信書については、その該当性を確認する限度での検査にとどまるものとされ（135条2項・222条3項・270条3項）、その検査は、「差止、削除、抹消等を行うことを前提とした内容の詳細にわたる検査ではない」[59]。そうである以上、弁護人等からの信書については、内容検査を前提とした内容による制限に関する規定の適用は、刑事被収容者処遇法の現行規定からも排除されなければならないというべきである。

　刑事被収容者処遇法136条・224条2項・271条2項の規定からは、未決拘禁者が弁護人等に宛てた信書について内容検査を行った結果、信書の内容が「罪証の隠滅の結果を生ずるおそれがあるとき」など、所定の事由に該当すると判断されたときは、その全部または一部の差止・削除・抹消ができるものとされている。しかし、7-1において述べたように、本来、未決拘禁者と弁護人等とのあいだの信書について、その発受の方向にかかわらず、内容検査に及ばない該当性の確認の限度を超えて検査することは、許されないというべきである。それゆえ、内容検査を前提とする内容による制限は、一切、なされるべきではない。

　刑事被収容者処遇法136条・225条1項・273条は、未決拘禁者と弁護人等とのあいだの信書についても、施設の管理運営上必要な制限ができることを定めており、これに基づき、規則のなかに、作成要領や発受方法に関する細かな制限規定がおかれている。ただし、未決拘禁者が弁護人等に発する信書については、通数制限を適用しない旨明記しており、規則においても、一通の信書に用いる用紙の枚数に関する制限の適用は除外されている（刑事被収容者処遇規則77条1項2号）。これらは、接見交通権の保障の重要性に配

慮したものであるが、本来、施設の管理運営上の必要を理由として、接見交通権を実質的に制限することは許されないというべきであるから、規則による作成要領・発受方法に関する制限も、そのような範囲にわたらない限度での技術的制限としてのみ許容されるというべきである。刑事被収容者処遇法および規則の諸規定は、この趣旨に沿って解釈・運用されなければならない。

1 最大判平11（2009）・3・24民集53巻3号514頁。
2 大阪地判平16（2004）・3・9判時1858号79頁。控訴審の大阪高判平17（2005）・1・25訟月52巻10号3069頁も第一審判決の趣旨を確認し、国の控訴を棄却した。最決平19（2007）・4・13の上告不受理決定により確定した。
3 鹿児島地判平20（2008）・3・24判時2008号3頁参照。なお、本書11章参照。
4 International Covenant on Civil and Political Rights, Human Rights Committee, General Comment No. 32 on Article 32: Rights to Equality before Courts and Tribunals and to a Fair Trial, CCPR/C/GC/32, 23 August 2007. 日本語訳は、日弁連 http://www.nichibenren.or.jp/ja/kokusai/humanrights_library/treaty/liberty_general-comment.html。なお、一般的意見32の34項からすれば、自由権規約14条3項（b）によって、自由かつ秘密の接見交通は、弁護人の固有権としても保障されていると理解することができる。この点について、Manfred Novak, CCPR Commentary 256 (1993) も同旨。
5 Stafan Trechsel, Human Rights in Criminal Proceedings 278-282 (2005); 北村泰三『国際人権と刑事拘禁』（日本評論社、1996年）130-135頁、葛野尋之『刑事手続と刑事拘禁』（現代人文社、2007）266-270頁。
6 S v Switzerland, (1991) 14 EHRR 670.
7 後藤昭『捜査法の論理』（岩波書店、2001年）109頁以下、緑大輔「弁護人等との外部交通と施設担当者の義務」福井厚編『未決拘禁改革の課題と展望』（日本評論社、2009年）186-193頁。
8 川出敏裕「身柄拘束制度の在り方」ジュリスト1370号（2009年）108頁。
9 川上有「弁護活動の現場と電話による外部交通権」季刊刑事弁護47号（2006年）64-66頁。
10 法務省ホームページ http://www.moj.go.jp/KYOUSEI/SYOGU/teigen.pdf。有識者会議『提言』は、「代用刑事施設制度の更なる改善」のために、留置場運営の透明化に寄与する視察委員会や不服申立制度の整備、医療体制の整備とともに、「捜査部門と留置部門との分離の趣旨をより明確にするために、未決拘禁者の捜査に当たる警察官は、その者に係る留置業務に従事してはならない旨を法律上明確に規定することも必要」だとした。
11 三島聡「電話による通信」季刊刑事弁護6号（1996年）93-94頁、村岡啓一＝福井厚「電話接見」季刊刑事弁護26号（2001年）60頁。

12 「未決拘禁者と弁護人等との電話による外部交通に関する申合せ」、「未決拘禁者と弁護人とのファクシミリによる通信に関する法務省と日本弁護士連合会との申合せ」自由と正義58巻5号（2007年）。田中優企「接見交通権の新局面（3・完）」法学新法115巻1＝2号（2008年）123頁以下も参照。
13 水野英樹「6月1日から未決新法施行──未決拘禁者の外部交通が拡大」日弁連・刑事拘禁制度改革実現本部ニュース11号（2007年）。
14 田鎖麻衣子「未決拘禁者の電話・ファックス──電話接見の確立に向けて」（2007年）第二東京弁護士会全友会ホームページ http://www.zenyu.jp/report/74/74_3.htm。
15 法務省＝警察庁『刑事収容施設および被収容者等の処遇に関する法律の施行状況について』（2011年）60頁 http://www.moj.go.jp/content/000074503.pdf。
16 刑事被収容者処遇法案の国会審議中、政府答弁においても同旨見解が表明された（第164回国会衆議院法務委員会議録第16号〔平成18年4月12日〕、民主党・細川律夫衆議院議員の質問に対する政府参考人・小貫芳信法務省矯正局長の答弁）。
17 市川正人「後藤国賠訴訟下級審判決の意義──憲法学の見地から」後藤国賠訴訟弁護団編『ビデオ再生と秘密交通権（上告審編）』（現代人文社、2008年）18頁。
18 名取俊也「刑事収容施設及び被収容者等の処遇に関する法律の概要」法曹時報58巻10号（2006年）4-15頁、林真琴＝北村篤＝名取俊也『逐条解説・刑事収容施設法』（有斐閣、2010年）597頁。
19 最判平16（2004）・9・7判時1878号88頁は、弁護人が勾留中の被疑者との接見を警察署の留置係官に申し出たところ、係官は「接見等の指定に関する通知書」が発付されていることを失念し、接見を開始させたものの、その直後これに気づき、直ちに接見を中止させたという事案について、接見の中断措置が「接見開始直後になされたものであるなど社会通念上相当と認められるときは、当該措置をとったことを違法ということはできない」として、違法性を認めなかったが、濱田邦夫裁判官の反対意見は、「いったん弁護人と被疑者とが適法に接見を開始させた後においては、留置係官が接見の場所に突然立ち入ることは、それが接見開始の直後であったとしても、弁護人等と被疑者との秘密交通権を侵害するおそれを生じさせることとなるものであるから、『被疑者が防御の準備をする権利を不当に制限する』もの」であるとして、違法と認めた。
20 市川・注17論文18-19頁。
21 名取・注18解説14頁。
22 林他・注18書597頁。
23 竹之内明＝山本正樹「拘置所接見」季刊刑事弁護26号（2001年）参照。
24 鴨下守孝『新行刑法要論（全訂2版）』（東京法令出版、2009年）119-120頁。
25 林他・注18書582・602頁。
26 林他・注18書602頁。
27 島戸純「刑事施設における未決拘禁者と弁護人との外部交通の拡大」刑事法ジャーナル8号（2007年）100頁。
28 「夜間及び休日の未決拘禁者と弁護人等との面会等に関する申合せ」自由と正義58巻5

号124頁。
29 緑・注7論文191〜192頁。
30 葛野・注5書280〜283頁参照。
31 法務省＝警察庁・注15報告書57-58頁。
32 最判平17（2005）・4・19民集59巻3号563頁。本書第10章4参照。
33 広島地判平7（1995）・11・13判時1586号110頁。
34 裁判長・裁判官の同意を得たうえでの検察官の移送について、最決昭46（1971）・11・12集刑182号27頁参照。裁判官の職権による移送命令について、最決平7（1995）・4・12刑集49巻4号609頁参照。この最高裁決定は否定的立場をとるが、本来、被疑者・被告人の勾留取消の請求権（刑訴法87条）が認められている以上、勾留の一部取消請求として、移監請求権も認められるべきである（三井誠『刑事手続法（1）（新版）』〔有斐閣、1997年〕26頁）。
35 林他・注18書604頁。
36 葛野・注5書263-270頁。
37 東京地判平3（1991）・3・29判時1399号98頁。
38 大阪地判平16（2004）・3・9判時1858号79頁。
39 同上。
40 高野隆＝趙誠峰「『接見ビデオ』を裁判員法廷で上映して心神喪失を主張」季刊刑事弁護65号（2011年）25頁も、接見室でなされる両者間のコミュニケーションであるとする。
41 掛樋美佐保「起訴前勾留中の被疑者の受傷事実の保存方法」季刊刑事弁護60号（2009年）174頁。
42 掛樋・注41論文175頁。
43 高野＝趙・注40論文。
44 掛樋・注41論文175頁。
45 取調べ状況の録音・録画による証拠保全について、クリストファー・スロボギン（指宿信訳）「取調べ録音録画に向けて——その憲法的考察」指宿信『被疑者取調べと録画制度』（商事法務、2010年）330-334頁。
46 浦和地判平7（2005）・3・22判時1616号111頁。最判平15（2003）・9・5判時1850号61頁もこの第一審判決を支持した。
47 林他・注18書688頁。
48 小坂井弘「高見・岡本判決が示した地平と展望」高見・岡本国賠訴訟弁護団編『秘密交通権の確立』（現代人文社、2001年）36頁。
49 弁護人等による「罪証隠滅」の危険を理由とする接見交通の制限が許されないことについて、田宮裕『捜査の構造』（有斐閣、1971年）404-405頁参照。
50 第164回国会衆議院法務委員会議録（平成18年4月12日）、民主党・枝野幸男衆議院議員の質問に対する杉浦正健法務大臣の答弁。
51 尾崎道明「弁護人と被疑者の物の授受」平野龍一＝松尾浩也編『新実例刑事訴訟法Ⅰ』（青

林書院、1998年）189-190頁。
52 川崎英明「刑事弁護の自由と接見交通権」『小田中聰樹先生古稀祝賀論文集（上）』（日本評論社、2005年）はこれを肯定する。また、正当な弁護活動を萎縮させないために、書類授受の仲介が許されないのは、「誰が見ても他に理解のしようがない明白な罪証隠滅の教唆・慫慂の書類であって」、「弁護人もそう認識しながら、敢えて容認して当該書類の授受の仲介をする」場合に限られるべきとし、そうでない限り、弁護人等の専門的判断に従って、正当な弁護活動として認めるべきとする。この点について、村岡啓一「接見禁止決定下の第三者通信をめぐる刑事弁護人の行為規範」同書も参照。
53 若松芳也「接見禁止決定と文書の授受」京都弁護士会・刑事弁護ニュース30号（2002年）２頁、日弁連接見交通権確立実行委員会「接見禁止と書類の授受に関する報告書」同委員会『接見交通権マニュアル（第７版）』（2005年）156-162頁、武井康年＝森下弘（編著）『ハンドブック刑事弁護』（現代人文社、2005年）225-236頁。
54 林他・注18書686-687頁。
55 名取・注18解説19頁。
56 中山卓映「刑事収容施設及び被収容者等の処遇に関する法律の概説（下）」警察学論集59巻11号（2006年）199頁。名取・注18解説15頁は、留置施設の未決拘禁者と弁護人等以外の者との面会に関して立会の省略を認める規定がないことについて、このような理由をあげている。
57 林他・注18書693頁。
58 林他・注18書693頁。
59 鴨下・注24書196頁。

**著者略歴**

葛野尋之（くずの・ひろゆき）　一橋大学大学院法学研究科教授。博士（法学）。1961年、福井県生まれ。1985年、一橋大学法学部卒業。1990年、一橋大学大学院法学研究科博士課程単位修得退学。日本学術振興会特別研究員（一橋大学）、静岡大学助教授、立命館大学助教授・教授を経て、2009年より現職。2003-2004年、ロンドン大学政治経済学院（LSE）客員研究員。
主著：『少年司法の再構築』(日本評論社、2003年)、『刑事手続と刑事拘禁』(現代人文社、2007年)、『少年司法における参加と修復』(日本評論社、2009年)、『改正少年法の検証と展望』(編著)(日本評論社、2006年)、『刑事訴訟法講義案』(共著)(法律文化社、2009年)、『判例学習・刑事訴訟法』(編著)(法律文化社、2010年)。

# 未決拘禁法と人権

2012年2月28日　第1版第1刷発行

著　者　葛野尋之
発行人　成澤壽信
編集人　桑山亜也
発行所　株式会社 現代人文社
　　　　〒160-0004 東京都新宿区四谷2-10 八ッ橋ビル7階
　　　　Tel 03-5379-0307（代）　Fax 03-5379-5388
　　　　E-mail henshu@genjin.jp（編集）　hanbai@genjin.jp（販売）
　　　　Web http://www.genjin.jp
　　　　郵便振替口座　00130-3-52366
発売所　株式会社 大学図書
印刷所　株式会社 ミツワ
装幀・本文デザイン　黒瀬章夫

検印省略　Printed in JAPAN
ISBN978-4-87798-518-9 C3032
© 2012 by Hiroyuki Kuzuno

本書の一部あるいは全部を無断で複写・転載・転訳載などをすること、または磁気媒体等に入力することは、法律で認められた場合を除き、著作者および出版者の権利の侵害となりますので、これらの行為をする場合には、あらかじめ小社または編著者宛に承諾を求めてください。